珍藏本
纪念版

汉译世界学术名著丛书

格雷文集

陈太先 眭竹松 译

2017年·北京

ДЖОН ГРЕЙ
СОЧИНЕНИЯ

据苏联国家政治书籍出版社 1955 年俄译本译出

汉译世界学术名著丛书
（120 年纪念版·珍藏本）
出 版 说 明

2017 年 2 月 11 日，商务印书馆迎来 120 岁的生日。120 年前，商务印书馆前贤怀揣文化救国的理想，抱持"昌明教育，开启民智"的使命，立足本土，放眼寰宇，以出版为津梁，沟通中西，为中国、为世界提供最富智慧的思想文化成果。无论世事白云苍狗，潮流左右激荡，甚至战火硝烟弥漫，始终践行学术报国之志，无改初心。

迻译世界各国学术名著，即其一端。早在 20 世纪初年便出版《原富》《天演论》等影响至今的代表性著作，1950 年代后更致力于外国哲学和社会科学经典的译介，及至 1980 年代，辑为"汉译世界学术名著丛书"，汇涓为流，蔚为大观。丛书自 1981 年开始出版，历时三十余年，迄今已推出七百种，是我国现代出版史上规模最大、最为重要的学术翻译工程。

丛书所选之书，立场观点不囿于一派，学科领域不限于一门，皆为文明开启以来，各时代、各国家、各民族的思想与文化精粹，代表着人类已经到达过的精神境界。丛书系统译介世界学术经典，引领时代思想，为本土原创学术的发展提供丰富的文化滋养，为推动中国现代学术和现代化进程做出了突出的贡献。

为纪念商务印书馆成立 120 周年，我们整体推出“汉译世界学术名著丛书”120 年纪念版的珍藏本，寄望既利于文化积累，又便于研读查考，同时向长期支持丛书出版的译者、编者和读者致以敬意。

两甲子后的今天，商务印书馆又站在了一个新的历史时间节点上。我们不仅要铭记先辈的身影和足迹，更须让我们的步伐充满新的时代精神。这是商务人代代相传的事业，更是与国家和民族的命运始终紧密相连的事业。我们责无旁贷，必须做好我们这代人的传承与创造，让我们的努力和成果不仅凝聚成民族文化的记忆，还能成为后来人可以接续的事业。唯此，才能不负前贤，无愧来者。

商务印书馆编辑部

2017 年 10 月

出版说明

约翰·格雷(1799—1883[①])是十九世纪英国空想社会主义者(李嘉图派社会主义经济学家),小资产阶级经济学家。他的第一部也是最好的一部著作是《人类幸福论》,初版于1825年,商务印书馆曾出有中译本,现已收入《汉译世界学术名著丛书》。《格雷文集》所收的是他的另外三部著作,分别写于十九世纪三四十年代,也都是他的重要著作。此外,他还著有《通货问题》(1847年)等等,此集未收。

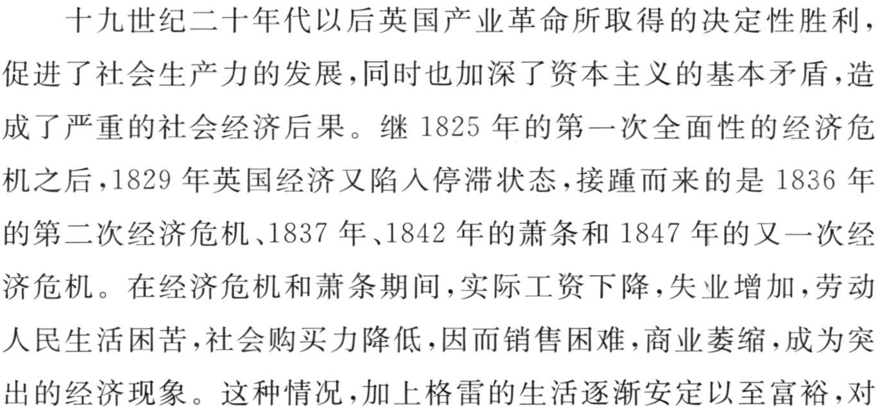

十九世纪二十年代以后英国产业革命所取得的决定性胜利,促进了社会生产力的发展,同时也加深了资本主义的基本矛盾,造成了严重的社会经济后果。继1825年的第一次全面性的经济危机之后,1829年英国经济又陷入停滞状态,接踵而来的是1836年的第二次经济危机、1837年、1842年的萧条和1847年的又一次经济危机。在经济危机和萧条期间,实际工资下降,失业增加,劳动人民生活困苦,社会购买力降低,因而销售困难,商业萎缩,成为突出的经济现象。这种情况,加上格雷的生活逐渐安定以至富裕,对

① 格雷的生卒年份有1798—1850年、1799—1883年二说。《苏联大百科全书》和《苏联小百科辞典》均为1798—1850年,此处据马克·布劳格等编《经济学家词典》(美国1983年版)采1799—1883年之说。

于格雷研究社会经济问题和设计未来社会产生了重大影响。在《人类幸福论》中，他虽然对组织交换显示了特殊的兴趣，但仍有保留地赞同和支持欧文的建立合作社的计划，而在《社会制度》等著作中，他转而悉力研究商品交换和货币问题，并将制定和完善劳动货币方案提到了首要地位。

格雷认为，"商界的大灾难在于需求和生产没有步调一致的趋向，买总是比卖容易些；救治的方法在于使卖和买同样变得轻而易举。"（本书第224页）在他看来，卖比买难，是因为货币不足，"在货币少商品多的情况下，卖比买困难得多，于是发生生产过剩现象"（本书第371页），而货币不足，是由于资本主义社会以金属货币或银行券作为价值尺度。黄金不易采掘，产量有限，而普通商品却可以无限地增产；"银行券常常是凭担保品来发行的，但担保品的价值总是大于凭担保品来贷放的货币的价值"（本书第41页），因此，采用金属货币和银行券这种价值尺度，会使作为商品代表的货币经常不足。这样，在商品流通中，商品转化为货币就比货币转化为商品困难，即卖比买难。大量商品卖不出去，生产过剩现象也就必然会发生。据此，格雷提出，要克服"商业困难"，就必须废弃黄金这种"想象出来"的价值尺度，取消以金属货币为媒介的商品交换制度，而实行"有组织的交换制度和合理的货币制度"。

格雷不了解，在资本主义制度下，商品之所以难以转化为货币，生产相对过剩之所以出现，原因主要在于资本主义生产的内在矛盾，而不在于商品流通组织不健全。他也不懂得，以贵金属来表现和衡量一系列商品的价值，是商品生产和商品交换长期发展的结果，并不是人们想象出来的。这种价值形式造成买卖脱节，加深交换的矛盾，同它加速商品流通一样，体现着一种经济必然性，不以人们的意志为转移。

所谓“有组织的交换制度和合理的货币制度”，就是格雷所设想的劳动货币交换制度。它立足于格雷的价值理论和货币理论。

格雷认为，“劳动是价值的泉源”（本书第436页），各种产品的价值取决于生产它们时所耗费的劳动，因此，“劳动是真实的价值标准，是唯一真实的价值尺度”（本书第438页），“劳动永远是并且应该永远是自然的价值尺度”（本书第439页）。只有用这种自然的价值尺度来取代人们想象出来的价值尺度黄金，才能解放一国的生产力。他又认为，“货币应该仅仅是一张价值凭证，证明货币持有人或者曾经对国民财富库存贡献了一定的价值，或者曾经从贡献这份价值的人那儿取得对这份价值的支配权”（本书第43页）；货币要真正成为价值凭证，它就不应该具有内在价值，否则它的价格会像金属货币那样由于需求量的增减而发生变动，从而不能用以精确地计量各种劳动价值。在格雷看来，劳动货币就是不具有内在价值的理想的价值凭证；全部问题的关键在于以劳动时间作为直接的货币计量单位。

基于这种认识，格雷建议在伦敦、爱丁堡和都柏林设立国民交换银行，按照国民商业协会的要求，印制和发行劳动货币，以取代金属货币。这些交换银行在全国各地都设置分行和商品堆栈。它们通过各分行确定生产各种商品所需要的劳动时间，并核定生产者所申报的商品价值。商品价值由直接成本（包括已消耗的劳动和原料的费用）和一定数量的提成（或利润）构成，后者用来偿付地租、资本利息、管理费、存货贬值、非生产性劳动、意外支出和各项

国民费用(如发给丧失劳动能力者的救济金),所有这些都折算在成劳动时间。生产者将自己的产品送进各地的商品堆栈,交换银行在计算它们的价值以后,立即发给生产者表明他提供的商品包含多少劳动时间的劳动货币(它代表一个工作周、一个工作日或一个工作小时等)。生产者用它向商品堆栈换取包含同等劳动时间的其他各种商品。在《社会制度》中,格雷第一次提出和论证了这一方案,而在收于《格雷文集》的另外两部著作中,他对它作了更为具体和周详的论述,并使它处处适合英国的各种机构。

格雷认为,在他设计的新的"社会制度"下,由于商品直接就是货币,货币失去了它的"特权"地位,由于劳动货币是根据需要发行的,它的数量随着产品数量的增加而增加,随着产品停止使用或消费掉而减少,"流通中的货币和国民仓库中的商品价值总是完全相等",因而"卖出将同现在买进一样,商品换货币将同货币换商品一样,同样容易而简单"(本书第153页),生产将摆脱需求的限制而不断发展,从而国民财富和社会福利都将无限地增长,萧条和经济危机都将一去不复返。

很明显,格雷的这一方案植根于他对商品和货币的错误分析。他既不了解商品生产的性质及其所固有的各种矛盾,也不了解它所特有的交换形式。在商品生产的条件下,生产商品所耗费的劳动表现为私人劳动(商品直接是私人劳动的产品),这种劳动只有通过商品交换才被承认或转化为社会劳动。作为私人劳动产品的商品所包含的劳动时间,也只有通过商品交换(按照等价原则)才在或大或小的程度上被当做或转化为社会劳动时间,二者并不必然等同。在货币价值形式下,经过上述转化,商品才转化为、也必然转化为货币。格雷把私人劳动和社会劳动等同起来,把商品中所包含的劳动时间直接当做社会劳动时间，从而认定商品直接就是货币；按照他关于劳动货币的设想，产品要当做商品来生产，但不当做商品来交换。所有这些都表明，他不懂得商品同货币的联系和区别。马克思指出："关于商品直接就是货币或商品中的私人特殊劳动直接就是社会劳动的这种教条，当然不会因为有一个银行相信它并按照它经营就变成现实。相反，在这种情形下，破产会来扮演实际批评家的角色。"[1]马克思并将格雷所设计的交换组织称为"劳动货币交换乌托邦"。

在格雷发表《论货币的本质及其用途》的1848年，从十九世纪三十年代开始的英国宪章运动第三次达到高潮，法国工人阶级更掀起了二月革命的风暴。这时，格雷虽然仍声称他关心工人阶级的利益，但对工人阶级捍卫本身利益的行动却公然表示反对。他把积极进行阶级斗争的先进工人说成是"疯狂的激进分子"，指责他们"用破坏个人私有财产的手段，动摇世间一切可以称之为值得尊敬的和值得明智人士作为追求对象的事物的基础"（参阅本书第525页）。他一再强调要保护私有财产，发展无限制的个人竞争和交换自由，认为"收取资本利息则始终是公平、合理而且正确的"（本书第511页），并以谨慎的口吻表明他的劳动货币是资产阶级的改良。这些都说明，十九世纪三十年代以后，格雷从不坚定的欧文主义者逐步后退为小资产阶级改良主义者。

1986年7月

① 《马克思恩格斯全集》第13卷，第76页。

目　录

社会制度

论交换原理　1831 年

防止人民不幸的可靠手段

1842 年

论货币的本质及其用途

1848年2月和3日为爱丁堡哲学研究所全体成员讲授

社　会　制　度

论交换原理

1831 年

“经济学家不应该为增加某些个别阶级的财富和享受而创立制度和草拟方案，而应该着手开辟国家财富和全民福利的泉源”。

麦卡洛克

前　言

自从我初次相信社会机构中存在着某种根深蒂固、但隐而不显的病症以来，许多时间过去了，继续沉思这个问题，只有更加证实和加强我的这一见解。

在人们中间，认为我们的社会制度中有着一种自动调节因素，而商业之流则像江河一样要达到适当的水平并流得平稳顺利，只应听其自然：这种认识大概是占优势的。十年以前，我就怀疑有这种因素，现在我则否认它能存在。同时，除成立资本运用协会以外，我也否认采用其他任何办法**能够**真正消除我国的灾难。但我可以肯定地说，利用这种协会，根据深思熟虑的原理和完善的交换计划，能够消除本来不应有的贫困现象，消灭各种贸易困难，并且把个人和全民族的福利建立在广阔而不可动摇的基础上。

当我年青的时候，我曾经就这个问题用书面陈述了我那时的见解，并且把手稿寄给我当时一个最有智慧的朋友，请他读一读，并对拙作表示意见。这里把他的复信一字不易地照录如次：

“我本想根据您的请求对这部著作提供几点意见，为此，我开始仔细研究它。可是，读了最后一篇第三章（当时拙作分成三篇）以后，我确信不论提什么样的意见都是白白浪费时间。我建议把它投入足以烧毁它的烈火中。”

不用说，我那位朋友的判词既不是很可以引以为荣的，也不是怎样令人鼓舞的；但我到底不大想遵照他的建议行事，因为，十分显然，他也许是由于拙作语言不清楚，以致根本不曾了解我打算陈述的思想。所以，当时我极力安慰自己，希望将来总有一天能够把自己的见解阐述得比较清楚和容易明白些。我想，现在我就来做这件事情。

过了若干时候，我以讲义体裁重写并发表了上述著作的一部分，[①]好几百本书立刻销售一空了。剩下的书交给伦敦一家出版商，这家出版商不久破了产，从那时到现在，我不能确定那些书后来怎么样了。但这本小册子以后在费城重印，新版一千册也很快销光了。

我把上述情节让大家知道，目的在于承认我那位朋友的批评是公正的，因为问题是拙作采取当时那种体裁的确不宜发表。而后来印行的那一部分，就我所知，从未登过广告，并且除发出几份内容提要以外，也没有采取过其他任何措施；为了让公众周知，所以我在这本书里不加普通引号地引述了其中我现在认为值得保留的不很多的一些论点。

即使我极力不想忘记上述小册子，顺便说，那也只是关于这个问题的导论，其中并不企图说明现状怎样可以得到改善，也希望人

① 按指作者的另一本著作《人类幸福论》——中译注。

们别以为我会设想:这本书完全可以免犯同样的错误。从少年时代起,我就以全副力量从事经商,我没有任何机会获得写作经验,而对于一个成熟的作家来说,这种经验在我们需要的时候是何等重要啊!但尽管重要,它在这个场合却无疑不是非有不可的。诗人或小说家无论是语言也好,思想也好,都应当丰富,才能获得成功;可是,当事情涉及阐述自己的意见的时候,那就是一个没有上过学的人通常也能够用自己所有的方式发表意见。的确,现时大多数人都能够好好地阐述自己的思想,使达到被人了解的地步。因为这本篇幅不多的著作的目的不在于把快乐送给想象力,而在于给理智提供帮助。所以,获得适当的了解——这就是这本学术作品所希望得到的一切。

自从国家商业利益问题初次引起我注意以来,许多年过去了,在这一期间,我费过许多力,操过许多心,并担过许多忧愁。我认为,这种经历多少会有点儿促使一个本来非常热情而勇敢的人灰心丧气。不过,新的经验和反复沉思却只是使我更加坚持自己的意见:在社会的商业中存在着一个可怕的祸害,它不像由于年老而表现出的衰弱现象,衰老是可以用普通的拐棍来扶持的;而毋宁像一根扎入年轻人脚上的刺,只有拔出它,才能使这个年轻人恢复青春活力和生气。这儿阐述的意见实质上同我多年以前所坚持的意见是一样的,现在不过是首次把它们发表出来而已。

还得为本书文风说几句话。大胆论断,对自己的见解满怀信心,忽视别人的意见——这是没有经验的作家常有的缺点。这些缺点我也在所难免。但是,我认为自由表达比摹仿与自己本性不合的、比较拘谨而繁琐的文风要合适得多。我不能改正这些缺点,可能使这本书遭受损失。但是,说到其中所阐述的理论,则丝毫不必请求别人作这种原谅,因为我长期不断地和商界往来,这种理论已确信不疑地深入我的脑海中。现在,我仔细研究了别人用同一个题目写下的东西以后,经过深思熟虑系统地把这种理论陈述出来。如果这种理论将来经不起来自最有教养和最坚强的政治家或经济学家方面的最强有力的攻击,如果它不能够像铁靶一样抵抗住落在靶脚下开花的炮弹,那么,不要多久,我仍然会挺身出来做它的捍卫者。

1831 年 10 月写于
爱丁堡的勃灵顿街 14 号

第一章

绪论——问题的困难之点——个人事业——人们普遍不喜欢研究社会科学——必须使各个部分互相适应以便构成一个匀称的整体——人们普遍不相信极重要的改革措施可能实现:这是实行改革的一个严重的障碍——现时的一些有利条件——理论与实际——各种各样的意见

很难找到比一个人向自己的亲邻谈论他们的集体福利这类问题更不招人喜欢的事情了。人们一般都是紧张地忙于个人事业,忙到甚至要把注意力分散一个极短的时间也几乎不可能。在这当中,只有那些醉心于自己所偏爱的某种理论的人,或者是对现状满足到认为任何变革都不可能使情况有所改善的人,才能越出这个常规之外。①

不幸,研究社会科学长期以来被认为是最枯燥无味的事情之一。在个人能由此获得直接利益的那些场合,鼓励人们勤恳劳动,什么事情也不是不太关重要的;但这时候,毕竟只有少数人有志于研究人类全盘事业怎样完成,或应当怎样完成所依据的一些原理原则。

① 这就是说,一种是有理想有抱负的人,一种是有闲阶级——中译注。

不过，稍微思考一下，就一定可以使我们相信，社会机构各个部分的一次表面的改良，并不足以使人们获得任何信心，认为整个社会机构可以得到全面改善。每一部分也许在其他一切方面都搞好了，但如果发现和其他各部分不很相称和不很协调，即使结果不能令人满意，那也没有惊奇之理。既然我们不完全相信社会事业是根据合理原则进行的，那么，社会尽管掌握着大部分福利因素，它还是不得不和苦难作斗争:这也就一点不足为怪了。

人们普遍不相信改良有可能，这是阻止改良措施的另一个很严重的障碍。除了优厚的工资和繁荣的商业以外，公众的意见一直不认为还有什么是幸福。舆论界对于越出议会改革、贸易自由和大减赋税范围之外的任何一种必要的改革，显然毫无认识。大概，舆论界认为社会秩序整个建筑在某种坚固不拔的基础上，建立在永远不变的自然法则之上，因此，从这种社会秩序中清除某些反常现象——这就是使社会秩序平稳和影响良好，以便达到我们有权或有理由指望达到的那个地步所必需的一切。

但这是一个致命的错误。这个病症是这样可怕，又是这样普遍流行，它使社会瘫痪，使我们的一切努力的效力降低以至于化为乌有，并且使我们成为我们能够大加改善的事物秩序的自愿的奴隶。不过，目前情况已出现某些有利的征兆。人们以前期待从那儿获得巨大福利的那些改良措施中，有许多已经实行了，虽说任何有益的变化还不曾发生。战争为持久的和平所代替，赋税减低了，政府的各项法令中出现了自由主义的征候，一些善良的意图出现了并且现在还在大量出现。虽然如此，但毕竟没有出现任何重大改革的迹象。贫困和不满继续占着统治地位，而且不能完全否认现在正存在着一种危险局面。邻近各国所经历的困难也不比我们少。毫无疑问，革命与流血大半是压迫和政治腐败的后果，这是普遍幸福和繁荣的不良标志。

可是，这种情况并没有完全失去有利的一面。对过去的希望与期待感觉到绝望的舆论将随时保持着警惕，并寻求灾祸的新根源和不满的新原因；因为尽管有了好几百年的倒霉的经验，世人似乎还是保持一种模糊的概念，认为事物不完全是过去怎样，现在就应该怎样，认为改良的时代终归有一天可能到来，于是情况也将有所改善。

其次，一个政党保护贸易自由，另一个反对贸易自由；一个政党主张节约和紧缩开支，另一个则坚持课税是真正的福利；一个政党希望消灭机器，另一个则热心歌颂机器；一个政党拥护使用黄金，另一个则赞成发行纸币。简言之，对于社会科学的一些至关重要的原理，意见完全不一致，观点完全不相同，并且不承认在政治争论的舞台上谁是胜利者。既然一些树立了正直多才的声誉并且有着获得最佳消息来源的同样机会的人们，差不多无论在什么问题上意见都不一致，在这种社会状况下，世人对于任何一个社会集团或对于任何一种意见，要具有很大的信任也就不可能了。

但是，这种情况不可能长久继续下去。知识虽说是永远沉默无言的，却一贯向前进步着，最后必然获得胜利；即使现时献身于改善社会制度各部分的人才只留下少许几个，他们也一定能调整整个社会制度；那时候，政治上现有的众多反常现象就会像幻影一样消失无踪，混沌的社会状况就会清楚明白，像数学上的三重规则一样。

我们差不多拥有保证物质福利所必需的一切原料，我们所缺乏的主要是一种监督和指导的力量；利用这种力量，我们商业体系的各个部分就能够互相适应和互相配合，造成一个协调的整体，以代替先前那个不协调的东西。并且，这种力量一旦根据合理的原则建立起来，我们就可以不再在徒劳无益的抱怨中过日子，也不再相信贫困和不幸永远是人们的命运。那时，看到我国居民享受某种程度的富裕与丰足，我们的惊奇会比看见利物浦和曼彻斯特的群众以每小时三十英里的速度飞快地通过一个地区所引起的惊奇还要小一些。我们感到最惊奇的将是，为什么我们对待自己的切身利益，对于国民境况艰难困苦的主要原因，会这样长期盲目无知。

现在的时机对于彻底改革社会商业结构特别有利。政府采取自由主义态度，并将鼓励改革；上层和中层阶级的处境同其他一切阶级一样困难，协助实行改革对于他们有利；至于由于最近普及教育而智慧开通的人民，更不会再长久地怀疑他们所应该坚持的那个方针。

开始研究改良社会状况的最适当的方法的时候，最好尽可能让我们的脑子不要相信存在着任何确定不变的贸易法则。社会事业应该创造出预期会产生最佳结果的法则来，而不应研究由祖祖辈辈积累起来的愚昧无知强加给我们的那些东西。政治研究的合理对象与其说是现在存在的事物，不如说是应该存在的事物；有些理论的主要任务在于解释怎样最好地指导生活，以适应现有的商业原理，所以，我们可以心安理得地不研究这一切理论，因为它们的实用价值很少。我在这儿提到的现有的商业原理，本身就是以一些极端错误的认识为根据的。应该实行根本改革，使我们能够享受作为合理地占有大自然所赋予的无穷资源的必然后果的那些物质福利。

也许,有人对上面所讲的提出异议,说所说的不过是一种新理论,并且接着就是庸俗的评论,说什么“理论与实际是极不相同的两回事情”。但是,真理在于:理论上正确的,实际上永远不可能不正确。理论和实际很像乘法与除法,二者可以互相证验。由于忽略任何一个事实,或由于对现有的一些事实作了不正确的判断,我们期待的结果可能就会和实际上所得到的结果不同;但理论上真正正确的,实际上也会正确:这个说法是永远不会错的。

工程师在计算纸上的图样以后,能够检查出自己所绘的机器图样是否正确,因为计算结果如果不符合他在机器运转中所能看到的,他立刻就知道,大概自己的图样有错误。关于这点,可以举以下一个例子:不久以前,爱丁堡有一个人受委托为一台机器绘了一个图样,以便计算它的马力。图样画成后,他把草图带回家。但次日,他通知委托人说,机器的某一部分显然画得不正确,因为纸上画的和他实际上所看到的不同。经过反复检查判明,他绘图时在计算一个主要轮子的齿轮中搞错了。

任何理论的情形也是这样的。我们可能在随便什么事件上有所疏忽,或者在随便哪一个计算上犯错误;这样,当我们的计划一受到实际检验,所得的结果就会与我们所指望的不同。事实既然如此,我们可以确信,图样上画错的,跟实际上发现的误差完全相符。如果理论无法符合实际,便不可能叙述任何一件事情,因为理论不过是叙述的别名而已。如果正确的理论(即对预料到实际上还没有的那种事物的恰当明白的正确叙述)不常常产生预期的结果，那也同样不可能对任何事物作可靠的叙述，甚至当事实俱在的时候也是如此。

毫无疑问，试图研究像国家商业这样一个内容广泛的问题时，很难确信每件事情都被适当地考虑到了，也很难确信对问题的每一个部分都给予了相当的注意和重视。可是，我们可以深信，只要整整的一个世纪都花在努力改善纸面理论上，一旦我们试图变理论为实际，改良和变化就自然会开始出现。而且这不是反对理论的充足的理由，因为根据同一个原则，我们能够反对可加以改良的一切。

对于我将在下面提出来的那些可借以彻底消除国家各种商业困难的方法，读者在考虑出意见时应当注意到：为了修理一台破旧机器，我并不主张把几个新弹簧或新轮子装到它里面去。在这种场合，新弹簧或新轮子的功用应该联系这台破旧机器的其他零件来研究。我主张完全抛弃这台机器，因为它构造不良、复杂、不好改造，并且毫无价值。不过，它的构造材料如果大部分质地优良，并且在改造中利用时大有好处，则当别论。

必须把这儿应该叙述的社会制度和现行制度分开来单独研究。不能把它们一部分一部分地作比较，因为二者之间联系很少。我们应该把每种制度作为一个整体，根据它必然产生的结果来判断，把冠军荣誉授给看来比较当之无愧的那个制度。

这种区别是必要的，因为我们如果接受“社会制度”的一个部分，并试图把它采用到非社会制度[①]里面去，那就像有人尝试把辅

① 格雷称当时的社会制度为“非社会制度”——中译注。

助轮子装到已做成的机器上一样,结果是那里容不下这个轮子。另一方面,如果我们试图把构造现行社会制度的那些庞大、复杂、拙劣的组成部分采用到所建议的新制度中去,则其结果是:这些组成部分中有很多东西完全是多余的,因而也是毫无益处的。

各种类型的人都很容易沾染一种坏习惯,这是应当特别提防的另一个错误(所以要特别提防是因为它流行普遍)。这种类型的人判断任何事情只看预期的结果,如果结果与他们曾经认为办得到的一切有差别,就认为这是这件事情一定办不到的理由十足的证据。举例说,工程师斯蒂芬森[①]先生如果向世人宣布,他打算做一台重好几吨的、本身带有动力(利用这种动力车子就能够这样飞快运行)的车子,在两三分钟以内飞快地通过一英里的距离,那人们大概会把他看做一个疯子,而不会认为他是一个有理性的人。于是,预期可以得到的结果就只足以保证他获得幻想家和热心者的称号。但是,我们时代的奇迹确实出现了,人们不再对此感觉得惊奇,因为他们看到这是怎样实现的。当他们确信,无论在理论上或是在事实上,方法都适合于达到目的,那奇迹就不过是某些原理和技巧的自然结果;如果某些原理和技巧一开始就得到了理解,那么惊奇也就完全没有立足的余地了。

可是,当然不能以不久前铁路上发生了奇迹为例,就得出社会科学会创造出另一个奇迹的结论。我们也不打算作出这种结论。不过,可以指出,事实常常是胜过想象力的。如果我们不仅仅因为

① 斯蒂芬森(1781—1848年)——蒸汽机车结构发明人,他在英国修筑了头一条公用铁路——中译注。

未曾见过相似的什么事情而认为什么也办不到，并能够把我们的思想始终用在研究计划上，那我们对于计划的判断总是一开始就会比较正确的。因此，研究当前提出的计划时，通过正确分析某些方法是否适宜达到预定的目的，比认定无论用什么办法都达不到目的的那种模糊的和无根据的设想，反而比较容易得出实施计划的合理意见。

因为有些原理偶然难得与现有事实相合，或者因为要达到颠倒黑白的目的，人们在论战性的作品中过多地滥用无数的“如果”和“但是”，使自己的脑子里不思考这些原理；和这种情况相比，在大多数场合，坚持本身显然合乎真理的一些原理，毕竟更有把握得到真理。比方说，尽可能用比较容易的办法来达到希望达到的目的，这是人类行为的常规。例如，要到达某个地方，我们一定要选一条最近的路；如果有几个不同的办法都可以实现某一个目的，那我们就会选择我们所知道的和所能采用的最容易的一个办法。比方要价太贵的东西，谁也不肯多花钱购买。由此可见，容易和有益差不多就是两个同义语。因此，用我们力所能及的最容易的办法得到自己所需要的东西——这显然是我们自然界的法则，这个法则永远不可能有改变，永远不会是错误的。

诚然，也可以说，一个人不常常是走最近的路来到达某一个地点的。因为某种原因他可能不得不走大弯路，但仅仅这个“因为”就证明他所追求的是两个目的，而不是一个目的。他可以不走最近的路，因为这条路泥泞难行，或者有危险，或者惹人讨厌；他或者是为了游玩蹓跶，有意延长自己的旅程。但在这一切情况下，他所追求的显然是双重目的，可见他毕竟是选择对自己说是最容易的办法，并根据为了达到目的的这条不变的原则而采取行动的。

把这条定理应用到实际上吧！发明机器的结果是能节约劳动力。例如，机纺棉花就比使用任何手工方法都比较容易省力些。因此，用机器生产我们所需要的东西，应该总是合适的，因为这样做等于服从一条最显而易见的人类生存法则。所以，我们应该坚持这条法则，既不要担心什么“如果”和“但是”，也不要顾虑某些表面上的矛盾；即使有人证明了贫困与不幸是制造和使用机器的明显的后果，那这个证明也正好是说明一个问题，即：在其他什么地方存在着一个可怕的错误。

极端理论完全不适用于这个问题。饮和食意味着服从大自然的规律，过量饮食意味着违反了大自然的法则。但是，不可能有过分服从大自然规律的这种事情，而采用对我们说是最容易的办法来满足我们的需要，这就好比用脚走路或用嘴巴说话一样，显然是大自然的规律。

第　二　章

定义——对原理的叙述和阐释并论证其重要性——土地、劳动、资本和交换自由是构成财富的四个要素

下面这些篇页的专门目的在于叙述、论证和举例说明一个重要原理，并试图唤起公众注意这个重要原理。这就是决不难把社会商业放到这样一个基础之上，以便使生产成为需求的经常不变的原因，或者换句话说，使为取得货币而销售永远成为像现在用货币购买那样容易做得到的事情。

这儿所讲的原理，同现时在人们中间起作用的任何原理一样，是清楚、简单和容易明白的。应该懂得，它对于商品的数量和价值并无任何限制或削减，但对于商品种类却不能不进行调整。这条原理宣告说：你们无限制地生产吧，我给你们寻找一个无限广阔的市场。你们几十亿倍地提高你们的生产力吧！这样你们就能完全以同等的规模扩大销售产品的市场！

人是有生命的活东西，是有精神和讲道德的动物，他的幸福在于适当地锻炼和满足他的一切感觉、爱好和精神力量。因此，幸福的艺术就包含着对人的一切欲望的考虑，而人的欲望则分成许多部门或种类，我现在打算讨论的其中唯一的一种是如何满足物质

欲望,即研究取得生活资料的科学。生活资料用以维持生命并保证有闲暇,以便研究和考察更精密更高级的知识部门。不论某些人对于这种或那种事物的合理性或适当性彼此意见如何分歧,不论他们对于我们所探讨的问题的细节怎样有些人偏右,有些人偏左;但像郁葱的树叶偏右偏左并不减少整体的共同美质和优点一样,毕竟存在着某几个条件或组成要素,没有它们社会就无论在什么时候都不可能达到按事物本质所应该达到的那种繁荣程度。归结起来,这些条件或组成要素就是:第一、应该有足够的土地,第二、应该有足够的劳动;第三、应该有足够的资本;第四、生产应该是需求的经常不变的原因,或者换句话说,卖应该同买一样容易。

这四个条件对于国民福利非常必要,甚至有充分权利看做是没有它们我们就无法生存的几个要素。

第一是土地。土地的必要性非常明显,讨论它完全是多余的。

第二是劳动。劳动是财富的源泉,或者说是购买任何物品都可以用它来支付的原始货币。

第三是资本。拥有资本也非常重要,为了获得次日到来以前不应消费的一天食品储备,我们应该拥有储备,即拥有足够维持到次日到来为止的生活的资本。

第四个条件是立即交换的机会。根据叙述次序(但不是根据重要性),这是最后一个福利要素。现在,没有交换,那就对于世界上任何文明社会都是妨碍进步的绊脚石。一般说,缺少这个条件而社会还能够存在,那只因为人们找到了不完善的、相当蹩脚的代用品。人们从来没有适当的交换工具,他们在各个不同时期先后使用过公牛、海贝壳、金属、烟草、钉子、串珠、金币、银币、铜币、银行券、期票及其他许多物品，还实行过物物交换和信贷制度；但直到现在始终不曾有过合理的交换制度或适当的交易工具。

要证明任何时候销售都可能同购买一样容易这种可能性的巨大意义并不困难。据推断，差不多从存在的最初一些日子起，人就是用自己的劳动来取得恰好够自己需要的物品。自从他放弃这种自给自足的方法以来，自从他开始交易并开始这样过生活，即把自己的注意力放到某些专业上面，从而有可能把自己取得或生产出来的物品换成别人以同等劳动份额所生产出来的物品以满足本身需要以来，人就成为依赖自己在其中生活的那个社会的生物。随着社会进步，人为的需要增加以及劳动对象在人们之间被瓜分得越来越彻底，这种依赖程度就无可比拟地大为增长了。

例如，森林中的野人只要有着中等健康、体力和智力，就能够凭借自身的劳动以森林所能提供的衣、食、住条件供应自己。可是，当每一英亩土地、每一棵植物以及每一只动物都已被占有的时候，生活在这种社会状况下的文明人本身就会成为芸芸众生之中的最无能为力的人。铁匠不能以铁为食，同样也不能以铁为衣服、为房屋。野人能杀死野兽，然后吃它的肉，穿它的皮，可是，文明的铁匠却既不能吃铁，又不能穿铁。他通过交换，并且只有通过用自己的劳动交换另外一些人若干份劳动的途径，才能够获得自己所需的生活资料；如果他不这样做，那么，无论哪一次他一缺乏生活资料储备，就不得不请求别人施舍，或向人借贷，或从事偷窃，否则就只有饿死。

指出货币在某种情况下毫无用处这一事实，常常可以证明各个生产阶级所起的作用。毫无疑问，鲁滨逊乐意拿一箱黄金（如果他有的话）去换一箱木匠用的工具；他也乐意拿一百万钞票（如果他也有的话)去换回几英亩方便而好耕种的土地。但这个说法不仅适用于货币,而且同样适用于任何物品,因为无论哪一种物品单个地总不够维持一个人的生活。人不能光吃面包过活,他还应该有其他食品,而且也应该有衣服和住宅。因为对任何人来说,在社会上用自己的一双手创造自己所需要的一切,其中困难会无比地增加,所以,用一种物品交换其他许多种物品的可能性,已成为人的迫切的需要。有交换的可能对于人的重要性,就同有生产的可能对于鲁滨逊的重要性一样。

那么,除去可以用办事不力、不明智以及发生偶然灾难等原因来解释的一些特殊情况以外,一般说,人们有没有可能毫无困难地立即按公道的价格把自己的劳动换成别人的相当一份劳动呢?一言以蔽之,大不列颠和爱尔兰的全部产品能不能按公平的价格在明天就售出以换成货币呢?掌握一种物品(例如,储备了大批家具)的人,能不能把这种物品变成任何其他一份物品,或变成他需要换回的一切物品,而肯定不会从这种交换中蒙受巨大的损失呢?回答这些问题几乎是不必要的,因为在目前社会状况下,这显然是不可能的事情。大家都很清楚,一个储备很多商品的人,在把这些商品按公平价格卖出去以前,一定要经年累月地保管这些商品,并为此费许多力、操许多心。所谓公平价格自应高过商品的生产费用,即高到要加上运用资本的公平利润和营业上一切非生产劳动所应得的报酬。

所以,我要对这个人说:现代交换制度是建立在极端愚昧无知的基础上。我也愿意向你们指出,生产品怎样才能够毫无确知的或可能的限制而能按上述一些条件经常在一小时内就可以销售出

去，并且永远不会有市场过于饱和或生产能够超过需求的那样的时期。不但如此，而且借以做到这点的办法是这样明白、这样简单并且这样合乎实际，甚至人类将用我们回顾我们祖先信仰巫术时所体验的那种感情来观看现代社会状况的一天必然会到来。我们会为这种愚昧和这种智慧竟能够同时存在于同样一些头脑中而感到惊奇不已。

总之，我这里的主要目的是指明，生产怎样能够成为需求的经常不变的原因。但为了充分阐释这种学说以及指出它的实行办法，就必须研究商业制度。

不错，能够遇到这样的人：他们一看到谈论社会制度的书名就问：这有什么意思呢？“从人类野蛮时代开始，就有一种制度和人类一道成长并且与改革[①]、自由贸易和减低税收一道，构成我们的幸福和安宁所需要的一切”，为什么总是需要一种与这个制度不相同的什么制度呢？这个问题的答案（上面我引述了几句话，其中已给我指出了答案）是：改革、自由贸易和减低税收并不是我们的幸福安宁所必需的一切，因为从人类野蛮状态开始就与人类一道成长的这种制度中包含有这样一种非常重要而又巨大的、按其影响及后果来说令人极为痛心的错误，只要这种错误没有消灭，要给人类提供真正的福利是根本不可能的；这个错误就是不能令人满意的交换制度。只有大加改革社会商业制度，才能消灭这个错误，所以，一种跟现行制度在若干方面不相同的制度的必要性就从这儿产生了。

① 指议会改革——原注。

但有人可能会继续追问:为什么不干脆指明,你想实行的那个特别改良措施是怎样的措施呢?为什么不让每个人评论评论它,不让他们自己着手搞这种改革工作,却要使他们在自己业已懂得其中许多东西的一些详细情节上跟随你呢?答案就是:这种方法是十分古怪的,正是要通过采用它,才容易证明它。这就是我建议推行的那个制度的最主要的特点之一。

大家口口声声说货币不足。货币不足是一个大灾难,所以我建议使商品和货币同时制造出来,并同时消灭,以改善这种情况。但有人马上就问:你建议怎样实行这个办法呢?从这里能获得什么好处呢?请读一读这本书吧!——答复就是这样的。

由于看来是一些不很重要的普通发现,例如,水化成蒸汽,所占的空间扩大了,有时会引起社会上的巨大变化;一向看惯了这种现象的人们中间,只有少数人将不敢断然承认:如果生产变为需求的原因无论如何都是办得到的,则目前的社会状况比起它行将面临的那种状况来就当真是灾难深重的。

但我们如果要彻底研究因果作用,试图回答上述改革对社会将产生怎样的后果这个问题,那么,这个问题的广泛内容定会使我们的神智困惑,会使我们的疲倦的头脑拒绝为我们服务,并且仿佛还会使我们的意志受责难,因为它愚蠢地引导我们的思想去探索无穷无尽的问题。

这儿所捍卫的商业制度,跟关于人类理想的无论哪一种抽象理论都毫无共同之点。这种制度对于各个阶级、各种宗教信仰、各个政党和各种国籍的人们都是可以接受的,它只要求有组织的交换制度和合理的货币制度;在具备了一般说对文明社会生活至关重要的那种正直水平的条件下，这种制度到处都能够付诸实行。

可是，这个制度是不是行得通呢？前已讲过，它行得通。任何事情是否能行得通，其最大标准就在它是否值得实行这个问题上。如果告诉国内所有工厂主，叫他们把自己目前的办事手续作某种改变，就能够从资本运用中多赚 2.5%，那么，他们会正当地提出异议说：多赚 2.5% 未必能补偿他们为达到这个目的所花费的劳碌奔波。但这里向他们讲的话是这样的意思：请你们丝毫不受限制地进行生产吧！如果愿意的话，你们就请求巫术帮忙，尽量增加某些适当的劳动产品数量吧！尽管如此，但市场决不会存货过多，按公平价格出售你们的生产品也决不会发生任何困难。

毫无疑问，这就是值得达到的目的，这就是值得捍卫的论点，这就是值得争取的奖励；因为达到这个目的就使得不应有的贫困二字变成未来辞典中的报废字眼，使国债成为政治家们将来借以消遣的玩具，而使货币不足一词成为应写给后人并引起他们嘲笑自己的祖先即我们的智慧的那个笑剧中的用语。

现时生产不是需求的原因，其所依据的理由以后将详细说明。诚然，某些经济学家说过“有效需求”的确以生产为转移，但这种学说是错误的，这种错误性也将在本书论述过程中给以充分阐释。

我远不以为我现在准备阐述的这个特别计划，是一切可以想得出来的计划中的最好的。反之，我深信它的许多细节还可以改善。它的主要优点是具体体现出了国民福利的四个必需要素，这就是：它包含有获得足量土地的方法，包含有保证资本适应日益增多的人口的需要经常成比例地增加的方法，提供了立即以劳动交换劳动的可能性；至于工人本身，看来，大自然一直在大量繁殖他们，他们足以满足任何制度下的需要。

我仔细地阅读了一些优秀的政治经济学著作，如果我能够发现这些著作中有任何著者曾经指出过怎样能够做到使资本经常同人口一样增加得快，以及指出过生产怎样能够成为需求的经常不变的原因，那么，《社会制度》一书就永远不必写了。但是，上述各项条件的意义是：点金石的探寻者和指望不要这些条件而能看到国民幸福状况的人相比，并不是更大的幻想家，因为后者也同样指望不要肺而能呼吸，不要脑子而能思想！

不错，穆勒先生在他的《政治经济学纲要》[①]一书中（第二版第58页）曾设想，“要使人口和资本齐头并进，可以采用两种人为的方法，即：想方设法或者降低人口增长的趋势，或者在资本自然流通的范围内使资本加速增殖。”但是，他无论对于前一种方法或后一种方法都不曾提出任何实际计划来。他还说过：“采用促使资本以快于自然趋势的速度加速增殖的强制办法，并不会产生预期的结果”。可是，“自然趋势”一语如果不是表示在现有条件下的一种自然的趋势，不是表示这种趋势可以根据现有条件是否能促进资本增加而反映资本增加的迅速或缓慢，那又是表示什么呢？

财富像千百条发源于不同地点、具备不同性质的溪流一样，最后必然会汇流到一座大水库里来。把各种性质的财富混合和结合起来以后，就应当归属于各自的生产者，其数量应等于各人所提供

① 这里原文为《начало политической зкономии》应译《政治经济学原理》，但詹姆士·穆勒所著的是《政治经济学纲要》（《Elements of Political Economy》），《政治经济学原理》（《Principles of Political Economy》）著者是约翰·穆勒；为免混淆起见，这里译《政治经济学纲要》——中译注。

的数量，但所具有的质量却是整体的质量；而货币则只是一种作为从每个人那里得来多少就给他多少的尺度。

原理的图解

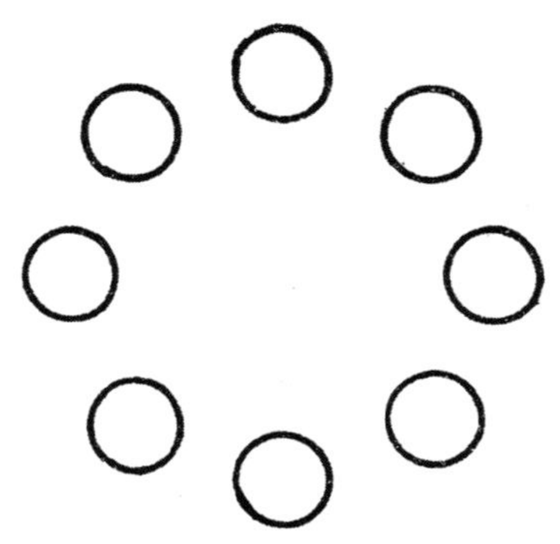

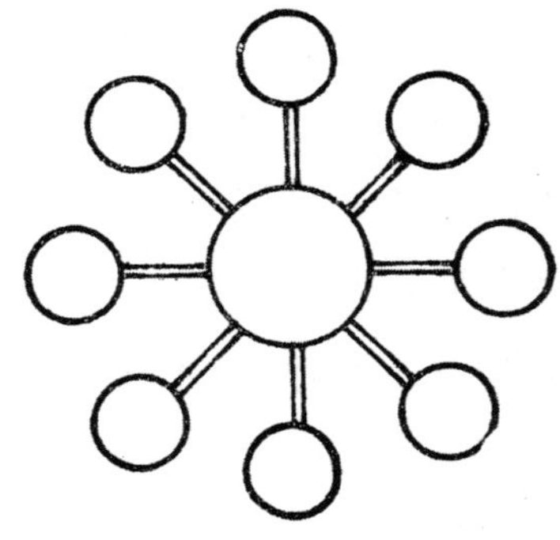

现代制度

需求——生产的原因

你想买进吗？

唉，我们大家都想卖出咧！

几个圆圈代表各个社会成员，他们不曾获得适当的交换工具（因为现在使用的货币只是圆圈之一），人人感到供应缺乏（尽管全体创造的财富十分丰富）。大家都在抱怨市场。

社会制度

生产——需求的原因

卖出同买进一样容易。

外围的圆圈代表各个社会成员。渠道代表货币，利用货币每个人都能够把一种产品投入社会储备中，并拿所投入的产品换回所需要的一切。中央大圆圈代表社会财富的贮水库。

第 三 章

商业宪章纲要——取得土地和资本——领导——管理——工资、薪金和“社会制度”的一般原理

本章的任务是有条理地叙述我们打算阐明的那个计划(不单是阐明它,而毋宁是以商业宪章这个文件所需要的全部顽强精神来捍卫它)的一些最主要的特点,所以标题为《社会制度原理》也许比较正确一些。但结果还是以《商业宪章》为标题,原因是这个标题本身就标明了为获得国民福利所必需的那些公认的要素中的一个要素。

这儿应当确定的一些原理,将只是略加论证或说明;但在整个计划叙述完毕以后要提出有关计划的一些一般意见,表明为什么著者认为我们的商业迫切地需要作重大的改革。

当大多数人深信,为了通过变生产为同样规模的对各种必需品、方便品、舒适品及日用奢侈品的需要的可靠原因,更好地为自己供应上述备品,必须把各人的资本统一起来以后,就要求他们按照下列各项原则采取行动:

一、应当选举主席和人数足够的代表来监督、管理和调整商业协会的业务;这样选出来的人员在服务期间应享有最高权力,由他们共同组成国民商业院。

二、商业院的成员作为负责人应该不参与一切政治争论和宗教纠纷；他们必须以同样公正的态度对待持任何政治见解和有任何宗教信仰的人；他们有义务把自己的全部注意力放到商业利益上面，毫无异议地完全服从政府当局的法规，甚至放弃向议会请愿的权利；如果他们认为国家商业立法方面的某种变革是适宜的和必要的，可以介绍给自己的选举人，让后者提出必须变革的请愿书。

三、邀请一切拥有土地或资本的人加入协会，而一俟协会业务发展有了可能，也允许其他的人入会。

四、拥有土地或资本的一切协会成员，在土地或资本获得确定的估价以后，同意把土地或资本交协会利用，自己向协会领取与土地或资本的价值成比例的规定的年酬金，而不必亲自经管耕种土地或运用资本方面的盈利或亏损。

五、对于全部农业、工业和商业的指挥及监督，都应委托商业院负责。

六、耕种土地和管理全部工商业都由职员或管理员负责，他们受雇用，领固定的薪金，在商业院的指挥、监督下工作。

七、各种工农业产品都应存放在国民商品仓库里，委托职员或管理员保管，按商业院规定支付他们薪金。

八、这些国民商品仓库应给所有零售商店供应产品；零售商店也应由商业院委派的领固定薪金的职员或管理员管理。

九、全部工资及薪金都应支付没有内在价值的货币，商品价格则由下列各项组成：①原料费用，②工资，③提成额（或利润），这种提成额要足以保证资本逐步地和相当迅速地扩大，要足以支付地租、资本利息、薪金、存货贬值、非生产劳动、意外事故以及其他各项国民费用(以后将作比较详细的规定)支出。

十、协会的土地、资本和劳动应首先保证以各种商品——日用必需品、方便品及生活舒适品供应国民商品仓库。

十一、一经发现国民商品仓库里某种商品储存过多,证明已无需照原先规模继续生产这种商品时,应立即将生产这种商品的一部分资本和劳力转移到其他目标上去,即用以生产某种并不这样过剩的其他物品。

十二、如果这些变革引起损失或亏本,应将亏损记人国民账户内,单列一项,用附加在协会劳动产品价格上的提成额来抵偿。

十三、在停止一种业务转向另一种业务所必需的过渡期间,工人应照常支一周全工资,这笔开支也应列入国民账户内。

十四、如果由于机器有显著改进,或由于其他任何原因,劳动生产力大为提高,使现有的必需生产人员中只留一小部分就足够生产供应日常市场销售的储备品,在这种场合,最好遵照下述规则办事:既然我们目前是供应日用必需品和生活舒适品,那我们就该把我们的劳动力和资本转用于生产装饰品和奢侈品;要使生产总有一天不可能超过需求,就像要使人类会有一天不可能不想得到自己所没有的东西一样。这条规则没有任何限制,没有任何条件,也没有任何保留。在地球停止转动以前,遵循这条规则去做,总可以带来一定的好处。

十五、应该把国民商业协会看做是一个由商业从业人员组成的社团。参加这个社团的原则和限度,同现时人人都在所属的国家里参与政治活动,服从同一公共法律,受同一公共法律保护,但丝毫不混淆私有财产或牺牲个人权利完全一样，而且也只能这样。

十六、协会的主要任务是尽快归还用以开办业务的贷款，并且以尽可能办得到的高速度，保证本身拥有足够数量的土地和资本。

十七、国民银行应定期检查协会的一切业务（检查方式以后说明），公布年度平衡表，说明平衡表的全部收入、支出和其他财务状况。

十八、一定数量的成员，对于国民平衡表中所有不能令人满意或不够清楚的地方，有权随时要求予以解释并应得到解释。

十九、商业宪章应该以明白晓畅的文字详细写成。国民商业协会必须以自己的一切行动都严格遵守商业宪章的各项原则为条件，恳请英王陛下的政府批准，并给予保护。

二〇、除非取得主管政府当局及商业院的一致同意，商业宪章决不应擅自修改。

不久以前，当这些条文还是草稿的时候，曾承一位有学问的朋友过目，使我感到荣幸。他马上为这里确定的社会制度原理与普通股份公司章程之间的相似而觉得惊奇。应该立刻承认，骤然看来，二者的确相似，但这种相似充其量也不过是像蘑菇与毒菌相似或黄金与镀金的铜相似罢了。

差别是这样的：普通股份公司只是人与资本的联合，首要任务在于经营某一个商业部门或工业部门，以便和其他商人竞争，或企图垄断全部商业（例如，东印度公司就是这种情况）；整个企业的最终目的就在于谋私人利益。

反之，筹划中的商业协会的专门目的在于使生产成为需求的始终不变的原因，并利用精心安排的生产、交换、分配和积累计划，使劳动与资本尽可能发挥最大效用，不管谁最初花了劳动，不管谁最后获得资本。因此，协会的最终目的是根据协议把全部利益分别交给协会及其每个成员（按勤劳程度和财富多少而定）。

不错，这个题目非常广泛，非常复杂，不可能一眼就分析清楚，也不可能像新小说的职业评论家为了读后写评论而那样集中注意力，那样彻底了解其内容。虽然如此，但稍加沉思还是可以使一般能就这个问题考虑出意见的任何人相信，这儿建议的行动计划必然能使国民福利达到很高的程度。因为各个劳动阶级将永远不会再为失业而苦恼，对于事业的种种私人忧虑也将烟消云散。虽说所需勤劳和操心的程度并不比现时少，可是像欠债或宣告破产那种不应有的不幸事件则完全可以预先防止。上层阶级也得到一个极好的投放资金的场所，而政府则可以摆脱各种麻烦的和花费很巨的征税事务（这一点以后将适当地再作说明）。最后，除丧失了自己的劳动爱好心，耗尽了自己的生产力，或者除自己的需要业已得到满足以外，国家将不知道自己的财富还有其他任何界限。

这样，在扼要地讲完了社会制度的一些极重要的特点以后，我现在回头再对这个问题作更详细而精确的分析研究。

第 四 章

生产——劳动是财富的源泉——保障所有权——作业分工——资本——如何经营工业和农业使需求与生产步调永远一致:经营方法的阐述

生活享受是人们从事一切活动的总目的,而劳动则是一切享受资料的原始源泉。土地在施加劳力来收获、增加和调整其产品以前,甚至也没有任何价值,而资本(积累的价值)则完全是用来生产或攫取财富的种种努力的结果。

虽说劳动是财富的唯一源泉,但在研究生产问题时,还必须考虑一些其他的条件和情况,因为这些条件和情况能激励人们爱好劳动并提高劳动功效。

这些条件的头一个是保障所有权,关于这一点麦卡洛克先生说过:"保障所有权是生产财富所必不可缺的首要条件。它的功效在这一方面的确是这样显而易见和这样引人注意,甚至从最早的和蒙昧无知的时代起,无论任何国家都采取这种或那种措施来保障所有权。如果经过穷年累月的劳动以后,一个人的畜群大量繁殖了,他的庄稼即可收获了,而别人还会夺取他的劳动产品的话,那就很显然,无论什么东西都不能鼓励任何人从事各种劳动——

谁也不肯驯养野兽，谁也不肯清理和耕耘土地了。”

如果说保障所有权作为事业活动的推动力是必要的，那么作业分工的意义也并不会比这个小，因为把作业分工作为提高劳动生产率的手段，其意义是根本不可估量的。

这条原理所产生的好处，通常分为以下三项：“第一、提高了工人的熟练的灵巧程度；第二、节省了平常由这一项作业过渡到另一项作业上浪费的时间；第三、作业分工引起了一种趋势，使发明机器和发明减少劳动及节省劳动的方法都比较容易。”

关于提高熟练程度（这是分工的结果），穆勒先生在所著《政治经济学纲要》一书中指出，“我们开始动作缓慢，由于再三反复，动作就越来越快：这种情况是这种改进[①]的基础。这条合乎人类天性的法则人人都知道，人人容易明白，大概已不必再加说明。等速擂鼓是一切动作中最简单的一种动作，这是个好例子。一个从未做过这种事情的人初次尝试擂鼓，动作常常慢得惊人，而一个有经验的鼓手的擂鼓速度却会快得令人更加吃惊。”

关于分工能节省时间这一点，麦卡洛克先生说：“分工的功效就在于由一种作业转移到另一种作业上时不至于浪费时间，而当一个人从事各种不同的工作时则常常会发生浪费时间的现象。比起提高工人熟练及灵巧程度所提供的利益来，这种功效更加显而易见。如果同一个人在几个可能相距很远的地点、使用不同的工具、从事不同的作业，那么，他要在作业移转上避免浪费大部分时间，显然办不到。如果工人从事的各种作业能够集中在一个车间

① 指提高熟练程度——俄译注。

里来完成，那么，时间浪费会减少一些，但甚至在这种情况下，浪费还是相当大。”他继续说：“至于谈到作业分工对便于发明机器以及发明减少劳动和节省劳动的方法所产生的影响，那么，显而易见，担任某一部分作业的人能够把全部注意力完全放在这一部分作业上，比起注意力分散于许多任务方面，自然能够快一点发明出比较容易和比较方便的作业方法来。”

但是，作业分工的种种好处常常有人论述，并且现时大家都已知道，所以这里只要认定（用经济学家的话来说）是业已确定了的社会科学原理就够了。

积累资本是生产的另一个重要条件，没有这个条件要在走向繁荣的道路上获得稍微大一点的进步就不可能。关于积累资本以后将详细谈到，这里只是再引述两段文字。麦卡洛克先生说：“如果一个最有经验的农夫没有犁和锹，一个织工没有织布机，一个木匠没有锯子、斧头和刨子，他们能做什么呢？没有事先积累好的资本，分工就不可能在稍微大一点的范围内进行。”亚当·斯密博士说：“为了使劳动可能分工，必须在什么地点积累足够数量的各种各样的储备品，以便供养工人并为他们供应各种生产原料及工具。一个织工如果没有预先在什么地方收集好了不仅在他生产而且在他出售织品以前都足够维持他的生活并以原料及劳动工具供应他的储备品（或属自己所有，或属别人所有），他就不能把自己的全部力量用到自己的专业上面去。显然，这种积累应该在他这么长期献身于这样的专业以前早就准备好。”

不论上述意见对于一篇有系统的政治经济学论文是怎样必要，但本书的任务在于论证某一条原理的功用，所以这里就不必再

详细讨论它们了。我们如果专门讨论工业，那么生产大概可以比较明显地确定为原料和资本加劳动的结果。总之，本章的任务在于说明商品生产怎样才能够搞得比现时获利大些。如果读者一开始能仔细了解清楚上面各章所叙述的“社会制度”原理，那就能够更快地掌握这一章和随后各章的内容。

读者已经知道，就哪种商品和多少数量的商品适宜送到市场上去这个问题说，社会制度规定只有一种指导和监督力量、只有一个审判官的决定是有效的。这个力量、这个审判官就是商业院。商业院总是能够确定各种商品的现有储备数量，能够立即说出哪里的生产应当加快进行，哪里应当照平常速度进行，哪里应当放慢一些。

因此，现时的工厂主应该是一位代办，因为：要求他扩大或缩小生产规模，他就得扩大或缩小；或者甚至完全停止业务，如果认为这是必要的话。在某种场合，如果有两个工厂就够了的地方却有了三个工厂，最好让其中一个工厂一开始就停工，而不要让三个工厂互相竞争以待其中一个被挤垮。要懂得上面这个道理，并不需要深思细想。人吃饱了，就停止再吃；国家拥有了足够数量的某种产品，就应该不再生产这种产品。

但我们且来看一看这种变革的后果。根据《社会制度》原理来说，这种变革能创造幸福以代替灾祸。假设甲、乙两人都是生活必需品的生产者，那么这些必需品的价格就是两个人工资之和。但这时发现甲能够生产足够数量的必需品，除供应自己以外，还能供应乙的需要。从这里产生出什么结果呢？供应两人必需品的价格现在缩减为一个人的工资。因此，以后乙就来生产奢侈品，他的供给是一个人的供给，同时也是一个人的需求。这样一来，销售一切产品的市场就形成了。甲、乙两人现在都能够使自己拥有奢侈品，因为乙生产的一半奢侈品就是他用来换回甲生产的一半必需品的等价物。

不过，在现时的交换制度下，情况并不是这样的，而关于生产过剩问题的妄诞概念也是从这里产生的。请看看，一位具有头等才智的人在不久以前发表的一部著作里关于这点写了些什么吧！乔治·康伯先生[①]在他的试作《人的构造》一书中写道："利用机器和科学资料，可以耕作土地。任何本身所有并不过多的人，耗费适度的劳动就能够生产大量的各种各样的必需品和奢侈品。如果人们一达到这点就停止工作，并且把每天的剩余时间用到德育和智育事业上面去，结果就会出现一个安排得好的经常性的市场，因为这个市场并不会被百货塞得过满。"接着，他又说："不列颠的劳动人民注定每天要劳动十至十二小时，甚至十四小时；这种劳动耗尽了他们的体力与精神，彻底搞垮了他们的身体，此外还不让他们有任何闲暇从事德育和智育。结果就是所有市场都被各种生产品充满，物价开始猛跌，工人没有工作并丧失了生活资料：这些现象一直要持续到他们先前过度劳动所生产出来的过剩产品被消费干净为止，甚至还需要更多一点时间。自此以后，由于生产缩减到需求数额以下，物价又大幅度高涨，工人重新在原先劳动过度紧张的制度的基础上开始工作。于是，产品又充斥市场，工人又成为失业者，并且又要过可怕的贫困生活。"

① 乔治·康伯(George Comb)(1788—1858 年)是颅相相士和"道德家"——原注。

如果生产是需求的经常不变的原因，上述现象就根本不可能发生。我深信，实行了合理的交换制度，人们就不会再像奴隶一样每天工作十二或十四小时，因为人们将适当地受教育（这是国民福利增长的必然结果），而且他们也肯定愿意以一半时间工作，以另一半时间从事生活享受。我坚信，在这里建议的交换制度下，即使人们一昼夜工作二十四小时，甚至每个人的劳动等于一台五十匹马力的蒸汽机的效用，生产也永远不能超过需求，市场连一刻也不会被生产品塞得过满；因为这正好像穆勒先生关于现代制度的那个不准确的说法一样："需求和等价物是同义语，这一个可以代替那一个。可以把等价物叫做需求，而把需求叫做等价物。"投放市场的生产品的性质可以改变，可以从必需品变成奢侈品，也可以从奢侈品变为过剩品，自由职业（诚然，这不是律师职业，也不是医师职业，而是绘画、雕刻、音乐及其他许多职业）则增多到难以想象的程度，然而并不会出现产品过分充斥的市场。

举一个普通例子来说明应该怎样经营工业和农业。假定某工厂已建成了必需的厂房并安装了必需的机器，商业院已任命了管理营业的厂长，厂长已雇用了若干数量的工人。

这样一来，厂长作为协会委任的代理人首先应该绝对掌握他作为负责人所必须掌握的一切。他应该获得经营业务所必需的一切原料，即不仅获得包括商品本身所需的一切主要材料，而且要获得生产过程中所需要的其他一切材料如价值为一千英镑的煤、颜料等等。同时，他也应该向银行（下章将讲银行）取得另一千英镑现款。参加工作的工人用上述各种原料制造出一定数量的产品，并得到一千英镑作为自己的工资。产品移交给有关国民商品仓库以后，代办（即厂长）跟银行往来账上的借贷双方立刻会得到平衡，就中所移交的产品是用来补偿原材料及信托款（银行交给代办的）的唯一支付手段。

由此可见，可以叫做这种商品生产的直接费用只是由原材料加劳动构成的。在这个业务阶段，把其他地租、管理费等等开支添加到产品价格上面去还不能认为是适当的。

这样，任何一种生产事业，不管是采集材料或制造材料以供其他工厂利用（例如开采金属矿或纺棉花），还是生产成品以供应市场，都能够这样容易和这样有利地进行经营，这是跟现时的社会制度完全不相同的。在现时制度下，工厂主一面生产商品，一面必须尽其所能到处寻找商品销售市场。参加协会的工厂主则不要寻找市场，不要和顾客交易，不要担心不可靠的债务，不要为货币苦恼或为贸易困难而焦急不安。他只须完成简单明白的任务就能获得优厚的报酬。

现有的工厂主们只要懂得现存制度的缺点，就会同意选择最好的制度。确实，在利润率最后较大或者相等的情况下，对于以必然代替偶然而竟会长期踌躇不决的人并不太多。而按照现在建议的计划，工厂主起先，即在社会制度的巨大优越性得到大家公认以前，可以保留自己合法掌握的资本，在成为商业协会的成员以后，能获得为数不小的一笔固定收入。收入分两种：第一是因自己的房屋及机器交给协会使用而应取得的固定租金，第二是作为自己原有企业的经理人而应取得的薪金。

应当把农业放在完全同样的基础上。协会所有的全部土地应由受信托的代办们耕种，后者向各国民商品仓库领取生产所必需的一切资料，向银行领取现款以便发放工人的工资。全部生产品不是交给原来发给生产资料的商品仓库，而应交给其他国民商品仓库。举例来说，把一定数量的土地委托一个农场主经营，农场主得到有关总计划的指示，按照指示耕种土地。他雇用工人，以自行向银行领取的现款付给工人作工资。当仓库需要时，他就把谷物和牲畜交给国民仓库。在这种情况下，也如同工厂主那儿的情况一样，所消耗的生产资料和所花费的劳动都是直接的生产费用。

就本章已谈到的作业分工来说，它所具有的限界在这里值得特别注意。劳动分工必然经常受市场规模的限制，但这种分工的好处我们却已看到了。显然，如果任何一种工作由于规模小，过于不关重要，那么，为了使一个工人完全不空闲，就应该让他做一种以上的工作。但这样一来，他的工作的熟练程度必然会降低，劳动生产率也一定会降低。

这种情况有助于阐明建议中的**社会制度**的一个优点。现时市场受商人之间现有竞争的限制。例如，一个木匠与从事同一种业务的另外一些木匠竞争，他就只能有一个比较不很大的市场来销售自己的劳动产品；但如果在现时有二十个不大的木工企业的地方，设立一个大木工企业，以代替那二十个小企业，那么，作业分工就能大规模进行，生产品就会大量增加。

由于同一条原理的作用，劳动生产力在某个方面也会提高到更加惊人的地步。现在，许多部门或者完全没有使用机器，或者由于个体企业规模不大只在有限范围内和很不利的条件下使用机器，但这些部门很快就会使用机器的。下面这条原则目前在起着作用，即：不论在哪一个部门中，某些企业的数量与经营这些企业所需资本成反比例。[①] 这样一来，伦敦就出现了无数的煤商。的确，煤商是这样多，以致人人都知道：当一个人在其他某方面没有成就时，就会充当煤商，并由于打算把煤推销给自己的叔伯们和堂兄弟们以及一切亲属而弄得这些人都非常苦恼。其所以发生这种事情，还不是因为在伦敦一个人就是连六便士都没有也能变成煤商，或者，更正确一点说，变成煤业代销员吗？

当然，售煤并不是一个采用机器的部门，所以提到这一点，只是作为例子来说明企业数量完全取决于经营这些企业所需要的资本总额。旋工业是以同样小规模进行的另一种作业，现时被分成这样多的小型企业，甚至二十个旋工中找不出一个使用机械力的，因此也许要多花五十倍的费用。因为，如果把大约一百个这样小的企业联合成为一个，那么，一台蒸汽机就能供应全部作业所需的机械力，并且如同木匠业中一样，各种业务也可以按较大的程度实行分工。

不需要再举其他部门的例子来继续讨论。真的，在这方面的改革是这样有益，甚至对改革的优点作正当的叙述也似乎成为无理的夸大了。但是，既然可以确定：使用机器不嫌太多，经常从事一种作业的人比常常更换工具和作业的人所生产的东西要多许多倍，差不多是两条无例外的定理，那么很显然，现代社会商业制度就是特意用尽可能小的一些最狭小的框子来限制这些很有益的定理起作用。

① 因为资本总额不能增加，所以二者成反比例——中译注。

第五章

交换——交换是社会之父——现代交换制度根本不健全——价值尺度的必要性——现在使用的黄金、白银和纸币完全不适合预定的目的——确定货币的适当用途和性质——论述改良的交换制度——国民银行计划——金币、银币和铜币——出口和进口

如果说劳动为人类创造了一切有价值的物品，那么交换就使某些人有可能利用许多没有交换依靠自己的劳动永远得不到的东西。在社会发展的情况下差不多一切阶级需用的衣服、食物和住宅，都包含着大量的组成部分，这些组成部分是散布在整个半球上的人们勤恳劳动的结果。其实，十分显然，如果每一个人只能掌握自己凭双手的劳动直接生产的东西，那人类便永远不能脱离极端无知和野蛮的状态。

因此，可以把交换叫做社会的联系和基础。虽然如此，但提出下面几个问题还是十分合理的：现在的交换制度好不好呢？它是以一些正确的原理为基础的吗？人类知识和物质资源达到现代这样发展的情况，使我们有权指望和期待得到一切福利，现在的交换制度能把这一切福利带给我们吗？

对于这些问题我毫不含糊地断然回答说：否。我们的交换制度是统治文明世界的恶魔的隐身所，它以饥饿报答勤劳，以失望报答努力，以困难、惊慌、失败报答我们的执政者谋求福利的善良愿望。正是我们的交换制度在人们关于公共利益的概念方面造成了比巴比伦的嘈杂更糟糕的混乱状态。

让我们实行议会改革吧（这一点差不多已经有把握了）！让我们拥有普选权并实行秘密选举吧！让议会一年改选一次，实行自由贸易，清偿国家债务，豁免一切赋税，取消英爱合并吧！让人们所希望的其他任何事情都兴办起来，让曾经使人们失望的任何现象都消失无踪吧！但是，当这个扰乱商业秩序的恶魔看到我们所说的一切包袱已经一个接一个地相继卸掉下来，而我们还是在另一个无形的包袱压迫下越来越深地陷入失望深渊中的时候，它是既要用铁爪抓住我们的物质福利不放，又要嘲笑我们的狂妄与无知的。

可是，因为人们习惯和希望从事某一专业，因为每一个人都是依靠用自己生产的产品交换别人的无数劳动份额而生活，还因为我们直接以产品交换产品并不方便，所以，当作价值尺度的交换工具乃是任何商业社会也离不了的必需品。直到现在，地球上从来没有哪一个国家不使用这种方便而良好的工具。

货币的真正用途，恰好同秤与尺的用途一样，在于估价和计量现物交易，使等价物的供求容易实现。因此，货币作为最常用的生活必需品，应该像秤或砝码那样方便，那样简单，那样为那些有任何物品拿来交易的人所乐于接受。

金币完全不适合于这个目的，因为金币总是要按照与它所代表的东西等值的原则来使用；而它所代表的东西至少在百分之九十九的场合数量上比黄金增长得快些，所以其他产品数量上的任何增长常常会带来按较低的货币价格出售的不可避免的风险，即使盈利变成亏本。这样一来，由于工厂主脑子里总是担心生产过剩，生产就经常受着限制与阻碍。现时生产的界限不是可能生产的产品数量，而是可以有盈利地出售的产品数量。

反对银行券的理由与反对黄金的理由正好相同。因为银行券常常是凭担保品来发行的，但担保品的价值总是大于凭担保品来贷放的货币的价值；所以，货币经常不足，用货币常常容易买回我们所需要的一切，而用其他物品换回货币则常常有困难。简言之，现时使用的货币只是一种商品，它的价格有涨有跌，像其他任何商品一样，依需求量大小为转移。

当其他适销产品数量增加了，即生产这些产品比消费快一些时，一般说对货币的需求同时也会增加；但货币数量的增长趋势通常不及其他产品那么快，工厂主们如果让本身的生产力充分发挥作用，那么用来换取货币所需的产品数量就往往会越来越多。从这里便会产生以下情况：严重的生产停滞，担心生产过多，害怕产品得不到低于所值的货币。工厂主在生产商品以前，必须考虑所产商品的销路；或者，如果他有大量储备品，他补充新产品总要比顾客购买储备品慢一些。工人们对他说："我们热爱劳动，我们愿意工作，您有资本雇用我们；我们的要求没有得到满足。"这些话等于白说。一个讲究实利的人有着魔术师的狡猾手段，他使用资本同赌博一样要求赢得赌注——一本万利。在这种人看来，工人们这一切意见自然不值一顾。

为了使商品的货币价格不致跌落，应该经常多注意不使商品生产过分放任自由，因为商品的货币价格下跌，企业主会亏本，而他的目的却是要赚钱。生产商品的人并没有同时铸造基尼[①]，所以，增加再创造的财富和增加代表财富的货币之间，关系并不协调；在商品比货币增加得快的情况下，一镑银行券，像得到了更多选票的议员一样，具有很大的意义。在一个场合，各个选票的价值跌落了；在另一个场合，各个单位商品的价值降低了。

其次，像货币在数量上没有经常随其他产品的增长而增长的趋势一样，它也没有随其他产品的被消费而减少的惯例。购买圆面包的一个先令无论在生产面包以前，或在吃光面包以后，同样在流通。

可见，货币价值经常有变动。要是秤与尺度有了同样变动，就不会造成巨大的混乱和损害。

要求货币让任何人在任何时候都有可能花费尽可能少的时间、劳力及精神，以任何价值的任何物品交换自己想得到的市场上出售的同值商品。

现时流通的哪一种货币合乎这个极好的标准呢？譬如说，某人建造起房屋、种植出庄稼或制成了商品，但他是不是肯定有把握立刻能够把房屋、粮食或商品按照它们的价值换回货币，并使这种价值等于他操心监管业务及运用可用资本加上生产这些东西所花劳动及材料费用所应得的公道报酬呢？如果讲真话，对这个问题的总的答复将是一个“不”字。

我们把问题重说一遍：我们现在想建议的那种货币是不是具

① 基尼——英国古金币名，合21先令——中译注。

有这一切合乎理想的特性呢？工厂主们、农场主们和建筑家们的产品的货币价值在每一个场合都能够照上述办法给他们提供公平合理的利润，他们能不能马上收回自己产品的货币价值呢？答复是：当然能够，而且是毫不含糊地或毫无风险地一年四季经常能够办到这一点。

农场主奉命比目前多生产这一种商品少生产另一种商品的时候可能到来，工厂主奉命与其以必需品不如以奢侈品和娱乐品供应人们的时候可能到来，建筑家奉命与其建筑房屋不如修饰房屋的时候也可能到来；但生产超过需求，或者世界上按照社会制度原理生产出来的任何商品难于立即找到销路的时候，永远不会到来。并且谁想推翻这个论断，谁就是挖空心思也是枉然。

货币应该仅仅是一张价值凭证，证明货币持有人或者曾经对国民财富库存贡献了一定的价值，或者曾经从贡献这份价值的人那儿取得对这份价值的支配权。价值凭证的用途是它的持有人认为哪种价值形态适当，可能合乎他的需要的时候，使他能够收回借以换取凭证的那种价值。但货币不应该具有内在价值；货币具有内在价值，对于货币来说，较之对拥有满仓待售的贵重商品，钱袋存放金公债以便向别人证明他那里的确有货物的人，其需要程度并不稍大。要证明自己有货物，一张证明存货无误的清单就同样够用了，而货币则只应当是便于随身携带、便于辗转移转、可以分割而不能伪造的一种关于现有财富储备的价值凭证。

我们来讲一讲国民商业协会的金融机构。应当设立国民银行。国民银行掌有印制和发行纸币的特权，根据协会委任的经理的要求发行纸币。银行应设置国民账簿，并按照我们现在讲的方式，由所有经理分别开设来往账户。

前已讲过，一切商品都应当由有关工厂移交国民商品仓库，这时商品价格除上章所说的已花费的劳动和原料的直接费用以外，还应加上经国民商业院规定的用以支付地租、资本利息、管理费用、薪资、存货贬值、意外事故以及一切国民费用开支的提成额和利润。这样就得出了商品的零售价格。

不用说，应该设置很多国民商品仓库，同时应该使它们适当地遍布全国，使生产日常用品的地区里的仓库都有存货。但就便于携带和不大容易损坏的物品例如大部分衣着及服饰用品来说，对商品仓库的需要程度就比较小得多，因为像现时发生的情况一样，可以用比较不多的费用（对物品的价值言）把这些物品从王国的一个地方转运到另一个地方。

其次的和最后的一类商品仓库就是各个零售商店，由普通商品仓库按照各个零售店的专业供应各种商品。零售商店像其他一切商店一样，由经理负责管理。调入零售店的一切商品都应该按照零售价计入批发部账内。零售店的经理和银行的往来账上借贷两项应该得到平衡。首先，账[①]上应登记调入的商品总数。零售店在各种情况下出售商品换回现款，并按期将现款缴给银行，之后就应依次进行月份平衡、季度平衡或年度平衡。零售店经理所有库存商品价值加上缴给银行的现款总额，始终恰好等于经理登记的商品价值。

按照这个计划，显而易见，现在储备的一切财物的票面价格或

① 指银行账簿上的某零售店账户——中译注。

货币价格完全是由银行发给协会有关单位的货币构成的，流通的货币数量总是丝毫不差地等于现储财物的票面价值或货币价值。所以，货币数量随着生产品数量的增加而增加，随着生产品停止使用或消费掉而减少；需求和生产步调始终是一致的。

不过，最后这个论点却需要作一个唯一的但书，或者更正确地说，需要作如下的解释：一年的需求量少于一年的生产量，所少的数量恰好是每年积累下来的财富数量。可是，这个差额毋宁是名义上的，而不是实际上的，因为按照已阐述过的原理，无论哪一种容易损坏的物品其生产量决不会超过必需的消费量，而剩余品或储蓄品总是由不容易损坏的商品如黄金、白银以及其他具有这种内在价值并且总能够换到消费品的物品构成的。因此，需要剩余品实际上就是为了达到储蓄目的。显然，这种剩余不但不是灾祸，而且是福利提高的明证。[①]

实际上，整个交换制度和现时全王国对货币这唯一的物品所实行的那种制度完全相似。现在私人把货币存入银行，到需要时就用支票或其他凭证从银行里取出来。为了保证商业繁荣，我们国家及其他任何文明国家所必需的主要条件是要求各种产品按照预定计划上市销售时能完全同样安排得非常完善，使实际上不可能产生任何困难或不便。事先把产品估定一个价格，然后存入银行，何时需用，何时提取，存放的唯一一致同意的条件是：谁把财物存入设计国民银行，谁就可以从银行取出不论由什么东西构成的

① 这段是说生产量多过需求量，原因在于有一部分产品是为储蓄而生产的，所以这个剩余现象和供求步调一致的原理并不矛盾——中译注。

同等价值，而所提取的物品不必就是他所存入的物品。一般银行家所获得的和所关心的只是货币，他以货币，而且只是以货币交换货币。设计国民银行家所获得的和所关怀的则是各种有价值的东西，他以一种有价值的东西交换任何一种有价值的东西。

其次，应当阐明交换问题的另一个重要部分。前已指出，国家或协会的全部事务都应该由各全权经理或各全权管理人负责主持。经理需要货币就向银行领取货币，需要原料或商品就相互供应原料或商品。人们可能会问：适当地监督各经理不会特别困难吗？答复是：各经理在银行里开有国民账户，不能想象还有什么事物比这些国民账目更简单、更明白。如果把整个协会看成实际上已经存在的那个样子，即它仅仅是一个庞大的工商企业，而银行则是它的核算事务所，问题马上就了如指掌。

每一个经理虽然同其他各经理有来往，但全部交易还是十分清楚的。对人们进行交易的合理性的信心决不会比现时哪一个地方所存在的这种信心少。

不用说，每一位经理的账簿都要受银行的监督；由于要求每一位经理把所得的一切记入本账户借方，把所让出的一切记入本账户贷方，所以他的账目始终是十分清楚的。缴给银行的现款、库存商品和让出的商品（即调拨给协会其他任何全权经理的商品）始终与现款总额以及其他经理调来的商品，因而也就是与银行记入经理账户借方的现款及商品总额完全相符。

经理与经理之间不需要进行任何债权债务的结算。一般说，他们之间没有任何现金交易，彼此的商品来往也不需任何形式的支付手续。每一个经理都没有任何支付手续，除在自己账上借记所得一切并贷记所售出的一切(经理之间转让商品总附有提货单)以外,应定期(也许是每周一次)把自己账户贷方的副本送给银行,这些文件就是银行日记账。因为日记账的各个项目都要记入有关经理的账户中,同时银行和每一个经理要进行债权债务结算,所以一看银行账簿上任何一个经理的账户就能确定他手中拥有的资产总额。银行也可以把和经理们往来中所发出的和所收回的一切现款从自己的账簿中转到有关经理的账上。为了把这个问题搞得更清楚一点(如果这是可能的话),我举一个例子。

第一、甲经理从乙、丙、丁三经理处调入商品各值 500 镑,合计为 1500 镑,加上从银行调入现款 500 镑,总计为 2000 镑。接着,他把商品转交给戊、己、庚、辛四个经理,每人 500 镑,总计也是 2000 镑。

因此,在甲自己的账簿上,和银行往来的账中的借贷双方得到了平衡,他既没有储存商品,也没有留下现金。

第二、乙、丙、丁通知银行,他们每人调给甲的商品各值 500 镑,合计值 1500 镑。

银行把上述各项记入银行账簿甲账户的借方,同样把早先拨给甲的现款 500 镑也记入甲账户的借方,合计为 2000 镑。

但是,如果甲通知银行,把各值 500 镑的商品调给戊、己、庚、辛,合计值 2000 镑,那么银行把这些账记入甲账户贷方以后,银行账簿上甲账户的借贷双方就得到了平衡,而戊、己、庚、辛的账上则由银行每人借记 500 镑。

这个制度比简单的事情还要简单,把簿计事务比现在规模简化了成千倍,并且实行这个制度之后,对经理们的操守是否廉洁显然仍保持有效的监督。因为经理们相互间的账目任何时候都不进行平衡,而只和银行进行平衡,所以关于调给任何当事人的任何商品数据如有虚假,银行账簿上这位当事人账户借贷就立刻难得平衡,因而引起我们要用想象得出来的公开办法进行查究和揭发。

这个制度的另一个非常可贵的优点是制度明确固定、容易执行,由于这个优点,属于协会的一切资产或任何特种形式的资产的价值,任何时候都能够一查就明白。因此,商业院要调节商品生产就有了最好的指南,有了这个指南,无论什么货物都永远不会有不必要的累积。

批发经理和银行往来账上有一个方面与前例不同。批发经理账上登记了协会其他各全权经理调入商品价值的总金额,除此以外,每一个批发经理账上还应该登记前已谈到的那样一个百分数。主要是因为批发商店比零售商店数目少得多,加算起来十分容易,所以在这里追加一个百分数比在零售商那里追加比较有利些。

例如,银行在批发经理账上借记 10000 镑,作为各工厂主们调给该经理的商品所值的总金额,但我们如果假定在各有关工厂的商品生产费用上必须加算 10%,那么银行账上批发经理借方加成数栏下面应该另外追加 1000 镑。这样一来,因为经理要支出的是 11000 镑而不是 10000 镑,所以他在把商品交给零售经理以前,应该把追加的 1000 镑分开加到每一件商品的价格上去,即每镑加 2 先令。

虽然我们确信在数量上随产品增加而增加,随产品被消费而减少的纸币是唯一合理的交换工具,这个工具可以供国内各种主要业务使用,但是为了进行非大量的买卖还需要另外一种货币,这也是显而易见的。现在要指出的是，根据哪一些原则才可以使用金币、银币和铜币作为辅助交换工具。在我们努力钻研当中，一两句开场白就能够帮助我们完全了解这个很重要的问题。

如果货币和所代表的东西有同样的价值，那么一般说，它就不会再充当代表。使货币持有人某个时候不得不在获得货币的那个地方支付货币，这是货币的最合理想的属性之一。可是，货币将来要是具有了用以交换货币的那个价值相同的内在价值，那支付这方面就没有任何必要了。一个人把不定什么东西存入国民储备中。当他获得等于他所存的东西的金币或银币时，实际上他所存的业已被偿付清楚了。他不再贪求获得什么东西来换铸币，他的货币也不再是证明他是储备中的其他各种商品所有人的凭证。不错，将来他可能希望把自己的铸币换成比较适宜于消费的产品，并且他取得铸币确实在指望这点，但这只是以一种有价值的东西来换另一种有价值的东西，而货币的真正用途则有着完全不同的性质。

货币只应该意味着下面所谓见证人这种东西：您把价值投入国民财富储备中，我们[1]充当这种价值是从您那儿得来的这个事实的见证人，由于我们的帮助，您将来能够按照您所乐意的任何形式重新拿回这种价值。整个来说，现有的货币中无论哪一种货币都不适合这个要求，因为货币头一个最重要的、最有价值的品质是它的**内在的无用性**。我们有一种名叫货币的东西，它或者是由某些通常用来实行交易的商品构成的，或者是由银行家发行的同样

① “我们”指货币——中译注。

可以辗转流通的活期债券构成的，但它们都应该叫做代用货币，而不能叫做货币。“财富像千百条发源于不同地点、具备不同性质的溪流一样，最后必然会汇流到一座大水库里来。把各种性质的财富混合和结合起来以后，就应当归属于各自的生产者，其数量应等于各人所提供的数量，但所具有的质量却是整体的质量；而货币则只是一种作为从每个人那里得来多少就给他多少的尺度。”（引自本书第 23—24 页）

金币、银币和铜币虽然完全不宜用作价值尺度，但可以用作辅助交换工具，它们具有坚牢、可分割和携带方便等特性，特别适合于上项目的。铜币只能用作辅币，用作支付等级表上的一种补充物。应该把这三种铸币看做与货币完全不同的商品，出售它们换回货币，或用货币买回它们，但任何时候银行都不应该把它们发给经理们，让他们用以支付国民商品仓库所提供的商品价款；并且银行对于它们也没有什么要做的，因为现在就要指明，银行连一个六便士的铸币也永远不需要。

取得金币、银币和铜币所花的劳力时而多时而少，所以它们的价值像任何其他商品一样，必然时常有涨有跌。因此，在不同时期拿它们及其他物品兑换用作价值尺度的一镑银行券，有时需要多给一些，有时需要少一些，但像现在就要指明的一样，实践上这些变化并不会引起什么困难或不便。诚然，金属的所有人同其他任何物品的所有人一样，每次当金属价值下跌时就要遭受不大的损失，每次当金属价值上涨时，就会获得不很大的好处。不过谈到金和银，这些变化就发生得稀少，即使有变化，也常常是微不足道的。

现在我试图介绍一个办法，我认为利用这个办法能够完全消除与这个问题有关的任何困难的阴影。读者应该常常注意，我们谈的物品就是一种商品，建议在“社会制度”下按照生产和出售其他任何商品的同样一些原理来生产和出售这种物品。但有一个例外，即：这种物品，而且只有这种物品，不应该照平常税率课税，因为照常率课税就会引起颇大的困难和麻烦。

总之，应该设立造币厂。像在其他一切场合一样，造币厂由协会任命的全权厂长负责管理，把现有的铸币厂变成这种工厂（为了完全免除通常关于货币问题所存在的一些糊涂概念，以后叙述时将略去“铸币厂”三字而只提造币厂）。在这种工厂里，应该铸造两种或两类不同的金制品、银制品及铜制品（即：金币、银币和铜币）。

第一类供下列各项需要：付给其他各国以弥补国际收支差额；向不要我国其他任何商品的国家购买商品；使侨民有可能携带金银形式的财产（如果他们愿意这样做的话）；使喜欢积蓄金属财产的人有机会在自己身边或其他地点积蓄这种财产；此外，还供其他诸如此类的少数目的的需要。

有一种铸币非常符合上面列举的一切需要以及其他类似需要。这种铸币就是重一**盎司**的金币和银币，上面铸有能同时证明它的成色及重量的印记。

第二类铸币需要（就这一方面来说，对铸币的需要经常存在）在于使我们有可能进行小额购买及支付，因为值 20 先令的银行券永远不能给我们提供购买价值 1 便士的商品的机会。一镑银行券的特殊价值将在下章确定出来。

总之，除铸造上述一盎司的金币和银币以外，造币厂另一个任务应该是把**一镑银行券所能换得的白银数量**铸造二十个银币，无论到哪一个时期，这个白银数量总是铸成这么多个银币。这样就使我们得到了先令，而合先令一半重的银币就成了六便士银币。另一种铸币便士由一镑银行券所能换得的铜数量的二百四十分之一铸成，无论在任何时期，这个数量总是不变。半便士为上面确定的便士重量的一半，一法新则等于半个半便士的重量(1/4 便士)。

上述各种硬币(将来会铸造足够的数量以满足日常的需要)应该根据需要把它们交给协会的各个全权经理。铸造这些硬币所需的金、银、铜则应照平常办法用货币即纸币支付，这就是说，造币厂厂长从银行提取纸币，然后根据需要用纸币购买金、银、铜。

我深信，上述计议中据以铸造硬币的原理经得起严格的检验和考查。像其中讲到的黄金一样，它越是遇到批评的烈火，闪出的光辉就越发灿烂，而它的无可争论性(我毫不踌躇地使用这个字眼)将越发显明。下面我应该回答有关这个题目的几个问题，这些问题在读者脑子里大概是可能产生的。

第一个问题　经理们，即工厂厂长及其他，不应该只把纸币发给自己的工人，光发纸币实际上是办不到的。因为，如果不打算使用价值低于一镑的任何纸币，为了进行非大量的支付就需要使用银和铜。为了满足这种需要，要求经理们应根据愿望取得铸币，同样也取得银行券。有人问：既然一部分支付款是使用铸币，而铸币可以再熔铸或运到其他国家去，在这种情况下，流通中的纸币数量怎能丝毫不差地跟公共储备中的商品相等呢？

答复　显然经理们使用铸币支付一部分工资，但所产生的差额总会在其他地方不爽毫厘地得到弥补。例如，我们假定：(一)某工厂每周工资为 100 镑，这个数目完全不用铸币支付，而用纸币支付。在这种情况下，发出的纸币和通过工人劳动而获得的价值二者相等，即等于100镑；再假定：（二）100镑工资一半用铸币支付，另一半用纸币支付。在这种情况下，50镑纸币由工厂厂长发放，50镑铸币由造币厂厂长发放。为了有可能把铸币交给自己的同业，造币厂厂长应该付出恰好同数量的纸币以买回铸币。因此，流通中的纸币仍然是100镑。再假定：（三）在发放工资中，工人获得的完全是铸币。那么，造币厂厂长也会把得来的100镑纸币全部使用出去。总之，不论你选择哪个办法，结果都是一样：如果一个厂长发出的纸币没有完全达到投入国民储备中的资产价值总额，那么不足的数量不论多或少，都会由其他厂长来补足。

第二个问题　如果获得铸币的工人，像假设的那样，宁愿把铸币用在国外或熔铸成器皿，这是不是影响供需平衡呢？

答复　让他们随心所欲地处理铸币吧！这时候铸币所处地位跟粮食相同，工人们如果中意的话，可以吃掉它们，或者拿到中国去使用。可以支付纸币代替铸币，纸币只是一张纸，一种价值凭证，如果纸币的持有人打算用以换得什么东西的话，迟早要付给国民商品仓库。因为，除非纸币在国民仓库里作为购买工具，否则在其他任何市场上都是一文不值的，所以拿纸币代铸币结果还是一样。因此，需求和生产步调到底是一致的。

第三个问题　但谁拿金、银、铜来换你们的纸债券呢？造币厂怎样能够满足各方面向它提出来的大量铸币要求呢？它怎样能够得到足量的银和铜，铸造大量的银币和铜币以补充上面已谈到的出口或其他需要呢？

答复　回答这个问题具有重要意义，因为它十分清楚地阐明了一条原理。铸币市场将用以下两个方法中任何一个方法获得供应:或者购回售货经理在出售商品价款上得到的铸币,或者向外国商人和其他商人购买金属,用购得的金属铸造铸币。认为外国商人可能不肯拿金属来换我们的纸债券,这无异设想他们不肯取得我们市场上可以找到的任何一件物品以代替自己的金属块;因为上述纸债券是我们拥有的任何一种可售物品(包括金、银)的代表。实际上,非大量购买所需的铸币数量,比起它现在的情况来并不很大,因为铸币从造币厂转到经理们手中以及从经理们手中转移到造币厂,流通速度是惊人的。但是,不论铸币流转得快或慢,却永远不可能发生铸币不足现象;因为一镑银行券如果逐渐降到只买得到现时所买得到的金属重量的二分之一,或四分之一,那么,这个金属重量不论是多少,仍旧可以分成二十个等份,每一个等份同从前一样顺利地当做一先令。金属块价格提高对癖爱纸烟盒、银烛台、菜盘盖等等的人可能是一个严重的灾难,但金属块价格涨跌是一步一步的和极微不足道的,任何涨跌都不可能在一瞬间使按照这儿阐述的原理经营贸易的任何商业社团陷入混乱,因为纸币始终是主要的交换工具,纸币数量的增减和生产品总额的增减是一致的。

第四个问题　造币厂和国民银行的账目应该怎样平衡呢?

答复　同其他任何工厂主的账目完全一样。例如,向银行支取纸币 1000 镑,送给各全权经理铸币 500 镑,现存铸币 500 镑,合计 1000 镑。

第五个问题　售货经理们对于自己在货款中得到的铸币应该怎样处理呢?

答复　把铸币交还造币厂，从造币厂取回同数额的纸币。

研究这个题目时可能发生的问题大致就是这些。我并没有遇到任何与这个题目有关的困难，我自己在这里也不曾为消灭困难而自行制造出任何困难。也许别人脑子里会出现许多其他的困难，可是我坚信，不能容易地和令人满意地克服的困难一个也找不出来。正确的原理永远不可能把我们引入迷途。我相信原理是正确的，如果有谁能够证明它不正确，那我将是第一个承认他这样做的人。我没有找到拥护这种特别学说的新信徒，不论这种学说正确或错误，效果却是真实的。叫人倾向一个错误的信仰，其值得褒奖差不多同把一个头脑清醒的人弄成醉汉状态一样。

具有内在价值的货币，永远不可能成为始终不变的价值标准。不具有任何内在价值的货币能够成为始终不变的价值标准，并且只有采用始终不变的商品（花费同样劳动生产出来的商品）价值标准，才能够在市场上保持同样的价格。

从以上讲到的有关铸币的一切，显然可以看出，因为问题只涉及实行现物交易，随着贵重金属相对的稀少（由于其他物品产量大增，对贵金属的需要也大为增加，所以贵金属显得稀少；或者由于其他原因），于是使用规定重量的铸币，同时降低工资及其他货币奖励就成为可能的了。但是，当这种变化一旦发生，其不可避免的结果就是：现有全部工农业产品价格下落了，未来若干月份中全部销售业务都要亏本，税捐和一切固定收入的价值增加了，租金变动了，国家债权人的要求提高了。总而言之，国家全部商业都会陷入目前这种无可挽救的混乱及解体状态中。然而，要是采用了这儿所讲的交换制度，那么，任何品种的商品都可以互相支付，销售只是把资产安置在一定地点的行为，购买不过是一种取回资产的行为，货币也不过是每个人在卖期和买期中间需要储存的一种价值凭证罢了。

关于交换问题需要研究的其次一个和最后一个方面是商品出口和进口。这是现时争论很多的问题之一，同时也是关于事物的一种简单、明白而健康的见解怎样消失在我们的商业迷宫中的一个证据。

社会结构在某些方面同人的结构非常相似。大自然明白地指出饮、食、睡眠和运动是人体固有的机能，人体不能有益地行使随便哪一种机能，那就是机体处于病态的重要证明。显而易见，用最容易的和最简单的方法取得使生活舒适愉快所需的一切，这是于社会有益的。尽管如此，许多反对机器的论点在我们这里还是流行无阻，而机器的自然趋势却在于使应用机器来生产的一切物品容易制造；反对自由贸易的议论在我们这儿也照旧存在着，而自由贸易的天然趋势却在于使我们有可能在物价最便宜的地方买到我们所需要的一切。这些反对机器、反对自由贸易的论点有一些也许有意义；可是，如果确是这样的话，那就无异说社会处在患病状态中，因为一个健康的社会，像一个健康的人拒绝饮食和停止运动不可能得到好处一样，同样不可能过于容易地生产商品或过于便宜地购买商品。

输出商品的目的在于输入其他商品。一个国家的出口总额和入口总额的票面价格应该始终相等，并且只有在这个场合，颇大一笔具有内在价值的货币才能带来某些好处。不过，甚至在研究问题的这个方面的时候，为适合于随便什么情况，也许最好是丢开货币(纸币除外)一词。

为了管理各商业部门及工业部门,必须成立一个委员会,委员会由实际上彻底精通各部门业务的人员(商业院成员)组成。管理对外贸易(出口或进口)必须作为这个委员会的最重要的职务之一。经营对外贸易的指导原则,应该是:输入我们所需要的一切商品,输入我们以所费较少(低于在本国生产的费用)的英国纸币买来的一切商品;输出我们可以换回超过生产成本的英国货币出售的一切商品。

进口商品应该用商品抵付或用货币支付,因为卖主不论是谁显然都需要某种物品来交换自己的商品,并且不论这种物品是什么,他都只能拿自己用商品换来的纸币到有关市场上购买自己需要的商品。如果他需要英国商品,那么他在售出自己原有的商品以前,必须了解他想买进的商品按英国货币计算的价格,并适当地确定自己商品的价格。如果他需要金银,他事先就得查明金、银每一盎司合英国纸币的价格,然后适当地进行交易。这儿所捍卫的交换原理妥善地付诸实施以后,很快就不会有哪一个人为限制贸易自由(不论怎样限制)作辩护了。

必须懂得,在这一章里也同在其他各章里一样,我只打算把改良的商业制度作一概说。我希望上面所讲的,足以使人们了解交换制度的各项原理比起我们现时进行交易所依据的那个制度来确是十分出色的和无限完善的。为了充分研究这些原理,阐明适应各种行业特点所必需的各种各样的专业交换制度,就必须远远地超出现在所讲的范围,扩大这部著作。原理可同样适用于任何部门。可以用达到可靠地步的或然性语气断言,当现时的交换制度在社会上还没有根除并没有被别的制度(依靠这个制度,纵然生产增加千倍或百万倍,生产仍然是需求的经常不变的原因,需求和生产的步调始终一致。)代替以前,即使是聪明绝顶的人,要把我们的国家或任何其他国家管理好,保证人民生活普遍幸福是完全不可能的。

这个新制度将来实行以后(这是很快就容易实行的),老实说,我将完全想象不到,在现代有关生产的科学十分发达的情况下,怎么在世界上无论哪一个文明国家里竟还能够存在着像不应有的贫困现象或任何有点类似贫困的现象这种事实。

社会灾难没有相对性,却有绝对性。不合理的交换制度并不是许多重要性多少相等的灾难之一,而且是一种根本灾难和主要病症,是整个社会的绊脚石。商业仿佛是一台机器,机器要工作得好需要许多彼此配合的零件,一个误差可以使整个机器运转失常。假如一台大机器有一个不合规格的轮子,轮子上有一个齿大于或小于所需要的尺寸,这就能使整个机器完全失去效用。就商业而论,情况也是如此,因为一个错误就能阻碍整个制度起作用。虽然,对于一个平凡的、默默无闻的人来说,要唤醒世人适当地认识这个错误的重要性,也许是困难的或者是不可能的,但时间能做好这件事情;而后代的人一回顾到现代这一辈人对于这个至关重要的问题竟会这样可怜地一无所知,将感到惊异莫名。

可以立刻打算做的最大的事情也许是把问题提交公众讨论。如果我侥倖完成这个平凡的任务,那么我将比获得报酬还感到满意些,因为我意识到我对于一个知识经常增长的知识宝库已作出了微末的贡献,人们利用这些知识归根到底必然能摆脱他们现时注定要陷入的那种可怕的奴役地位。

这儿发表的计划的各项细节关系不大，差不多其中任何一点都没有被提到。它们也许可以修正和改变，但不指明（至低限度从理论方面指明）另一种交换制度[①]的功用，那就难得消除一种巨大的谬见。放过您需要的一切吧！改变一切吧！用各种方式修正您喜欢的一切吧！但请您保留一条原理，并且不是阴谋诡计或敷衍塞责地而是直截了当和彰明较著地保留这条原理，于是其余的一切就都能随同解决，至少是基本解决。让生产成为需求的原因吧！不做到这点，那就无论您是民权党[②]或保守党，是急进主义者或改良主义分子，是贵族政治论者、共和政体拥护者或经济学家，即使您仅仅希望看到社会状况略微有较大的改善，您终归不过是一个空想家、幻想家、热心分子、对于人类苦难和贫困的主要原因完全盲目无知的人。在您和您想达到的目的之间有一座石墙，您既不能跨过它，也不能绕过它。如果您首先看出它存在着，并且认识到在搞掉它以前您的事业将完全无希望，那么，您在别人支援下就可能易于消灭它。但只要马儿被关在马棚里，就算是一匹日行千里的马，也不能在赛马中赢得胜利；在您打碎现在使您困于不幸的商业谬见之锁链以前，您的关于社会福利的理想也同样永远无法实现。

① 指建议中的交换制度——中译注。

② 自由党前身——中译注。

第六章

分配——论这儿所捍卫的理论的性质——确定工资数额时研究国债的重要性——确定适当的平均工资额——工资——薪金——国民费用——国民资本——教育——保险——丧失劳动能力——存货跌价——非生产性劳动——改变职业——赋税——国民借贷的平衡——休谟先生的职务——本章结束语

我以为可以承认下面这个意见是正确的，即：这儿所捍卫的自由贸易理论，国内贸易也好，国际贸易也好，一眼就看得出，比其他许多理论更经得起公正不偏的考察，原因是这一理论完全超然于那些常常使我们产生极狂妄、极粗率的计划的激烈情绪之外。

在我们的政治辞典中有某些词类范畴，提到这些范畴常常引起许多人专心去寻找各种鬼火。国债、赋税、自由、人民权利以及其他各种说法本身，代替了赞成任何汗牛充栋的论据。这种论据的任务是支持有关这些问题的群众要求。可是，这些雄辩的口号往往缺乏理由充分的、令人信服的论据。人们都说，税吏追赶我们不是为了要把什么东西送给我们，而是要从我们手里拿走什么东西。我们原来有钱，现在没有了；税吏把我们的钱拿走了，我们的爱财心不喜欢这种人，或者至少是这种人的职务使我们憎恨。因此，一切免税计划事先就有了拥护者。这就不仅充分说明了为什么公众总认为赋税是国内最大的灾祸（虽然意见极其错误），而且也充分说明了为什么相信任何以减税为目的的方案结果总是令人失望。反之，只须诉诸理智和听凭论断的理论则没有这么些拥护者。虽然如此，但显而易见，不反对以银行券、金、银作交换工具，而只是坚决主张更好地使用这些工具的人，比那些大声叫嚷反对赋税的人，确有较大的权利要求别人耐心地听他的意见；因为这样的人只要利用思维和感觉就能够作出自己的结论来，而偏见对于这种研究则很少关系。

这一理论的优越性是超然于一切有争论的道德问题及宗教问题之外，这是这个制度值得拥护的另一个原因。

食物、衣服、住房和家具都是利用人类的技艺、勤劳及物质资源生产出来的。一个社团无论根据什么原理经营商业，某种忠诚和正直行为的标准对于它的生存无疑是必要的。不过，因为这些品质刚好是工作和买卖中所必需的，所以现在一切有宗教信念的人都充分具备这些品质，但这些品质的进一步发展毋宁是物质进步的结果，而不是物质进步的原因。这儿所捍卫的商业制度跟体力工作及智力工作上的个人竞争、跟任何规模的私人积累、跟一切政治管理形式（哪怕极少类似自由或公道）都可以并行不悖。这是基督教徒、犹太人、土耳其人和异教徒为了彼此的福利能够搞在一起的一种制度。宗教信仰对立一点也没有妨碍。而且因为谈的是他们的大多数，所以甚至不必知道他们是根据什么样的一致计划行事。这儿捍卫的计划所要求的与其说是更换机器的一个零件，毋宁说是重新配置机器零件；如果这个计划不颁布一道强制的法令就能够实施，那么我国居民一定可以人人就业，并且在物质上获得充分的保障。在这个制度之外请再加上教育工作，以便按照只要能够找得到的最好的典型来“形成人的性格”，那时候千年万载长治久安的王国立即出现了。据说，伊尔文先生[①]曾郑重宣告过，说这个样子的王国很快就要出现。为什么不叫他成为真正的预言家呢？

但现在我们研究的题目不是千年万载长治久安的王国，而是如何在各个社会阶级之间分配劳动产品，并且分配应该通过把货币付给各社会成员作为他们的劳动报酬（分配总额与劳动价值成比例）这个平常手续来实现。这个问题我们将在工资、薪金、国民费用和赋税等有关小标题下分别来研究。可是，这里应该预告一声，应该填补上章留下来的空白，即还应该谈谈一镑银行券。

按照所建议的制度来说，货币将只是一种价值尺度，本身没有任何价值，因此无论问题涉及制度的哪个部分，只要工资与薪金保持适当的比例，二者的价格[②]就没有任何意义，但国税和国债除外。这里我们必须研究一个意义极为深刻的问题。

国债是在一个漫长期间积累起来的。在这个期间，主要由于纸币发行数量的变化，货币时而具有这种价值，时而具有另一种价值。货币价值时常变动，借出的各项款额价值不可能确定，所以国家的各个债权人（指他们中间每一个人）永远不能得到合理的偿还。因此，政府应当组织人研究这个问题。在以尽可能达到的准

① 大约指美国政论家、史学家华盛顿·伊尔文（1783—1859年）——中译注。

② 《The Pricc of Wages and Salaries》指工资的绝对数额而言——原注。

确程度确定借贷期间一个英镑通过工资表现出来的各种不同的价值以后，应该尽可能公平地算出总平均值来；其次，宣布整个期间平均一个手工业工人或一个普通工人平均一星期的劳动值一个英镑或一个其他数目，然后就应该规定这个数目，不论数目多少，作为平均的纸币工资。

关于劳动价格问题，不取得政府和商业院双方的同意，不应该采取任何决定性的步骤；因为政府如果同意接受国民纸币缴纳赋税，同时也就应该同意这些货币具有这里所规定的价值。

如果国民银行券的价值比现时普遍流通的英镑（当然所有国家债务都是用英镑支付的）价值低，那么从这里也不会产生任何灾难或不便。因为，如果新货币的价值不足以实现政府的意图，换言之，即使用新币的结果使依靠国家拿适当薪金过活的人现在用薪金换到的必需品和舒适品数量减少了，那么在这种情况下，不论薪金和赋税，都可以立即提高，达到足以弥补差额。这样一来，所有有关方面都会因为措施公平而表示满意。

注意国债很重要，因为国家债权人所得货币价值如果高于原来贷出的货币，债务本身就会增长。这就是说，如果他收回的货币能购买两个人一星期的劳动，而借出去的货币却只能购买一个人的劳动，债务实际上增长了一倍。从另一方面看，如果国民债权人所得的货币价值低于他借出去的货币，那么，结果就是他受了欺骗。

因此，平均劳动价格应当是政府和商业院双方共同讨论和协商的课题。当根据公平的原则确定下来时，就永远不应该改变。理由是：平均劳动价格可以永远保持一致。因为，改变平均劳动价格的理由决不会比现时改变镑的重量、品脱的容量或英尺的长度等等的理由更充足一些。

一旦根据这儿讲的原理确定平均劳动价格之后，我们从亚当时代以来就首次有了不变的价值标准。因为，如以英镑为例，确定一英镑应当是一个人一星期(6天或72小时)平均劳动的工资，那么，一镑银行券今后就只是一星期中等(reasonable)劳动的别名了。前面说过，永远不可能有任何理由来改变这个标准，因为既然认为薪金和其他一切货币报酬数额始终与普通劳动的平均价格成比例，那么减少工资一半或四分之三，或增加工资一倍或四分之三，都没有什么意义；这样的增减只是票面的改变，而不是实在的改变。在这种制度下面，除非生产比较容易了，商品永远不会跌价；除非生产困难增加了，商品永远不可能涨价。

如果不是赋税和国债，劳动的货币价格或高或低就没有意义。要紧的只是使这种价格用分成足够数量的小份额货币来支付，以方便非大量的购买。例如，一个便士决不宜作为一个星期的劳动报酬。如果商品价格甚至低到连一便士也是过多的工资，那就必须使工资用分成小份额的货币来支付，因为一星期的消费是由大量的小量购买组成的。计划中把一镑银行券分成960份，于是一份或半份都十分好，因为这是一个关系方便不方便的问题。

这时候，由于误会，读者脑子里可能产生一种不同意见，在往下继续讨论以前，应该尽可能地防止和驳倒这种意见。

问　如果不提赋税和国债，那么，如您所说的，一个金属便士除由于照现在的习惯只分成四份，即一个法新，因而引起不便以外，用来支付工资是跟英镑同样好使的货币；然而怎样预防居民把铜改铸成便士，并用以套购你们的全部国民储备呢？

答 上章业已充分说明，便士一词指的是由一镑银行券可以换到手的铜重量的二百四十分之一构成的铸币。这样一来，既然一星期的劳动工资规定为一便士，那么一镑银行券就能购得240人一星期的平均劳动，而不管他们做的是什么工作。我们假设有240人从事开采铜矿，他们一星期采得全部铜的货币价格等于一英镑，于是一便士的重量就是一个人在一星期72小时内所采得的铜重量。因此，如所预料的那样，一个便士是比我的假想的提问人骤然想到的那个东西略微沉重一点。从这个例子得出两点结论：(一)设想的不同意见完全没有根据，因为从铸造铜币中捞不到一点好处；(二)铜不是十分有价值的商品，不能用作主要的金属交换工具。

工 资

总而言之，对各个生产阶级任何普通工作必须按周支付的代价，就是商业院根据这儿确立的原理所规定的平均工资。像上章讲过的，经理们应向银行领取本单位所需要的货币，然后用国民币给所属工作人员发放工资。显然，无论哪一位经理都永远不可能有任何理由来降低劳动价格，或者希望给所属工作人员发放低于他们劳动实际上所值的工资。

但在按平均劳动价格付工资，即按平常一周工作若干小时付定额工资的一般规则中，也需要有某些例外情况，这是由于工作本身有差别而产生的。亚当·斯密博士在一部有名的著作中把这些差别叙述如后："就我所能考察出来的，有如下五种主要情况在补偿着这一些职业中的低额货币工资，而平衡着另一些职业中的高额工资:(1)职业本身的适意或不适意,(2)学会这种职业的难易程度和费用的昂贵或低廉程度;(3)职业的安定或不安定;(4)从业者所负的责任重大或轻微;(5)职业成就的可能或不可能。”①

这些差别无论在建议的社会制度中,或在现存的非社会制度中同样存在。我以为,采用下面三个办法,就容易得到调整:(1)一部分利用规定的各种工作工资等级表,容许某种工作报酬略高于平均工资,另几种工作报酬略低于平均工资;(2)一部分利用伸缩工作时间,在一些工作上面奖励10或11小时的劳动,在另一些工作上面奖励12小时的劳动;(3)一部分利用授予协会各全权代办以不很大的自由斟酌之权,但这种斟酌权应该尽可能限于极狭窄的范围以内,否则它本身会变成祸害。

薪　　金

指挥监督劳动,同劳动本身一样,对于生产是必要的;而一个人因为只是计划、指挥、监督和调整生产,而没有以固定形式做任何事情,所以能够得到的报酬不过是从他的劳动的间接成果中抽取一个百分数或一个规定的扣留额。可是,让这种报酬采取定额薪金形式比采取从他监督下生产的商品中提一个百分数或抽利润的形式要好得多。的确,为了给工作人员以应得报酬,这样来编制某种百分数等级表或利润等级表是完全不可以的,因为有一些工作虽然所谓交易额十分微不足道,但所需要的注意和操心却常常

① 参看《国民财富的性质和原因的研究》,第1篇第10章第152页,商务印书馆1972年版第91—92页——中译注。

同另一些论规模和意义都超过它们10倍20倍的工作一样。某种职务总应该有某种报酬，只有这样才能消除口角和无谓妒忌的根源；然而试图根据工厂产品数量制定任何报酬规则并执行这个规则，却成了口角与烦恼的无穷无尽的渊薮。

因此，代办们的平均工资，即担任监督、指挥工作的薪金，也应该是一个与普通劳动价格成适当比例的规定金额，这个平均数的偏高或偏低应该同普通劳动价格上的偏差一样完全按同样一些原则来调整。

代办们的薪金应按照比普通劳动工资较高的水平来规定，因为要求他们有较高的技能和负较大的责任。优厚的报酬对于良好的操守也是一个很大鼓励，因为当这些职务每次出缺时可成为角逐的对象。与某些读这本书的人（我指的是许多现时程度不同地拥护欧文先生计划的各种类型的人）的意见相反，我认为整个平等制度原则上是不公平的并且完全是不可能实现的。在这些事情上，我们大家都自以为是遵循着大自然的指导，但大自然对待人们却不承认任何平等制度；恰恰相反，它是采取区别对待态度的，人们只有按照它的固有的规律努力去争取财富，它才会极力适应人们的热忱慷慨地拿出自己的财富来。我似乎觉得，我们所经受的任何苦难和我们所享受的任何欢乐，都十分清楚地表明，大自然的制度从始至终都是一种奖惩制度。

其次，更进一步，我们应该研究商业院院长和各委员的薪金。商业院需要许多跟狩猎狐狸的贵族及急进的雄辩家大不相同的人。因为，商业院的工作是分给许多委员会执掌的，只有彻底熟悉各有关部门工作细节的人才可能有用，并且这种人除通过一切工作阶段来获得知识以外，还必须加上有经验、有才干、勤劳、坚定及正直等品性。报酬应该适应这种情况，必须足以鼓励最有用的社会成员一旦奉命担负这种极重要的商业管理职务时，愿意摆脱其他职务。

我深信，在国民支出的这一项目中（我指的是以某一个社团来代替一些拿高薪的人们，即一群商界的蝗虫——农场老板、工厂老板、批发商及零售商，这帮人现在要吃光社会了，并不解饿，以致还要互相吞食）所能节约的数字，一年不会少于9000万镑，这个数字差不多超过国家税收总额一倍。看过本书第九章《社会图表》25、27、28、29、30、33、34、35及38等号以后，读者会看出现时社会所花事务管理费用数目很大，估计一年达136915600镑。只要是对社会事务略有实际知识的人，就没有哪一个人不马上承认就是开支减少三分之二，全部工作还是可能搞得比现在好得多，因为一些仓库员、店员及事务员的薪金无须包括到这里来。总之，我认为有三分之一就够了，并且我说这一项社会开支可以节约一个整数——一年9000万镑。可是，我使用了公共支出这个术语，因为既然问题涉及人类的共同利益，那就同把国家税收作任何使用都可以叫做“公共支出”一样，也有权把这一种或其他各种非生产性劳动列为“公共支出项目”。

国民费用　国民资本　在国民费用项下应该谈的第一个问题是积累国民资本，从商业观点来看这是极重要的一个问题。不具备这个条件，任何想以稍大一点的规模改善人类处境的企图，必然是永远徒劳无功。因此，必要的国民费用首先是支付租金的费用，随后是购置费用以及根据环境需要维持和逐渐增加国民资本的费用。国民资本由土地、矿场、工厂、货仓、船舶、机器、工具以及简而言之由商品生产、交换和分配中所需的一切物品构成。

教育　就重要性而论，教育问题是次于上述问题的二等问题。这个问题所以位居第二，而不是第一，只因为是创造国民资本的后果。在现代社会状况下，生产潜力是这么巨大，以致我们完全可以使很大一部分居民从事一些有益的、但不是生产性的职业，并且如果交换自由实现了，而一个人得不到现代人类知识状态下可以办得到的最好的教育，那就无论对我国任何人来说都是不可宽恕的。

教育人是一件全国性的重要事情。愚人或无知的人对于自己本身就是一种灾难，而对于社会则是一种大十倍的灾难。因此，用一切可行的办法来战胜无知和防止犯罪，这不是各个社会成员的责任，而是整个社会的责任。所以，国家应当为这件对于民族安宁福利非常必要的事情拿出经费来。除野兽所占有的以外，人类应该把自己所掌握的每一件东西都归功于自己的精神方面的优越性。在这种情况下，无论改善我们所接近的一切人的智力条件也好，或道德条件及物质条件也好，除了使我们大家获益以外还能产生什么结果呢？再长篇大论地讨论这个题目就意味着以这个题目写一本书，因此这儿只指出，不列颠的每一个儿女都应该依靠国家受到只要办得到的最好的教育。私人教育机构应完全取消，因为设立了一些非常好的公办学校，这就使**任何**社会阶级都宁愿进公立学校念书。

许多反对普及下层阶级教育的庸俗见解没有任何价值，甚至不值一驳。为什么农夫不当大臣，或者为什么大臣受雇犁田就应

该感觉得羞耻:这除了是社会上的荒谬的习俗以外并没有一点道理。世人看过了这种例子,他们可能再看到一些这样的例子;如果到了那么一天,国民教育委员会奉命监督每一个男人或女人,使他们都受到适当的即认真的教育,那么国家一定会获得丰收作为报酬。

必须靠自己赚钱糊口的学徒们起先接受书本教育,然后埋头学手艺,这是现行教育制度的一个很严重的错误。在第一个时期,他们差不多总是满怀希望,力图超过自己目前的社会地位,因为每个人所消费的物品的生产者的地位,对每个人来说,乃是自然会有的;而到第二个时期,则无论是智力发展也好,娱乐活动也好,他们寻常都不得不完全放弃。

在苏格兰,至低限度在爱丁堡,这种情况比英格兰(其中包括伦敦)那儿少得多,但那些最了解这种事实的人都承认,在绝大多数场合,教育中下等阶级儿童的工作一俟他们离开学校就完全停止了。

劳动习惯,体力劳动也好,脑力劳动也好,应当按照儿童的年龄和性别从实践中、同样也从教育中养成,这种培养工作从很早的时候开始,直到现代社会状况下中下等阶级儿童通常结束教育的年龄届满再过一段时间为止。

学习荷马[①]、维吉尔[②](如果真正能够读他们的原著,那就得花费必要的气力)、欧几里德[③]、历史、地理、自然哲学、社会科学、文

---

① 传说中的古希腊大诗人——中译注。

② 罗马诗人(公元前70—前19年),主要作品为叙事长诗《伊尼特》——中译注。

③ 古希腊大数学家(公元前3世纪)——中译注。

艺和美术(特别是音乐)以及个人精神修养,都应该跟学习操使铁锹、车床及犁齐头并进。一个由这样受过教育及训练的人民组成的国家,就能够永远消灭世界上现有一切荒谬现象中最可鄙的一个现象——轻视有益劳动。甚至现在使人很难忍受的夜郎自大的人也得把低垂的头掩藏在自己的衣褶里,而有爵位的纨绔子弟(这种人也许现在也少有)面对自己的工人们的评判则变得一文不值。

乔治·康伯先生说(《人的结构》第214页):"经济学家们从未梦想到世界要建立在智力和道德心占优势地位的原则之上。因此,为了使人成为幸福的人,人的主要工作应该是发展智力和锻炼品德。如果人的一生完全献给财富生产,那这一定是很可怜的一生。经济学家从这样的概念出发,即积累财富是最高的幸福。可是,全部历史却教导说:各民族的幸福不是适应着国民财富的增长而增长的,在他们了解智力和道德是任何长远福利的基础以前,永远鼓不起大部分人类的兴趣,也不能给人类指出正确的努力方向。如果这部著作里包含的一些见解是正确的,那么未来教这门科学的人们的主要任务就在于证明:对于一个文明人来说,必须怎么限制体力工作和扩大脑力工作及道德工作,并且证明这是避免受大自然规律不断惩罚的唯一办法。用自然哲学、解剖学、生理学、政治经济学和其他阐述自然规律的科学教育全人类的思想,被嘲弄为极端荒唐可笑的设想。不过,我要问,人类全神贯注于怎样一些工作,以致没有闲暇来研究造物主的规律呢?"

康伯先生哪怕只花一个月的时间来沉思需求与供应的问题,他就会得出关于这一切的立即可实现性的完全另一种见解来。

保险 补偿私人财产因火灾引起的偶然损失应构成国民支出

中的又一个项目。著书或维持价值昂贵的企业及其复杂而多余的附属财物，不需支付任何特别费用。证明是非故意的亏损应给以合法的赔偿权。船舶保险完全不必要，因为船舶是国家的财产，船舶损失是国家的损失，船舶保险只意味着在核算上从一个口袋里取出钱放入另一个口袋。

人寿保险可以照现行制度办理。不用说，在所有的人都保了寿险的条件下，即假定商业院建立了救济老人、孤寡的基金，人寿保险可以同保火险一样照简单便宜的方式进行。但我认为这样作是不适当地干涉人们对不涉及公共福利的问题保持私人意见的权利。人们可以说，为什么单身汉应该纳税来赡养别人的孤寡呢？不过这个异议并不适用于保火险，因为老人和年轻人，富人和穷人，已婚的和未婚的，都可能遭到火灾。

丧失劳动（体力劳动或脑力劳动）能力，应当构成国民费用的另一个项目，使受难的人们在一切场合都能够根据权利获得救济，而无须依赖慈善事业的方式。人们常常夸耀慈善事业，谈得很多，可是慈善事业会不会使施与者的思想上产生骄傲、矫情和仁慈感呢？会不会使受赐者的独立自主精神蒙受不可救治的创伤呢？在一个老是抱怨生产过剩的国家里搞慈善事业，难道不是对健全的理性的一种嘲笑吗？荒芜的土地，闲置的资本，过剩的人口，过剩的生产，贫困：这对于众议院各委员会来说是多么重大的问题哟！请把以上这些现象调和一下吧！

存货跌价　所有实际上熟悉业务的人都知道，商品生产不论搞得怎样周妥和谨慎，在某些场合总不免有存货积压下来，而在另外一些场合变质的商品就会整个贬值。在商品生产先于商品销售以前，即在商品并非根据特别定货进行生产以前，情况总是这个样子。所以，由此而造成的不可避免的损失，必然构成国民费用中的又一个项目。

非生产性劳动 除关于指挥监督方面的非生产性劳动以外，还有许多人经常从事有益的活动，但活动的结果未创造出任何额外的财富来。例如，商品搬运业务以及管仓员、售货员和事务员的工作都属于这一类，因此这种开支应构成国民费用的另一个项目。自由职业将来再单独讨论。

改变职业 一个人献身于一项职业，在他开始担任这一工作时，这项职业对于社会福利是有益的和必需的，但后来由于采用了机器或由于其他任何意想不到的原因，以致变成不需要的了，这个因此失去了职业的人，如果不能同别人一样有充分权利享受大家共同为社会创造出来的福利，那才是咄咄怪事。他应该依靠国家获得救济，直至另外得到有益的工作为止。

一些有极大能力发明如何改良机器的人，竟关心阻碍技术知识的进步，这是现代制度的一个荒谬现象。在现代社会状况下，一个人如果告诉自己的雇主，比方说要雇主如何改良他的车床，那将是怎样的一种疯人呀！这无异于说："老板！我可以告诉您，怎样能够把我和我的一家人一齐饿死。"不过，尽管这个现象不好，颇相相士称之为"爱奉承"的那种人情力量还是这个样子，人们天天依然在改良机器。

但是，如果国内每一个工人预先受到了良好的教育，对于以机器代替自己的劳动感到有着显著的和切身的好处（像应该有的那样），那么技术知识的发展会快到什么程度啊！在人们比野兽好不了多少以前，在人们处在野蛮状态、每个人吃的、喝的和穿的基本上是个人努力所得的以前，利己主义是每个人必然以之为指南的正确原则；不过，各民族应该知道，在发展的社会状态下（至少在实践上如此），利己主义——真正的、毫不虚伪的、纯粹的利己主义，却是几乎没有止境的宽宏大量的表现。

现在普遍的时尚改变常常使成千上万的人陷于贫困。马尔萨斯先生说过："大家知道，除因为由和平转到战争以及由战争转到和平而发生的动荡不定的情况以外，某些工厂是怎样因为风尚的转变而遭到破产的。斯巴特尔费尔的织工们因为时尚以洋纱代替绸缎，以致陷入极严重的贫困境地，而在设菲尔德和伯明翰那儿则有大批工人由于鞋带畅销以及由于用纽扣代替了带扣和金属扣以致暂时丧失了工作。我们的工厂生产，大多数总合起来说，是以惊人的速度在增长着，可是个别地方有些工厂破产了。而在这种情况的教区里，经常充满大批陷入极贫苦和极凄惨的境况中的贫民。"我说，"大多数"应该救济"个别地方"的居民，直到后者另外找到合适的职业为止。并且，由于机器改良或由于其他任何原因，致使人们的劳动失去必要性，所有这些人，除了资本不足无法使他们获得职业以外（在社会制度下绝不会有资本不足现象），在给他们介绍新职以前，都应该依靠社会使生活得到充分保障。因为只有这样，国民智慧才能发挥出来为民族服务。

赋税 在建议的制度下，征收国家赋税可以不要任何开支，即采取每一种生产品（铸币除外）上附加一个同样的百分数的方式。这是唯一公平合理的办法，赋税总有一天可以按照这个办法来征收。因为，一切产品都要通过国民商品仓库，那儿已经在产品的劳动及原料费用之上附加了一个需要抵补各项薪金支出及其他费用(总名为国民费用)的百分数,所以这里也可以再附加一个补充百分数,以抵补国家的各项支出;并且只有这样,国家赋税才能够平均地落在每个人身上,赋税负担才能够和各人的收入总额成准确的比例。

也许有人反对这个办法,认为强迫同意新制度是完全不许可的,所以社会上将有颇大一部分人士仍照老制度办事。如果废除其他一切赋税,代以按每一种产品课征同一税率的办法,那么喜欢老办法的人就能逃避课税。但逃税是办不到的,因为说旧社会制度能够同新制度竞争,其能够程度并不大于四匹马拉的马车之能够同利物浦的火车竞争。由于国内调整好了的产品生产、交换及分配制度的不可抗拒的影响,旧商业制度在不很多的若干年内就会完全消失,而在消失以前还是可以保留现行课税制度。非生产性劳动项目上的巨大节约(这是这儿研究的交换制度付诸实施的结果)使旧制度不能与新制度竞争达到这样的程度,即国家赋税的缩减根本不能作为保持旧制度的理由,甚至旧制度能完全逃避课税也是如此。

可见,在建议的交换制度下,有关工资、薪金、国民费用及赋税等栏所列举的各个项目总和起来就构成商品价格,如前章指出过的,发行的货币和国民仓库里的资产价值始终恰好相等,因此需求和生产的步调始终是一致的。

在政治经济学著作里,商品消费通常是单独一章的论题,但在这里这是完全不必要的。当食物被吃光,食物就被消费了;当衣服穿坏、房屋住坏、家具用坏了,它们也就被消费了。假定生产、交换和分配是受着一些公平的原则的调节,那我们就能够完全听任消费者按照自己的固有的兴趣及嗜好办事。但经济学家们所说的“生产的消费”却是存在着的，这指的是大麻变成麻布的那种大麻消费，麦芽和忽布籽变成啤酒的那种酿酒原料的消费，种子变作谷物收成的那种种子消费等等。不过，这种消费只是生产过程的别名。预定供酿造啤酒用的麦芽和忽布籽是未完成状态的白啤酒和黑啤酒。“生产的消费”这个名称本身是不妥当的，甚至连魔术家也被它弄得稀里糊涂起来了。我希望这个问题在论生产这一章中充分讲清楚，它本来是与生产有关的。

总而言之，按照上述计划，协会一年的劳动产品始终和银行一年的货币发行额完全相等。因为，银行既然应该给每一种生产品付现，那么，所付的货币和移作公共储备的资产彼此总是相等的。因此，国民资产负债平衡表的项目就是这样的：

国民商业协会和国民银行往来账上的资产负债平衡表

借　　方	贷　　方
支付给协会各全权代办用以发放工资和支付进口货款的现金（从元月一日起至十二月三十一日止）	从协会各全权代办处收进的现金（从元月一日起到十二月三十一日止），这是一年中出售的或收回的商品总额…………
支付薪金的现金…………………………	
支付国民费用的现金：	各代办手中储备品的规定价值……………
国民资本…………………………	
国民教育…………………………	
保险基金…………………………	
供丧失劳动力者使用的基金………	
存货跌价基金………………………	
非生产性劳动………………………	
改变职业…………………………	
支付税款现金…………………………	
差额（如果差额是在这一方面的话）……	差额（如果差额是在这一方面的话）………

假定商品上面所课加的百分数丝毫不差地足以抵补账户借方(第一项除外)一切项目,那么上述账户就总能得到平衡。顺便说,关于赋税问题,政府可以依照极简单和极容易的办法事先确定自己的需要,说出需要总数,然后按季向银行支取。在这种情况下,关于征税的一切费用和一切事务就简化为扣除现金,一年中四次把现金记入现金出纳簿并转记人总账中。但我们还是回头来说平衡表。

如果借贷双方不相等,平衡表上有了赤字,下一年度应该把百分数提高;但平衡表上如有余额,下一年度应该把百分数降低。百分数只能一年调整一次,决不应常常改变。

这样一来,休谟[①]先生的职务就集中在一点上。薪金、国民费用、赋税——从这些项目中的任何一项积攒下的每一文钱,对于生产者来说,都是纯利益;于是,以休谟先生为首的几个讲节约的人就十分容易地在这个制度下保持事物现有的秩序,因为每一个民族成员都关心帮助他们努力做好这件事。可是,这已经不再是什么赋税应该停征的问题了。把节约贯彻到公共支出的每一个部门,国民平衡表上就会结算出节余来,百分数随后的降低就像某种自然而然的事物一样跟着到来了。“为降低百分数”而干杯就成了公私宴会上始终仅次于“为国王”而干杯的改革者的干杯。

按照社会制度原理,只是对成了我们协会特约会员的外国人才允许外国船舶进口。他们和我们之间的差别如下:因为国内生产的或用本国船舶输入的一切商品,是由商业院指示或批准生产

① 议会活动家、财政专家——原注。

和输入的，所以全部商品都收存在国民仓库里；然而外国人运进我们港口的外国产品却不是根据商业院的指示运来的，其中只有适合需求的产品，才允许存放在我们的仓库里。在前一场合，决定是在生产或输入以前作出的；在后一场合，决定是在生产或输入以后作出的。

以这个限制（如果这可以叫做限制的话）为基础，一切国家的代表都可以被接受为国民商业协会会员；这种对外贸易自由制度的优点是：第一、鼓励在能够以最廉成本进行生产的地方生产每一种物品；第二、在我们固有的储备额中增加物品数量及品种；第三、降低税率，使赋税由大量产品来分担。

这样，银行一年的发行额就等于国内生产的和从国外进口的全部资产的票面价值或纸币价值。凡是我们相当需要的外国商品，如果在国内不能以少于进口货的低廉成本生产出来，那我们就允许我们的总储备额中免税输入这些商品，不加任何数量限制，但我们绝对禁止输入任何不正规的东西。

最后，因为土地、资本、劳动和交换自由是构成财富的四个要素，所以只要不缺乏一个或几个要素的话，那么在一个以社会制度原理为基础的社会里，像本不应有的贫困这一类现象是根本存在不了的。

假定是缺乏土地，那我们要说，买些土地或租些土地吧！如果国内既没有土地出卖，又没有土地出租（请看看爱尔兰吧），那么国外有的是千百万英亩土地，那儿还从来没有人播种过，犁耙过。

假定是缺乏资本，那我们说，就在出售产品时提高附加百分数，使充分弥补不足。

假定是工人缺乏，在这种场合，那就真正是人类灾难史上一个新纪元到临了。

如果假定是交换机会不充足，那么在这种情况下，我们应该设想，这可能是由于这个制度根本不存在，因为交换自由原则本来就是这个制度的心脏、肌肉、骨骼、神经和重要的生命器官。

总而言之，请让我们设想一下：计划已经摆出来了，利用这个计划，幸运女神的商业之车轮就能够在永恒轴上永远不停地转动着，并且每一周转都能引起产品增加，直到穷乡僻野的土地都耕种得像花园一样为止，直到人类大家庭添加千千万万人口为止。那时候，人就会对自己的创造主说："我们完成了自己的使命。我们的人口繁殖起来了，数量增多了；我们挤满了大地，并且征服了大地，我们控制了海里的鱼和天上的鸟，控制了在地面上活动的每一种生物。"

第 七 章

防止伪造钞票——伪造钞票完全可以防止:这个意见的论证——规定辨认钞票真伪的共同标准的必要性——现行防止伪钞办法的缺陷——钞票式样应该完全相同——防止伪钞计划概述——确信现在提出的计划能达到防止伪造目的的根据

在以上各章中,我已设法用少数例证尽可能扼要地说明了我的见解,但是还留下几个问题,这几个问题大概要从敢于断言商界不应该像过去那个样子并能够改造的那样的书籍中寻找答案。现在就来研究这些问题。不过,社会制度本身的几个要素可以认为已在前面几章中阐述过了,这里继续研究的目的不在于阐明制度本身的几个主要部分,而在于解释这些主要部分的某些细节。

关于社会机构各部门的一些巨大变革(这是我坚持必须对商业制度作重大改革的不可避免的结果),直到现在我不曾发表过任何不合实际的抽象议论。但是,在随后各章中,我将毫不踌躇地发表某种有适当事实为证的见解,不管这种见解和那些从未专门研究过商业问题的人或那些只是透过目前政治无知及政治迷信的神秘气氛看待这种见解的人的观点多么相抵触。

前面有一章已试图证明纸币的优越性。但对于以纸币代替铸币，可能发生一种反对意见，即认为纸币比较容易伪造。现在最好来回答这个意见。不过也许代替二字不是适当的用语，因为至低限度苏格兰现时已差不多没有黄金在市面上流通，而我并不主张以纸币代替银币或铜币。

很久以前，我就相信伪造钞票完全可以防止。1827 年，我曾就这个问题写过一篇论文，论文后来印成了少数小册子，并曾局部流传过。但是，要把我在那里面提出的计划付诸实施，就必须请议会通过法案。正因为如此，我的意见实际上一直未被采用。可是，我始终不曾找到任何理由来改变我当时所坚持的意见，所以这里我几乎一字不易地重录上述论文如后：

即使防止伪造是可能的，要使人相信禁止伪造的必要性还是白费唇舌和时间。这个问题的重要性可以从下面两个事实中得到充分证明：一是伪造货币常常引起规模巨大的灾祸，二是花费许多宝贵时间及大量金钱来防止伪造而徒劳无功。但是，我国政府如果想极力设法发明一种鼓励伪造的方法，那除了准许每一个银行老板可以按照所喜爱的式样印制自己的钞票以外，没有更好的办法。我的计划和这个办法完全相反，并且还有其他许多优点（下面即将说到）。采用我的计划，伪造钞票即使不完全绝迹，也一定能缩减到现在数目的千百万分之一。

为了使公众获得某种近乎十全十美的保障，防止因伪造造成的损失，必须规定出某种辨别钞票真伪的标识或标准来。现在还没有定出这种标准。我们根据音响或花纹检验先令或金镑的真伪，但对于钞票却不加考查即放进口袋或钱柜中，其所以如此，仅仅因为我们平常完全没有办法来检验它们。的确,发现伪造是一件很困难的事情,以致通常认为,银行检查员和办事员都是靠特别记号辨认自己的钞票的。

钞票印模的刻制质量要功夫精、花样多和价值高,这是防止伪造钞票的通用方法;但现时仅苏格兰一区发行钞票的银行就不下三十二家之多,其中每一家银行发行的各种价值的钞票相同之处很少,或者全不相同,以致这样的质量竟完全不生效用。当真,在某些情况下,同一家银行也惯于用不同印模印制发行同价值的钞票,因此即使假定,每家银行只用三副印模,那我们现时拥有的流通于苏格兰的各种钞票大约也有九十六种之多。

可见,要保障不因伪造钞票受到损失,这只有掌握最高明的辨认钞票的知识,或者至少要做到差不多熟识全部钞票。几乎不用说,这是完全办不到的。从这里可以看得出来,那些仅仅以精巧的刻工为理论根据的防止伪造钞票计划都是枉费心机的。

对于一个伪造货币的人来说,大可不必准确地仿造某一家银行的钞票,因为即使他刻成的图案在式样方面跟现有的无论哪一种钞票都完全不相同,即使他用这种图案印出钞票来冒充大家熟知的无论哪一家地方银行的钞票,他还是能够把这些钞票推销出去,并且能够大量地和没有多大危险地推销出去。实际上,由于支付票券的式样奇多,公众确是容易受骗,以致发行票面上有从未存在过的银行名称字样的钞票早已成为一种成功的诈骗手法,何况现在无论什么东西都可以当做纸币使用。有一位詹姆斯·安德逊曾在刑事法庭上被控使用伪票代替一镑钞票,这个案件就可以证明这一点。要证明规定某种统一式样,使纸币只能照这种样式印行的必要性，大概已不需要再好的例证了。

必须做到的第一个极重要的方面是式样划一，这件事情确定以后，我们应该研究下面这个问题：应该有怎样的一种刻工呢？这个问题必须特别注意，因为根据大量经验可以大胆断言：刻制出一种图案，使一切巧妙的仿造尝试劳而无功，这是办得到的。

愿陛下的政府颁布命令：把印制钞票的专用纸张交给银行家以前，先要求联合王国的任何钞票（不论是哪种价值的和属于哪家银行的）都应有一个主要由人相构成的印鉴。印鉴图案应该用能表现许多一流艺术家的集体艺术的最精美的技艺绘制出来，使每张钞票和其他任何一张钞票（至少在某一部分上）式样完全相同。一些高手艺的艺术家刻制的各式各样的人像图案，跟任何其他一些刻板师刻制的东西如此有区别，以致人们在点数钞票时自然能彻底识别出来。这幅图案也使人们容易辨别真钞和假钞，就像现时容易辨别这个人和那个人一样。

任何很熟悉这个问题的人，都不会对下面这一点提出异议，即：伪造的钞票，几乎毫无例外，用肉眼仔细观察时，总显得跟伪造者所希望伪造的钞票有差别，在多数场合甚至差别极大。人们可能发问：为什么伪钞没有被人看破呢？第一、因为，前已讲过，有这么多种钞票在流通，以致只有少数人能够十分清楚地认识每一种钞票；第二、因为真正存在的差别不论是大是小，都不容易发现。显然，有一些东西的差异点比其他东西的差异点显著得多。例如，人们对动物、植物和花卉很难观察得那么仔细，使实际上很有差别的其他东西不至于被认为是这些动物、植物和花卉。因此，对这种动植物印鉴只要稍加模造就足以哄骗我们，因为虽然实际上差别很大，但并不惹人注目。

但是，我知道有一种东西，并且只有这一种东西，只要有极小一点的差别马上会引起我们注目。我指的是人的面孔，这是世间上唯一的东西，老人和青年人、富人和穷人、受教育的和没受教育的人，都最容易辨认出极小一点的差别来，而且这些人的表情也是千变万化、无穷无尽的。这里，而且只有这里，极微小的差别就改变了人的相貌，并且只要看一眼我们就知道：这不是同一副面孔。

因此，防假印鉴应该主要靠大量的人像；人像要求多种多样，各有独特表情，并且应当由好些个艺术家来刻制。人像可以围上一层边饰，边饰也要求有很强的艺术性。

借以说明本计划的钞票样张已由著者监督绘制出来了。样张大小大约与英格兰银行的钞票相同，一面是国家印鉴，另一面空白，以便银行家在上面盖印鉴。第一面是一幅绘有三十五个人像的图，国王居中，成一直径约 2.5 英寸的圆圈，绕以边饰，边饰由王冕、英格兰、苏格兰及爱尔兰银行的建筑物图和若干花卉组成。图正上方标明钞票价值，下面标明现在就要谈到的顺序号码。如果刻制得好，总的结果是钞票非常漂亮，并就引人注意和使人铭记不忘而论，比至今出现的随便哪一种钞票都合用得多。

印刷钞票也应该是一个值得重视的课题，印鉴要尽可能保持均匀的墨黑程度。以后，银行家就能够随便在这些钞票上面加印他们喜欢加印的一切，只要加印的东西不会掩盖住或无论如何不会弄污国家印鉴就成了。

刻版的增制　据查明，薄金士和赫恩方法的设计基础是使任何版的刻制都能够从铜版转移到钢版，因而能够扩大极精美的艺术品的数量，并可以任意增加复制数。如果这个方法确实不错，联合王国就能够用一副原版供应大量钞票；即使这个方法并不可靠，同样一批刻版师（而且只有这一批刻版师）也能够刻出大量印版；在这种情况下，虽然钞票与钞票相比显然不能一模一样，但出自同一批刻版师之手却是看得出来的。

纸张　现在唯一通用的（一般说，也是唯一合用的）钞票用纸是英格兰银行使用的那种纸张。大家都承认，精巧的刻工对于防止伪造十分必要，但苏格兰钞票印版的最细致的部分却只能在纸面上有一点印痕。这儿常用的纸张很厚实，印版比较粗的部分才能够嵌入纸张上。因此，钞票没有完全用坏以前，票面上原有图案就只剩下一点痕迹了。这就使得最蹩脚的伪钞也能够鱼目混珠。

要使钞票上的图案能够同钞票本身一样经久不磨损，就得使钞票印版的最细致部分也能嵌入纸张或者差不多能嵌入纸张。英格兰银行的钞票（也只有这种钞票）的确差不多做到了这一点。

编号　显然，照这儿所谈的计划来办，银行家就不必使用价值昂贵的印模，因为普通印刷厂的印刷也能够很好地达到同样的目的。可是，有一件事情却必须当心。假使钞票用纸落到不可靠的人手中，那就可能被伪造成王国的各种钞票。为了防止这种弊害，所有钞票用纸都应该编上顺序号码，并且只售与能负责正当使用的银行家。这就是说，如果钞票用纸有损失或失窃，可能变成他家银行的假钞，那么原始购买人①就要负责立刻向办公处调阅出售钞票用纸的账簿，查明损失数目，因为办公处对出售的每一批钞票

① 即银行家们——原注。

用纸都记了账、编了号，并载明了买主的姓名。

最后　因为计划中的钞票的优点已显示在国家印证上面，所以现时使用的印证已不需要，而一镑、五镑、十镑等等钞票，则按适当的价格售给各银行家。

现行各种防止伪造钞票办法的最大缺点是，过于重视刻版师的能力，而不大注意人的智力。我们很容易把自己十分熟悉的东西和其他类似的东西区别开来，这种可能看来完全被忽视了。不然的话，苏格兰决不会有差不多成百种不同的钞票充斥市面，其中有许多种很少落到个人手中，以致无论哪一个人都辨认不清。可是，在上述图案划一（我们一向认为应该如此）的情况下，钞票是人人都辨认得清楚的。只要点数钞票时随时注意观察，就能牢记钞票的每一个细微特征。由此便取得了防止受骗上当的保障，这种保障是现行制度和现行预防办法永远不能提供的。

如果有人反对这儿提议的防止伪造钞票的办法，说一个人制作出来的东西别人可以照样复制，那我就回答说，在我所讲的情况下，伪造钞票要造得不差丝毫，达到欺骗目的，即使不是绝对不可能，也是非常困难的。计划防假图案是许多艺术家的事，政府自然能够召集王国许多优秀艺术家来做这件工作。但人们也可以说，有同样技术的另外一批刻版师还是找得到，如果把这一些和另一些刻版师的作品让一个普通人看，他至低限度会说不出谁的手艺比较好一些。这个说法也许是对的，但刻工质量纵然相等，而风格却不可能模仿得这么惟妙惟肖，以致使别人认假为真。人像可以刻得同样长、同样宽和同样丰满，可是在表情上总有描写不出的差别，这种差别顷刻间就能显出真假来。一个普通人在有了几次经验以后，把假钞认作真钞的可能性就不会比认错亲生儿女面孔的可能性大一些。

现时这儿有几种式样很好的钞票在市面上流通，可是连其中最好的几种也似乎与其说是希望显示才艺的手巧的刻版师的创作品，不如说是迫于本身职务而不得不想方设法来辨真防伪的事务人员的作品。现在几乎塞满一张钞票的机器印记是完全无用的。也许复制这种印记有困难，但其中没有一点可资记忆的东西，而不好记忆的钞票印记则是完全无用的。苏格兰银行和其他几家银行的一镑券中央所盖的印记其性质也相同，这种印记用无数重复出现的"一镑"字样组成，"一镑"的字体非常小，小到即使在新钞票上面也只有视力极好的人才能认识清楚。要是每一位店主在自己的柜台旁雇用一个手拿显微镜的验钞票的检查员，那这种小图案就再好不过了。可是，实际上并没有这种惯例，所以这种图案的实用价值很小。我们所需要的是我们照平常速度点数钞票时能够随时辨认的那种图案，因此再没有什么东西像人像那样容易记忆和那样极好辨认的了。

为了正确判断借以达到预计的某种目的的手段，必须明确地懂得这是怎样的目的。在这种情况下，希望无论什么印记都根本不能仿造，不能伪造得跟原印记有极小的相同之处，那简直是妄想。我认为必需的是：给公众一条规则，使具有普通能力的人依照这条规则经过平常的努力就能够确实避免接受伪钞。我肯定地说，一俟我在本书里建议的这种钞票单独流通于王国全境，这条规则就可以让公众周知。这条规则与现时各银行视为秘密和完全隐瞒公众的各种特殊标志不同，不必担心，可以通过报纸公开告诉伪造货币的人。

假定王国每张钞票上都有35个刻得细致的人像，那么这条规则就是：让每一个照常收钞票的人在这35个人像中选定一个人像，每收一张钞票都把这张钞票看一眼。依靠这个办法，收钞票人就能彻底认识这个特定的人像，而只有十分完善的伪造才能骗得过他。

现在，我们来设想造伪钞者的情况。刻制35个人像时要使用一批最卓越的艺术家的集体技艺，并且如所拟议的，每个普通人都最熟悉其中的一个人像，但使用伪钞的人则不可能知道接受伪钞的那个人最熟悉哪一个人像，因此对于他来说伪造成功的唯一希望在于把每一个人像都仿造得十分完善。可是任何一个懂得制造这种印记必须克服的某种困难的人，会立刻声明：谁能够抱着极少成功的希望试着这样做，谁就能够循正直的途径利用雕刻谋生。

但人们可能会说：随便怎样劝说，对钞票总是一眼不看的人还是有的，那你的办法对他们能提供什么样的保障呢？答复很清楚——决不会如此。让他们尝尝自己粗心大意的苦果吧！

总而言之，问题已说明白了：要得到防止伪造的主要保障就应该使王国一切钞票在一定程度上相似；在办到这一点以前，防止伪造的计划只能使有作弊才能的人开心，只能给刻版师增添生意，而伪造货币则永远防止不了。

显然，支持上述计划对于刻版师并无好处，因为现在使用的那些昂贵的印记将完全报废。关于这个问题，银行检查员和办事员的意见才是有价值的，他们大多数人都清楚地知道："怎样才容易充分熟悉某种印记，以便毫不费力地区别这种印记和其他任何一种印记。"

上述论文是考虑了现代银行业务制度而写下来的，但同样的刻制方法完全适用于设计中的国民银行券，只有两点例外：一是每张券要同时全部印完，而不是印一半；二是印花税可以豁免。这样一来，在还差不多有目前这样多的各种各样的钞票在流通的情况下，即使有多少种钞票花样在出售并且一般地可能继续使用纸币，同时迫于贫困而行骗的诱惑力还是像现时这么大，那也可以十分有把握地说：既然造假钞的困难大增，而造假钞的诱惑力大减，那么反对使用纸币的意见就会比现时少得多，因为人们所以反对使用纸币不过是担心纸币容易造假罢了。

伪钞在银行中有时偶然未被发觉，顺序号码应该留作防止这种伪钞的最后保障。银行发出钞票时应将钞票号码记载在账簿上，收回钞票时要进行检查。这样一来，如果有两张同号码的钞票进入银行，其中必有一张是伪造的，而把发现伪钞的情况通报出去，就能促使人民在收受钞票时注意仔细观察。如果不这么办，即没有顺序号码的话，其结果就可能疏忽大意，使伪钞进入银行，而被发觉的危险却并不比其他任何地方大一些。

若干时候以前，一位与驻在这儿的银行机构有关系的先生告诉我说，薄金士和赫恩二位先生已刻成了或者已向银行家建议刻制一种票面上有几个彼此完全相像的人像的钞票。但这个计划比上述计划差得多，因为前一个计划是以人像与人像相比较为根据。后者是以关于人像的知识为根据，精巧地刻制出彼此完全不相像的 35 个人像，比刻制彼此相像的同样数目的人像（每一个人像在所有的钞票上都相同）能提供比较大的安全保障。前一个计划包含一个秘密，即精选的人像，另一个则没有任何秘密；精致地伪造

35 个彼此相像的人像，比伪造 35 个彼此完全不同的人像，一定容易得多，因为一个人全神贯注地完成某一项作业，比分神搞几项作业，总会容易得多，并且总会完成得好得多。

第 八 章

自由职业——经营商业的社团成员和自由职业代表们之间的差别——自由职业者的报酬方式——半职业工作——私有财产的移转——专利权

自由职业者虽然和商业团体有密切关系，并且大概隶属于商业团体，但他们是用另一种方法取得生活资料的，是“社会制度”下面的一个特殊的社会阶级，其特殊程度比现在还要大得多。

前面几章业已详细讲过，国民商业协会每一个成员的收入都是交换商品价格的一部分，但自由职业者的收入通常却完全来自另外一种来源。银行一年的发行额都是应付协会各成员的各种需要的，而自由职业者则同现时一样，用以下的办法继续获得自己的收入：向雇主提供职业服务，直接换回后者所支付的货币。但当自由职业者被协会员雇用为职员以后，事情就当别论了。

例如，协会个别成员雇用的普通医师、外科医师或艺术家，由于自己提供了职业服务，就从雇主那儿以货币形式取得享受雇主同意拿来交换职业服务的那一份国民财富储备的权利或权利根据；而且通过一方拿出货币，另一方收受货币，就证明：由于自己对国民财富储备有贡献而获得货币的协会成员某年，已把自己向国民仓库提存的权利交给自由职业者某乙，作为后者为他提供某种服务或某种利益（实际的或想象的）的报酬。

可是，在其他场合，当自由职业者受协会负责人雇用时，例如当建筑师受雇为协会提供职业技术或才能，以协助协会生产某种运往国民市场销售的适于交换的商品时，建筑师这种专家就从全权代办手里领取相当于自己服务的报酬，并且他的设计或他的服务的价值也构成所生产的物品价格的一部分，其情况就同普通劳动所创造的商品一样。

对于自由职业者另外一种报酬方式，同现时一样，是支付规定薪金，特别在需要使用他们的全部时间和精力时。在机关里工作的教师和医师，以及其他某些人，都应该照这个方式取得报酬。他们的薪金应构成商品生产费用的一部分，列入国民平衡表作为《国民费用》中的一个项目。

可是，要求自由职业的代表人物同意像企业中的职工一样，支取除他们自己以外随便什么人所规定的报酬，这显然是不公道的。社会团体中每一个直接成员都按照尽一定的义务拿一定的报酬的原则工作。开始工作的时间是规定了的，应该完成的工作（说的是生产性劳动）须有一定的质量，并且质量可以调整，现时正在调整而且一向就是这样十分容易调整的。我们可以对一个织工说，亚麻布应该达到某种纤细程度，或者用一句技术用语说，一英寸应该有多少支纱；可以对一个农场主说，他应该栽培小麦、燕麦或大麦；可以对一个建筑师说，房子应该盖多么大，要使用某些材料；但哪一个人也不能确定另外一个人的内在性能应该怎样。我们要求合理，不能对一个艺术家说，他应该成为罗伦斯；不能对一个作家说，他应该成为莎士比亚或司各特；不能对一个音乐家说，他应该成为帕格尼尼；不能对一个骑手说他应该成为杜克洛。

因此，所有需要自由职业者帮助的人们，仍旧应该以物质报酬精神，以自己存在商品仓库中的一份财富的适当的一部分来报酬自由职业者根据自己意愿所提供的职业服务。

商业使人们有饭吃、有衣穿、有房子住，使人们有闲暇从事脑力劳动和娱乐活动。这儿提出的各项原理在许多部门和许多职业上已经过充分研究。近十年来，这些原理经常出现在我的“想象”中。说真的，除全部或局部属于自由职业的那些部门以外，现在我想不出哪一个部门不可以适用这些原理。

任何商品变质，例如水果或鲜鱼变质，都不会产生一点困难；必须查明有关各该部门特点和各该职业特点的一些小差别，虽然这些只是细节上的差别，而不是指导原则上的差别。

但有一种一半属于自由职业的职业变种，必须指出来。例如，一个人如果希望某人为自己服务，或专门为自己生产某种物品，那后者因此就有权向顾主提出自己的条件。所以，当人们仍然愿意定制自己所需的礼服和皮鞋，而不愿从成品中挑选自己中意的东西时，缝纫业和制鞋业大概近于这一种职业。至于用以做礼服和皮鞋的材料的生产，这里没有提到。另一种类似的职业部门是理发业。还有另外一些部门，其中有时候特别重视某些生产者，要解释这种情况，除开“我喜欢这种东西，认为它比任何别的东西好些”以外，也许举不出其他任何理由来。乐器、纸炮和另外一些东西的生产者，其幸运处境就是这样来的。不过，这些东西真正制造得好，却是它们常常远近闻名的根本原因。

可见，所有认为照上述理由脱离社会团体充当艺匠或助手对自己有利的人，都是像自由职业者那样拿报酬。为了给这些人付劳动报酬并不要创造什么货币，因为他们的产品永远不会列入公共储备中。例如，经理甲有货币100镑，因此他是商品仓库中同数量财富的所有人。某乙要出卖火枪或竖琴以交换货币，因此甲拿货币（财富的代表物）交换火枪或竖琴时，就把自己放在商品仓库中的财富转移给某乙了。

私有财产的移转情形也相同。丙有病想到意大利去住，他像现时一样，公开拍卖自己的家具和另外一些贵重东西。在这种情况下，并没有创造任何额外财富，从而也没有制造任何额外货币。购买丙的财物的人用公共基金中的支票付给丙。假定丙从公共基金中取得了黄金并把上述支票交给国民商品仓库经理，那么从此以后，这些支票就不再是货币了。

总而言之，所提出的新交换原理，随便用什么方法来考验，都高度准确地符合“生产是需求的原因”这一论点。财产的移转不会使财产增殖。因此，银行一年发行额所代表的并不是一个国家的全部业务活动，而只是它的生产和进口。

但是，缝纫师、皮鞋匠和理发师以及其他一切自由职业或半自由职业者，都能完全同其他社会成员一样从这个制度中获得好处，因为到了他们的职业或工作不能再接普通劳动的平均价格取酬的时候，他们就会要求在国民资本保护下行使自己就业的原始权利。

在自由职业这个标题下面还应该谈到现时已成为万般烦恼之源的一个问题，这就是关于专利权的问题。一个人花费多年的脑力劳动以从事某种调查研究工作，或者由于普通机会发明了某种能造福社会的东西，这个人就有权获得适当的报酬，对于这一点持反对意见的人当然不多。但是，现代的专利权并不很适合于保证按劳给奖和给发明人支付适当的报酬。常常出现这种情况：真正值得获奖的发明人在发明方面花费了多年的精力与财产，从而获得发明专利权，但在他从自己的发明上连六个便士也不曾得到以前，享受专利权的期限就到了。后来，也许另外有一个人改进了这个发明，不仅得到了照严格的公平原则应归原始发明人获得的奖励，而更不合理的是这个人竟越过原始发明人取得某一个零件（尽管比起原发明来，这个零件意义并不重大，但对于改善整个发明却这样必要，以致缺少这个零件的机器决不能与有这个零件的机器竞争）的新专利权，同时完全禁止原始发明人改良自己原有的创造物。

我发现了我的手稿页边上的别人的评语："研究这样一种包罗万象的制度，是一个无关紧要的问题。在一个公共团体中，对发明人只奖现金而不授予专利权，把任何技术改进所得来的利益交给公众，这岂不更好吗？"这样去做，困难是怎样照发明的真实价值付给报酬。一百个发明中有九十九个是不成功的，但有时候其中却有某一个达到了目的，于是困难就在于如何辨别中彩号码和落空号码。现时，这已变成了发明者本身的经验。毫无疑问，这样授予专利权以便给所有参加人以适当的报酬的确存在着一些严重的困难。谁全面研究了这个问题，谁就一定能找到最好的办法来调和各种互相矛盾的利益。这儿谈到这个问题，目的只在于说明现时的专利权怎样才能与社会制度各项原则并行不悖。

在社会制度下面，任何一种公众认为有益的、非专利的机器的生产都可以进行，程序同其他任何生产活动完全一样。有专利权的人或者可以雇用协会的工程师（很可能他们本身就是工程师），照普通办法制造自己的机器，所承担的义务仅仅是：一旦机器可以照普通的材料价格、工资和利息定制，然后照可能获得的任何价格出售时，就把机器从公共储备总额中取出；或者可以按照为半自由职业所谈过的办法建设自己的工厂。但除非在需要严守秘密的场合，采用自己建厂这个方式决不会有好处，因为各个联合企业经营的规模很大，其中的劳动分工和协作非常广泛，一个工厂要和这样的企业竞争，本身仅有少数人是不行的，非包括整城整城的人不可。因此，在商业协会惯有的范围之外，无论生产什么东西，要想从中获得什么额外利益，大概是办不到的。

第 九 章

社会鸟瞰——“社会制度”的可能后果——社会图表——人们的职业和现在分配国家财富所用的方法概述

这里最好注意到原因与结果的区别。本书对于现行各种社会商业制度没有提出任何反对意见，只因为这是一种纯粹由于完全不适合于达到预期目的而受到非难的制度。作为这一点的证据是，这种制度没有完成自己的直接的任务——以各种必需品和舒适品供应全人类，同时让人类有闲暇来使用他们的体力、智力及道德能力并满足这些方面的需要。但社会如果采用本书所主张的交换原理，那就像把新的劳动方法引进工厂一样，会使许多现有的东西变成不必要的东西，并且一般说可以使一些事物完全改变面貌。因此，下文即将谈到的社会中的一些变化，对于采用完善的买卖方法虽然不是必要的，但大概是采用新方法的后果。

这种区别始终应该予以注意，因为既然必须说服某些人放弃某些部门和某些工作，以便代之以建立另一些部门和工作，那么似乎任何进步很快就会停止下来。但实际上并不如此，因为当新原理一旦被采用，就会使某些工作失去必要性（例如，赋税废除了，课税工作就不必要了）。那时候，不管干这些工作的人愿意不愿意，这些工作都得放弃:对这些工作的需要已停止,这些工作就由于无用而自然消失了。

科胡恩在关于不列颠帝国的财富与资源的统计著作中试图说明,国家的生产品按怎样的比例在各个社会阶级之间进行分配。那个图表所根据的是1812年的材料,但因为社会基础实质上现在仍然和过去一样,总分配图不可能有多么大的变化。因此我根据科胡恩的一个图表编成另一个图表,借以说明与国内贸易自由问题有关的现有各个社会阶级的收入状况。图表摘录在下面,科胡恩称之为"公民社会图表"[①]是非常恰当的。

看看下表,如果认为这可能就是现时如何利用国家财富的正确写照,那么现时一切贫困与苦难现象的原因就不是什么大秘密了。若以百万为单位,可以看出,一个十七口之家收入430英镑,这个家庭之中有九个人从事生产性劳动,八个人从事非生产性劳动或者完全不劳动,并且八个比较游手好闲的人全年分配份额是330英镑,而供养全家的另外九个人则仅得100英镑。

不合理的交换制度是商业社会的真正的灾难,这个制度在不受任何束缚时,首先只有把国家的生产品缩减到所能达到的那个数量的一小部分,其次是一年把不下56000000人卷入自己这个贪得无厌的漩涡中。请看看表上27、28、34和35等号吧。认真地问问自己:财富是什么构成的?谁生产财富?谁消费财富?答复这几个问题以后,再问:我们能不能多生产一点?某些人现时虽非游手好闲,但干的是无益劳动,他们在生产他们的消费品中提供过帮助没有呢?

① 科胡恩的统计表已全文刊载在《人类幸福论》中,这里不再刊登全表,而只编一个最后的综合表——原注。

公 民 社 会 图 表

图表说明1812年大不列颠和爱尔兰全体居民的人数、收入及工作，并将生产阶级的人数及收入和非生产阶级的人数及收入分开计算

编号	等级和地位	大约人数	每个阶级的总收入（英镑）	每个男人、妇女、儿童（包括仆人）的年度收入（英镑）	生产阶级的人数和收入		非生产阶级的人数和收入	
1	2	3	4	5	6	7	8	9
	王室							
1.	国王、王后及他们的公主	50	146000	2920	/	/	50	146000
2.	摄政王、太子妃和查多德公主	50	172000	3440	/	/	50	172000
3.	王族中的其余王公和公主	200	183000	915	/	/	200	183000
	高级贵族							
4.	世俗贵族（包括自己有贵族称号的妇女）	12900	5160000	400	/	/	129000	5160000
5.	教会贵族或主教	720	240480	334	/	/	720	240480
	下级贵族							
6.	二等男爵	12915	3022110	234	/	/	12915	3022110
7.	骑士及其扈从	110000	22000000	200	/	/	110000	22000000
8.	有固定收入的绅士和夫人	280000	28000000	100	/	/	280000	28000000

续一

编号	等级和地位	大约人数	每个阶级的总收入（英镑）	每个男人、妇女、儿童（包括仆人）的年度收入（英镑）	生产阶级的人数和收入		非生产阶级的人数和收入	
1	2	3	4	5	6	7	8	9
	国家机构和财政机关							
9.	高级文职人员	24500	3430000	140	/	/	24500	3430000
10.	下级文职人员	90000	5400000	60	/	/	90000	5400000
	陆　军							
11.	军官，包括外科医生、军需官、工程师、炮兵军官、参谋等	40000	4200000	40	/	/	40000	4200000
12.	正规军和民兵的普通士兵，包括军士、炮兵和工兵	450000	9800000	9	/	/	450000	9800000
	海　军							
13.	海军军官、外科医生、财务员等	25000	2095000	50	/	/	25000	2095000
14.	军舰和商船上的海员领取一半薪金者等等	320000	7204680	10	/	/	320000	7204680
15.	领取一半薪金的退伍军官、海陆军医生、领取养老金和抚恤金的老军官、退伍的军队教士、军官的孤儿寡妇	14500	856600	20	/	/	14500	856600

	领取退休金者						
16.	契尔西残废院领取退休金者、格林威治、契特姆等残废院领取退休金者(住院的和不住院的)	92000	630000	4	/	/	46000	630000
17.	上述领取退休金者除退休金外另有收入者	/	420000	2	46000	420000	/	/
	僧 侣							
18.	高级僧侣	9000	1080000	120	/	/	9000	1080000
19.	下级僧侣	87500	3500000	40	/	/	87500	3500000
	司法系统							
20.	法官、律师、诉讼代理人、办事员等	95000	7600000	80	/	/	95000	7600000
	医 药 界							
21.	医生、外科医生、药剂师等	90000	5400000	60	/	/	90000	5400000
	艺 术 界							
22.	艺术家、雕塑家、雕刻家	25000	1400000	56	25000	1400000	/	/
	农业、矿业等							
23.	大土地所有者	385000	19250000	50	/	/	385000	19250000
24.	小土地所有者	1050000	21000000	20	/	/	1050000	21000000
25.	承租人	1540000	33600000	22	/	/	1540000	33600000

续二

编号	等级和地位	大约人数	每个阶级的总收入（英镑）	每个男人、妇女、儿童（包括仆人）的年度收入（英镑）	生产阶级的人数和收入		非生产阶级的人数和收入	
1	2	3	4	5	6	7	8	9
26.	在田地、矿井、矿场工作的工人、包括女工	3154142	33396795	11	3154142	33396795	/	/
	对外贸易、航运、工业和商业部门							
27.	大商人、银行家等	35000	9100000	260	/	35000	35000	9100000
28.	进行海外贸易的较大商人（包括经纪人）	159600	18354000	112	/	/	159600	18354000
29.	利用技艺和资本当工程师、土地测量员、承包人等的人	43500	2610000	60	/	/	43500	2610000
30.	把资本用于建造和修理海船帆船等的人	3000	402000	134	/	/	3000	402000
31.	货船的所有主	43750	5250000	120	/	/	43750	5250000
32.	商船、渔业、江河、运河上的水运工人	400000	8100000	11	400000	8100000	/	/
33.	在棉、毛、亚麻等二十多个部门投资的工厂老板	264000	35376000	134	/	/	264000	35376000

34.	大批发商	5400	723600	134	/	/	5400	723600
35.	小店主和零售商	700000	28000000	40	/	/	700000	28000000
36.	利用资本当裁缝或生产服装材料的人	218750	7875000	36	/	/	218750	7875000
37.	商人、工厂老板、小店主的办事员和伙计等	262500	6750000	14	/	/	262500	6750000
38.	旅馆老板、有出售麦酒和啤酒的营业执照的饭馆老板	437500	8750000	14	/	/	437500	8750000
39.	制伞工匠、丝带生产者、刺绣女工、家庭纺织工、洗衣女工等	150000	3500000	12	150000	3500000	/	/
40.	手艺匠以及各种工厂、工程和企业中的工人	4343389	49054752	11	4343389	49054752	/	/
41.	有营业执照和无营业执照的小贩、货郎	5600	63000	11	/	/	5600	63000
42.	教育青年的大中小学在大学和高等学校教育青年的人	3496	524400	150	/	/	3496	524400
43.	从事教育男女青年的工作并通常为这种工作使用资本的人	210000	7140000	34	/	/	210000	7140000

续三

编号	等级和地位	大约人数	每个阶级的总收入（英镑）	每个男人、妇女、儿童（包括仆人）的年度收入（英镑）	生产阶级的人数和收入		非生产阶级的人数和收入	
1	2	3	4	5	6	7	8	9
	其他							
44.	各教派的教士、云游四海的传教士	20000	500000	25	/	/	20000	500000
45.	戏剧工作者、在剧场和音乐会当乐师的人等	3500	175000	50	/	/	3500	175000
46.	开设疯人院的人	700	35000	50	/	/	700	35000
47.	疯子和精神病患者	4000	160000	40	/	/	4000	160000
48.	为债务而被关在监牢内的人	17500	105000	6	/	/	17500	105000
49.	监内和监外的流浪汉、骗子、二流子、小偷、伪币制造者以及妓女	308741	3704892	12	/	/	308741	3704892
50.	上述各组中有补助金或其他来源收入者，孤儿和幼孩的保护人、慈善机关的监督者（大约）	/	5211063	/	/	/		5211063

	贫　民							
51.	在各种工作中靠自己本身的劳动得到工资者 向教会领取补助金者	1548400	3871000 6000000	6	774200	3871000	774200	6000000
		17096803	430521372	/	8892731	99742547	8204072	330778825
		大不列颠和爱尔兰1812年居民(包括陆、海军)人数	居民收入总数		生产阶级总人数	生产阶级总收入数(英镑)	非生产阶级总人数	非生产阶级总收入(英镑)

本表的主要任务在于说明国家的生产品现在是怎样分配的。由于每个阶级的家庭人数有差别，各阶级的收入之间的差别比骤然看来还要大些。例如，生产阶级中每人的收入在1812年似乎是11英镑，而王室每人收入只有2920英镑。但前者每家平均人数大约是4 $\frac{1}{4}$人，而后者则每家将近50人(因为其中包括仆人)。因此，前者一家收入大约是47英镑，而后者则将近146000英镑。在这种情况下，一个家庭的收入比另一个家庭的收入多3000倍。但在这方面，我们如果不提上层阶级，差别就会小得多。因为在高级贵族中间每家的平均人数确定是25人，在主教和二等男爵中间大约是15人，在骑士及其扈从中间大约是10人，再下面大约是4人至6人之间。

应该指出，上表中只有那些凭自己一双手使可以交换的有形财富增加的人，才算得是社会上的生产成员，并且这才是研究问题的正确的方法。脑力劳动，即发明、领导、监督和分配的劳动，对于增进社会福利同体力劳动一样是必要的。但它们之间却有一个差别，即直接生产物质财富的那种劳动，在我们有材料加工和有资本给它支援的时候，决不会流于过剩；然而我们所需要的脑力劳动却只限于足够管理、领导和监督体力劳动所需的那个数量，超过这个数量则一切徒然引起争工作的斗争，而这种工作就是不增加一点完成的工作量也应当完成[①]。例如，房子盖起来，并不是因为建筑师人数增加了；商品生产出来，并不是因为小商小贩人数增加了；在这两种场合，额外财富都是通过下述途径生产出来的：把工作交

① 意思是说，脑力劳动者一个不增加，这种工作也应该完成——中译注。

给体力劳动者，体力劳动者用自己一双手加工于相应的材料，使材料变成我们所希望的形式。

因此，任何商业团体都关心把每个非生产者阶级的人数压缩到最低限度，把一切生产者人数增加到最大限度，并使他们能找到有益工作。首相的薪金和货郎的进款同样是对各生产阶级所课征的赋税，研究民族的公共利益时把二者区别开来，只能得出错误判断，使探究人类苦难原因的人误入迷途。

请把工作给人们！为了使人们常常能够互相提供工作机会，希望他们确定交换自由！希望他们照常把自己的一部分劳动用来增加资本！希望把人们劳动所得的全部产品都交给从事劳动的人们，而只扣除必需的一部分用来报酬那些从事脑力劳动较之从事体力劳动所带来的好处更多的非生产成员。能够给社会提供重大福利的那种改良就是这样的，也只能是这样的。人类各种制度设施可以建立在它上面，从而有一切可能做到不怕暴风骤雨并能抵抗暴风骤雨的那个基石就是这样的，而且也只能是这样的。只要人类改善本身处境的天然愿望不被忘却的话，人类各种制度设施迟早必然会建立在这个基础之上。这样一来，其他一些改革也就能产生好处了。议会改革会产生许多好处，这种改革将成为一桩正义的事业；除此以外，还为其他更伟大的改革扫清道路。对低层阶级进行教育也能产生许多好处，这种教育能启发他们的智慧，使他们认清自己的真正的地位、真正的作用和不可摧毁的力量。虽然这只是走上进步道路的头几步，这只是生产使社会打扮得更华丽的那种衣料的一个过程，但整个过程已前进得很远了。像把呢绒制成衣料那样，现有的工商业材料随时都能够以差不多同样的

速度变成国民福利资料。

现在,结合国内自由贸易原理,简单地谈谈上表列举的各个社会阶级。

图表中1、2、3号是国王和王室中的其他成员,他们能享受到社会制度下各种设施所提供的福利,自然也能满意地看到自己的近臣们的生活得到良好的保障。

4、6、7、8号是高级贵族、中小贵族、骑士、扈从、绅士和夫人。这个阶级的收入大部分来自地租和利息;因土地和资本在社会制度下得到利用,他们照旧能够获得优厚的报酬。但一个国家的各项事业都用国民资本来经营的日子可能会到来——我相信这个日子会到来,那时候所得的地租和利息将会有所减少。

9、10号是各种文职人员。由于确定国内贸易自由,文职机关大量工作变成了完全不必要的工作,例如税吏的工作和海关职员的工作。

11、12号是陆军。可以预料,在所有看清了欧洲现今局势和珍视祖国安全的人们中间,谁也不愿意现时就削减不列颠的军队。通过建立最广义的自由贸易的办法,普遍改善人们的处境,战争在适当的时候也会自然消灭。

13、14、15、16、17号是海军、领取半薪的人、领取退休金的人等等。上述意见也适用于他们。

5、18、19号是主教及其他宗教人士。自由交换制度能关心人的身体,僧侣们就能顺利地做到比现时好得多地关心人的灵魂,因为教会的财产并不因社会制度的建立而受到丝毫触犯。不过,由于这种变革,比较贫穷的僧侣的地位将有很大的改善,而年薪40

镑的主教助理职务就再也不会有了，因为这种宗教职务的报酬低于普通劳动的平均价格，当然谁也不愿选择这样的工作了。我以为，普通劳动平均价格不能少于现时所能获得的每年200英镑的数目。把这个数目作为最低标准的时候，我一方面并不让自己作含糊而无根据的猜测，另一方面却也没有怎样准确的数据可凭。对于这个问题没有任何文件可以据以构成某种明确的意见，这是可惜的事情，但对于这个论点如有争论，那我准备拿可靠的证据来说明现时一年200英镑的价值（用以购买各种必需品、方便品和舒适品）是在这个制度下各个中等劳动阶层所获得的最低报酬。详细分析这个问题需要远远地离开本题，我反对这样做，因为这对于阐明主题并没有重要作用。工资始终取决于只扣除了一个极小部分之后的劳动产品，这个扣除额足够供养非生产阶级的生活。显然，工资决不能高于劳动产品，同样也决不应低于劳动产品。

20号是法官、律师、诉讼代理人、办事员等。他们的总收入为7600000英镑。在拟议中的国内自由贸易制度下，既没有债务人，也没有债权人，谁也不会因为贫困而变成骗子手。这样一来，每个人都猜测得出，由于这个变革，法律家的业务会增加或减少到什么程度。

21号是一般医生、外科医生、药剂师等等。富裕和繁荣（诚然，这是在人们具有中等劳动条件的情况下达到的）大概不大可能促使这个社会阶级的人数再增加。

22号是艺术家。在社会制度下，对艺术作品的需求是会无限量地增加的，因为人们比较迫切的需要已得到满足，对文化娱乐生活上的需求自然会经常增长。

23、24、25 号是土地所有者和农场主。在自由交换制度下，这一类人将被安插在全权代办之列，他们的地位会因这个变革得到很大的改善。

26 号是在田地、矿井等处工作的工人。关于他们将在末段说明。

27、28 号是大商人、银行家、经纪人等等。商业院的成员大部分应该从这个社会阶级中选拔出来。

29、30、31 号是利用职务上的技艺和资本充当建屋、造船等等方面的工程师、监工、建筑师。这批人宜于充当全权代办，但像前面谈过的，他们人数太多了。

32 号是为商人服务及在渔业上、江河上、运河等等上面工作的水运工人。这些人的工作照旧不变，但在“社会制度”下，他们所得的报酬优于现在。

33、34、35、36、37、38、39 号是工厂老板、批发商、零售商、办事员、伙计等。大量减少这些人是很有希望的，因为有些人会成为代办，而另一些人在“社会制度”下会提高到生产者的地位。

40 号是手艺工人、工匠和工人。关于他们将在末段中和第 26 号一并说明。

41 号是小贩和货郎。这些人只带来祸害而毫无益处。

42、43、44、45 号是在大学和中学搞教育工作的人，各派教士和各种艺人。他们的工作都属于自由职业，可参考第八章自由职业。

46、47 号是精神病患者。“社会制度”注意由国家保障他们的生活（参考国民费用第四项）。

48 号是因债务而被关在监牢内的人。这是现代制度中的一个意味深长的事例:这个制度起先迫使 17500 人有可能负债,然后把他们关在监牢里,为的是不让他们有可能摆脱债务。社会制度虽然不承认债务人或债权人这种角色,但对任何设想得到的大规模信贷制度所能提供的一切利益一概给予保障。

49 号是流浪汉、骗子、二流子、小偷、伪币制造者和妓女。他们人数达 308741 人。教育和使他们参加有益工作,这是随时都可以用来防治这些国民病害的唯一有效药方。

50 号是无法描写的一个阶级(参阅上表等级和地位栏)。

51 号是贫民。在一些经常抱怨生产过剩的国家里,存在着不应有的贫困现象,这是对健全理性的嘲弄。

26、40 号是劳动人民。由于建立了自由交换制度,生产阶级的地位将改善到这样的地步,即一个仅仅大略熟悉我们现时巨大生产潜力的人,也会觉得真正的变革景象就好像幻想的产品。我们的口号是商业自由:确定商业自由,需求就始终能够与生产步调一致。但愿有人能够估量我们的资源,其实要稍微准确一点估量是办不到的。不过,当交换自由一旦确定下来,我们就能够心安理得地确信:以必需品和舒适品充分供应人类,就像从永远不涸的泉源中汲水那样容易,而且只要生产品是按照《社会制度》原理生产出来的,就永远不会出现生产过剩那种荒谬绝伦的现象,永远不必花费一时一刻徒劳无益地为任何生产品寻找市场。

第十章

人口——马尔萨斯先生的学说——它违反大自然的最明显的命令——马尔萨斯先生用来证明他这种学说的论据把他自己的学说驳倒了——用来论证这一学说的事实是不真实的——甚至就算这一学说是正确的，那也是有利于建立“社会制度”的一个多添的论据——萨德勒先生的学说——他的图表摘录——双亲年龄不相等对于婴儿性别的影响——动物也服从同一规律——移民

马尔萨斯先生的一位信徒说，您在前面一章所阐述的一般原理中，说大自然的规律永远不可能有差错，这和最有根据的人口论怎样相容呢？在这个问题上面，我应该预先说一声：只是为了要消灭这个障碍，我才在自己的道路上设置下这个障碍。我提出的课题跟不论什么样的人口论毫无共同之点，而是旨在使所有的人对生活享受上所需各种资料获得充分供应，使他们的生活比现在好。而所谓人口论则提出改革会使人口增长得太快的论点，以反对改革。如果认为这个论点有理由的话，那么立法者们现在就尽可以放假休息，一切都会搞得顺利，使他们十分满意[①]。

① 意思是说，在社会制度下，人口迅速增长反而是应该欢迎的事——原注。

比马尔萨斯的理论更多地大受咒骂和歪曲的理论也许很少。他建议废除济贫法，按照这个建议本身，就足以使人写一整卷的文字来咒骂他。从他所著《人口原理》一书中引用若干文字，也引起人们发表一些最不公正的意见，来反对他的理论。我读过这本著作的仅存的第六版本，在这一版中，马尔萨斯先生关于济贫法所说的话，其要点是：放弃做办不到的事情的企图，因为这些企图本身所产生的贫困要比打算消灭的贫困大十倍。我认为，不管一个慈善家在如何更好地消灭贫困现象的问题上与马尔萨斯先生的意见怎样相左，但双方的目的却是一致的。

但我并不是马尔萨斯先生的学生，而且我根本不赞同他的见解。现在我简单地叙述一下我与马尔萨斯先生关于人口问题的见解大不相同的意见和我用以自卫的各种理由。马尔萨斯的学说是：人口有按几何级数 1、2、4、8、16、32、64、128、256 增长的趋势，而生活资料则按算术级数 1、2、3、4、5、6、7、8、9 增长。

因此，马尔萨斯先生推测，假定现在人口数是 1，生活资料数量也是 1，在第一个二十五年期间人口和生活资料会发生相应的变化，即：都是 2；但如果人口老是以尽可能达到的速度增长，而不遇到任何阻碍的话，那么，二百年以后，人口将增长到 256，而食物只增长到 9；于是，那时人类就不得不把 9 个人的食物让 256 个人来分配。根据三个理由来判断，我认为这个学说的论据是荒谬的。现在，我来阐述这三个理由：

第一、这个学说违反极其明显的大自然的命令。

就某种意义来说，存在着的一切都是自然地存在着的。善与恶、有知与无知、美德与恶习——它们同样是大自然的产物。不论人类的境况是怎样的一种境况，显然同桃树、李树或苹果树结出来的桃、李或苹果等自然果实一样，是人们的内在特性和外界环境条件的自然的结果。

不过，这两种情况有区别。看来，大自然对人们说过：我现在为你们做多少，也就是我将来在你们的参加之下做多少。例如，人的体态、性别和身体构造是什么样子，大自然就把它们造成什么样子；骨、肉、韧带、静脉、肌肉和神经——都是最高力量给我们创造的，我们不能改变它们。其次，我们的自然需要也不受我们自己支配；我们出世以后，如果没有这些需要或者改变了这些需要，我们还是不能活在世界上。可是，另一方面，我们的需要差不多完全要用我们自己的资料来满足，在这方面，大自然十分严厉，除非我们自己爱劳成习，它坚决拒绝我们靠其他任何条件来维持我们的生活。

总之，在所考察的情况下，大自然本身在采取行动，激动使生物数量增长的情欲。为了人们的家庭，大自然还通过人们自己，以生活资料供应他们。可见，如果认为赡养家庭有困难，那么剩下的问题就是：在这上面是大自然有过失呢？还是人们有过失？我说，人们有过失，因为大自然并不白做任何事情；如果大自然不力图使大家结婚，那它就不可能毫不直接违背自己的规律地赋予众生以情欲。

但我们且从大自然不要人的协助，也起着有利于人的作用的另外一些方面，来研究少数自然现象。我们仔细看看人体的结构，难道它还不完全、不完善和不完美吗？它的各个部分岂不是构造得十分巧妙、彼此配合得十分完善，以致构成了一个不可思议的复杂而完美的整体吗？大自然赐给我们以阳光和空气，太阳按照它的命令赐给大地以生命力，使散播在地里的种子生长和繁殖起来；并且在一切场合，当它为人们采取行动而不要人们协助的时候，它都是慷慨好施达到过分地步的。既然当大自然单独采取行动时已做到十全十美，那么在一切仍然要它创作的场合，说它会不尽自己的本分而仅仅负一部分责任，那至少是很难置信的。

可见，我们最好把公认的赡养家庭的困难作为我们那一方面有什么缺点的可能的证据，而不要责备大自然。我们要记住，虽然太阳能使我们的作物成熟，但它既不能耕地以利作物生长，又不能播种使种子必然成长为作物。所以，在所考察的情况下，与其抱怨神的慈悲，不如怀疑人的智慧。因为，至少可以公道地认为，发生灾难的原因很可能是由于我们本身在利用自然归我们享用的物质资料方面有些疏忽大意。

不错，马尔萨斯先生力图证明：他所捍卫的学说并不违反自然。在原书第二卷第259页上（我引述的都是第六版），他说："它（大自然）宣布这条规律（指人口规律——格雷）正如作这样的宣布一样：饮食过度有害健康；不管此刻多么乐意沉溺于这种过度的爱好，这样放任自己的弱点，终必引起不幸的结果。饮食过度对人的身体有害，饮食有节对人的身体有益，这两条都是自然的规律。率直地顺从我们的天然情欲，任其自然冲动，会把我们引到极端的任情放纵和非常不幸的绝境。虽然如此，但我们还是有充分理由相信，所有这些情欲对于我们的生活是如此必要，即使一概不予节制，也未必能损害我们的幸福。"①

① 马尔萨斯：《人口原理》（第六版），参考商务印书馆译本第453页——中译注。

骤然看来，这些话好像十分真实。可是，很可惜，企图指出过度饮食和每个人适当满足导致种类增多的那些欲望之间的相同之点是多么劳而无功啊！难道节制就在于让半数人类完全不吃东西吗？或者说，难道率直地顺从我们天然的欲望冲动就当真会使我们过度食用食物，以致造成危害吗，在这两种情况之间，并无任何相同之点。大自然要求人人都吃东西。“率直地顺从”并不是过度。可以心平气和地肯定说：我们平常极其津津有味地食用的那个数量的食物，就正好是对我们最有益的那个数量的食物。

既然说到节制，那应该怎样节制呢？完全节制吗，那不是节制，而是挨饿！适当地满足需要吗？不需要给马尔萨斯先生说，这个适当本身就是保证后代人口众多而健康的最好的办法。不！马尔萨斯先生应该从他的词汇中删去大自然一词，因为他徒劳地试图把剥夺亚当每个儿女的神圣的结婚之乐的那种理论和大自然的命令互相调和。不是多生一打强健的孩子，而是生一些体弱多病的后代，或者什么后裔也没有：这是大自然对那些由于饮食无节、过分纵欲而在所研究的问题上违背大自然命令的人的一种惩罚。发生了这种情况，对于刚才引述的议论来说，真是大不幸。

马尔萨斯每次试图把自己的学说和大自然的命令相配合时，都面临极其显然的左右为难的窘境。其实，大概没有一个人不很好地懂得婚姻生活的好处。马尔萨斯在《人口原理》第 261 页上面说道：“这种情欲给人生带来的幸福，只有极少数的人体会不到。纯洁的爱情和赏心的友谊是肉感与理智的愉快的相互结合，特别适合于人的天性，而且也可以最强有力地激起人的真挚的同情心，从而达到人生最微妙的满足。一个人只要尝过崇高爱情的真正乐趣，不管他的理智如何支配他，恐怕不会不回忆这个时期在他的整个生命里是充满了阳光的一段，他念念不忘这一段时期，总是怀着惋惜之情来回忆这个时期，希望重温旧梦。”[①]接着在第262页上又说：“晚餐的享用、温暖的住宅和舒适的炉边，这一切要是没有一个意中人可以共甘同乐的话，那就不啻失去了一半魅力。我们也有充分的理由相信：男女的互爱对于使人的性格温和、善良能发生强大的影响，还能使一个人容易感受一切真正的慈悲心和同情心”[②]。

但是，显而易见，把这里描写得十分美丽的情感和马尔萨斯先生提倡的人口铁律相调和的一切企图，都必然永远是徒劳无功的。这一点根据马尔萨斯本人的著作来看，就最清楚了。他在该书第266页上写道：“我们不能不懂得，造物主的目的是要使人口布满大地，并且我也似乎觉得，如果人口增长的趋势不比食物的增长快一些，这是不可能实现的；而因为在现时人口增长规律支配之下，世界上人口增长得并不很快，所以我们无疑有某种理由相信，这个增长规律对于达到它的明显的目的并不算过分有力量。”[③]接着，在第267页上又说：“这两个趋势（食物增长趋势和人口增长趋势——格雷）如果完全得到平衡，那我就看不出更有其他强有力的动机克服人们的公认的惰性，使他们在耕种土地方面日益进步。如果这样的话，在不论如何肥沃的辽阔的土地上，人口可能会停留在五百或五千的水平上，或者会达到五百万或五千万的水平上。”[④]

---

① 参考《人口原理》，商务印书馆中译本第454页——中译注。

② 同上书，第455页——中译注。

③ 同上书，第457页——中译注。

④ 同上书，第457页——中译注。

这种议论多么荒谬呀！如果人口有迅速增长的趋势，而食物也有同样迅速增长的趋势，那么，是由于什么奇迹使肥沃领土上的居民应该停留在几个五百的数字上面呢？简单的数字问题就在这里：既然假定而且仅仅假定一个B在一定时间内有变为两个B的趋势，那么，一个A在同一个时间内就有变成两个A的趋势；然则按照正确的想法，A的增长怎能用使B缓慢增长的方法来加快呢？或是A也好，B也好，都有按同样比例增长的趋势，而且增长得很快，那么，是由于什么奇迹使二者之中有一个根本不应该增长呢？马尔萨斯先生实质上是说，把灵缇和树懒拴在一起，它们会比一对跑得同样快的并且在并排追赶同一只兔子的灵缇跑得快得多[①]。

在该书第275页上，他另外作了一个尝试，这就是：使理论迁就大自然，或者，更正确地说，使大自然迁就理论。"一个没有财产的年青女人满了25岁以后就开始有根据地担心，她将不得不过独身生活。她虽然怀着一颗深深恋念的心，而感到随着岁月的消逝，寻找爱的对象的希望不免逐渐减少，又由于世人的各种愚蠢无理的偏见，她的处境的不适越发难堪了。如果推迟女子一般的结婚年龄，她的青春期和抱有希望的时期就会相应延长，而终身绝望的人自会减少。我们一刻也不怀疑，这种改变会给社会中的优秀分子带来绝对的好处"。[②]

真是愚蠢和不公正的偏见哟！请从各个不同方面来分析这种

---

① 灵缇是一种跑得快的猎犬，树懒是一种跑得慢的动物——中译注。

② 《人口原理》，商务印书馆中译本第461页——中译注。

偏见。女人在哪一个时期最惹男人喜欢？答:在25岁以前。通常是早婚最幸福还是晚婚最幸福？答:早婚。有没有经验证明:恋爱持续期间譬如说以七年或者大约七年为最好呢？答:没有。晚婚还是适当早婚——譬如说在25岁以前——有利于女人经常保持身体健康？答:早婚。是早婚还是晚婚产生孤儿最多呢？答:晚婚。所有这一切不仅使人有理由怀疑而且完全推翻了他这个仿佛“这种改变会带来绝对的好处的”论点，因为事实恰恰与此相反。

有一条老规则:饿了就要吃，渴了就要喝。所以，关于什么年龄结婚最适宜的问题，我很怀疑:我们在尽可能假设金钱考虑极少有影响的场合，除开后面这条依据一些实例订定的标准以外，还能找得到更好的标准。根据贵族谱的记录来判断，总的说来，我国女子结婚年龄最常见的是18—21岁，男子结婚年龄最常见的是22—25岁。但在气候比较炎热的地方，那里“女性美和女性魅力发育起来比它们在北方地区开花的时间要早得多”。在英国，认为女人到了比儿童大不了多少的年龄就变成母亲了。因此，无论从哪一方面来分析问题，甚至连马尔萨斯先生本人也应该勉强承认，他所鼓吹的学说要想靠引用大自然命令来予以加强是决不可能的。

第二、马尔萨斯企图用来确立他所谓的真理的那个证据本身，把他的学说全盘推翻了。这里，我指的是他引用了动物界的证据。马尔萨斯先生断言，存在着一种“经常的趋势，即各种动物都比食物资源繁殖得快些。”

其实，事实与此完全相反。在自然状态下，鸟兽和鱼类数量比食物资源增长得快的趋势一点也不存在：这是自然界里最明显不过的事实。萨德勒先生[①]在所著《人口规律》一书标题为“论食物与动物数量的关系”的那一篇中，极其巧妙地证明了这一点。他的论证的要点是：如果A、B、C、D依次前者以后者为食物，即A以B为食物，B以C为食物，C以D为食物，那么大自然的一个极小差错，就不可避免地会造成A、B、C、D全部消灭的结果。例如，A把B全部吃光，显然C就会无限制地繁殖起来。由于C大量繁殖，结果D就会永远绝灭。在这种情况下，C死于饥饿，而B和A也不可避免地会走上同一条道路。

如果一切动物当真有比食物资源增长得快的经久不变的趋势（顺便说，在两卷《人口原理》中找不出一句话来证明这个论断的真实性），毫无疑问，由此就可以得出结论：一切动物应该经常处在半饥半饱状态中。比方说，如果食物不足限制了鲱鱼数量，那鲱鱼就会像爱尔兰的茅舍的住户一样，必然要吃不饱，因为甚至在海洋里面，贫困应该发生在极端贫困以前。因此，鲱鱼的平均肥度一定很低，而事实并不如此，因为鲱鱼并没有比它们能弄到手的食物繁殖得快些的趋势。

其次，如果一切动物有比它们所吃的食物繁殖得快些的经久不变的趋势，那么，某些靠某种食物为生的禽类繁殖得比另一些靠同一种食物为生的禽类无限众多，这是因为什么呢？如果食物是动物数量的界限，那么，麻雀和碛鹨的数量怎么会成千与一之比？白嘴鸦和寒鸦怎么也会成千与一之比？燕与鹟怎么会成百万与一

① 萨德勒（Sadler Michael Thomas，1780—1835年）是英国经济学家——原注。

之比呢？我以为，只有承认以下事实，才能够令人满意地解答这些问题。即：在自然状态下，各种鸟、兽、鱼类的数量都受自然原则的调节，而这种自然原则和地区或食物的关系，并不比和议会改革的关系更多一些！为了使一半动物大量繁殖，而判令另一半动物不择配偶，大自然并不会照这种错误的、偏私的、非理的办法行事——这个事实是十分明显的。

可见，人类如果有比他们的生活资料增长得快的趋势，那么，他们在普遍对立的法则中就是唯一的例外现象，因为整个动物界除人以外都无意使它们的数量受食物的控制，同时又都长得十分丰肥；不过靠同种食物生活的鸟、兽、鱼类都不是照同样程度繁殖，而是彼此继续维持某种类似不变的比例，其中有些繁殖众多，而另一些则很稀少。虽然如此，但我们如果观察任何一种飞禽、走兽，那它们同人一样本来就是有孳生不已的趋势的。因此，根据类推法来判断，我们应该得出如下结论：因为其他动物不是跟它们的食物不成比例地孳生繁殖，所以人类本性中大约也包含一条原则，由于这条原则，他们的数量总会受着控制，不至于破坏他们对所占空间以及对他们自己本来就能够为自己制造的食物所应保持的适当比例；因为每个人自然而然都希望结婚，所以人人应该有结婚的权利，至于出版许多卷谈论限制人口问题的书，那是出于没有考虑下述事实，即：在现代社会状况下，需求和生产步调齐一的趋势还没有达到，或者换句话说，人类还不曾显示他们所掌有的全部天赋力量，以必需品、方便品及舒适品供应自己。

大自然在惩罚我们无知——这是公认的真理。白痴如果把手伸入火里，他就会被烧伤，由于他是白痴。社会如果至今仍然按照

白痴原则进行贸易，那么根据其他一切自然现象严格类推起来，社会将因为自己丧失理智而受到惩罚，同样会因为自己不知道经营贸易所依据的原则是白痴原则而受到惩罚。

第三、马尔萨斯先生人口论所根据的一些事实是不实在的。

人口在最有利的条件下根据什么样的比例率增加，确定这点需要调查研究，而调查研究是没有止境的。至于马尔萨斯先生断言的食物数量据以增加的比例率，也纯粹是臆想出来的，其无意义和不真实如同《一千零一夜》中的最荒唐无稽的神话一样。食物数量同其他一切生产品的数量一样，取决于对它的实际需要。让生产成为需求的原因吧！那样，一切迷误就会立刻消失无踪。

市场，市场！——这是从欧洲这一头传到那一头的永恒不息的叫喊声。我们拥有丰富的生活资料，可是找不到迅速赶来购买它们的买主。现时，社会市场上，食物同其他商品一样供应充足。哪怕只有一个月不是这种情况，那额外资本也一定会迅速集中到食品生产部门中来。实际的需求（照经济学家所下的准确定义，这个术语指的是一个人想拥有某种物品，但要和他的购买力相称）是唯一的需求，满足不了这一需求，则建筑房屋、纺织布匹、生产食物都不会有什么已知的或可以意想得到的数量界限。现在市场上有丰富的食物，那些缺乏食物的人是没有钱购买食物。可见，饥者无食原因不在食物本身缺乏，而在于缺乏适宜的工作。

未来若干世纪不会缺乏食物，单单一个海就是出产食物的永不涸竭的泉源。大家都清楚地知道，随着社会上讲究口味的风气的开展，爱吃鱼的嗜好也经常在增长。如果我们展望很遥远的未来，那么谁负责确定人类的富源呢？需要是发明之母，任何原理都不会比这个更真实。食物是什么呢？物质的形状是可以适当改变的。物质的最惊人的特性是什么呢？那就是它的不灭性。我们能改变物质的形状，能把它变成泥土、变成空气或变成水；但我们仅仅能改变它的形状，因为我们不能消灭它，也不能把它的绝对数量哪怕是减少一丝一毫。

差不多所有国家的目前政策都是想尽一切办法阻止进口，促进出口，并且通常总是以增加关税作为限制进口的手段，而对出口则以奖金鼓励。马尔萨斯先生的学说违背这个事实，而竟能这样传播开来，真是非常奇怪！

一般说，生活资料并没有自然增长的趋势，必须通过人的劳动才能增加，而究竟以怎样的速度增加，这取决于构成财富的土地、劳动、资本及交换自由等四个要素的适当配合。地球上一切适合居民耕作的土地没耕作好以前，在实现了社会制度各项原理的情况下，决不会缺少土地。至于谈到工人，大概人口过剩总不会引起工人不足。在资本方面，我们同样得到保证：资本足以使人人都有工作，因为资本只是过去劳动的积蓄品；既然大家都抱怨缺乏足够的市场以销售劳动产品，那就显而易见，说明资本很充足——事实果然如此。至于第四个要素交换自由，前面几章中关于这个问题已屡次谈到，大可不必再重复那些论据了。

全部政治经济学或“怎样创造财富”的科学，可以归结为一个简单的处方，这个处方同烹饪书籍中任何一种烹调术一样是一目了然的。这就是：拿出适当的一份土地、一份劳动和一份资本，把它们放在研钵里好好地调制起来，于是，财富就被创造出来了。

附注：资本是由土地和劳动创造出来的，假定你们的研钵不太小的话，那么在你们还没有耗尽自己的土地或劳动储备的时候，你们决不应缺乏财富。

研钵——这就是我们所缺少的一切，因为现时我们还没有研钵。政治家们和经济学家们，请您们找出一个来吧！改革家们和慈善家们，请您们找出一个来吧！勃鲁姆、格雷·查理、罗素·约翰、[①]休谟、[②]奥·康纳尔·丹尼耶尔[③]及其他人士，请您们找出一个来吧！您们为了人民的自由已做过这么多的事情，请再为人民的食粮作一番努力吧！

但是，从资本已积累得多到足以使我们有可能生产丰富的商品这一点，还不应该作出结论说，积累已变得多多少少比较容易一些了。相反，“资本是由利润构成的”，现代交换制度所造成的反常现象之一是：我们创造财富越容易，积累财富就越困难。原因在于资本的增加不取决于生产的容易性，而取决于出售生产品所能获得的利润总数。各个工厂主互相竞争使他们不得不以很低微的利润出售商品，在大多数场合，利润的确很低，低到只能抵补现时开支和预防资本贬值。工厂主雇用的工人不能积累资本，因为当工人人数众多的时候，所得到的一切只是食物而已。如果我们看一看零售市场上工人所生产的商品，那我们会看到同一条原理以双倍的威力在那儿起作用；由于商人之间现时有竞争，利润正在降低

① 勃鲁姆（1778—1868年）、格雷·查理（1764—1845年）、罗素·约翰（1792—1878年）——都是民权党的著名活动家——原注。

② 休谟——议会活动家、财政专家——原注。

③ 奥·康纳尔·丹尼耶尔（1775—1847年）——爱尔兰政治活动家，爱尔兰资产阶级中等阶层的代表，参加过争取爱尔兰自治的斗争——原注。

到尽可能低的最低百分率。

当我们继续遵循这些原则的时候，资本不可能出现迅速增长的趋势。资本跟人口增长的步调决不可能一致，甚至也不可能怎样确实可靠地保障不减少。但十分显然，能够做到使资本同人口增长得同样快，因为资本是积蓄的结果，每一个民族除消费所必需的以外能够生产多少就积蓄多少。因此，当我们一旦实行合理的交换制度，我们的生产资源就能够利用这个制度摆脱现在的束缚；这并不会引起任何困难，因为不论人口按什么比例率增长，在出售商品时都能够通过增减上述附加利润率的办法使资本照同样比例率增长。

偶然的饥荒现象并不是不能生产出丰富的食物的证明。像其他任何商品一样，食物是根据以前的经验认为足够满足通常需要的那个数量来生产的。但若是发生了歉收现象，要同时作需要补足欠缺的额外努力就不可能。爱尔兰耕种的土地足以生产满足通常需求所必需的食物，但这还不能保障免于饥馑，因为通常留给生产者们的食物数量仅足够维持他们的生活，一旦出现歉收现象，他们并不能顷刻间耕种出大量的土地来。如把通常的需求增加一倍，通常的产品也一定能同时倍增起来。麦卡洛克先生说过什么话呢？“朝最好的农作制度前进不很大的一步，就能够使爱尔兰输出比现在送给我们的多出四倍或五倍的产品。”可见，爱尔兰的荒年并不是不能生产足够数量的食物的结果，而是比起通常需求来食物偶然不足的结果，或者是比起通常供应来需求偶然过多的结果。

同农业中的情况一样，这种饥荒现象有时也在工业中出现。

例如,1817 年夏洛塔公主逝世,因为这件事情是突然发生的和出人意外的,所以感到缺少青呢子;于是,平常每码售 2 先令和 2 先令 6 便士的货物,一天之内涨到 4 先令和 5 先令。原因在哪里呢?原因在于开始普遍服丧以前来不及织造大量的呢子。要是事先能预见到这种需要,那就不会有这种缺乏现象,反之,一定会感到呢子过多。从那个时候起,英国又死了两个国王和两个王后,而这种缺少丧服的现象就永远感觉不到了,因为这几次事件并不那么突然,并不那么意外,需求早已预见到,一旦需求方面出现问题,就有了充分的储备来满足需求。

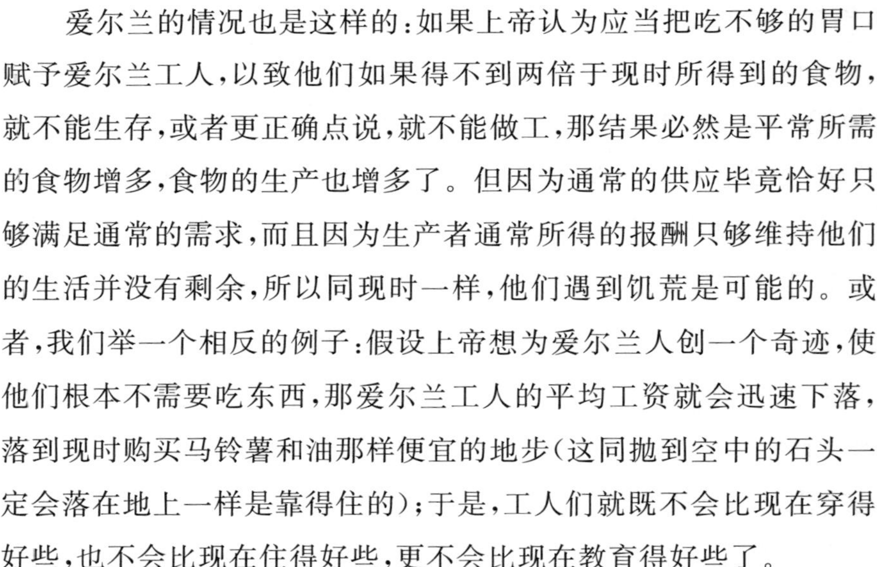

爱尔兰的情况也是这样的:如果上帝认为应当把吃不够的胃口赋予爱尔兰工人,以致他们如果得不到两倍于现时所得到的食物,就不能生存,或者更正确点说,就不能做工,那结果必然是平常所需的食物增多,食物的生产也增多了。但因为通常的供应毕竟恰好只够满足通常的需求,而且因为生产者通常所得的报酬只够维持他们的生活并没有剩余,所以同现时一样,他们遇到饥荒是可能的。或者,我们举一个相反的例子:假设上帝想为爱尔兰人创一个奇迹,使他们根本不需要吃东西,那爱尔兰工人的平均工资就会迅速下落,落到现时购买马铃薯和油那样便宜的地步(这同抛到空中的石头一定会落在地上一样是靠得住的);于是,工人们就既不会比现在穿得好些,也不会比现在住得好些,更不会比现在教育得好些了。

在撇开马尔萨斯先生开始研究另一种人口理论以前,为了从另一方面探讨这个问题,姑且假定马尔萨斯先生所谓人口增长的趋势比食物数量增长得快些这个理论是正确的。我说,在这个场合,这一点也不成其为反对社会制度的理由;相反,这倒构成赞成采用社会制度的一个很有力量的补充理由。

我们假定限制是必需的。可是，这种限制在哪里才算适当、才最起作用呢？在没有受教育的、半饥半饱的、可怜的人们中间吗？当然不是。限制对于那些最需要限制的、没有什么东西可以再失去的、生活状况已低到不能再低的人们影响最小。限制的意义在伦敦及其他城市中的一些商店店员和银行职员中间，比在那些住茅舍并死于饥饿的爱尔兰人中间，要大一千倍。可见，如果地球所能适当地养活的人口现在已经够了，如果为了民族的利益现在要完全停止进一步繁殖人口，那么，在这种情况下，我认为除建立普遍的交换自由制度和无限制的教育自由制度以外，没有别的办法能够如此轻易地达到这个目的[①]。我以为，这个意见跟马尔萨斯的意见是完全一致的。

实际上，马尔萨斯先生反对一切平等制度，他所根据的理由不外是平等制度中间缺乏“促使人们努力劳动的各种刺激力量，只有这些刺激力量能够克服人类好逸恶劳的天性，能够鼓舞人们好好地耕种土地并创造为促进人类幸福所必不可少的方便品和舒适品”[②]。社会制度虽然不是平等制度，但因为实行同工同酬，采用这种制度的结果无疑会确立一种比现状更接近平等的社会状态；不过，这个制度责成每个人必须通过某种有益的体力劳动和脑力劳动以赡养自己的家庭，所以不仅不会消灭通常的劳动刺激力量，而且会大大地加强这种刺激力量；同时，还使人们能够分神去努力

① 意思是说，人人富裕些，有教养些，限制才有效，所以为了有效地限制人口繁殖，也应该实行他的“社会制度”。——中译注。

② 参考《人口原理》，商务印书馆中译本第329页——中译注。

搞科学和艺术工作。

但马尔萨斯先生提出一个问题(第二卷第45页),我作为哪怕是一种近似平等的制度的捍卫者,觉得有必要回答这个问题。他的问题是这样的:"在任何平等制度之下,不论是欧文先生建议的制度,或是教区土地共管制,不仅没有任何可能向其他教区移民以减轻人口压力,而且人口增加速度一开始就一定会比现时社会状况下高得多。那么,我要问:应该怎样防止每个人分到的土地产品数量不至于一年不如一年,应该怎样防止整个社会和每个社会成员一直不为贫困所压倒呢?这是一个极简单明白的问题。不用说,如果不能合理地答复这个问题(至少从理论上),那就谁也不应该提倡或支持平等制度。不过,对于这个问题,即使在理论上,我也从不曾听到过可以说得上是合理的答案"[①]。

这里,我试图提出一个跟问题本身一样简单、明白和有道理的答案。不论人口数量是多少,人类社会拥有每年能生产一定数量的粮食的土地,社会也调出足量的人去耕种这些土地。假定土地是社会的财产,不征收任何地租,因此粮食价格将只包括种子价值、工资、适当保持土质的费用和前已谈过的加成数。但因为卖方只是为了货币才要出售粮食,而买方的货币又只有把某种适于出售的商品(生产商品所花劳动与生产粮食相同)存到公共储备中才能获得,所以在以适当的等价物交换这种粮食以前,谁也不能品尝这种粮食;并且这种等价物在交换出产于大西洋彼岸的粮食时,也要差不多同在社会本土上一样有效。可见,因为必须以等于生产粮

① 参考马尔萨斯:《人口原理》,商务印书馆中译本第331页——中译注。

食时直接间接所花的一样多的劳动去换粮食，所以每当用以购买粮食的等价物在数量上超过储存待售的相应粮食数量时，或者换句话说，每当粮食需要超过国内粮食供给时，粮食进口就会开始。因此，“每个人所分的土地产品”哪怕减少一点点也是不容许的，更不要说年年减少了。准备交换粮食的等价物除去购买社会本土所产的粮食量以外，其余的就需要交换外国的粮食，这以后，适当数量的社会劳动便用来生产进口粮商希望用以交换粮食的商品。

要反驳这个论据，只要用下面两个奇怪的假设中的一个就可以了。第一、或者任何国外粮食生产者不出售粮食来交换我们的生产品或我们用某种劳动产品兑回的东西；第二、或者地球上全部土地都已同样耕种好了[①]。马尔萨斯不应该引用这个论点，因为他自己说过，“这样遥远的事情可以公正地付之天命”。建立了这种制度，地面上会不会很快住满人，土地会不会很快耕垦完毕，这一点我不争辩；但我还是有马尔萨斯先生作辩护人，他说过：“我们不能不懂得，造物主的目标就是要使地上住满人。”

但我的论证并不到此结束，因为每个人在土地和劳动的全部产品中所占的一份不仅不会减少，而且随着人口增长会不断增加。在这个制度下面，伟大的生产科学巫师——劳动分工，首次显示出自己的威力。它的三根小魔杖——增加工人动作的灵巧性、节省平常消耗在改换工作上的时间、发明和使用机器——现在开始为整个人类的福利挥动起来了。劳动分工原来总是受市场规模的限制，现在市场规模随着人口增加扩大了。市场规模扩大，劳动分工

① 大概还要说：“并且同样住满了人”——原注。

就随着扩大；分工扩大，每个人的劳动产品就增多了；而因为劳动产品即劳动报酬，所以每个人应得的一份也相应地增多了。

可是，必须区分清楚。有一些商品的数量通过投入额外劳动几乎可以无限制地增加，而另一些商品的数量则不可能这样增加。在“社会制度”下，前者差不多同空气和水一样丰富，人人都能享受得到，后者则逐渐变得越来越稀少，越来越昂贵。在地球上宜于住人的土地没有耕种以前，几乎所有一切品种的食物都属于第一类，多数衣料和许多装饰品也是如此。例如，粮食、牲口和葡萄以及一些极重要的衣料如毛、棉、麻、皮革等等，差不多可以无限增加。奢侈品更能够靠人的劳动来增加。价值一便士的原棉可以变成价值大四倍的花边床单或衣服。其次，图画、乐器、书籍、瓷器、玻璃用具以及多数住宅装饰品，也都是这样的。

第二类的例子是象牙。如果地球上一切可以住人的地方都耕种起来，那么一头象所产象牙的价格（假定活的或死的象身上其他的东西对于人类并不提供任何价值）就等于这头象一生所吃全部食物和照料它的费用。因而象牙价格和其他一切通过劳动和资本数量的增长而增加数量的物品一样，将会逐渐上涨的。

但是，谈到人口问题的另一方面，即谈到人口繁殖规律，在这点上马尔萨斯先生并不是唯一的垄断者。不久以前，萨德勒先生对这个问题发表过两卷用密排铅字印成、篇幅达一千三百多页的巨著。他的理论是：“在其他条件相同的情况下，人们的繁殖力跟人们的数额成反比例。”其次，“人们的繁殖力受他们所占土地面积大小的节制，除此以外，还受这块土地的素质的影响，换言之，即受土地的潜在产量的影响。因此，在占同样面积的居民中间，如果其他条件相同，那么同一个结婚数目而住在山地上的比住在平原上的人口繁殖得少些，住在寒冷地带比住在温暖地区的人口也繁殖得少些。”

虽然一眼就看得出，这种理论无疑是令人惊异的和不可信的，但萨德勒先生却引用了大量的统计数字来证明这一理论。同数量的年龄相同、财富相同、健康状况相同的已婚男女，如果他们住在每英亩只有一个人的地方，所生的孩子就会多些，如果住在每英亩有两三个人的地方，孩子就会少些。即使这是事实，不用说，这也是很不平常的事实。毫无疑义，人口繁殖规律最好包含像这儿谈到的一个自动调节的原理。因此，我引述了萨德勒先生某些研究结果以及他据以断言这条原理当真存在的几点理由。已发表的这部著作——还有一卷待出版——插入 104 张图表。关于这种理论，萨德勒先生说：“它不是以一些挑选出来的或被故意歪曲了的论证为依据，而是建立在有关这个问题的全部已知事实的基础上；并且这些事实没有达到这样互不联系和互不一致的程度，即：如果这条原理及其论据不同样可靠的话，就会互相矛盾并且对所讨论的问题必然得出极端矛盾的结论来。”

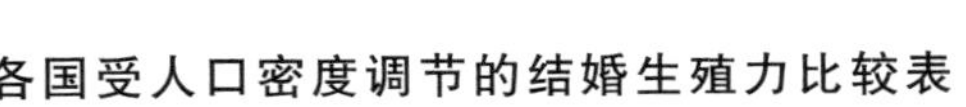

各国受人口密度调节的结婚生殖力比较表

（时间大致相同）

国（或地区）别	每平方英里人口数	每对配偶所生子女
好望角	1	5.48
北美洲	4	5.22
欧洲俄罗斯	23	4.94
丹　麦	73	4.89
普鲁士	100	4.70
法兰西	140	4.22
英　国	160	3.66

英国居民生殖力统计表

每平方英里人数	郡　　数	每百对配偶生育子女数
50—100	2	420
100—150	9	396
150—200	16	390
200—250	4	388
250—300	5	378
300—350	3	353
500—600	2	331
4000 和 4000 以上	1	246

法国居民生殖力统计表

每一居民占地公顷数	省 区 数	每千对配偶生育子女数
4—5	2	5130
3—4	3	4372
2—3	30	4250
1—2	44	4234
0.6—1	5	4146
0.6	1	2557

普鲁士居民生殖力统计表

每平方德里居民人数	省　数	1754 年每百对配偶生育子女	1784 年每百对配偶生育子　女　数	布申格氏①统计每百对配偶生育子女数
1000　以内	2	434	472	503
1000—2000	4	414	445	454
2000—3000	6	384	424	426
3000—4000	2	365	408	394

① 布申格(1724—1793 年)——德国学者，二卷集《地球新志》的著者——原注。

美国居民主殖力统计表

每平方英里居民人数	州　　数	每百名妇女(16—45岁)平均所有10岁以下的子女数
5以下	8	216
5—10	2	176
10—15	4	205
15—20	1	171
20—30	6	166
30—40	2	162
40—50	—	—
50—60	2	129
60和60以上	1	120

随着人口增加英国居民生殖力下降情况表

年　　别	人　　口	每对配偶生育子女数
1680	5500000	4.65
1730	5800000	4.25
1770	7500000	3.61
1790	8700000	3.59
1805	10678500	3.50

以上六张表如果在每一种场合都确实反映了真实情况，那就是证明萨德勒先生的理论正确的重要证据，责备他选择专门解释问题的特定地点是大可不必的。为了坚持自己的见解，一个人可能选择一个教区或一个城市，也许选择一个省。萨德勒选用英国、法国、普鲁士和美国为例，这就不见得可以指责他为了试图建立一种偏爱的、但错误的理论而选择特殊的例子了。

对于在美国那张统计表上看到的一种似乎超越常规的例外现象，萨德勒先生在《人口规律》卷二第244页作了如下解释："我这样详细地把二十六个州和地区(除开哥伦比亚州或华盛顿市)分了类，为的是指明第二篇里谈到的表面上似乎偏离所揭示的原理的那种现象。如果分类略微不同，就不会发现这种偏离现象。为了把这种现象作为这一研究中经常出现的许多例外中的一个例子来说明，我特意作了记载；这些例外一经适当地分析和阐明，就成了一般规则的直接证明。属于第二行的是缅因州和佐治亚州，其中缅因州确实拥有领土 32628 平方英里，人口 298335 人，每平方英里仅得 9 人。可是，实际情况怎样呢？一位优秀的权威者（沃尔登先生）告诉我们：其实，在这样辽阔的领土上真正住人的不过7578 平方英里，内地有 25000 多平方英里差不多完全荒无人烟（1817年统计只有 1500 户）。可见，经过这样改正后（根据这个调查，谁也不会否认改正的必要性），缅因州应改列在上表第 5 行中，即恰好列在按照它的实际生殖力所应该列入的那个地方。人口规律就这样丝毫不差地显示出来，甚至就它的一些例外现象来看，只要加以适当研究也还是如此。至于另一个州佐治亚州，大家知道，情况也和缅因州一样，虽然程度有所不同。”

根据这种观点探讨人口问题，其最大困难在于没有弄清楚具体事实。我从一本详细地研究这个问题的著作中找到了一些统计表，我就照原样把它们引用在上面，不过，为了使形式上更加醒目略微作了一点改动。关于人口在所处的各种不同情况下的绝对增殖数的问题，要得出某种最终的见解，首先应该仔细研究大量统计资料，并且应该考查资料的可靠性。因此，为了让学者们解决这个我完全外行的问题的争论，我这儿试图从另一方面略微碰一碰马尔萨斯先生。我相信，研究现时调节商品生产各种情况的每一个不存偏见的人都会同意，萨德勒先生这部书的内容给人口问题投下了一线新的曙光。

萨德勒先生还提到另一个事实，也很值得注意。一眼就看得出，男子和比较年轻的女子晚些结婚，一定会造成大批女子过独身生活的结果。因此，如果同数量的男女同时诞生，如果男子应当三十而娶，女子应当二十而嫁，那么，由于男子总数中要减去 20 岁至 30 岁这个期间的死亡数，在整个居民中间达结婚年龄的女子就显然要占大多数，就是说，适于结婚的女子比男子多一些。例如，假定男女数量各为 100，到 30 岁的时候死亡人数相同。如果将如下表：

20 岁 男　　子	20 岁 女　　子	双方到 30 岁 时各死亡数	生存男子	生存女子
100	100	10	90	90

这样一来，达结婚年龄的男女中，女的有 100 人，而男的只有 90 人。

可是，并不容易克服大自然的意图，大自然是比马尔萨斯先生更强有力的婚姻庇护者。因此，结果就是：如果这个习惯变成普遍的习惯，那么，由于另一个自然规律发生作用，婚龄男子比较少的现象很快就会消失。所谓另一个规律就是：当男子年龄较大时，在任何大数量的婚配中诞生的男孩最多，当妇女年龄较大时，诞生的女儿最多。所以，如果男子达到 50 岁才结婚，而且是在一切场合都是和 20 岁的女子结婚，那么，年青的妇女不会比现在更供过于求；因为那时男胎数量占优势，可以补偿男子在 50 岁以内期间的死亡损失，并且每一位妇女都跟任何其他时候一样，有同样机会得到丈夫。

为了证明上述论点，萨德勒先生从贵族族谱中给我们引证了“381 件初婚事件，这是结婚总数，其中双方年龄都已查明”。

双亲年龄差别对于儿童性别比例的影响统计表

（摘自贵族族谱）

年龄差别	结婚数目	男儿数目	女儿数目	由此产生的男女比例
丈　夫				
比妻子年轻的	54	122	141	1000：1156
年龄相同的	18	54	57	1000：1055
年长的				
1—6 岁的	126	366	352	1000：964
6—11 岁的	107	327	258	1000：789
11—16 岁的	43	143	97	1000：678
16—21 岁的	22	48	30	1000：625
21 岁和 21 岁以上的	11	45	27	1000：600

同一条规则对牲畜也起作用。乔治·康伯从《农业杂志季刊》中引述了一段文字，谈“繁育牲畜时，照主人愿望获得某个性别的大量仔畜的方法”（见《人的构造》第 305 页）。这条规则就是：老公畜所产的仔畜中雄性占大多数，老母畜所产仔畜中雌性占大多数。以这条规律为准绳去选择母畜和公畜，当实验是以使雌性仔畜占大多数为目标时，就获得 84 个雌仔畜、53 个雄仔畜；当实验的目的相反时，结果就获得 80 个雄仔畜、55 个雌仔畜。由此看来，大自然大概是大公无私的，因为王公贵族和畜群都得服从同一个规律。

这些事例很值得注意并且显然证明，用萨德勒的话来说，“造物主根据天道给自己的创造物所安排的环境条件，亲自调节他们的生殖力，不管这种调节作用本身如何不大重要，决不让受到这类人们的自私自利和盲目无知的干扰；从各方面看来，这些人对于完成自己希望承担的任务，也同对于创造世界一样，是没有资格过问的。”

但是，如果把其他一切考虑都搁置不管，那么在地球上任何一洲还存在着未耕的肥沃土地以前，防止人口过分稠密的天然药方还是移民。不过，现在来实行移民，那只会出现一幅并不引人注意的、阴暗的图景。仅仅抱着某种微弱的希望之光，以为我们和我们的子子孙孙终归会因此得到幸福，于是决定离开我们的家乡和告别我们的亲友，作为无依无靠的流浪人闯进广阔的人生的海洋中去：这是很不令人羡慕的而且不大符合我们的善良感情的一种决定。无疑，青年时代的热忱、冲劲，能够从这种事业中获得快感。对于某些人来说，这种事业的吸引力甚至暂时会因发生必须克服的困难、忧虑、贫困而得到加强。但这不过是“享受希望的快感”，是受鼓舞的想象力的梦呓，而不是真正的满足、舒适和幸福。

可是，既然亲爱的家乡和难忘的年青时代的欢乐情景（事后想起这些情景就如同回忆逝去的梦幻一般）具有一种神秘力量，使我们眷恋某一个地方，那么我们这些人中间能够避免乡愁、避免有时发生的黯然的离情别绪的人是多么稀少啊！另一方面，房屋、花园、茅亭、树木和围绕树木的凳子、丘陵、山谷、沿着溪边、公园和林荫道上的心爱的散步地点，以及国界（越过它魅力就告消失）和看来相同的整个其他世界——总而言之，仙境的规模却又多么狭小呀！

如果移民是灾祸,那么,比如说,一下子同时大批移民二万至五万,是不是能够缩小灾祸规模呢?不是像唐·吉诃德那样出去猎奇,而是团结起来彼此分担任务,使每个人都能够起自己的作用,为整个社会造福,这岂不很好吗?这一点,只要选派一批内行人员来确定最便利的移民地点,编制好愿意外移的人名名单,并使各部门以及各行各业的人数有适当的比例,就可以实现。

我以为,这样一来,就为减轻移民灾难做了许多事情。可以专门考察各国的情况,为有意离开祖国的人提供有价值的资料及建议。如果有人说,在自己应当为自己做什么这个问题上,每个人都是最好的裁判员,那我就回答说:在一般缺乏移民的真正知识的情况下,获得绝对可靠的情报资料常常抵得上移民一笔最大的财产。倒霉的人受了夸大和含糊其辞的消息的欺骗,前往遥远的国度,热望在那里找到流着牛奶和蜂蜜的河流,但结果只找到失望和痛苦:这种新闻你不是天天听得到吗!

如果人们同时大批外移,携带充足的资金并具备足够的知识及才能,一到那里就能够成立一个多少近乎完善的社会整体,那移民就并不怎样困难了。

但反对人口增殖的人在这里会紧跟着问:当整个地球都住满了人,你怎么办呢?我回答说:那些关心解决这个问题的人都应该注意研究这个问题。这样回答就足够了。就我们而论,只要深信我们和我们的子孙不属于这一代就可以了。我们的任务是关心我们自己的幸福和我们所生育的下一代人的幸福;并且我们可以相信,我们能这样行动,就不会做一点有损后代幸福的事情。

你对我们说,食物数量不及人口增加得那么快,又说,大自然在这方面是有过错的。我否认这个论断的正确性，并且要证明（我想，我可以使用这个字眼）：至少在这个时候以前，人们在这方面是有过错的。恶意非难大自然及其规律的人，如果你做得到的话，请确定人类能力的界限吧！请看看这种像贪婪地吞噬无数水量日大、流速日猛的支流的强大急流似的一代一代飞快前进的进步现象吧！如果你能够的话，请指明人类的发明才能和各种资源的急流应该停留在那儿吧！只要回头看一眼，即使同昨天相比，你就能看得出这种急流之水已猛涨得多么高了！然后，你再向前看，并且让你自己的想象力自由地驰骋起来！你抛弃一切议论吧！把原因和结果都叫做梦想吧！并且，请让受不可能实现的贪欲鼓舞的最不可遏制的幻想规定人类能力的假想界限吧，而后代人仍然会嘲笑你的见识有限，并且会因为你的思维能力薄弱而感到惊奇。

第十一章

政治经济学——简评经济学家们的见解:这个简评揭露了他们的见解和《社会制度》作者的见解之间的某些分歧,同时也阐明和捍卫了前面几章中叙述过的原理

不赞成写同一题目的另外一些人的意见的作者们,通常不犯这个错误,就犯另一个完全相反的错误。他们或者低估对方的力量,为了从这里得到可疑的快慰,毫不留情地攻击对方的著作;或者极力解除自己的武装,甚至对自己认为对方有错误的那些见解也吹捧奉承。为了维护真理,应当避免走这个或那个极端。

犯错误是人所难免的。一个普通人对于在他以前业已存在的知识宝库所能增添的只有很少的东西。但由于人们不断地试图改正和互相补益,所以真理就能排除一切障碍,给自己铺平道路。像常年的滴水可以穿开最坚硬的石头一样,甚至表面上看起来无法克服的传播很广、扎根很深的谬见,在真理的不可抗拒的影响下也会烟消云散。

毫无疑义,发现整个商业机构现在据以发挥作用的一些原理的全部功劳肯定属于经济学家们。如果有谁现在或稍后能够在他们所作所为的中间增添什么东西,那么,不管这种贡献怎样重要,

也不管没有这样的贡献以前的发现实际上怎样无益，功劳的最大部分毕竟应该归属于先行者们。

经济学家们的主要任务是研究调节商品生产、交换和分配的各项规律。既然现存规律不是一成不变的，那么最重要的问题就在于：发现商品的生产、交换和分配要受什么样的规律调节才最适宜。

我并不认为在这个问题上面我已花费了很多的劳动，日常事务冗繁，始终不容许我这样做，但我十分熟悉现有的各种政治经济学理论，确信还不曾有哪一个人指出过防止商业社会灾难的实际有效的办法来。在把前面各章内容用书面写出来以后，我仔细研究了麦卡洛克先生所著《政治经济学原理》的最新版本，想从那里随便找出一点什么理由能使我认识是我弄错了。这儿阐述的关于从贫穷痛苦过渡到丰裕富足这一神奇转变的可实现性的见解，骤然看来不能不令人觉得稀奇古怪；可是我不得不承认，我在《政治经济学原理》这部书中甚至根本没办法找出一句话可以使我改变自己的见解，而另一方面，我反而在许多地方看到一些话可以用来加强和证实我的见解。

略微详细一点讨论另外一些作者的见解是不必要的，因为麦卡洛克先生的著作（这是不久以前出版的若干同类著作中最出色的一本）阐述了该著作所讨论的问题的立脚点最稳固的现代见解。那些不熟悉这部著作的人只要读一读这本著作（《爱丁堡评论》称它为业已问世的极优秀的政治经济学教程），就能够极其容易地和透彻地掌握书中知识。因此，我甚至不想概述该书所捍卫的理论。以下我从书中摘引几段，主要目的是想揭示现存商业社会原理和社会制度原理之间的某些区别。

伦敦大学政治经济学教授麦卡洛克这本书的全称是《政治经济学原理及科学的产生和进步论纲》，下面引文所据版本是 1830 年印行的经过大量增补的修正第二版。

第 7 页："政治经济学的目的是指明可借以达到使人类的勤恳劳动生产出最大数量的构成财富的必需品、舒适品和享乐品的方法，确定最有利于积累财富的条件，规定在各不同社会阶级之间分配财富的比例，判明财富借以获得最大利益的使用方式。"在这个定义中，只有加着重号的分配二字引起了异议。不应该只用"分配"二字，而应该使用"应该分配"四个字[①]。不过，作者大概并没有始终注意这个定义，因为在第 23 页上我们找到下面一段话："经济学家的资料如果不包罗很广泛的现象范围，他就不能真正了解调整财富生产、分配、积累及消费的规律"。显然，这是认为存在着上述一切都受其调整并且应该受其调整的种种规律。可见，经济学家的义务在于发现规律，而不是制造规律。

在指出过去若干世纪一般都忽视经济科学以及近年重视这门科学的情况以后，麦卡洛克在第 14 页上指出："这些情况充分说明最近经济科学有了发展以及不太久以前这一科学不大受重视。不过，自从这门科学成了比较普遍注意和研究的对象的时候起，在一些研究它的卓越的代表人物之间就出现了意见分歧，这些分歧对于它的发展非常不利，并且产生了不相信它的一些最有根据的结

① 照格雷的意见，原句应改为"规定各不同社会阶级之间所应该分配的财富的比例"。意思是说，现时有一些社会阶级根本没有分配到财富，而在道理上则应该分配财富，所以政治经济学里面应该规定各个社会阶级所应分配到手的财富的百分比——中译注。

论的倾向。”很明显，在一些十分容易了解的问题上，差不多总是可能有意见分歧。因此，在威尔逊、马尔萨斯和麦卡洛克这几位教授就政治经济学一些重要原理取得一致意见以前，就有重大理由认为，与其说政治经济学是确实可靠的科学，不如说它是有问题的科学。

第 16 页：“极大一部分人的心目中，对于为他们自己私人利益服务，较之为其他任何一个人或选定的若干人，具有明显得多的印象：这是公认的道德准则和公认的政治经济学原理。因此，正确的政策是让每一个人根据自己的爱好，从事他认为合适的任何部门的工作。这是一条以极大量的经验为基础的普遍原理。”

我毫不踌躇地否认这条原理的正确性。如果每个人不要别人协助，只靠自己的活动就能生存，如果我们之中每个人都用自己一双手为自己生产食物、缝制衣服、建筑住宅，那这条原理就是正确的。可是，既然一个人成了商业协会的成员，同意成为大集体中的一部分，而不坚持自己的癖好，那么，从这个时候起，像调节器对于蒸汽机的正确运转是必要的一样，监督和指导力量对于使全部商业正确发挥作用，以及对于使各个工厂合理生产也是必要的。在这点上，我不愿意说，必须干涉协会各个成员的兴趣和嗜好，我力求做到的是使这个监督和指导力量掌握我们全部商业事务；此外，我并且确信，没有这种力量则无论在任何商业社会里都永远不可能存在个人的独立和自由。一个人如果变成政治团体中的成员，就要受某种行动方针的约束；如果完不成自己的责任，就会因违反国法而丧失自己的财产、自由，甚至自己的生命。这一切会有怎样的结果呢？自由！它名义上受了损失，但现实内容却得到了。全

世界的经验证明，不受监督的商业制度其结果终归是使广大群众陷入赤贫与不幸的深渊。人人可以根据自己的爱好自由选择职业，但为了使社会无论什么时候都能够安宁幸福，社会各成员的行动就应当有所控制，使他们的行动能够和别人的利益一致，而不与别人的利益相矛盾。麦卡洛克先生可能根据这样的理由对一个军队的士兵们说，如果他们互相残杀，他们就能战胜共同的敌人；或者对一个乐队说，如果每个人演得很出色，不顾别人演的曲调如何和节拍快慢如何，全体演出的音乐也会令人神往；或者对一批运用资本的竞争敌手说，他们互相损害对方的利益，就能促进公共福利。在体力劳动或脑力劳动方面，我都不反对个人竞争，据我看来，在我们举办的任何事业中竞争都是搞好事业的法宝，但是我反对使用资本方面的竞争。资本在商业界中应当像太阳在自然界中一样：它同样照顾一切人的劳动，以丰裕酬谢勤劳，而以贫困报答懒惰。

第 17 页："经常应该注意，研究某些个别人增减财富所使用的方法决不是经济学家的责任，但在为了确定他们的共同行动和影响而必须进行研究的场合，事情又当别论。经济学家要注意的唯一的对象自始至终都应该是公共利益，不应该为增加某些个别阶级的财富和享受创立制度和草拟方案，而应该着手开辟国家财富和全民福利的泉源，还应该发明一些方法使这些国民富源发挥最大的生产能力"。让社会制度接受这个标准的衡量吧！请把社会制度和任何早已存在着的经济理论比一比吧！只要评判公正，社会制度是经得起考验的。

在第 71 页里，麦卡洛克谈到洛克先生的论文《论提高货币价值》时指出:“他作出广泛的总结,说一切赋税不论是怎样被规定出来的,归根到底应由土地分担。其实,很明显,他应该根据上述原理指明:赋税不仅由土地产品分担,而且根本是由劳动产品或所有各种商品分担”。

前面有一章业已讲明:怎样才能做到使赋税确实与产品价值成比例地由各种产品平均分担,怎样可以不花一分钱就把赋税征收好。

第76页:“大多数研究政治经济学问题的作者长时间讨论他们所谓生产性劳动和非生产性劳动的差别。但是,我认为,对于大部分争论也好,或是对于这一种劳动和另一种劳动之间常常发生的差别也好,都找不出任何确实的理由。显而易见,问题并不会引起任何困难。我们应注意的不是完成劳动的形式,而是劳动的结果。既然一个人从事某种不损害他人的工作,并且实现了他所追求的目的,他的劳动就显然是生产性的劳动;然而,如果他没有实现自己的目的,或者没有得到与所费劳动等值的利益,他的劳动就显然是非生产性的。这个定义似乎很明确,并不会引起困惑不解。我在另一个地方还指出过,其他任何定义都引起了无限多的困难及矛盾。”

区别生产性劳动和非生产性劳动有着巨大的意义。麦卡洛克先生在第82页上说:“让种地的人有可能收获,即承认一个人的劳动和他的劳动产品只能是他自己的财产:这条原理的正义性是大家都明白的。可是,社会制度如果不这样给他以保障,他怎么能够保住无疑属于他的东西即他的劳动产品呢?”任何商业制度与麦卡洛克先生在这儿所讲的正义原则之间的分歧,决不会比在公开竞

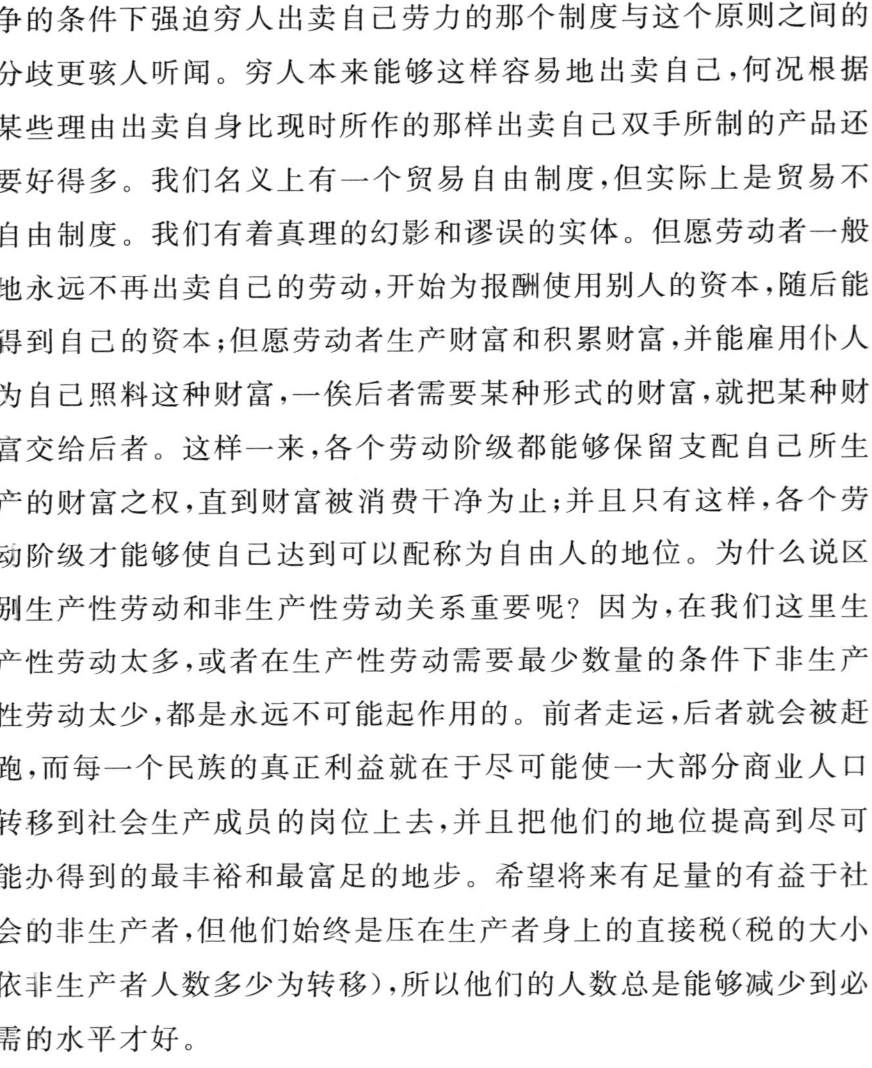

争的条件下强迫穷人出卖自己劳力的那个制度与这个原则之间的分歧更骇人听闻。穷人本来能够这样容易地出卖自己，何况根据某些理由出卖自身比现时所作的那样出卖自己双手所制的产品还要好得多。我们名义上有一个贸易自由制度，但实际上是贸易不自由制度。我们有着真理的幻影和谬误的实体。但愿劳动者一般地永远不再出卖自己的劳动，开始为报酬使用别人的资本，随后能得到自己的资本；但愿劳动者生产财富和积累财富，并能雇用仆人为自己照料这种财富，一俟后者需要某种形式的财富，就把某种财富交给后者。这样一来，各个劳动阶级都能够保留支配自己所生产的财富之权，直到财富被消费干净为止；并且只有这样，各个劳动阶级才能够使自己达到可以配称为自由人的地位。为什么说区别生产性劳动和非生产性劳动关系重要呢？因为，在我们这里生产性劳动太多，或者在生产性劳动需要最少数量的条件下非生产性劳动太少，都是永远不可能起作用的。前者走运，后者就会被赶跑，而每一个民族的真正利益就在于尽可能使一大部分商业人口转移到社会生产成员的岗位上去，并且把他们的地位提高到尽可能办得到的最丰裕和最富足的地步。希望将来有足量的有益于社会的非生产者，但他们始终是压在生产者身上的直接税（税的大小依非生产者人数多少为转移），所以他们的人数总是能够减少到必需的水平才好。

此外，为了确定什么是生产性劳动和什么不是生产性劳动，我们应该看看“所实行的劳动的形式”，而不要看“结果”，否则，我们会陷入“无数困难和矛盾之中”。举例说，玩牌的结果常常得到粮食，而生产粮食却完全是另外一回事情。就一个律师而论，他的职业可以说他一年赚好几千镑，但他甚至连自己写字的纸张也制造不出来。麦卡洛克先生在这里把两件有时像黑与白那样有区别的事情即生产和消费弄混淆了。为什么在国民资产负债平衡表上（第769页），我不得不给商品生产费用添加一个足以支付薪金、赋税及国民费用等项开支的百分数，难道不是因为所有从事这些工作项目的人都不是生产者吗？为什么地租、利息和利润对于某些社会阶级的生活是必需的，难道不因为基本上靠这些收入过活的阶级是非生产阶级吗？为什么政府每年要直接或间接课征我们四千万或五千万一笔巨款，难道不是因为它的成员和部属是非生产者吗？

在第525页上，麦卡洛克先生就这个问题引述了亚当·斯密博士的话，在第552页目录上，他说他把博士驳倒了。我们且看看吧！《国富论》的著者说："某些最受尊敬的社会阶层的劳动同家庭仆役的劳动一样，并不生产任何价值，也不能固定和实现在不论怎样长期存在的物品或可卖的商品上。这种劳动如果继续存在直到停止劳动为止，以后就可以靠它获得等量的劳动。例如，国王和他手下所有的司法官吏、军官、全部陆军和海军都是非生产人员。他们是社会公仆并且靠其余居民每年所缴纳的一部分劳动产品为生。"博士所讲的就是如此。

麦卡洛克先生说："但是，虽说这些论点好像是真实的，我仍然认为不难指出斯密博士试图划分两种劳动的错误。我们从他举的家庭仆役这一个主要例子谈起。他说，家庭仆役的劳动是非生产性的，因为没有体现在适于出卖的商品上，而企业主的劳动则是生产性的，因为体现在商品上。但企业主的劳动生产了什么呢？这种劳动难道不是没有包含在用来造福社会和保障公众生活的舒适品和方便品里面吗？企业主不是实物的生产者，而是效用的生产者。那么，家庭仆役也是效用的生产者，岂不显而易见吗？大家公认，获得粮食、肉品及其他食物的农夫的劳动是生产性劳动。可是，既然如此，为什么准备好这些食品以便消费的家庭仆役的劳动就应该确定为非生产性劳动呢？十分明白，这两种劳动并没有什么差别，要么两者都是生产性的，要么两者都是非生产性的。就生火而论，从煤窖中把煤送进炉箅，跟从矿井底下把煤弄到地面上来，这两种劳动同样是必要的。如果说矿工的劳动是生产性的，那我们对于被雇来生火和添火的仆役难道不应该说同样的话吗？斯密博士的一切论断都是从一个错误的假设出发。他在没有差别的地方以及在本来不可能有任何差别的地方搞出差别来。人类一切努力的目的都是相同的，这就是增加大量必需品、舒适品和享乐品，因此应该让每一个人决定：他从这些舒适品中以家庭仆役的方式获得了多大的一份。以物质产品方式又获得了多大的一份，不错，有时事实证明：家庭仆役劳动的结果很难得到像农夫、企业主或商人的劳动结果所能得到的那样的评价，但难道这种劳动结果就因此不大实际或不大有价值吗？那些被叫做生产工人的人，如果得不到被错误地称之为非生产者的人们的帮助，他们能够完成同样多的工作量吗？”

在第 512 页上，麦卡洛克先生把消费界说为利用的同义语，并随即补充说：“我们生产商品只是为了使我们能够利用或消费商品。消费的确是人们努力的目的和结果。”而在第 5 页上，他给价值下定义为“适宜于交换的价值（worth）”。不用说，服务属于适

于交换的价值范畴，因此上面所谈到的麦卡洛克先生的见解也符合他给一些名词的意义所下的定义。但是在生产性劳动与非生产性劳动之间，甚至在非生产性劳动具有适于交换的价值素质的场合，存在着比麦卡洛克先生所想象的更大得多的差别。

这儿我们把凭自己双手劳动参与生产某种适于消费的产品的人叫做生产者，到工作结束时，生产品或者为了使用，或者用以交换另外一种花费同等劳动量生产出来的商品。另外一种人不论其服务对于增进社会福利怎样有益和怎样必要，但并不用双手参加这种商品的生产，我们把这种人叫做非生产者。区别这两种人的重要意义在于：像这儿所解说的，非生产者必然永远是生产者所负担的一种赋税，消费多少，总税额就是多少；而生产者则无论对谁都不是赋税。

我们就拿麦卡洛克先生所引用过的例子来讲。一个在工厂里生火或添火的人，其工资构成所生产的商品的直接费用的一部分，并因此被添加在商品的货币价格上面。煤、照管烧火的劳动、加工材料和花在材料加工上的劳动——所有这一切都是商品生产费用的组成部分，商品的交换价值就是由它们构成的。按照**社会制度**原理，它们都由货币代表，货币就**因为**商品是这样被生产出来而发行的。但是，在**老爷家**里生火或添火的仆人就没有给适宜于交换的国民财富储备增添一点东西，反而减少了国民财富储备；并且其有益作用的价格要用对所积累的国民财富储备的领取单来偿付，领取单要从主人的口袋里**转移**到仆人手里来，所以这种生火或添火并不像在前一种场合那样能创造什么额外货币来。工厂里的火**增加**财富总储备，住宅里的火**减少**财富总储备。从实用观点来看，二者的巨大区别在于:这些服务永远不嫌太少,不用说,这是指有了必需数量的情况而言;至于生产人员则永远不嫌过多,如果有了足够的资金给他们提供工作机会的话。

在第527页上,麦卡洛克写道:“斯密博士毫不踌躇地承认,把修理蒸汽机的工人包括在生产阶级之中是公道的,尽管如此,可是他却把能够拯救亚克莱特或瓦特[①]生命的医师列在非生产者之内。”不用说,斯密是对的,因为前者增加了适于交换的财富储备,在这方面修理和制造并没有区别;而后者则仅仅获得领取某种早已存在的财富的权利。如果亚克莱特和瓦特是可以在市场上出售的商品——奴隶,那么延长他们生命的医师就有权被称为生产工作者。

在第529页上,麦卡洛克先生说,演员、歌手、歌舞剧演员和喜剧丑角都是生产工作者,而在第531页上则说,当高级官吏履行了应尽的职责时就成了“国家里最富于生产能力的工作者。”稍后,在同一页上,他又说:“我们举一个类似的例子——以构筑围墙的工人为例,谁也永远不想怀疑他们的劳动是生产性的,但他们并不直接参加生产粮食或任何其他有价值的产品。”难道不是吗?难道围墙不含有适于交换的价值吗?难道石墙不是有价值的产品吗?假定构筑的位置适当,难道石墙没有给筑了墙的那个地段添加交换价值吗?当然,能添加价值。可是,歌舞剧演员或喜剧丑角在剧场里表演以后,留下了多少适于交换的价值呢?一点也没有,这些人

① 亚克莱特(Arkwright)是纺织机发明人,瓦特(Watt)是蒸汽机发明人——中译注。

没有给适于消费的财富储备中添加一点东西；不然的话，那牌迷、算命先生或跳舞的熊都和只会装腔作势、耍鬼脸而什么也不生产的人一样，同样有理由可以被叫做生产工作者。

麦卡洛克先生说："如果不从那些被错误地叫做非生产者的人那儿得到援助，那些叫做生产工作者的人能完成同样的工作量吗？"不能。但在现有的合理地被称之为非生产者的人们中，只要有五分之一的人数出来支援，生产工作者就能完成同样的工作量。

在某些少数场合，生产性劳动和非生产性劳动之间很难划出很清楚的界线来。像穆勒先生对于这个问题所讲的(《政治经济学纲要》第 218 页)："在两种彼此大不相同的事物之间，总有许多事物以细微的过渡形态近似它们"。接着又说："尽管有这种困难，但为了便于人们论断，实行分类和在不定什么地方划分界线，却是绝对必要的。"不过，在社会制度下，这个问题并不会引起任何实际困难。因为，无论一个人从事生产性劳动或非生产性劳动，只有在他的体力劳动或脑力劳动被认为有益于创造货币以酬答他为商业国家所提供的财富时，才被接纳为协会成员。社会可以分为三个阶级——生产阶级、非生产而有益的阶级、不劳而食的阶级。对于第一种人，在资金积累充足以前，我们永远不嫌过多；对于第二种人，如果我们拥有的人数足够维持生产者不受阻碍地充分进行工作，就决不嫌其太少；至于第三种人，则最好一个也没有。

第 80 页："人类繁殖的固有趋势是这样强大，以致不管生活资料的界限放得多么宽，在达到这个界限所允许的数量以前，人类一定是时刻都在迅速增长。事实上，人口增长的自然趋势是会越过这个界限的，或者说，人口数量是会比食物及其他必需的生活资料

增长得快些。”

人口并没有比生活资料增长得快的趋势，因为这是涉及大自然的问题。关于限制人口的必要性，我们听到了许多议论。“首先搬开你眼前的圆木，然后你就能看到麦秆是怎样从你的亲邻眼前搬走的”。可惜，除人口限制以外，还应该注意另外一些限制，这就是：对生产、交换、分配和积累上的各种限制。消除这些限制吧！那时没有加上新限制的必要就变得显而易见了。大自然不要人的帮助也能生产少量食物，但决不能生儿育女。它使人产生保证生产前者和增加后者数量的需要和愿望，但增加前者和后者都须通过人本身的自愿的行动。大自然的干涉对于确定增加儿童数目界限的影响比对食物数量的影响要显著得多。我们不能像播种芜菁那样一亩一亩地播种儿童，或者像栽种甘蓝一样成千上万地栽种儿童，或者像织造布匹那样利用蒸汽织造儿童。最了不起的大人物[①]对于生殖力也无能为力。大自然遵守自己的制度，儿童们虽然不是罕见的产物，但毕竟是缓缓地和小心谨慎地被安排出世的。

第 84 页：“当大地主被迫接受某种农作制度时，甚至即使这个制度当真比原先那个制度优越些，大地主所有制还是被破坏了；当资本家不得不从自己的资本上面收取一定的利息时，他的所有权就被破坏了；当工人必须从事某种工作，或为一定的工资额而工作时，他的所有权也被破坏了。”

要建立使劳动产品（除扣除尽可能少的一小部分以供应非生产劳动者以外）成为工资额的制度，建立了这种制度，结果任何人

---

① 大人物（шишка）——借用颅相学中的用语——原注。

的所有权都不会受到破坏。这样确定工人的工资,工人的所有权决不会受到破坏;不这样确定工人的工资,他们的所有权总是要受到破坏的。议会法案按最低标准规定劳动价格,低到仅足以维持工人生命和延续同样倒霉的下一代。现行商业制度完全跟议会法案一样起同样作用。的确,经济学家们就是这样来确定工资的自然标准的。反之,我认为,劳动所生产的一切,除上述扣除部分外,都是工资的自然标准。

第 92 页:"容易交换对于鼓励勤劳来说乃是一条有生命力的原理,这能促使农人采取最好的耕作制度,从而获得最高的收成。因为,这使农人们有可能以超过本身需要的一切农产品,去交换其他能使他们快乐和方便的商品。容易交换促使工厂主和商人增加商品数量和品种,并改进他们的商品质量,借以获得大宗原料储备。"

现时容易交换是奴隶的自由、狂妄的明智和缺陷的美德;其实,绝对没有这么一回事。现时交换只有一方面有自由:拿货币换商品时,十分自由;拿商品换货币时,却没有任何自由。前一种交换很容易,后一种交换则很困难;但将来真正确立了贸易自由以后,那时卖出将同现在买进一样,商品换货币将同货币换商品一样,同样容易而简单。

第 95 页:"文明国家的居民们,像一台构造完善的机器的各个部分一样,大家都是休戚相关和互有联系的。他们事先并无任何协议,而只受私人利益这个强有力的和经常不断的刺激因素的驱使,普遍追求同一个伟大的目标,并且各人在自己所处的范围内促使提供最大量的必需品、奢侈品、方便品和享乐品储备。"不要说

“大家都是休戚相关和互有联系的”，而要说“大家都应该是休戚相关和互有联系的”，因为他们现在不曾做到这个地步，而事先不协商，无论如何也决不能普遍团结一致向同一个伟大的目标迈进。

第 104 页：“一个国家的劳动产品数量，如不增加工人数量或不提高工人的生产力，就不可能增加。但在大多数场合下，不增加资本而要增雇一个工人能够获利，那是办不到的。”如果建立社会制度的唯一目的在于阻碍增加资本，那怎么能够搞得好一些？这大概是设想不出的。

从第 123 页起，麦卡洛克先生把篇幅不多的一章用来研究信贷并说明信贷在现代社会里的功用。社会制度包含比现有任何信贷制度都广泛得多的一种信贷制度，同时这种信贷制度和曾经设想过的一切计划相比较，以大得无可比拟的程度把安全和方便两个信贷条件结合在一起。简言之，社会制度能避免现代信贷制度的一切弊端，而包含它的全部好处。

第 134 页：“管理某一个国家的事务究竟需要多少货币，永远作不出任何可靠的估计来。在一切场合，货币数量总取决于货币本身的价值、货币所应提供的效用以及节约使用货币所用的方法。”请您把这种含糊的、不确定的、不能令人满意的说法和前面论交换和分配那两章所阐述的原理比一比吧！在社会制度下，流通中的货币和国民仓库中的商品价值总是完全相等的，二者数量增则同增，减则同减。货币是需求，商品是供给，供求总是相等的。

第 139 页：“人们常常肯定说，大多数地方零售商人太多，他们为了维持自己的生活，攫取了巨额的利润。可是，不难理解，这个说法是不可能有确实根据的。考虑私人利益，不容许太多的人从事零售商业，这就像任何其他职业中也不容许有这种现象一样。同时，他们互相竞争也不让他们当真赚得比平常更大的利润额。”

为了所有生产者的利益，供养非生产阶级所负担的开支宜尽可能地减少。零售商人是非生产的工作者，如果他们的利润根据公平原则受到调节，而不要彼此互相竞争，那么，他们最多只要三分之一的人数就能够把事情办好，并且会办得好得多。请以经营各种男女呢绒衣料的商人业务为例。在一个有两万居民的城市里，通常有十二个经营衣服业的零售商人，业务规模有大有小，所用的资本比应该用的多许多倍。但因为业务太单一化，总储备分散，所以群众得不到什么类似大企业优越性的好处；如果以一两个储备品几乎比原有任何企业大两倍的大企业代替所有这些零售商人的业务，那种优越性的好处原是可以得到的。在这种情况下，周转就会迅速得多，次货损失会缩减到现时损耗总数的二十分之一，完成某一作业量需用的人数会极度减少，而这个职业本身也会变成受人敬重得多的职业。像现在这样经营零售业务，整个零售商业制度的总结果就是：生产者被征收的赋税，比在适当制度下慷慨维持零售商业制度必须征收的要多许多倍。

第 149 页：“我们已经看到，一个国家就业的工人数目总应该受这个国家的资本所能供养和维持的那个数目的限制。但任何调整办法都不能直接增加一点东西到资本上去，却是显而易见的。”由于建立了本书所阐述的制度，一个国家的资本就能够像一个年收入 100 镑、支出只 90 镑的人增加其资本一样，可靠地和合理地增加起来。

第 149 页：“每个人都经常努力寻找最有利的办法以运用自己

的资本和劳动。不错，他们所注意的是个人的私利，而不是社会公益，但因为社会不外是个人的总和，一个人只要经常力求个人上进，那么很显然，他所遵循的行为方针就正是最大限度地为社会利益服务的行为方针。”这是经济学家们的大错误之一。不幸，“一个人只要经常力求个人上进，他所遵循的行为方针就正是最大限度地为社会利益服务的行为方针”，这是不正确的。在现代社会状况下，运用资本追求利润的人们经常和别人的利益发生矛盾。工厂主和商人（如果一个一个地研究的话）仿佛只和自己的同行发生利益冲突。由于买卖中的竞争，商品价格大概会跌落，骤然看来，这种竞争对公众有好处。但其实不然。各部门划分出来的个体企业越多，必须用来维持这些企业的利润率就越高；因此，整个制度像现在这样继续下去，一点也不会比妨碍资本增加并使贫困永存的国家阴谋来得好。

第 149 页：“私人利益是最强有力的刺激因素，可以用来鼓励人们勤恳劳动，可以用来增益人们的智慧及发明才能；并且，一个人根据自己的地位来判断什么对他有利和有用，比其他任何人都判断得正确些：这个论点是再真实也没有的了。”任何国家和任何时代的经验都证明：得不到调节整个社会活动的领导力量的帮助，一个人要选择一个最符合自己个人利益或整个社会的利益的特别重要的地位，比一块长方形的铁条要根据某一台机器的最大需要自行变成弹簧、车轮或螺丝更不可能。在人人谋私利的情况下，勤恳劳动毫无意义，因为要使我们能够顺利地进行工作以利人利己，我们便应该同我们的亲邻一道工作，而不要妨害他们。在现代交换制度还存在的时候，人口增长趋势总比资本来得快些，过两百年之后，我们将不得不让二百五十六个人分吃九个人的食物。

第157页："现时已阐明的那一点差不多足以解决侨居国外的人的支出有何影响这个有争论的问题。如果一个靠祖国生活而在自己的家庭经济中除外国货以外什么东西也不使用的英国绅士，能够同他除英国货以外不用任何东西一样对工业发展有鼓励，那么即使他启程前往国外，结果显然仍旧相同。他迁往巴黎或布鲁塞尔，从外国人那里获得的一切，完全同住在伦敦的时候一样，都必须直接或间接用英国商品偿付。因此，很难想出哪一种理由可以认定他的支出在后一场合比在前一种场合对祖国有利些。

"我不打算肯定说，离开家乡在某些方面不可能是有害的。其实，不难指明，大地产所有者留住在自己的庄园内，无论对英格兰或苏格兰都是非常有益的。谁也不能怀疑：他们对于引入良好习俗、传播比较文雅社会中的舒适及享乐风尚大有帮助；各地之间交通道路的改善，贵重而方便的农场建筑物的兴建和绿化及美化环境的植树造林，在相当大的程度上也应该归功于他们居留在那里。但是，考虑到大多数爱尔兰大地主取得自己庄园的情况，考虑到他们的宗教信仰和他们的佃户的宗教信仰不同，考虑到佃户掌握大地主们的土地所依据的特殊条件以及国家的政治情况，这些大地主留在爱尔兰是否能带来多少大一点的好处是值得怀疑的。不过，关于这个问题不论作出怎样的结论，都不能影响到正文中所讲的话（这段引文在原书中是附注——格雷）。实际上，进行争论的问题跟改良庄园并无任何关系，这只涉及进款的支出。不顾从反面所说的一切，我还是不相信：一般而论，离开家乡在这方面是有害的。"

关于“现时已阐明的那一点”指的是一段非常冗长的议论，这儿不必再引述了。它的意义是：“如果出口是好事情（限制制度的最热心的崇拜者倒是承认这点），那么进口也应该是好事情；因为二者有不可分割的密切关系，分开它们，甚至只想象一下，就意味着对一些极明显的原理完全无知。”跟一些坚持自己立场的经济学家进行争论，即就他们维护原有制度的一些见解同他们进行争论，不是本书的直接任务，但要揭露麦卡洛克先生关于贸易自由和离开祖国这两个问题上的一些错误见解，大概并不很困难。

无论在哪一种制度下，商业都不可以过分放任自由，因为麦卡洛克先生指出过，进口和出口有不可分离的密切关系，妨碍这个而不同时损害另一个是办不到的。不过，每个民族都热衷于把商品交换中得来的利润和任何一种收入都花在国内。

例如，值 100 金镑的呢绒在英国生产出来，运到秘鲁卖得 120 金镑。呢绒运往秘鲁，而黄金运回英国，英国商人从这次交易中赚得 20 个金镑。显然，花掉这 20 个金镑购买秘鲁的劳动，对于英国的生产品不会创造出任何需求；同样，花掉这 20 个金镑购买英国的劳动，也不会对秘鲁的生产品创造出任何需求。因此，虽说出口和进口总应该具有同样的票面价值，但是，用交换中得来的利润购买一个国家里的劳动，对这个国家总是很有好处的，因为交易的结果并不必从这个国家里面运出什么东西来。

其次，一个商人把价值 100 英镑的棉织品运往法国销售，利润率为 20%，从那里换得价值 120 英镑的绸缎。这个商人在这次买卖中赚得值 20 英镑的绸缎，假定他把一半给自己的妻子制衣服，把另一半代替货币作为付给缝纫师的劳动报酬；这样一来，好处就归缝纫师所在的那个国家所得(因为问题牵涉到进款的支出),难道这不是明若观火吗?一个英国贵族"靠祖国生活而在自己的家庭经济中除外国货以外不用任何东西,这同他除英国货以外不用任何东西一样对工业发展(指英国工业——格雷)有鼓励"。我们假定,外国人就是那个缝纫师,他住在伦敦里靳特街而不是保罗-罗亚尔街,住处跟他靠近的英国缝纫师是不是像他一样将得到同样的鼓励呢?不,英国缝纫师同英国任何部门其他任何人一样得不到这种鼓励。

现在谈谈住在国外的人。麦卡洛克先生硬说,一个人住在哪里对于进款的支出没有分别。为了获得地租,生产品应该出售在国内或国外,而且在这种或那种场合,购买生产品的人都有权消费它们,所以离乡主义没有任何意义。爱尔兰的粮食在伦敦出售,就应当把与爱尔兰运出的粮食有同等价值的货币或商品运往爱尔兰。可是,难道由于地租用货币支付,货币花费在雇佣爱尔兰人或雇佣法国人上面,对于爱尔兰人没有任何意义吗?假定一个大地主有进款一万镑,他需要房屋、家具、食物、衣服、娱乐用品、自由职业者的顾问、马车、侍从、仆役,那时欧洲任何一个国家里都有无数的人准备把自己的商品和劳动供应一切有钱支付货款或工资的人。现在假定,地租用实物支付,大地主所收入的不是货币而是一万蒲式耳的粮食,如果他把自己的收入花在爱尔兰,那么他就要把自己不需要消费的那一部分粮食,即差不多全部粮食,交给爱尔兰的建筑工人、木器匠、粮商、制呢绒技师、演员、医师、马车制造匠以及家庭仆役,以偿付他们所提供的各种商品或劳务(因为没有他们,这些商品会永远制造不出来,这些劳务也永远提供不出来)。

但他如果把自己的收入花在意大利，那就得把自己的那一部分粮食交给意大利的建筑工人、百货供应者、粮商、制呢绒技师、演员、医师、马车制造匠及家庭仆役，以偿付他们所提供的劳务。如果他留在本国的话，这部分粮食就会成为他的同胞们的食粮；如果他和他的财产是留在爱尔兰的话，那么意大利就根本不要给他提供什么劳务。

举例说，有一位医师迁到森林里去住。难道他会给树木治好绞痛，使它们不再流树浆而流金水吗？难道树木将不再有比钞票还多的落叶吗？可是，请您不要把树木或饥饿的爱尔兰农民，而是把富豪大地主和他的妻子儿女及仆役迁到卖药剂和化学商品的商人旁边，那么请看，把劳动者所创造的巨量财富储备预定供外国人使用或是供他使用，这对他是不是不关痛痒呢？对这个问题作出答复以后，请对建筑工人、木器匠、商人、制呢绒技师、演员和仆役把答案重说一遍吧！

如果贝德福公爵和贝列奇公爵当真把他们庄园里每年所生产出来并当做地租付给他们的全部小麦、燕麦、大麦、干草、麦秆、豌豆、大豆、苜蓿、羊羔、小牛、绵羊、公牛、猪、野禽、家禽一概消费掉，那么他们住在英格兰、苏格兰或别个半球上，意义并不很大。实际上，这三个地区中最好的是最后一个地区，因为在这种情况下，需要把一小部分交给那些运送这全部食物的人。但这两个贵族并没有也不可能消费自己的全部地租，因此他们把地租交给另外一些人，以报偿在相反的场合永远不会被提供的既得劳务。不过，把地租交给英格兰人及苏格兰人，而不交给外国人，结果会产生一种差别，即：上述产品的消费者是英国人和苏格兰人，而不是外国人。

非常事件常常是证明真理的极好的凭证。据说，爱尔兰现在能养活七百万居民。我们假定爱尔兰是一个人的财产，另外一个人能够为他耕种爱尔兰所有的土地。所有者住在法国，由此会产生什么结果呢？第一、爱尔兰的生产品除去一个人的工资以外，全部运出国境去换货币，货币换到手以后一概送往巴黎，于是爱尔兰就养活一个爱尔兰人和六百九十九万九千九百九十九个法国人。第二、再讲一种相反的情况，即：所有者住在爱尔兰，仍旧假定全部生产品都要运出去换货币，不过货币是花在爱尔兰，则货币会使同数量的生产品运回国内以交换运出产品，于是爱尔兰现在养活着七百万居民，而不是只养活一个人。

如果只看地租进入大地主口袋里，那么似乎离乡主义并不会带来任何危害；可是，为了正确地衡量离乡主义的影响，我们不仅应该仔细研究地租怎样进入大地主的口袋，而且要仔细研究地租怎样离开他们的口袋。

但防止这种灾难的方法，不应该是向迁往国外的人征税，不应该靠可怜的无效的济贫法制度；而应该建立合理的交换制度，利用这个制度可以达到使资本和人口以同样速度增加，这样人人就能获得有益的工作。现在，我国有五分之四的居民差不多没有选择工作的机会，原因是：资本不能经常增加，资本增加和人口增加"步调不一致"，结果使居民不得不经常为任何一种工作而斗争。说什么一个人"要按照自己的爱好，从事他认为适宜的某一种工作"，然而现时他所掌握的自由却是这样的！根据这儿指出的原理，每个人都能获得按中等工资定额支付工资的工作。工人如果不为富人工作以期有可能分摊他的财富，那他就应当单纯为自己工作，而不为富人工作，对他来说，结果是一样的。现在生产不是需求的原因，而需求是生产的原因。因此，进款的支出造成一种非如此就不存在的工作。但我已指明，怎样才能一点也不考虑有钱和有势的人的嗜好或愿望，为所有的人创造有益的工作。

第173页："从事工业的工人比从事农业的工人欠伶俐并且少知识：这不仅不可信，而且事实恰恰相反。格拉斯哥、曼彻斯特和伯明翰的纺织工及其他各种技工，比帝国任何一郡的农业工人所掌握的知识要丰富得多。"也许有些人对于这点会有异议，但我引述这个意见却别有目的。很难理解，为什么纺织工、缝纫师或皮鞋匠应该比属于其他任何社会阶级的人们知识少些。在有益的工作中没有一点可耻或可笑的东西，在比较有教养的阶级之中所以有人通常憎厌这些工作，是由另外一些概念的联想引起的，而不是由那些与工作本身必然有关系的概念联想起来的。如果人人获得细致而广泛的教育，那么工人的称号听起来其可敬程度就丝毫不会低于现时银行家或商人的称号。现在，所以把某种下等概念和社会最低阶层这几个字联系在一起，其根据与其说是由于憎厌人们的工作和职务，不如说是憎厌他们本身的习惯和作风。但如果推行国民教育制度，尽智力差别所能允许的范围内，教育一切人使达到足以创造人人智力平等的程度，则对于生产工作就再也不会有憎厌之感了。这一点可以确认为一般常规，不过也容许有例外；因为生活之中当然免不了有某些十分必需的工作，这些工作是这样可憎，以致使任何委身于它们的人，不论如何富有，都不能做到十分精美。一个人可以播种庄稼和收获庄稼，可以制造商品和出卖商品：所有这一切都跟绅士的性格及情感完全相容。但是，开采煤

矿的工作，铸造厂里一些极繁难的工作，以及其他一些工作，大概需要同我们现代的讲究精美的概念完全不相客的体力劳动条件。

在现代社会状况下，未出嫁的和不独立的妇女的地位最值得同情。现在受过教育的妇女可以参加的工作只有两三种，没有工作，这样的妇女肯定不能参加她在有工作的时候有充分理由参加的社团。我愿意知道，除了把我们的工作报酬压缩到仅够维持最低生活的野蛮的现代交换制度以外，还有什么东西能够妨碍妇女们担任我们工业部门中的许多各种各样的轻松、愉快而合乎卫生要求的工作？比方说，难道读书不大愉快是因为书是由会弹竖琴的手指折成的吗？或者说，难道竖琴的弦用不久以前把《维维列亚》[①]或《基普瑟卡》[②]的书页订成书的手指接触过，琴弦就受了玷辱吗？有益的工作总应该由贫穷、粗鲁和未受教育的人来做，这个概念的产生是有根据的，这个根据就是：只是对现在主要使人们如此的原因极其荒谬的盲目无知。使人们如此贫穷、粗鲁、未受教育的原因是什么呢？原因就是报酬不足、对非生产性劳动的负担太重和商业制度不合理。

妇女完全不适宜销售任何商品，只有现时由妇女售与妇女的商品为例外。无论管理哪一种商品库存都只是适合男子做的工作，而在商店里售货也与妇女所特有的温雅和端庄的性格（特别在青年时期）绝不相容。不过，我坚决相信，我们工厂里许多轻松、愉快和有益的工作由妇女来担任的日子正在到来（不错，那不是一日

① 英国小说家司各特的长篇小说——原注。

② 一本文艺作品选集——原注。

工作 10 小时、12 小时或 14 小时，而大概是 4 小时或 6 小时），现时这一代的太太小姐们在知识方面、在精致细腻方面或在外貌温雅和头脑精明方面，一瞬间也不能跟这些妇女们相比美。

第 181 页："一台机器能用以前生产一双袜子所需的费用，生产出两双袜子来。如果在某些情况下制造这种机器是有害的，那么靠织袜女工提高技艺和速度以达到同样的结果（例如平常一周织 2 双或 3 双袜子的妇女，后来获得一周织 4 双或 6 双的能力），其害处显然也是相同的。的确，在这两种情况之间并无任何区别。"引用这一段活，目的仅仅在于把这些赞成使用机器的可以想象得到的明白扼要而又令人信服的议论转载在这里。至于我们现在是否关心节约或浪费这个问题，还是让现存社会制度的辩护士同麦卡洛克先生去争论好了。

第 184 页："生产过剩。每一个人在花费自己的生产力时，其目的应该是或者自行消费自己的全部劳动产品，或者用全部或一部产品交换自己希望获得的别人的商品。现在我们假定，一个人直接消费了他所生产的一切，在这种情况下，显然不可能有什么生产过剩或存货过多现象。因为，假定生产者直接消费的商品可以过多，这就无异假定没有任何动机可以进行生产，或者说，没有原因可以产生结果！只有当人们不是直接消费自己的劳动产品，而是打算用劳动产品交换别的东西时，他们计算错误就可能引起生产过剩。例如，甲生产商品，并且打算和乙或丙的产品进行交换，但乙和丙却不能以甲愿意要的商品供应甲，甲的打算落了空，结果就会产生生产过剩。这时候，甲显然应该或者以自己的产品供应别人，或者着手生产自己所需要的商品。但这个错误很快就能够得到改正。因为，如果甲看到，继续现时的工作，会达不到自己的目的，那么，他就会立即着手改变自己的工作，以后就只生产能找到买主的或打算自己消费的东西。因此很显然，生产容易性普遍提高决不可能成为市场商品经常过多的原因。”

现时人们关于生产过剩问题的各种含混不清的和互相矛盾的概念，完全起因于现存的交换制度。如上例所说，一切议论都是根据个别人的所作所为，于是当谈到以一种物品交换另一种物品的困难时，所有的议论就会失去意义，因为这些议论完全不适应现时的社会状况。如果真正实现了交换自由，如果人们当真利用价值尺度作为交换工具，那就决不可能出现普遍的生产过剩；可是，在缺乏这些条件的情况下（不幸，真的缺乏这些条件），那就差不多一切物品都可能生产过剩。假定明天除货币以外，各种商品数量都大有增加，那么这种普遍增加的必然后果是货币价格提高，或商品的货币价格普遍下跌，于是各种商品之间所存在的协调关系就被破坏了，本来任何物品都不会过剩（因为问题关系人们的需要和欲望）的生产过剩现象出现了。这样，就使得现在所储备的一切货物都不得不亏本出售。这倒是一个灾祸，一个还没有消除而且不可能自行消除的灾祸。在商品的货币价格可能跌落若干以前，商品总应该生产得显然多余一些；完全同这个情况一样，在商品生产数量足以使商品货币价格降低的地方，商品就常常必须亏本出售，因为在这种场合总是先有较高的生产价格，后有较低的销售价格。在这种情况下，虽说货币数量也会同时增加是不容异议的，但要使货币数量增加到足以防止上述灾祸的程度却完全不可能。

增加货币数量比增加其他物品数量总得谨慎一些进行。发行

货币的担保品如土地、房屋、可靠的期票以及其他便于保存而且不易损坏的财物,数量上有限制并且具有特殊性质。谁曾听说过,银行肯以仅值 100 英镑的鲭鱼或熟水果为担保预付 100 英镑呢?虽然如此,但是当货币数量不随鱼被捉获和樱桃成熟(已采集下来供应市场)而增加的时候,当货币数量也不随鱼和樱桃的被消费而减少的时候,对于防止生产过剩重复出现就没有任何保障。生产过剩并不意味着上市的商品比起社会的需要和欲望来有所过剩,或在交换潜力解除了各种束缚的情况下比起支付等价物的能力来有所过剩。生产过剩意味着商品数量造成货币价格下跌,并因而使企业主不但不能赚钱反而要亏本。

但我已说过,在现代交换制度下,不可能使货币数量以足以防止上述灾祸的速度迅速增加。存在着两种商品:一种是借人类施用劳力其数量可以无限制地增加,另一种则不能如此。不过,在这两个极端之间也有各种过渡性的阶段。这种事实不需要证明,因为只要指出黄金不能照其他产品总量那样靠人类劳动来增加就够了。既然其他各种产品总量当真比黄金增加得快些,那么各种产品总量必然要亏本出售,于是运用资本的结果不能赚钱反而亏本将是常规而不是例外。银行家有义务以黄金兑付自己所发行的银行券,这种义务使得补充银行券不足还是完全不可能。因为,银行家如果作这种尝试,那么对比银行券来说,黄金价格会立刻上涨,银行券回笼的速度会同他们发出银行券的速度同样快。我们可以说,假定银行家不必拿硬币兑付自己的银行券,那结果会怎样呢?看吧,那时银行券会多得同马铃薯一样,多到毫无止境,人们很快就不得不花一镑银行券购买一磅羊肉排,而另一个极端则会造成不可思议的混乱结果。总而言之，随便你从哪一方面来研究这个问题，都会发现，随时能够使生产顺利发展的货币的唯一形态，不应该是商品，而应该是随劳动产品的增加而增加并随劳动产品被私人占有或被消费而减少的符号[①]。

任何一个实事求是的人稍加思索就会相信，生产过剩（商品过多）不是计算错误的结果，如果当真如此，绝不可能产生像商业普遍萧条或在运用资本中普遍难于获得公平适度的利润这一类现象。少数物品可能偶然过多，但大量物品总是能够像容易生产那样容易卖出；并且商品不足现象看起来同商品过多一样严重。不过，实际上并不如此，而是不论你注意哪一个生产性劳动部门，都有剩余的生产能力，或者换句话说，生产是需求的结果而不是需求的原因。有人对我们说，一种物品生产过剩只证明另外一种物品相应地缺乏；但要是所讲的另外一种物品不是货币，那这样解释生产过剩便是荒谬绝伦了。

需求和生产之间存在着步调不一致的趋势。增加需求吧，你就会相信，立即跟踪而来的将是生产的相应增加。如果有效的需求真正是生产的结果，那么按照适当价格以货币买进商品的困难，总是和按照适当价格以商品换得货币的困难完全相等。买和卖大体上总是容易则同样容易，困难则同样困难。事实上，无论是买或卖都毫无困难。现时商人为招徕顾客而采用的一切方法和计划、一切诡计和花招都会消失，因为再没有什么理由来保留它们了。在社会制度下当真是这样的：对于困难来说，买与卖之间并无任何

① 价值符号——中译注。

差别，有效的需求确实以生产为转移，因为任何生产都能决定有效的需求。自然的需求如果经常与整个生产量相等，那么以货币买商品比以商品换货币好处并不会多一些。

在第185页上，麦卡洛克先生反对马尔萨斯先生的理论，因为后者“否认有效的需求取决于生产这个论点”。如果生产不经常引起（而且根本不曾引起）有效的需求，那上述论点就是一种纯粹的诡辩。不懂得现有政治经济学派的秘密的人们直截了当地否认这个论点，并且毫不踌躇地认为这个论点显然是谬论（实际上也的确是谬论）。一个缝纫师说道：“怎么，你真的想说，我每天从日出到半夜，除开用针线缝衣以外，别的什么也不做了吗？我的礼服和背心做得怎样快也销得怎样快吗？不，先生！请您相信：不论你脑子里有一些怎样漂亮的理论性的想法来作反证，需求还是不取决于生产，而是生产取决于需求。因为，至低限度在我这个行业中，制作衣服是因为有人定制了；不过，因为有些是偶然制作的，不一定件件都有人定制。一千套礼服不会有一千个买主，可是，一千个买主却要做一千套礼服。”英国所有的缝纫师都能作出同样的答复，不仅他们作得出，就是现有生产行业的所有领导人也作得出。

可见，说实在的，断言有效的需求取决于生产，这是头脑简单的无稽之谈。麦卡洛克先生在第184页上说过：“但是，我们假定，投入各个工作中的资本和劳动数量跟有效的需求相适应，再假定，资本和劳动产生同样多的纯利润。如果劳动生产力普遍提高了，那么所生产的一切商品彼此之间就保持着同样的比率。一种商品数量增加一倍或两倍，其他任何一种商品数量也增加一倍或两倍。社会财富普遍增加了，可是市场上商品毫无过剩。这一方面增加的等价物由于另一方面的等价物相应增加而得到平衡，不差丝毫。但是，如果一类生产者工作勤劳，另一类生产者则宁愿游手好闲，那就会发生暂时过剩现象。不过，这种过剩显然是由于游手好闲的那一类生产者的生产不足造成的。这种过剩不是生产增加太多的结果，而是生产增加太少的结果。你迫使游手好闲这一类人具有同别人一样的生产能力，大量增加他们的生产，他们就能够以等价物交给别人使交换自己的商品，于是过剩现象便马上消失了。”

这一切，真好像是这样说：请给我添一对翅膀，我就会跟鹰一起飞翔，就会跟燕子一道飞往北地。一切议论所根据的条件在现代社会状况下都是做不到的。在我们继续受现行商业原理支配的时候，无论是个别生产者或是全体生产者，要想不亏本（亏本经常威胁着运用资本的人）而普遍提高劳动生产力是不可能的。现在生产者像一团无领导的士兵一样，经济学家们对他们说，他们应当整队行进，但因为没有人发口令，所以不可能一致行动。因此，头一个前进的人就会打乱队列，并招致事故。如果生产者（包括占适当比例的货币生产者）当真能同时前进，那就不会出现任何生产过剩现象。

达成关于运用资本的协议，是不改变各种商品彼此间的比例关系而使商品数量普遍增加的必要条件。这些篇章所捍卫的整个制度的精神也可以用“协议”这个词来说明。但是，有一位经济学家说，难道你的协议不是像我的翅膀一样吗？难道这个条件不也是做不到的吗？完全不对。“协作社”、“协议”、“国民协会”等名词在阐述这些篇章所提到的原理时，同样应用。但是，作更深入的研究，就会发现所捍卫的协作社原来并不是一般所谓的协作社，它所要求的不是比现代社会制度所素有的更大的地产合并，而是小得多的联合。现代商业体系只是一些彼此互相竞争、内部也时常钩心斗角的小协会、一些可怜的小联盟的总和，然而拟议的国民协作也并不比现时存在于国会议员、邮政总局局长、海关官吏和朴茨茅斯港口工人之间的那种协作扩展得更深远。像推动我们和推动我们所居住的地球以一小时许多千英里的速度运行而并不使我们感觉到一点移动的推动力一样，这种国民协作若不是发生了良好的影响，实际上是不易察觉的、不易看见的和无人知道的。在这个商业之国里，每个人都是自己的主人，同时也是自己的仆人。"文明国家的居民们，像一台构造完善的机器的各个部分一样，大家都是休戚相关和互有联系的。他们事先并无任何协议，而只受私人利益这个强有力的和经常不断的刺激因素的驱使，普遍追求同一个伟大的目标，并且各人在自己所处的范围内促使提供最大量的必需品、奢侈品、方便品和享乐品储备。"人人都以个人资格履行职责，与他人不发生联系（这种不发生联系的程度比现时要大得多），但人人都隶属于同一个伟大的、能使他们摆脱一切贫穷、困苦、无知和压迫的国民保险公司。

我认为必须详细讨论这个问题，因为现代某些一流作家断言，现时已存在作为本书特殊目的的那种情况。《不列颠印度史》作家穆勒先生在著述界的巨大威信足以使人们重视他关于这个问题的任何意见。他在《政治经济学纲要》第二版序言中写道："我试图利用一些新的事例明确地论证一种极其重要的学说：一个国家的总的需求与供给始终是相等的，生产决不能超过市场需要；换言之，决不能出现普遍的商品生产过剩。"但穆勒先生的议论实质上同麦卡洛克先生的议论是一脉相承的，我宁愿跟后者进行论战，因为这适合本书这一章的计划。穆勒先生抱最大的信心谈这个问题，可是根据批评麦卡洛克先生的同样一些理由来说，他错了。他们两人都忽视了这一事实，即商品生产出来以后，应该换成货币形态，而货币形态在数量上不能跟其他商品总和同样迅速增加。不过归根到底我不十分相信，穆勒先生注意到了某种比较大的问题，即比该章标题所作的“每年生产出来的东西，每年都消费了”那种论断更大的问题。我倒是立刻同意一个国家的总的供给与需求能齐头并进，但是在这种情况下，正好像一匹跑马拉着一辆马车：生产好比跑马，而需求则好比马车。生产不能比需求走得快，因为它们是联在一起的，但牲口的劲头和品质却充分表现在生产过剩上面。争论这点，我担心已经使读者失去耐心了。急性的大走马说：只要需求许可，要怎样快我就能怎样快地跑完全部距离。请可怜可怜不幸的牲口，让它今后驮着小骑手，而不要拉马车了！

我们来结束关于这个问题的讨论。穆勒先生说过：“每次当商品数量增加而货币数量不增加时，商品价格就会下跌，并且必然与这种增加数量完全成比例。如果这点还不能使人人都了解，那就可以举一个简单的例子说明白。我们假定，市场很有限——一方面是面包，另一方面是货币。假定市场上这一方面有一百个大圆面包，另一方面有一百先令，每个面包的价格恰好是一先令。假定在这种情况下，大面包数量增加到两百个，而货币数量仍旧，那面包价格显然该跌落一半，即每个值六便士。”我补充说，这难道不是一个理由，或者更正确地说，不是一个明显的例子，足以驳倒为证明有效需求取决于生产而写过的一切吗？每次当商品生产出来，都必须换成这样一种货币形态，即这种货币形态在数量上决不能跟其他各种商品总额以同样的速度增长。

第194页："可见，归根到底采用机器对于工人不能不说是大有好处的，甚至初次使用机器（除有时必须改变自己的工作以外），机器也决不会给工人造成其他任何困难。但这个困难也不是常常能感觉得出来的。"不过，我看这的确是一个明显的困难。在我们这个竞争的时代里，在一些对某种固定工作不曾做好准备的人士中间，一般而论只有少数人能够同在职的人竞争。为了能够同自己的邻人竞争，一个人应该多么心灵手巧才行！为了在任何工作中都能取得成绩，训练和长期实践是多么必要！麦卡洛克这儿所讲的关于改变自己工作的必要性不常常是感觉得出来的困难这个意见，怎样跟他在同书第93页上所阐述的见解相符合呢？他在那上面讲过："肌肉的特殊活动或手法的灵巧，对于最好和最快地完成最简单的操作是必要的；可是，这只有通过系统而经常的锻炼才能办得到。"他还继续说："斯密博士偶尔拿制钉工场作为一个非常突出的例子，来说明训练工人做应该做的本行业务和训练工人做其他类似的与本行有密切关系的工作之间的巨大差别。"他说："我深信，一个普通铁匠虽然惯于抡大锤，但从未制造过钉子，如果在某种特殊场合竟不能不试制钉子，那他就未必能一天制造出二百或三百多个钉子来，并且就是能制造出来，质量一定很差。一个惯于制造钉子而制钉工作又不是自己唯一工作或主要工作的铁匠，即使尽最大的努力，一天也很少能生产出八百多或一千多钉子。可是，我看见过一些二十岁以内的年轻人，他们除了制造钉子以外，从来没有从事过任何其他行业，但他们一经努力，每个人一天

就能制造出二千三百多钉子来，即比惯于制造钉子但不是把全副力量放在这种专业上的铁匠多两倍。”

一个纺织工或一个经济学家和这样一些心灵手巧的制钉工人竞争，有什么把握取胜呢？把过去一段生命浪费在其他某种工作上的不幸的人，在能够获得足以靠制钉赚饭吃的灵巧技术以前，有多少次几乎死于饥饿呢？这是事实：改变自己职业的必要性对于一个人差不多是无法克服的困难。这是一种很不幸的事情，遭到这种不幸将毕生难以恢复常态。虽说一些为数很少的人有随机应变的才能，使他们有可能容易改换行业，但这只是与此相反的普通常规中的一个例外。上述灾难应该怎样根据公平的社会政策予以消除，前面有一章业已说明过了。

第 209 页："任何强制命令和任何立法行为，都不能给国家的资本添加一点东西，而只能迫使资本顺着各个人工渠道流通。"难道工商业团体的成员们不能互相协商，储蓄自己的一部分进款吗？难道他们不能草拟和通过"强制命令"来实现这种根据互相协议认为对大家都是必需的储蓄吗？这样一来，难道还不能增加国家的资本吗？不用说，能够增加。并且，如果不这样做的话，那么政治家们和经济学家们就会永无尽期地互相继续犯错误，使提高国民福利毫无结果。

第 215 页："梅萨斯先生(Messance)在他的《论法兰西人口》这本有价值的著作中引用过几张统计表，从这些统计表中可以看出：1720 年鼠疫在马赛所造成的荒凉现象很快就获得复兴，尽管人口减少了，但时疫过去之后，结婚数目立刻大量增多了，同时人口繁殖力也更大了。"这一席话对萨德勒先生的理论有利。整个繁殖力过高的理论都以下面这个假设为基础,即:人口有按一定比例增长的自然趋势,而生活资料则有按另一比例增加的自然趋势;马尔萨斯先生曾用他的著作证明必须设置障碍以阻止人口增长,如果他用这部著作的一半篇幅阐明现存的一些生产上和积累上的障碍,那么《人口原理》一书就决不会被麦卡洛克先生奉为圣经加以引述了。麦卡洛克先生在第216页上写道:"利用道德影响控制人口的极端重要性,可以通过比较人口自然增长率和资本增长率的办法来证明。我们已经看到,国家积储的一部分生产品或资本是食物、衣服或直接适于维持人们生活的物品,这一部分生产品或资本构成居民由之获得自己所需的任何一部分生活资料的唯一储备。由此可见,如果资本有比人口增长得快的趋势,那么一般而论,社会状况应该变得越来越繁荣。"主要错误在于根据这点所作出来的结论。他们顽固地坚持必须限制人口,然而又完全承认依靠增加资本也可以得到同样的结果。但我们关于这两种可能性什么也未听说过,因为他们只讲一种。大自然调节着两性的生殖力,而人类则有可能调节资本的积累;可是,经济学家们却凭自己的聪明才智,判定是自然错了,而不是人类错了。麦卡洛克先生在第379页上写道:"除了使资本比人口加速增加或者使人口比资本较缓增长以外,没有任何其他方法可以增加各个劳动阶级所掌握的必需品和方便品的数量;并且任何改善工人地位的方案如果不以这条原则为依据,或者其目的不在于提高资本对人口的比例,这种方案必然是完全徒劳无功的。"

社会制度是以这条原理为依据的,稍加思索就足以使任何人相信:国民的幸福生活不是试图违反自然规律能够达到的,而是通过使我们适应自然规律的途径来达到的。即使我们不能够顺着大自然的潮流前进，那我们显然也不能逆流前进。

自然界的造物主赋予他所创造的物品以特殊的属性。只有认识和考虑这些属性，我们才能够把事物引到完善境地或接近完善境地。植物界具有自己的特点，我们栽培植物时要注意每一种植物的各种不同的属性，绝不要忘记尽自己的知识和能力所及，给植物提供所需要的位置、土壤和气温。我们清楚地知道，试图强使植物照我们的意愿适应某种位置、土壤或气温，那是愚蠢的和毫无效果的。人类所要求的只是使我们像对待植物那样对待他们。

第 383 页："爱尔兰人民的极端贫困是由人口的过分增长直接引起的，比这种情况更真实的情况是再也不可能有的了。在设置好有效的保障以阻止人口增长以前，就期待他们的境遏有某种真正的或长期的改善，比这种期待更徒劳无益的事情更是再也不可能有的了。"麦卡洛克先生这儿表示的意见完全被他自己驳倒了，因为他在第 491 页上说："但是，每一个在爱尔兰待过或在这个地方有什么相识的人都应当知道，那儿的农业发展水平极低，土壤的天然条件却非常肥沃，只要把土地耕作制度稍加改良，就有可能使爱尔兰比现时多输出四五倍的农产品给我们。"其次，在第 492 页上他又说："根据这些原因，足见有理由预料由爱尔兰来的粮食及牲畜进口量将有很大的增长。考虑到爱尔兰的巨大发展潜力，如果若干年以后我们变成了出口国家，那就谁也不觉得惊奇了。"还能有哪两种事物互相抵触得比第一段引文和第二、三两段引文的抵触更厉害的呢？就爱尔兰人的处境而论，通过消除生产、交换、分配和积累方面现有的各种障碍，可以得到长期有效的改善，但决

不能靠限制人口来达到目的。爱尔兰的贫困随时可以消灭并且可以永远消灭，要使不愿住在爱尔兰的地主们迅速觉悟过来，既不必使这个地区变得荒无人烟，也不必取消现存的英爱合并，而只须根据上面叙述过的各项原理组织商业联营就行了。如果需求和生产步调不一致(不管生产增长得多么快)，则无论采取什么样的办法，也完全不可能消灭任何一个国家的贫困现象。

谈到我国劳动阶级的远见性，麦卡洛克先生在第409页上写道："为了证明这点，让我们看看根据下议院的命令所作出的报告书。报告书表明：1815年，英格兰和威尔士所有互助会会员人数不下925439人(即大约等于当时总人口的十一分之一)，建立互助会的专门目的是为了当会员有疾病或年老时给予救助，使会员有可能不必求助于教区公共基金。各储蓄银行现时存款差不多已达到了14000000英镑之巨！肯定说，像这些能毫无疑义地证明远见和独立精神占了上风的事例是其他任何欧洲国家所没有的。"这是一个理由充足的证据，证明基层阶级一着手做什么便什么都能做好；事实上，由于他们人数众多，毫无疑义，他们能够独立自主地、不要任何人帮助地把社会制度各项原理实行起来；因为在任何社会制度下，劳动工资都应当足够维持工人的劳动力和工人的后一代。然而，这种最低报酬或如经济学家所谓"劳动的自然价格"，决不可能算得这样准确，使劳动阶级不能从自己的工资中积蓄一点东西。毫无疑问，为了这儿所捍卫的这个伟大的国民目标，哪怕只规定每周最少一个法新，在他们中间也是能够建立起一种非常完善的志愿征集制，以便很快积成一笔足够实行社会制度的巨款；而只要制度很好地巩固起来，要制止它发展就会比制止涨潮和退潮

还要困难些。通过诚实劳动的各种合法手段,改善了自己境遇的有文化的群众,很快就会成为世界上最不可战胜的力量。

第 445 页:“但地租决不会包含在价格之中,因为在最贫瘠的土地上(或利用这种土地)生产出来的生产品和在耕种这种土地上所花费的资本,二者调节着其余一切粮食的价格;而这些生产品除普通的和平均的利润率之外,不产生任何多余的利润。”这当然是个错误。麦卡洛克先生所讲的地租理论是说:把某一定量的资本和劳动投在富饶的土地上和投在比较贫瘠的土地上,所得的生产品有多有少,地租就是由生产品的差额构成的。例如:

第一级土地生产粮食100	蒲式耳,那时地租将等于粮食	50蒲式耳的价值
第二级土地生产粮食90		40蒲式耳的价值
第三级土地生产粮食80		30蒲式耳的价值
第四级土地生产粮食70		20蒲式耳的价值
第五级土地生产粮食60		10蒲式耳的价值
第六级土地生产粮食50		0蒲式耳的价值

在第六级土地上大量耕作的条件下就会出现上述情况,因为第六级土地(或最贫瘠土地)上的粮食生产费用将调节着市场上的粮食**价格**。因此,即令那些耕种最肥沃土地的人完全不缴地租,而粮价还是相同;那时,他们就把现在归地主所得的差数放进自己的口袋里。看来,这种地租理论似乎完全确定下来了,所以麦卡洛克在第 442 页上说:“对地租性质及其产生的原因所作的这种分析,揭露了农业这一方面和商业及工业那一方面所存在的重要的基本的差别。在工厂里,开始是使用最差的机器,由于新发明不断出现,机器的马力日有增加;生产费用不变而机器所生产出来的产品会越来越多。因为可以运用的完善机器数量并不能规定任何界

限，因为成百万台蒸汽机台台都可以用等于制造一台蒸汽机所需的同样多的费用（更正确点说，用相对少的费用）制造出来，所以竞争绝不会把工业品的价格压缩到用最便宜的方法生产这些工业品所花费的那个总数目。与工业相反，农业中首先使用的是最好的机器，即最肥沃的土地，然后过渡到需要较大开支才能产出同样产品的最贫瘠的土地。”

这样一来，可见，如果无限量的商品每次都可以用多少相等的费用生产出来，而这些商品的市场价格又受费用最低廉的生产方法的控制；那么，额外数量的商品就常常只能用比较多的费用生产出来，而这些商品的市场价格则受费用最昂贵的生产方法的控制。例如，假若用机器纺织一定数量的棉花花费了一个先令，而手工纺织要花十个先令，那么遇到现有机器不能纺出具有有效需求的全部棉花时，纺棉花的市价就等于十先令，于是机器所有人每加工这样多的棉花一次，除开那些用手工劳动与自己竞争的企业所得的普通利率以外，有可能再获得利润九先令。

不过，这并不证明：“地租决不会包含在价格之中”。我们以粮食代替棉花，并假定在最有利的条件下粮食花在劳动和资本上的费用加上平均利润率是一先令，再跟着上市场，那就会发现粮食的卖价是十先令；在这种场合，为了合乎政治经济学原理，在粮食的价格上加上九先令，这不是地租又是什么呢？

看来，毫无疑问，给大地主交地租这个事实，在我们继续受现存商业原理支配的时候，仍然不涉及市场上的粮食价格；因为，大地主如果过去得不到地租，在维持现有限制粮食进口办法的条件下，他们会得到地租并且能得到佃农。不过，如果国内的粮田变成了国民资本的一部分，地租照本书所讲的办法被利用那就不会发生这种事情；因为一切可耕地都已耕种了，**全部生产费用**都已由**全部生产品**分担了，耕种劣等土地的额外生产费用按照获得的生产成果由王国全体粮食消费者同样分摊，粮价也会比现在低，所低的就是为取得耕种生长粮食的土地许可证[①]而每年交纳的地租总额。土质差别成了环境力量的工具，因此人民现在被课征极重的赋税。愿我国政府帮助自己的人民实行交换制度，人民利用这个制度就能够摆脱迫于环境而被课征的一切赋税，抱怨国税太繁重之声就完全停息了。麦卡洛克先生在第468页上说："关于农场范围怎样才最适宜有许多争论。但这不是可以得出某些很准确的结论来的一种问题。"我不同意这种说法。农场的合理范围应该就是英格兰、苏格兰和爱尔兰预定用来生产适于销售的商品的土地总数，而农场的合理数量则应该是足以用最好的方法和用最少的监督管理费用来耕种土地的那个数量。如果因为这个意见我被提起公诉，认为行为激进，那我并不承认自己有罪。我不希望用某种强暴手段、某种违宪或不正直的行为，把无论哪一英亩土地变成国民财富。我只讲以下几句话：但愿商业协会根据某些原理建立起来，但愿协会按照上述各项原理办事，并且**应该**成为富裕的协会，而且一定富裕；但愿协会每逢有某种土地按公平价格出售时就**购进**土地。我只要求协会中各个劳动阶级仍然得到允许做现代国家法律允许他们及其他任何阶级所应做的那类事情。

为了说明现存制度，麦卡洛克先生的著作中还说过许多诸如

① 佃约——俄译注。

此类的话，这里就不再提了。除一处引语下面还会重见以外，上边引述的就是这方面所要引述的最后一次。不管我在许多方面跟著者的意见怎样分歧，如果我不承认多亏《政治经济学原理》一书，我才弄明白以前不大懂的许多问题，那是不够公平的。但书中所鼓吹的理论跟社会制度中的理论在某些方面是很不相同的。根据前者的一系列原理来说，生产应该始终是需求的后果，而根据后者来说，则生产是需求的原因。两种制度的最好的地方是与麦卡洛克先生自己给我们所确定的下述共同任务最相吻合的那一点："经济学家不应该为增加某些个别阶级的财富和享受而创立制度和草拟方案，而应该着手开辟国家财富和全民福利的泉源。"

第十二章

征税——关于在现代商业制度下征税所产生的影响的一般意见——生产增加是政府举债和大量开支的结果——在“社会制度”下赋税是灾难，灾难大小丝毫不差地与税款总数成比例

一个民族也像单个的人一样，能够视收入的大小交纳或多或少的税款。反对征税的一切理由都是以下面这个假设为根据，即政府停止向我们征收若干数目，我们就至少能富裕若干数目。但为了使我们能够相信这个结论是合乎逻辑的，就应该把下面两个论点中的一个确定下来，这就是说：国民收入（居民一年的劳动产品）是个不变数或不变值，或者减少赋税就能使国民收入增加而不致减少。

有时人们认为，降低或取消个别商品的课税，结果会使这种商品的消费量大为增加。骤然看来，这似乎很能证明国家一年的生产品是与赋税的减少成比例地增加的。这并不证明绝对没有的事，这证明而且只证明：人们在支配自己的收入即使用自己的钱时，受着一种欲望的支配，即用钱换取自己认为可以产生最大利益及最大欢乐的一切东西。所以生产一切东西都是指望满足社会某

些需要和某些欲望，因此每种商品按照该商品所具有的合乎愿望和价值低廉这两种特质，在供给等级表中各占有自己的地位。因为，最大的需求总是向那些最合乎愿望和最容易得到的东西提出来。例如：

需求等级表

迫切需要	1
中等舒适	2
优裕生活	3
富裕	4
奢侈	5
浪费	6

显然，对于最小的数字，需求总是最大的。因为，既然可以做第六级消费者的人数比较少，那么所有的人，不管穷富，都应该做一级消费者。因此，如果我们获得依据时价已列入第六级的某种物品，但通过降价我们把它移到第三级，那么对这种物品的需求无疑会大大地增加起来。

不过，据此却不能作出结论说：如果不把第六级移到第三级，而是把1、2、3、4、5、6各级的货币价格一概降低，同时每个级仍保持自己的相应的位置，生产也会多少按近似上述的比例增加起来。相反，这毋宁是名义上的改变，而不是实际上的改变，完全受着另外一些原理调节的国家年产品一点也不会增加。

征税的后果是提高商品的货币价格，但货币价格低对谁有利呢？对工人不利。因为，当两个人有工作，而另外两个失业的人要找工作时，头两个人因慑于竞争不得不接受别人向他们提出的任何报酬，只希望超过教区的补助金。对商人也不利。因为，预计出售的商品如果多过购买者的需求量，商业利润一定会照货价可能下跌的速度降低。如果有谁以全王国各个角落都听得见的强大声音询问商人阶级："近年你们毫无例外地不得不与之作斗争的最大灾难是怎么样的呢！"那么，他们即使在某些规模很大的商业部门里，也会同声一致地回答说："是紧缩的市场。由于市场紧缩，所以常常发生这种现象：我们今天按这样低的价格，即按货币、健全的理性和有根据的市场知识给我们所能保证的那样价格购买到手的商品，过三个月之后，价钱又跌落了。可见，如果我们有足够的储备，给我们的顾客以大量选择的优先权，那我们就可以指望每年正好损失几百英镑——这是我们的储备品跌价的不可避免的后果。"若干年以前，曾出现过正相反的现象：工业产品价格不断上涨，那时原先购进的商品售价必须经常提高到一个新标准，像这些商品后来必须降低到一个新标准一样。这样一来，制造货币的人、管理货币的人和商界的主宰者就继续把人们的经济命脉操纵在自己手中。

毫无疑问，商品价格下跌对各个上层阶级有利，因为他们不但能照常得到二十年前规定的地租，而且在一切情况下都有固定货币收入的可靠保障。

激进派及其他某些政治骗子，甚至把提出现时赋税是有益还是有害这个问题，也叫做对健全理性的诽谤。不过，驳倒这些先生们并不困难，因为他们中间大多数人都是恶意非难机器的人，这种人本身又是拥护征税和赞成浪费的人。一个人因为怀疑现时赋税是祸还是福，有时会受到自己一些激进朋友（如果他偶然有这种朋友的话）的藐视，他付之一笑，这种鄙薄的一笑很少能帮助证明赋税是灾祸。而那个断言任何有理智的人毫不怀疑这点的人，也因而告诉我们他的意见并不是无偏见地仔细研究问题的结果。在病态的商业社会中，因祸得福的事情，像个别人经常肯定会碰到的那样，有时可能发生。采用烈性的甚至有危险的药方本身无疑是有害的，但在许多场合却有益于健康。既然组织得不好的不合理的商业社会的征税能产生使沉睡的生产力苏醒过来的后果，那么，这种征税带来的害处就不会大过轻轻鞭打壮健的懒汉所带来的害处，如果不能用更温和的方法促使这个懒汉工作的话。

除了最道地的政治上的伪君子以外，谁也不会否认我国的生产资源现时并未得到充分利用。存在着三种天然的生产界限：我们爱好劳动的热忱使尽了，我们的生产力用罄了和我们的需要满足了。但现在社会生产力在这三个界限中并没有达到哪一个界限。可见，现有的生产界限，不论界限怎样，乃是人为的结果。我认为界限是这样的：一般说，我们是在卖得的货币总额多过我们在生产上所花费的货币总额的条件下，能够卖出多少，才生产多少；并且我以为，这个数量还要受商品及货币的比较稀少性的调节。据我看来，在现代社会状况下，商品对货币的关系同温度表里的水银对大气温度一样：水银因气温高而上升，因气温低而下降；商品则因流通手段数量充足而扩大生产，因流通手段数量不足而紧缩生产。

如果国家的全部生产力都适当地开动起来，要使巨大增长的生产始终跟在钞票的大量发行后面是完全办不到的。钞票流通造成对生产品的需求，此外不做任何更大的事情，并且根据工具本身的性质来看，显而易见也不能做任何更大的事情。

其次，劳动生产力如果经常充分发挥作用，那么举债和大量支出除剥夺大批居民本应享有的大部分必需品和舒适品以外，不可能有其他任何结果。例如，国家的产品量等于十个单位，政府用借贷的货币从中买去五个单位，那就只剩下五个单位供不支政府薪金的居民消费。因此，国债增长最快的年代就应该是最不好的年代。可是，不幸的是，就那些认为现时有效的需求是生产的后果的人的意见而论，却出现了正相反的情况。1813 年间，国债增加得最快，那时借债总数不下 64000000 镑，结果怎样呢？差不多每一个商人都应该记得：至少就每人的一生经历来说，从来没有出现过那样的普遍繁荣现象。但支出所有这些货币并没有创造出财富，支出只造成对财富的需求；劳动生产力听从号召，而财富则只有在服从用以交换财富的货币的命令的时候，才能源源不绝地出现。

只有激进分子才会设想，仿佛要立刻进入商业的天堂，我们就只须摆脱赋税负担就行了。如果我们注意到那些为了系统地书面陈述自己见解而不得不认真考虑问题的人的观点，那我们就找不出这种把过错完全诿给征税和国债的倾向来。科胡恩先生说过："有一些人执意认为，一个民族虽然陷入无可避免的困难和危险之中，但只要人民勤恳劳动和努力发明就能得救。对于这些人来说，断言创造出一些可以认为是政治奇迹的东西，即在庞大的国债负担积聚和加重的条件下，迅速增加一国的公私建筑物、发展工厂生产和手工业生产、发展商业和航海业，其主要功勋应属于借内债和内债日益增加，这似乎有点出乎意外。像把种子播种在地下一样，大量支出能引起分外的勤劳和启发额外的发明才能，使这种勤劳和才能在各个生产部门里都增加许多倍。"

马尔萨斯先生说过："政府在最近二十五年中，显得不大爱好和平及自由，在利用国民资源时不特别节俭。政府在战时大量支出并通过课征沉重的赋税敛财，这两方面行动很果断。毫无疑问，政府本身是采取步骤来盗窃国民富源。但每一个不存偏见的观察家，都应该注意这一个明显事实，即：到1814年战争[①]结束为止，国民富源并没有被盗窃；不仅财富和人口比战争开始时多得多，而且在这个期间比以前任何时期都增加得快。说句公道话，可以认为这是历史上最不平常的事实之一。”

我觉得发生这种事实的原因是十分清楚的。战时开支的巨额借款创造了对劳动的需求，换言之，即国家当时拥有和继续拥有的那些资源发挥了作用。这样，引起来的对生产品的强大需求繁荣了商业，现有资本获得广泛的利用；资本本身是由利润构成的，而当时利润已达到很高的水平。因此，资本积累得快，并且如马尔萨斯先生指出的，国民资源没有被盗窃，战时比以前任何时期反而增长得快些。不错，有些人试图证明：我们是利用某种魔术来花费预料在将来才能得到的东西，但这个论点是根本错误的，因为一千七百五十万多一点的债款差不多完全应该偿还给我们自己：我认为，这是我们应该付给其他各国的一切。

实际上，战时所开支的是什么呢？这不是资本，因为以前资本决不会积累得有这样一半快。这是人民劳动的产品——食物、衣服、马刀、火枪、弹药、装备，这些东西是由于当时需要而制造出来的，没有这种需要就根本不会有这些东西；如果有需要，我们便能够以同样的速度再生产这些东西，并且所遇到的困难也同样少。但是，如果懂得了真正的供求原理，国债就永远不存在了，因为能够利用自己的劳动和资本来满足由支出借款所造成的巨大需求的

① 指拿破仑战争——中译注。

人民，可以同样容易地确实满足这种需求，如果采取在他们的勤恳劳动的产品上课加同一百分数向他们提出这种需求的话。

我应该把关于这个问题的意见限于只作一般的考虑：宁愿在迷宫门口玩耍，而不想进入迷宫。因为，我打算只是极力把注意力集中在本书所讲的大原理上面。但愿现时事物秩序的拥护者们自己尽可能猜出自己原有的谜语，揭开自己原有的秘奥；当真，我并不想让他们可能碰到比现代社会状况下征税的绝对影响更困难（就满意的解决而言）的问题，因为有这么多的"赞成"和"反对"，这么多的"如果"和"但是"，使得我怀疑连乔治・比德[①]本人是否能弄清楚这个问题。

至于谈到社会制度诸原理，这一类的困难就一点也没有了，因为劳动生产力既然总是充分发挥作用，赋税就是灾难，灾难大小分毫不差地与税款多少成比例。如果巨人的力量经常被利用，那么满足国家需要的这种力量的任何一部分，对巨人本身来说都是损失。

① 乔治・比德（George Bidder，1806—1878 年）是英国工程师，童年时就以善于迅速心算复杂的算题而驰名——原注。

第十三章

国债——初步意见——国债和私债的对比——不列颠帝国资产总额估计——从革命时期起到1813年2月1日止国债日益增加的情况概述

国债是一只替罪羊，在政治上有迷信思想的人总是把自己所遭遇到的不幸、困难和惊慌不安，一概归罪于这只替罪羊。一个人如果负了债，而且想把债务还清，就应当考虑债务大小，自己的收入多少，需要多少时间储蓄一部分进款还清债务。但是，这样做就需要一个重要的先决条件，这就是有可能压缩开支。例如，某人负债100英镑，年收入也只100英镑，而为了维持生活必须开支100英镑。无疑，这个人如果不能增加自己的收入，那么一生之中连一先令的债务也还不出；但如果这个人的欠债是100英镑，收入是100英镑，而必需的生活费用只有90英镑，显然十年之后他就能完全摆脱债务。研究减少或偿清国债的可能性时，应该经常注意这个道理。

现在国债总额用整数表示大约是8亿英镑，据科胡恩先生统计，国家的年收入大约是4.3亿英镑；因此，用我们现时收入的十分之一还债，大约需要二十年才能还清全部债务。

但应该确定的第一点是国家债权人为满足自己的要求所应获得的货币的价值。这种价值在本书《论分配》那一章中已详细地确定了。为了偿还国家债权人，在一国的生产品上附加一个相当大的百分数，大概不会引起多大的困难，因为根据社会制度的原理这是加倍有利的事，只不过要求我们比不还国债时工作稍微加紧一点。我们工作得越多，我们所创造的财富及货币就越充足，并且这些货币所具有的价值与国家债权人借出的相同。这样，每年年终就能把好几百万还给国家债权人，国家债权人大概会收回这笔进款，然后将进款变成土地、房屋及其他国民资本，因而取得优厚的报酬，即本书第76页提到的国民费用第一项里所规定的那种报酬。

发生了一个问题：比方说，我们每年能不能够偿还2000万或大约2000万这样一大笔款项呢？我以为，下面那件人所熟知的事实可以作为这个问题的答案：我们现时的困难主要是由于我们能够如此容易而迅速地创造财富，而看来任何人也不能这样尽快地购买这种财富。社会制度将极其顺利地消除这个灾祸，因为按照上面所讲的原理，需求和生产总应该是步调一致的。

无论收入也好，债务也好，我们已丢掉了千百万英镑。那个时候，债务是800英镑，收入是400英镑。现在，要使一个负债800英镑、有年收入400英镑的人能够在几年之间摆脱债务束缚，并不是什么绝对办不到的事。如果我们的国家将因为实行自由的和无限制的交换制度而得到福利，那么对国家来说，要还清8亿英镑债务，是如此轻而易举，就像上面讲的一个人要还清800英镑债务一样容易。因为，在前一场合和后一场合，所要求的都是为了还债储备一部分收入，而要做到这点是完全有可能的。

科胡恩先生在他的著作第二版第60页估计过整个不列颠帝国的财产是4096530895英镑，统计表如下（他原先估计的数字还要详细些）：

不列颠帝国财产总数估计表

单位：英镑

地区	项目	金额
欧洲	大不列颠和爱尔兰，包括海军舰队	2736640000
	附属地	22161330
		2758801330
美洲	不列颠在北美所有的地产	46575360
	不列颠的西印度殖民地	100014864
	西印度被征服的殖民地	75220000
		221810224
非洲	英国的移民区	550400
	被征服的移民区	4220100
		4770500
亚洲	英国的殖民地和附属地	11280000
	被征服的殖民地和附属地	27441090
		38721090
各地区	西印度公司所管地产	1072427751
	总计	4096530895

由此可见，我们如果把国债跟帝国的财产相比较，而不跟她的收入相比较（顺便说，所谓收入只是大不列颠和爱尔兰的收入，并不包括殖民地的收入），那我们就看到，债务不到全部财产的五分之一；所以，国家如果被宣告为破产者，那她的1英镑债务可以偿还100多个先令。不错，帝国的财产不像破产人的财产那样可以出售，但这并不会使财产本身贬值。如果科胡恩先生是根据一宗一宗的财产的价值来估计帝国财产，那么这种财产总和起来所有

的内在价值不会少于不能出售的财产的内在价值。因为事关我们现在研究的问题，财产的价值应该根据其各部分的价值折合成具有与国家债权人贷出的款项价值相等的货币来计算，而不要根据在公开市场上卖给本国居民所获得的金基尼数来计算：因为在后一场合，十分显然，所有这些财产只有换到名为黄金的那一部分财产才能够出售。

把科胡恩先生的估计当做确定不移的事实，因而以之为根据，那也许是荒谬的，因为他所希望的一切不过是使这个估计接近真实而已。但是，他的估计却说明了国家的总的前途，并对国家的整个情况提供了获得若干概念的可能性。科胡恩本人谈到他的估计时也说，他所遵循的准则是处处避免夸大。

但是，较之对比债务和收入来，这种对待问题的态度并不大重要，因为欠债应该偿还，如果一般而论债务总有一天要用收入而不用国家财产偿还的话。科胡恩先生估计大不列颠和爱尔兰的收入是 4.3 亿英镑，他的估计大概是很谨慎的。因为现在一年的税收大约是 4500 万英镑，全部用来支付国家职员薪资和国债利息；4500 万大约整整为 4.3 亿的十分之一，而且拿平均收入，靠从国家的有价证券中得来的钱或国家发给的无论任何形式的货币为生的人，无疑不会多过居民的十分之一。因此，有充分理由认定，我国的总收入不会少于 4.3 亿英镑。

把个别的人和国家的全体居民相比，这种类比是不完全的，因为后者的收入中大约已有九分之一作为税款被征去了。不过，这是未必值得注意的小事情，因为同这种疏忽对比起来，另外一种疏忽就大得多——也许要大许多倍，那就是：通过变生产为需求的原因，我们有可能几乎无限制地增加自己的收入。

一个人很不喜欢承认自己无自知之明，因此对于我们国家遭遇到的困难不知道应该归咎于什么原因。我们的困难只是我们的商业制度混乱的结果，大家不明白这个事实，而国债成了群众轻信的很方便的托辞；但这是不符合事实的，因为负债这样繁重的国家还是继续繁荣，至低限度同其他对于自己的困难不作这种解释的国家一样繁荣。

下面这张简单的国债史统计表摘自科胡恩先生的那本有价值的著作，一定能使关心政治的读者感兴趣。如果有效的需求现在取决于生产，那么下面文件是怎样不可思议呢？如果正相反，生产取决于有效的需求，并且如果能够使有效的需求取决于生产，那么有什么东西能阻挡我们以与发生债务同样快的速度偿还债务呢？

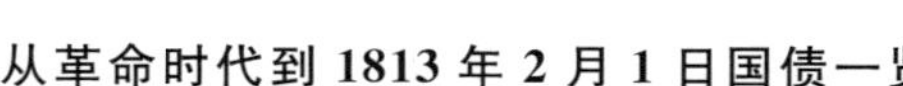

从革命时代到 1813 年 2 月 1 日国债一览表

	英镑
革命时期的国债	664263
威廉王朝国债的增加	15730439
安娜女王登基时的国债	16394702
安娜女王王朝国债的增加	37750661
乔治一世登基时的国债	54145363
乔治一世统治时期国债的减少	2053128
乔治二世登基时的国债	52092235
和平时期国债的减少	5137612
1739 年西班牙战争开始时期的国债	46954623
战时国债的增加	31338689
1748 年西班牙战争结束时的国债	78293312
和平时期国债的减少	3721472
1755 年战争开始时的国债	74571840
战时国债的增加	72111004

1762 年缔结和约时的国债	146682844
和平时期国债的减少	10739793
1776 年北美战争开始时的国债	135943051
战时国债的增加	102541819
1783 年北美战争结束时的国债	238484870
和平时期国债的减少	4751261
1793 年法国革命战争开始时的国债	233733609
战时国债的增加	327469665
1801 年法国革命战争结束时的国债	561203274
和平时期国债的增加	40207806
1803 年对法战争开始时的国债	601411080
战时国债的增加	341784871
1813 年 2 月 1 日全部整理的和未整理的债务	943195951
扣　　除	
靠偿债基金偿还的	210461356
靠土地税偿还的	24378804
分年偿还并交给压缩国债特派员的	1961582
	236801742
1813 年 2 月 1 日国债净余额	706394209

第十四章

怎样着手——报纸的影响——议会应该对现有紊乱现象的原因以及对所提出的各种消除灾难的办法的性质进行研究——成立国民商业协会必须采取的一连串的步骤

总之，既然由于交换制度有缺陷而使取得民族福利和个人福利确实存在不可克服的障碍(所谓不可克服只是指在我们的交换制度没有彻底改革以前而言)，我们就应该立即开始作一些必要的改革。报刊是世界上最强大的推动力。这儿讨论的问题经过报刊以惯有的独立立场提出，并加以分析研究，可以适当地传达给广大群众。这样做就完成了预备步骤，此后应该采取如下一些措施，使这个制度付诸实行。

希望任何一位有权威的国会议员得到委员会的任命来研究国家的情况和已经提出的各种消除社会灾难的办法。应该预料到那时社会制度也会得到考虑。

如果上述委员会以预备级资格发挥作用，宣布这儿捍卫的交换原理值得仔细研究，那时就希望为这个特别目的慎重选任一个委员会，同时希望委员会的成员们表示愿意亲自掌握一切可能提出反对这个计划的论据。论据收集好了时，要委托一个主管人员用简明易懂的文体把这些论据编成一个前后一贯的、有条有理的概要。

那时委员们要让社会制度的创议者答复那些反对这个计划的论据。创议者要求这种评判，并且深信谁也找不到自己倡议的理论中或根据这种理论所作出的结论中有什么重大错误。双方的理由经过适当的衡量和仔细研究以后，让委员会把关于社会制度的优点和缺点的意见公布出来。

如果由于这儿要求严格审查建议中的交换原理，公众的意见认为这种关系重要，可以由若干数目的私人组成一个商业协会的核心。他们的头一件事情就是按照工商业各个不同部门所有的各种各样的分歧情况，彻底研究社会制度原理，从而拟出很详细的计划，计划说明调整、改革和办好每一个部门所需要的方法。

然后希望把详细计划交给公众，邀请有拥有资本的人联合起来，这时首先需要那些有意接受新交换原理的人的名单，也需要每一位候选人登记自己原有事业的性质和愿意为公道的报酬而预付的资本数额以及资本的性质——是土地、房屋、机器、商品或现金。

如果作了适当努力以吸收参加的人之后，发现已有足够的资本准备为新商业大军效力，那么下一步就应该是选举人员组成商业院。

商业院人员选出以后，应该着手审查和协调各种不同的建议，以便弄清楚怎样才可能一开始就组成一个完整的工商业团体。当人数和资本总额足够组织这样的团体时，应该向政府请求备案准许成立，并跟政府商妥作为平均工资所应支付的劳动价格——这件事情至关重要，在《论分配》那一章中已论证过了。

这些预备措施就绪以后，接着商业院应着手把提出的全部资本编造清册并记入国民账簿中，这些资本按照商业院建议的利率计息，利率应根据资本的使用预先规定。此后，应任命代办经营各有关工商企业。每一位代办都有一份受委托经管的资本清单，因此应把资本总额借记在银行账上。在一切方便场合，掌握了必要知识的资本所有人应派充代办。

其次，按照上述计划应建立银行和商品仓库，在代办们照普通手续用商业院规定工资雇用工人以后，营业就可以立即开始了。

一旦新交换制度顺利实行了，并在一些很有经验的和讲求实际的能干人员的监督之下，那么这个原理的无可辩驳的特点很快就会显示出来，而完全不能与之相比拟的事实也很快会得到大家公认：由于新成员参加协会或由于资本的积累，联合资本增加起来了，接着所有新的人物都将被吸引在新原理指导下工作，而旧商业团体的市场则将日益缩小。

不过，这里研究的这种缓慢发展的情况并不一定是如此的，因为计划如果被适当的单位（我的意思是指政府）采纳了，发表了新的交换制度将得到鼓励并在必要时会以几百万英镑现款支援的正式声明，那么经常对有关个人的一切具有足够见识的工农业界，看到抗拒潮流完全不可能，大部分人士都要急急忙忙参加到新制度里来。同时剩下的人很快就会发现，国内市场对他们会像《黑森林》杂志[①]所描写的“铁寿衣”一样，迅速地紧缩起来。“铁寿衣”初给受害者穿上时，比较宽敞，以后逐渐变窄，变短了，直到第七天缩

① 爱丁堡出版的月刊，苏格兰托雷党的机关刊物——原注。

紧在受害者躯体上,使阳光永远照不到受害者为止。

看来,可以使这儿描述的交换原理遭受致命损失(哪怕是暂时的)的唯一事情就是:初次试验考虑得不周密,做得匆忙,进行得不完善。因为,开始不正确,在商业界里便什么也做不成功。

第十五章

结束语——如果我们继续因为社会现有的商业上的错误而苦恼，那就是我们自己的过错

英吉利的声誉在世界各民族中间是伟大而光荣的：战时人们惧怕她，平时人们羡慕她。在英国，艺术繁荣，科学进步，步伐巨大而迅速。英国商业扩展到了地球上一些最遥远的角落，是周围各民族惊奇赞叹的对象。然而，她的人民既贫困，又不幸，并且担惊受怕。

她的统治者们被重重困难压倒了。一个试图划一只易碎的船驶过波涛汹涌的水域的人，和一个敢于掌握国家政权的人相比较，甚至从事着更为容易的事业。

她的贵族阶层本身已成了愤怒急流的一部分，他们既为操心现在又为担忧未来而苦恼着。他们的地租收不到手，他们的庄园已开始衰败，他们的财产业已贬值，他们寻常的富丽堂皇和豪华阔绰差不多全都要破灭了。

她的僧侣们虽然想努力完成落在自己肩上的责任，力图设法制止住腐败、淫逸和罪恶（和这些现象进行斗争是他们的专门任务），却像稻草一般，被浊流的迅速而不可抗拒的力量冲到水面上，

而浊流的流量逐渐加快，日益成为越来越大的恐惧的对象。

她的中产阶级以前甚至在不祥的战争的威胁下还轻易梦想和平与丰裕，现在则差不多只能照欢乐的词义来理解欢乐了。他们相信未来的舒适和繁荣，不见得比风向标相信它在今年十二月某日某时会指着南方更为有把握些。然而他们日复一日地拉着担心、焦急和惊慌的疲倦的旋转木马，拉这种木马与其说是有充分价值的生活，不如说是一种惩罚。

由于教育普及，它的劳动阶级获得知识只是为了更能看清楚监禁他们的牢狱的恐怖，并使他们极其敏锐地感觉到自己无可挽救地陷入贫穷与困苦的深处。

爱尔兰，不幸的爱尔兰！它总是人类灾难和不幸故事中的最坏的字眼，像一个在拷问架上快要咽气的可怜的人一样，毕竟还在吁求我们怜悯和援助，但对于爱尔兰却缺少名副其实的援助。

英国只要认清了自己的巨大力量，就能够在一刹那间从赤贫和不幸的深渊攀登到商业繁荣和人民幸福的高峰。它所需要的一切就是解放它的现在还受着商业谬见的锁链束缚的巨大的生产潜力。像一台只缺少一个轮子的功率的强大的机器一样，它现在待在那儿不起作用，那些不知道它的结构，不疑心它有上述缺陷的人，却认为是完好无缺的；可是，请你把它的各个零件重新整理好，并且添上缺少的一个轮子，各民族就像从沉睡中觉醒过来一样，看清楚它应该怎样工作，并且效法它的榜样。

为了使本国人民幸福，过好日子，自由、国内交换自由——这是国家所需要的最主要的东西。要实行这种交换制度，不必创造任何奇迹控制人性，不必寻找任何发明天才改善人性，因为已存在着上万种发明天才榜样。把始终认为是办好人类事业每一部分所必需的那条原理应用到整体上去，便一切都妥当了。

这儿拟议的行动统一并不取决于个人的思想和情感的统一。值得十分注意的是：虽然地球上各大洲的人们都遵守这条原理，虽然这条原理的意义这样重大以致私人事业中没有它就差不多会一事无成，然而在巨大的整体活动中这条原理却完全被排除开了。劳动分工和行动统一是同时出现的。缺少这条原理，任何工业企业就一时一刻也经营不了。请想一想，若干人分派在工厂里，想做什么，就做什么，不要监工，不加考虑；这样，其不可避免的结果就是完不成交付的任务。人们一个一个地可能是有能力的和十分爱好劳动的，但由于缺乏监督力量，他们合在一起，除了互相打搅和互相厌恶之外，有可能几乎会其他什么也不肯做。不过，实际上，事实并不如此。工人上工时，也许中途在街道上互相争吵，可是一到工厂，就会服从企业里的规则，各就各位，即使彼此间存在着极大的私人嫌隙，也会为着有益的目标立刻开始协调地工作。

邮政是王国办得最好的企业之一，大概也是王国值得保留的唯一的商业企业，这个企业正是按照所述的这同一条原理在经营着。那里有大批的局长、办事员、投递员、捡信员、分信员、马车夫、警卫以及马匹和马车，广泛地分布在联合王国各地，所有的人员都这样处理业务：彼此一致协调工作。

我们如果看看我们作为其一部分的庞大的整体，同一条统一原理就看得更加清楚了。制度、秩序、规律性、这一事物对那一事物的适应性以及如此永恒不变的行动经常性（天文学才能事前预测到百年内发生的种种事变）：这就是自然法则中最令人惊异的一切。并且在只存在合理秩序的类似物的人类事业中，没有哪件事情违背过这些法则。不过，虽说深思熟虑、秩序、计划对于每一部分都是绝对必需的，而人们还是让各部分的总和没有领导地随意发挥作用。这样一来，虽然上帝要求管理世界要有秩序和计划，但刚愎自用的人却忽视造物主的法则，对于自己应该关怀的那些小事情竟听其自流。

我们还是离开我们那条极不正确的道路，希望关心公共福利并负有这种责任的不列颠政府着手探究人民受苦受难的原因。希望政府的成员们不偏不倚地仔细研究这本小书中所讲的原理。如果他们看到走出迷宫的出路已被指出，那就希望不要因为这条出路是由一个既无地位、又无财富、更无可以增加其意见分量的那种名望的人提出而拒绝利用。希望他们采纳这个善良的建议，而不要管这个建议是从哪儿得来的。这就好比人们从海沙里捡珍珠一样，不问珍珠来路，而只关心它的价值和利用它的最好的办法。如果觉得这篇论文虽然既粗糙又不够精练，但其中却含有宝石，那就立刻给这颗宝石镶一个合适的边框。现在，决定性的时机来到了。

中产阶级在苦难中的坚强性值得领受比现在领到的更高的奖赏。请他们停留一下，哪怕只停留一刻，以便约略看一看那力图引人注意的新事物。社会制度的创议者终生跟中产阶级即商人阶级有频繁的来往，对这个阶级来说，前面各章的话都应该特别容易了解，因为他们中间只有少数人不肯承认现在他们获得商品比获得顾客要容易得多。希望他们过细考虑这儿所阐释的交换原理，并且每个人都问问自己：是否不愿当英国民族的全权代表人，而宁愿做变化无常、默默无闻、不断劳碌和无限焦急的终身奴隶！上述代表人的行动只对选任自己的机关负责，执行简单、容易并受人尊敬的职责就能得到相当固定而优厚的报酬。

也希望劳动阶级深思熟虑这些事情。“知识就是力量。”请别理会激进分子的荒唐大话，而要顽强地并以毫不松懈的注意力沿着凭自己的劳动直接创造出来的财富之流曲折前进；请好好注意水流哪儿平稳，哪儿前面有障碍物阻挡；请向自己说明：为什么财富之流拥有无穷无尽的泉源，却终于出现了这么巨大的贫困现象？

最后，希望关于交换这个最重要的问题能够引起整个社会的集中注意（哪怕一次也好），这样，我们可以深信，很快就会出现这样的一天：真理之太阳以自己的光芒照耀着不可胜计的广大群众，这些人现时忍耐地拖着镣铐，却不知道镣铐来自哪里，不知道怎样才能摆脱镣铐。因为，所有的人都受奴役，每个人都看到了自己的奴隶兄弟，于是他们高声慨叹：唉！人的命运就是如此！但给他们指出自由，即只要让他们看一看他们可以成为什么样的人，告诉他们福利应该变成每个人命中注定要得到的东西，并且证明这样说是正确的，那他们就再也不肯过奴隶生活，再也不肯拖着自己的镣铐了。

附　　录

“社会制度”理论完全是观察和思考的结果——奥尔比斯顿合作社——我对合作社创始人的建议——对已故的亚勃兰·康伯先生的评语——他的回忆录中的引文——《北大不列颠通讯员》的起源——在苏格兰发行的只刊登广告的周刊——欧文在新拉纳克地方的计划——附录及本书的结束语

在本书全部写好准备付印的时候，我决定增添一个附录，以便专门为不久以前建立、随后又完全停办的拉纳克郡的奥尔比斯顿合作社以及新拉纳克地方的罗伯特·欧文先生的合作计划说几句话。

但是，为了完成这个任务，同时公正地对待自己，就必须稍微详细一点谈及我宁愿避开不谈的若干个人问题，并考虑到爱丁堡群众十分熟知的随后发生的一些事件。不过，有些人的脑子里可能发生怀疑，仿佛这儿发挥的社会制度只是某种已被批驳过的旧理论的翻版，或者以为社会制度的思想至少主要部分是从另外一些作者的著作中剽窃来的：这种怀疑没有什么不可思议之处。但我毫不踌躇地声明：我这些见解既不是全部也不是一部分抄袭任何人的。下面我所叙述的若有一点不正确的地方,住在爱丁堡而且不是我的朋友的人都能够发现并指明出来。

我在德比郡列普顿小学校住过五年,如果我当时专心学好功课的话,我有一切可能成为希腊文和拉丁文的名家,但我除钓鱼、玩球和爬树以外,很少学习这些东西。十四岁时,我开始担任了伦敦各大工商业行号中通常由专靠自己勤劳才能谋生的那些学徒们所肩负的职务。一般说,这些职务对于那些喜欢过分挑剔职业的人是不大合乎口味的。直到现在,从来不曾有人责备过我在这个工作上的缺点。我清楚地记得,我离开学校时拿到一个书面鉴定:"仅有中等才能"。在这五年期间,我不曾读完半打英语书,而在离校后六个月内,就把曾经从拉丁文上学到的一切差不多忘得一干二净;至于研究希腊文,我始终未曾开始。

这个时期结束后,我立即陷入商业生活海洋的中心——奇普萨德,原来我已进入一个跟我离开的特伦特河岸那个学校大不相同的学校。我的钓鱼竿已丢在一旁,我勤勤恳恳地完成一些很简单的职务;我以为,这些职务我经常执行得使那些雇用我的人感到十分满意。

在这以前,我差不多什么书也没有读过,我没有得到供思考的材料,可是当缺乏思考材料的时候,我在伦敦却找到了许多可资观察研究的东西。据别人告诉我,我差不多从小就对一切引起自己好奇的东西总是喜欢问"为什么和干什么?"我可以说,提出这种问题并试图作回答,这是我一生主要的娱乐和快慰。我从来不满足并且希望今后也永远不满足于那些含糊其辞的和不能令人信服的解释,许多人为了免除思考的必要性才乐于满足这种解释。我完全不能看破那个大家都似乎被蒙住的不可思议的秘密，所以我多年来注视着伦敦，注视伦敦的众多居民，认为这是一个很复杂的问题，我大概从不敢奢望解决这个问题，不管我多么想这样做。

不久，伦敦对我就失去了它自己的一切伟大庄严，因为我的工作几乎使我每周都要走遍伦敦的各个角落，我很快了解了伦敦的本来面目，并不比其他的人差。但是我看出，什么东西也不能令我满意，任何事情都使我茫然失措。在这熙熙攘攘的人群中间，总有什么东西要不得，总存在着某种巨大的错误，这就是很快出现在我的脑子里的一个看法，我深信，这个看法我永远抛弃不了。人们的商业活动是不是与整个自然体系相左呢？上帝是不是永远不想使他的各种创造物（如我到处看到的那样）只能互相成为障碍物呢？这种模糊的疑惑使我的头脑陷入半迷信的糊涂状态，使我深深地沉思起来。

最后，当我的情况略微好转一点以后，我的注意力逐渐坚定不移地转到研究买卖理论上面来，买卖业务现在我已完全熟悉。有关政治经济学问题的书籍我连一行也没有涉猎过，所以我得出构成本书理论的结论，没有接受过任何一个作家的帮助。我明明白白地看到，生产任何一种商品，或者是因为有人定购，或者是有将来被人定购的一切希望。继续的沉思使我深信：这种情况应该朝相反的方向改变，即生产不成为需求的后果，而成为需求的原因。

我充满自己这个伟大发明的意识（因为我当时把它当做发明而且继续认为如此），得到亚当·斯密博士的一本《国富论》，读过第一卷后，开始书面叙述我的理论。但因为在各方面对于这个任务没有准备好，只能编出一本粗略的、幼稚的、不好懂的和未加修改的书，我定名为《国民商业制度》。其中只有书名最好。虽然现在这本书不见得有《国民商业制度》不曾以各种形式包含进去的思想，但后者里的确没有一句话是宜于付印的。其实，二者主要的差别只是在于：我当时特别支持金属货币流通，后来认识到维护这个主张是不合理的。

对于《国民商业制度》这本书所作的无情的判决，我在前言中已经引述过了。但我现时的伙伴和《北大不列颠通讯员》编辑、我的兄长的论断则稍微不同。他看出了手稿中的一切错误，同时我以为，也看出手稿的思想中毕竟可能有某种有意义的东西。依照他的建议，我把手稿搁在一边，埋头读欧文先生对这个问题所写的著作。在这以前，我对欧文先生的著作一行也未曾读过，甚至不知道有这样一个人。但我发现，欧文先生所应许的一些结果，实质上就是我自己深信可以做得到的一些事情，于是我确信：发表我的著作只会给我招来抄袭者的声誉。

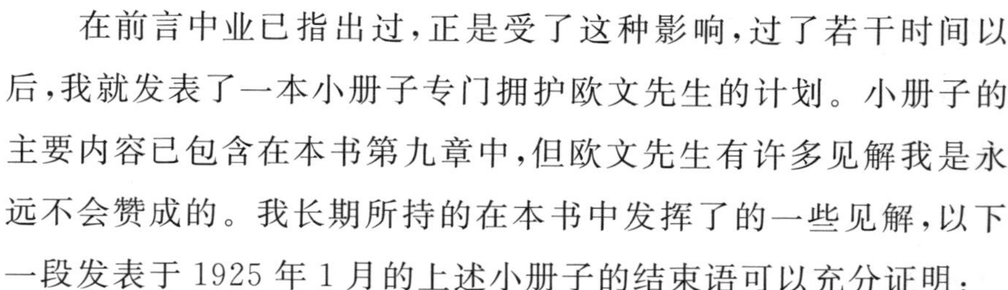

在前言中业已指出过，正是受了这种影响，过了若干时间以后，我就发表了一本小册子专门拥护欧文先生的计划。小册子的主要内容已包含在本书第九章中，但欧文先生有许多见解我是永远不会赞成的。我长期所持的在本书中发挥了的一些见解，以下一段发表于 1925 年 1 月的上述小册子的结束语可以充分证明：

“将来我还要尽力说明建立在国民资本基础上的另外一个制度的计划，由于实行这种制度，充分使用我们的生产力和满足我们的需要就会成为我们财富的仅有的两个界限。这里所谈到的计划和**欧文先生的计划截然不同**，但是我希望这些计划会向全世界证明，**利益的一致跟个性和财产的差别完全可以并行不悖**，因而将是有益的。在现在这样的时期里，我毫不犹豫地肯定说，社会正处在永远废除它一直据以进行贸易的那些原则的前夜；对同一个基本原则不能向公众提出过多的不同说法，因为每一种不同的说法中一般总有某种有益的东西。”

但是，在承认合作原理具有极大意义这点上，我完全有意赞成欧文先生，而且我使用这个名词所指的只是一个精心安排的国家。财富的生产、交换和分配的制度，所以在我得悉奥尔比斯顿地方准备试行欧文计划以后，立即向试验倡导人表示愿意尽我的极微薄的力量。建议被采纳了，我就去了苏格兰。当时我在伦敦工商行号中担任商品推销员，为了去苏格兰，我放弃了容易在伦敦得到的这个有利职位。

不过，我到达那儿以后，非常诚恳地抱歉，很快就发现奥尔比斯顿合作社的管理权并不操在有实际业务经验的明智人士手中。工作计划始终没有多少明确的形式，甚至不曾写成文字。我马上看出试验计划将以完全失败而告终。不管我努力到什么程度，也不会成为一个股东；我提出抗议，可是不生效，于是决定跟这件事情不再发生任何关系。

我现在说这番话是不是因为奥尔比斯顿遭受了失败呢？我不请求哪一个人相信我，说这并非事实。但请看看证据：奥尔比斯顿的情况和五年前我预言的竟不爽毫厘。奥尔比斯顿浪费了成千上万英镑作投机事业，当然要以失败告终，这种情况使我伤心失望，于是我于 1826 年 6 月 29 日写了一篇标题为《就奥尔比斯顿合作社社员目前活动所应遵循的几条原则向社员们进一言》的文章。我把这篇文章印刷了好几百份，在奥尔比斯顿的主人和租户们中间分发。下面几段文字就是从那儿摘引出来的：

就我的整个倾向说，我十分重视奥尔比斯顿合作社的主人们为保护租户利益所作的不懈的努力，并且我完全相信租户们（至少是我熟悉的）也热望不仅获得私人利益，而且愿意帮助主人实现大规模的计划；但我还是确信，某些最有势力的社员是以相当漠视的态度对待合作社所应做的一些工作：这种态度是与社会的最高利益完全不相容的。

奥尔比斯顿主人们的专门任务是把劳动人民处在较好环境（即比处在附近社会中的同阶级人们的环境好）里的公社示范给全世界看。因此我认为，让若干等待发现自己能做什么的人凑合在那儿，这是错误的。他们什么也不能做，至低限度他们什么也不会做好。希望这样凑成的人们能够为某一个有益目的协同一致行动起来，会得到以下同样的结果，即像期待几块偶然凑合在一起的木头能够变成一台好机器，或者几种药材的偶然配合就是一剂良方一样。

如果在这点上有人向我说，这些个体本身由于被置于以前的生活所不适应的环境中，受到不如人意的遭遇，因而要对这种遭遇负责，那我就要问：除开个体，谁应该组成公社呢？如果组成公社的人们应当忍受自己不适于做公社成员的后果，那将怎样把那种人们所希望的能够鼓舞全世界都遵守团结和相互合作原则的最高满意状态表现出来呢？如果构成人体的各部分都带病态，人体能够是健康的吗？

我这样坦率地说出了我觉得是灾难的这种情况，现在我指出消除这种灾难的方法。依照我的见解，方法就是要把这儿以前一直所做的恰好反转过来做。

奥尔比斯顿的主人们不要让人们到奥尔比斯顿来表示他们能做什么，而应明白无误地向请求接待的人们讲明白：社里需要哪一种工人，需要多少工人，工人必须具有哪一种技能。应当接受那些完全有能力做好他们所承担的工作的人。在奥尔比斯合作社的主人们没有准备这样做以前，不要采取能导致繁荣的第一个步骤，我深信在这以前所采取的任何一个步骤都是不会发生效力的。

为了比较清楚地阐明我对于这个问题的想法，我把应该提的各种意见分项陈述如后：

社员人数　奥尔比斯顿应该做的第一件事情是尽可能准确地确定组成合作社应有的人数。也许，可以允许入社的最适当的人数，就是建筑物里便于安置以及能为之找到合适工作的最高人数。但因为土地和建筑物都应付定额租金，而租金又须用社员的劳动产品来缴纳；所以人数越多，每个人所负担租金就越少。社员们相互形成的市场规模将跟他们的人数以及他们所拥有的购买手段数量相适应。这一点有巨大意义，能使各种不同的工作得到固定的报酬来源。

需要哪种人员　关于能组成合作社的人数问题，同选择什么样的人（而且只有这种人完全适合他们应该完成的职责）的问题相比较，其意义是微不足道的。

为了使奥尔比斯顿符合建社宗旨，它的主人们应该创立两三个主要部门（而且不要超过这个数目），让大批社员可以参加工作。由于大规模筹办这些部门，结果就会出现许多次要工作部门。

例如，假定某种主要工业部门开办起来，不论是什么部门，要最好地经营这种工业部门就需要经理和具有各种才能、各种知识及经验的人协同行动；合作社里不容许有一个对所承担的职务不作充分准备的人。

许多人员这样开始工作的情况，立刻会引起另外一些次要工作。如烤面包、酿酒、烹调业、保存储备品以及许多家庭作业，担任其中每一种工作的人都应该是毕生从事这个业务的人，或者至少能够证明对于出色完成本身职责业已作好了准备的人。

有人可能说："我们中间没有善于担任各种应该完成的职务的人。"我要问：为什么没有这样的人呢？你们曾经想找过他们吗？难道现在会看到人手不足吗？或者是你们所给的报酬低于周围一般社团为同样工作支付的报酬呢？但也有人可能说："我们社里也有这样一些人，他们什么工作也不能做。"我又要问：在确定一个人的劳务是否需要以前，怎能允许哪怕只是一个人进社呢？

至于我，我完全相信，不论这样做对于进社的人是怎样难以接受，现在最好的办法是把社里的人辞退一些，即不仅辞退所有没有任何合适工作可做的人，而且辞退所有由于旧的生活习惯以致不能称职的人，然后以另外一些比较内行的人接替他们，并且在需要人的劳务以前，一个人也不再接受。

有可能获得最大成功的业务的性质　业务的性质是另一个很重要的问题，应该介绍到奥尔比斯顿来，作为社员主要工作的泉源。

选择业务应由主人们负责，他们的事业的未来成就和繁荣，主要取决于这个职责履行得是否适当。不过，依我看来，只有四个主要条件是关系重要的：

第一、应该制造那些有距离合适的好销售的市场的商品；

第二、业务应该很好地适合奥尔比斯顿的地方环境；

第三、只有可以经营得最好的业务才应该经营；

第四、在现代社会状况下，只能得到比其他各种工作较低工资的业务不应该经营。

谈到头两个主要条件，我认为完全不必作任何评论，因为是显而易见的，不容易被人忽视：但对于第三个主要条件，也许不能这样说。这里可以指出，有些工作差不多容许无限制的分工，而另一些工作则仅容许有限的分工，这一方面，各种不同工作之间存在着巨大差别。例如，如果有丰富的水源来开动一些必要的机器，就得采取很大的规模的生产，否则纺纱厂不论建在奥尔比斯顿或其他什么地方都不能获利，因为不具备这个条件，机器所完成的作业就不够多，机器的使用就不够充分，于是由使用机器而减轻的劳动就不显著，因而劳动本身的生产效力也不会怎样巨大。就其他多数工业部门说，情况也跟这个一样。

但在某些部门，例如在缝纫业或制皮鞋业中，业务并不怎样繁多，机器没有被采用或者采用得不多；因此，大企业对小企业的优越性，比上述那个部门要小一些。不过，请别以为我认为缝纫业或制皮鞋业是最好在奥尔比斯顿大规模地进行经营的工业部门，我谈到这些部门不过是为了和前述部门对比一下。最关重要的是必须只注意经营这样的一些行业，即在最适合这些行业的性质的规模内经营。

如果所选的行业在现代社会状况下只能支付维持贫困生活的工资，那就犯了另一个严重错误；因为我前面已经讲过，合作社的繁荣应该包含社成员的普遍福利，如果不经营获利较多或比较高级的行业，而经营获利最少或最低级的行业，那对周围社团里能得到优厚报酬的工人来说，合作社将没有十分吸引人的前途。

至于某几种劳动比其他劳动能得到过高的工资，任何一个多少熟悉这个问题的人都乐于承认这一点。我不想研究发生这些不平衡状态的原因，而希望唤起重视事实本身，并且希望在奥尔比斯顿选择业务时要考虑这个事实的重要性。

管理人员的报酬　如果你喜欢，你就可以主张平均分配，但至少在最近几年内，你不可能实现平均分配。

奥尔比斯顿的繁荣主要取决于成功地组织数量或多或少的一些规模大、经营好的企业，并且不论是怎样一种企业，都应该有一些内行的管理人员；而真正有能力经营任何企业并具有为办好企业所必然需要的那种程度的忠诚及积极性的人们的服务，如果没有十分可靠的优越报酬，则无论在奥尔比斯顿或在其他不管什么地方都是永远得不到。

最近几年间，伦敦出现了几种企业，由于经营规模大，跟原先无论哪一种活动范围相同的企业的性质完全不同。我认为，这些企业比普通规模的企业要大一百倍或将近一百倍。

这些企业是由少数敢于抛弃陈规旧套并具有独特作风的有才干的人建立的，企业的成就跟企业的规模一样，同样令人吃惊。其中显著优点之一是领导人或各部门的管理人员都是凭他们在有关工作中的卓越才能被选出的，而他们所得的薪金，比普通支给担任同种职务的数目超过一倍至五倍或六倍。

这种关系并非由于慷慨，而是由于采取了经过深思的政策，其结果是：在事业的成败中，产生和保持了一种达到这样程度的利害关系，这种利害关系，据我看，是那些仅仅由于勤劳获得生活资料作为报酬的人过去从未有过、将来也永远不会有的。

你也许相当容易地找得到担任若干重要职务而只领少量报酬的人，但经验证明，他们工作的结果不会给事业带来繁荣。

根据同一理由，我要说，奥尔比斯顿主席这一重要职务，应给以很优厚的报酬。这是许多人打算担任的那种职务的一个例子，不过康伯先生却是世界上唯一真正开始执行这样的职务而只领少量薪金的人。

关于这个问题，我作出两点结论：

第一、无论在奥尔比斯顿或其他什么地方，任何企业如果不是由付以优厚报酬的内行人员来主持，就不可能办得繁荣兴旺；第二、试图经营两种或三种以上的主要企业是极不合理的，因为应付给监督管理方面的工资金额，依企业数目多少决定所需管理人员为转移。

如果可以确定一种除从事农业及家务以外的一切居民都能够参加的唯一企业，那就可预见到这种企业的最美满的结果；反之，如果大量企业开办而技师的人数比工人少一半，那就只有一种生产会超越一切界线，这就是大失所望。

我期望每一种事业主要依靠这种事业的经营规模获利。如果能够设立一座规模庞大的木器厂，其规模之大可以使厂里每个工人都能经常从事唯一的一种作业；如果能够使每一个工人仅限于使用唯一的一种工具，并且使每一张桌子或其他一件家具在制造时有几道不同的工序，就经过几道手；那我认为，木器的生产费用在涉及劳动方面，就不是现时小企业中平常费用的四分之一，而还可能是十分之一。

制造船舶结构是不很复杂的一种业务，一个人用旧办法完成这种业务的各种不同工序，需要 2—3 小时的劳动；而在朴次茅斯造船厂里，由于借助相应机器的广泛的劳动分工的神妙威力，只需要非常短促的两三分钟的时间，就产生同样的结果。因此，假定工人在两种情况下，每周所得的工资总数相同，那么在后一种情况下，船舶结构制造价格会被压缩到在前一情况下应付数的十六分之一以下。[①]

我并不肯定说，家具业上也有这种优越性，而只是说，这种或那种工业活动分成各种各样的工序越是彻底，这些工序在各个工人之间越是分得过细，那每个人的劳动就越发富有生产效率。

总而言之，我确信：

奥尔比斯顿在选定某种显然需要一些人参加服务的企业以前，不加考查地允许这些人进来：这是一个错误；

奥尔比斯顿的主人们必须把所有在合作社里只占据位置或担任职务而无法胜任的人辞退出社。

为了使合作社办得成功，迫切需要主人们（而不是租户们）确定应兴办的企业；

主人们必须极其谨慎地选择性格善良、能力相当的人，把他们用在行将开工的那些企业中，并用他们担任一些可能出现的家常职务；

① 应为六十分之一——中译注。

选择企业时应注意以下各点：制成的商品的有利销路没有什么问题；企业要很好地适合奥尔比斯顿当地的条件；企业属于最好地和大规模地经营的行列，在现代社会状况下能支付优厚工资。

领导人或管理人应该是可能找到的最熟悉业务的人员，应该以优厚的劳动报酬保证他们对所主管的部门尽心竭力并关心事业的成败；

最后，不论根据哪些理由，都不应贪图组织两三种以上的不同的企业。

上面提到的这些意见，会使奥尔比斯顿的一些好心人不安。我很知道，我的意见和他们的某些概念是不相同的，我并不指望他们感谢和赞成。我所阐述的是我认为正确的东西，我一点不考虑谁是否喜欢或者这样说可能得罪谁。我痛心地看到作风软弱和不果断所产生的一些后果，这种作风纯粹归咎于一个有才智的人的品质太仁慈，所有那些比较严厉的性格都不起控制作用；而我认为，这种严厉的性格对于适当地管理像奥尔比斯顿这样规模宏大的企业，是非常必要的。我完全相信，不依据充分深思熟虑的行动计划，并且以最大的决心和毅力来实行这个计划，则无论是这个企业也好，或其他任何企业也好，都不可能兴旺繁荣。

1826 年 6 月 29 日，我向奥尔比斯顿合作社讲的话就是这样的。因此，请不要把巴比伦或如乡里人从它建成之日起就把它叫做波波仑（Вовлон）的陷落归咎于我，因为它的失败证明了我的判断，而不是推翻了我的判断。

但是，对于那位把自己的不知疲倦的勤劳和热情完全牺牲在所献身的事业上、因而过早地倒下去的人，我如果不表示我的微不足道的敬意以资纪念，那我是不能结束关于奥尔比斯顿合作社的评论的。这个人我指的就是已故的亚勃兰·康伯。

亚勃兰·康伯先生是欧文先生最早和最忠实的信徒之一。他具有才华出众和热情奔放的头脑，不正常的事物现状给他留下了不可磨灭的印象，使他得出现代社会结构中总有一些缺陷的结论。他公正地把贫困现象归咎于有缺陷的社会制度，很快就采取实际措施来消灭这种贫困现象。他太少注意理论，过早地把才智用在实际措施上。他迅速抓着了一种他认为有价值而实际上并不明确的东西。照我的平凡的见解看来，他应该花若干年的脑力劳动来创造一种经过深思的成熟理论。不这样做，他就像一个没有蓝图的建筑师或没有题目的作家一样，盲目行动起来。他希望时间和试验会像他大概毫不怀疑的那样，实际发挥不是概括地而是明确而详细地首先存在于理论上的那种东西：这种想法是徒劳的。

这些评语的正确性已由康伯先生的著作和他在奥尔比斯顿的活动完全证实。1823 年，他发表了一本篇幅不大的著作，标题为《新旧制度的比拟论纲》，书中罗列了许多对现行制度不合理的令人信服的批判和讽刺，以及夹杂着大量含糊不清和不够恰当的材料的一些见解。这本著作在其他某些方面也像沃尔涅[①]的《废墟》一样，充满了与其说是预计要满足人们的求知欲不如说是要引起人们的求知欲的东西。三大章社会科学——生产、交换和分配，阐述得并没有什么系统性，因此不必评论。此外，其中所提出的一切，只是合作与平均分配。经济学家们肯定说，前者已经实现，而

① 法国作家沃尔涅（1757—1820 年）的作品——原注。

后者即按康伯先生本人特别信奉的那种自然体系来说也应斥之为违反任何公平的原则。

但康伯先生深信自己见解的正确性，因为他把希望完全寄托在合作这一主要原则上。正如种种事件所充分证明了的，他忽视下面这个重要意见对自己是有害的：社会科学中的原理像强大的蒸汽力量一样，需要根据周密地订好的计划来管理、控制和调节，否则这种原则的力量是有名无实的。

按照康伯先生的宗教信念来说，他是一个严肃的宿命论者，他把人看做是大洋中的一滴水，这一滴水一面受着本身重量和外界冲动的调节，同时以一种本身不能控制的力量前后移动。由于这一点，他不想责备而是想怜悯那些无论按本性或按情况都很少需要羡慕的人。因此，他允许除空谈以外，在世间上什么事也不能做的人参加奥尔比斯顿合作社，而完全不加必要的选择。他相信他的原理是这样强大有力，使他能够用任何材料建成一座漂亮的大厦——合作社优越性的坚不可破的纪念碑。可是，他在这点上弄错了。

不过，他的错误乃是判断的错误，并且只是判断的错误。因为，真诚、无私、热情洋溢地一心为善，立志把好处送给亲邻，并且不是送给这个人或那个人以期获得个人感谢或奉承作为奖赏，而是送给整个人类，在这些方面，能够胜过亚勃兰·康伯的人并不多。他避开上流社会的纠缠干扰，以对待偶然的一阵风那样的毫无所谓的态度对待他们的意见，把肉体及精神力量全部献给自己专心从事的事业——试图增进人类幸福，所期待的奖赏不过是自己的良心的赞许而已。

他得到了这种赞许。他以极其轻蔑的态度对待一切仅仅有助于从表面上影响他人头脑的事物，同时以最大的克制极温顺地听任最严重的长期疾病的摆布。由于使用铁锹(他不羞于使用的工具)劳动过度，他患了重感冒，以致引起肺病，接着又发生了结核病。死亡(如果可以这样说的话)警告过他：死亡虽然不会是突然的，不会很快降临，但死亡的到来也不会迟迟地拖延下去。最后，1827 年 8 月 11 日，死亡来到了，康伯的痛苦终结了。[①]

他是合作社的创建人，他关注合作社的一切动机不仅纯洁而且无可怀疑，这样一个人的生活道路就如此终结了。也许，破坏奥尔比斯顿这个组织所带给他的打击，比结束无常的生命所带来的打击更沉重些！他的拥护者们说，如果他还活着，奥尔比斯顿会继续存在，并且使人们过上幸福的日子。

但是，不管我跟已故亚勃兰·康伯先生在许多见解上分歧多么巨大(我的确十分不赞同他那些见解)，把奥尔比斯顿合作社的命运作为借口，仿佛这可以作为反对它的创立人所捍卫的那种学说的令人信服的证据，这种行为乃是幼稚、伪善或狡诈。某种在一定时期吸引人类注意的重要事物在初创时能不遭受挫折，难道有这种事情吗？技术科学的全部历史给我们表明，挫折差不多总是层出不穷地出现的，而现在世界上的奇迹如果不是起先经过千百次尝试暂时都以失望和幻灭告终的那件事物的最后一次尝试的结果，又是什么呢？煤气灯、蒸汽机、轮船和铁路起初的遭遇又是怎样呢？

幻想、幻想、幻想——自鸣得意的蠢材至今能作出的判断、批

① 以下是康伯的详细传记，这儿从略——原注。

评和论证就是这些。这等蠢材或者是太忙，或者是太胖，以致考虑不出合理的意见；同时又太目空一切，以致不承认这点。这种蠢材像喜鹊一样，利用各种口实重复“幻想”一词，借以抵挡一切重要的新事物，始终关心这个词要说得足够坚决专断。

但“ipse dixit”[①]的时候过去了。“我说，这是这样的，或者这不是这样的。”这种说法现在也不生效了。“校长出门”[②]、“智慧来临”（请不要嘲笑这样的话，因为这没有什么可以嘲笑的）能驱赶纯独断论，就像驱赶不愿意走动、但能够走动、因而不能不勉强走动的肥猪一样。

我跟奥尔比斯顿合作社始终未发生一点关系的原因就是这些，虽然我是专为这个目的而到苏格兰去的。我对爱丁堡太满意了，以致我一点也不想回到烟雾的海洋那边去，我决计在这儿就业。就这个问题经过差不多一星期的考虑以后，我在 1825 年创办了一种免费赠阅的刊登广告的小报，报名《爱丁堡和利思通讯员》。这个计划进行得很顺利，因为有五种显然是仿效它的小报差不多立刻就在苏格兰出现了。一些报业老板不喜欢这个计划，他们为这件事向地方金库当局请愿，得到国会通过法案禁止免税刊登广告，于是我不得不停办我的事业。

但是，我有了资本，我决定把免费小报变成同名报纸。我办成了这件事情，同时加入我兄长的一家公司为股东，从此《爱丁堡和利思通讯员》就成了经常出版的报纸。不过由于报纸主持人缺少

① 拉丁语意为“独断”——中译注。

② “School master is abroad”是勃鲁姆（19 世纪 60 年代英国民权党活动家）勋爵的口语——原注。

办报经验，由于缺少使事业经得起困难的长期考验所必需的资金，以及由于报纸在关于货币流通的倒霉的争论中维护不受欢迎的一方，所以出版到第五十三期以后就宣告停刊了。

我认为许多借《爱丁堡和利思通讯员》名义发表的经济原理完全是谬论。应该补充一句，我并没有参加这个报纸的编辑工作，而只是由我的兄长詹姆斯·格雷经营。有一个方面我完全赞成他，这就是：在他继续主编报纸的时候，如果发生了任何政治问题，他都有权发表自己的见解，不论这些见解正确或不正确，受欢迎或不受欢迎，是有益的或者是带破坏性的。他也就这么做了。越过这个范围，我们的意见就不一致了。提到这点是适当的，因为本书反对过的许多意见在《爱丁堡和利思通讯员》上却得到辩护。例如，照我兄长的见解，离乡主义对爱尔兰并不会引起任何损害。

在有名的货币流通争论中，他热烈参加。黄金是他的口号，纸币则是他的对方的口号。我认为，二者差不多是相等的，因为拥护黄金的人把国债增加一倍，赞成纸币的人把国债减少一半，然而他们都永远把银行家变成了商业之神。我既不同意这个，也不同意那个，不过我对这个问题所持的观点，被认为是抽象的并且不符合这里所发挥的交换原理，这是不可理解的，所以我决不打算强使公众注意这些观点。我觉得，社会利益在争论各方的心目中，似乎很像夏洛克的女儿杰茜卡，惩罚从两方面威胁着她：既因父亲的过失，又因母亲的过失。[1]

---

① 参考莎士比亚：《威尼斯商人》，第三幕第五场——原注。（见作家出版社朱生豪译本《莎翁戏剧集》第1卷第178页——中译注。）

自《爱丁堡和利思通讯员》失败以后，我又计划、组织和创办了现在还存在的《北大不列颠通讯员》。这是一种周报，在苏格兰发行，内容只登商情广告，每周免费赠送 11000 份，赠给个人或家庭。《北大不列颠通讯员》为了别人的利益业务继续繁荣不衰，然而用自己的力量辛辛苦苦创办它的人却……不过，关于这点，说到此就够了，这是爱丁堡群众已经家喻户晓的一个问题。

我们很容易由奥尔比斯顿合作社回头来谈欧文先生的合作计划。可是，由于缺少一篇包括可能被研究、驳斥或赞同的那个问题的一切部分的系统的论文，我们这里重又碰到巨大的困难。不论怎样，欧文先生的计划大概包括三个不同部门的人类知识：第一是道德，或人类性格的形成；第二是政治经济学，或如这里所称的社会科学；第三是家庭经济学，或利用我们所拥有的东西的艺术。

对于问题的第一部分，我只想说很少的几句话，因为不陷入宗教辩论的迷宫，就不可能把这个问题稍微讲得详细一些，而要这样做，我决定在本书里不占有这样的篇幅。

欧文先生对于这个问题的意见其实质在于：人的性格是为他而不是被他形成的，在适当的教育和教养制度之下，“任何普通性格，从最好到最差，从最无知到最有教养，都能够赋予任何公社，甚至赋予全世界。”

谈到这个学说，我只应该指出，为了使地球上居住区的每一个居民获得一切物质福利，换言之，为了消灭不应有的赤贫现象并建立普遍丰裕以代替贫困，一点也不必用不同于我国现时培养人的方法来教育人。我肯定说，为了实现这个，丝毫不需要使人们彼此之间的关系比现在一切文明国家的居民中所看到的好一点、聪明一点或善良一点，而只需要使人们睁开眼睛，正确理解本书多次讲过的那个唯一的错误。只要通过变生产为需求的原因的途径，比现时爱丁堡市普通居民处境差得多的人们，能够在任何时候乃至永远摆脱贫困。人与人之间的善意的同心协力就是这种改革的结果。不过，人类面临的任务，不是使人们变成朋友，以便他们能够过幸福生活；而是使人们变成幸福的人，以便他们能够成为朋友。

关于这个问题，我所持的意见是：欧文先生把手段当成目的，把目的当成手段；他和他的信徒们都有一种错觉，仿佛为了使人们能够成为富足的人，就必须教导他们成为有道德的人。我否认有任何这种必要性，并且断言：如果希望人们成为有道德的人，那就从改善他们的物质生活状况开始。

第二、欧文先生对生产、交换和分配三大问题从不曾足够清晰地阐明自己的观点，以便使这些观点成为适于批评的对象；可是谈到生产，那么实行互助合作和公平分配的合作社，在下列二者之中总得择一而行：或者合作社里应制造本身消费所需的一切物品，或者合作社应该用自己的一部分产品去交换其余居民的劳动产品。照前者做是完全不可能的，而要照后者做就必须经营某一个主要工业部门，其规模要大到能够在市场上与现在最富有的工厂主竞争。因此，要获得成功，我认为合作社应该仅仅经营一个主要工业部门。其他工业部门总是在大量人口集中的地方创办，应只起次要作用。

谈到交换和分配两个问题，因为事情涉及合作社为了本身使用或消费而生产或获得的东西，所以欧文先生的意见表示得十分明确——这就是平均分配。我根据一切公平原则反对这一意见，认为甚至不能借口适合目的性为这个意见辩解。平均分配是奖励懒惰，阻碍优美艺术的发展，即使不完全消灭这种艺术。因为，一个美术家虽然可以许多年间继续献身于绘画、雕刻等等，以期某一天机会偶然到来时能借自己的艺术作品取得酬劳，但是不用说，哪一个人也不能厚颜无耻地要求合作社供养他。其次，平均分配使一个原则完全失效，依靠这个原则今天所生产的任何东西差不多都比昨天生产的同一东西好一些，这就是个人竞争原则。

对于其余的社团以及对于我们和其他一些国家的往来关系方面的交换问题，欧文先生始终没有提及。对于那些需要经济学家们首先注意的一些迫切重要的问题，如资本积累、人口和货币流通等，情况也是这样。不应该把这些事情弃置不问，或者当做不关重要的其次的事情，因为木炭和硝石对于火药的存在不见得会比足量的资本和交换自由对于国民福利更必要些。

至于问题的第三部分即家庭经济学，我认为就发展与改良论，欧文先生的计划使我们大开眼界。城市建设成现时这个样子，简直是对人类爱好的嘲弄。甚至从山丘顶上看一看爱丁堡这座最好的城市，也可以思索到百年以来混乱状态在这里所起过的作用！毫无疑问，甚至赛过“宫城”的真正的舒适与优雅，已由一排一排独特而匀称的建筑物群（例如像不久以前建造在里德仁公园或坐落在前查理顿宫的建筑物群）提供出来了。建筑物与建筑物之间留有适当的空隙，每一幢个别的建筑物和其余一切建筑物在布局及对称方面配合适当。这一切建筑物之间还有一些花园、喷泉、雕塑品、公共阅览厅、剧院、会议厅、教堂、博物馆相间出现，都按计划兴建，彼此间配合得宜，完全合乎现代建筑术的要求。这种建筑体系不仅不会增加家庭开支，反而容易变成大量节省家庭开支的手段。

如果城市像现时建筑房屋一样按计划建设，而不是一块一片地无止境地累积起来的，那就需要作很广泛的考察研究，确定用机器设备代替家务劳动要达到什么程度。家庭经济无疑是一门诞生不久的科学，而欧文先生则是这种新产物的创始人。顺便说，现时存在于我国的大量儿童学校的建成，也应该归功于欧文。

可是，我反对进一步研究家庭经济问题。我认为，社会制度（像这里所解释的）在涉及商品生产、交换和分配的一切方面，都无可比拟地胜过早已存在的任何学说，并且许多地方跟欧文先生的计划完全相符合。不过，社会制度还具有决定意义的以下优越性：要到处推行社会制度，并不需要从改善人类性格开始；有了资金，有了有智慧并有实践才能的人员组成的委员会，能在任何时候把这种制度实行起来，而这种制度以后就会像铁路列车一样自动前进。大概，欧文先生的计划需要一些这样审慎和互相尊重的人，照我的平凡见解，这些人绝不能成为改善物质生活状况的原因，他们可能是改善物质生活状况的后果。

商界的大灾难在于需求和生产没有步调一致的趋向，买总是比卖容易些；救治的方法在于使卖和买同样变得轻而易举。现在生产跟着需求走，这种现象应扭转过来，不管生产发展得怎样快，需求要跟着生产走。

纸币数量随生产品的增加而增加，随生产品的被消费而减少，纸币应该构成我们的幸福之殿堂的墙壁，而国民资本则应该是这座殿堂的基础。我们首先建造起这样的墙壁和基础，然后求助艺术家、雕塑家和各种装饰师，使殿堂建筑工作完成得合乎我们的嗜好、经验和精雅感的要求。

不过，在我们的一切行动中，不论什么时候都得谨防在有益和合理等等体面的借口下违背自然规律的做法。我们将以最大的注意力研究人们心里的一些天生的爱好，研究物质世界的一些非常重要的属性。这个物质世界里充满一切可以使身体保持健康及舒适状态，以及使智慧能够积极而愉快地活动的必需品；这个物质世界十分富有，能给每个人提供人能够享受到的或人自己能得到的那个数量的全部福利，甚至连这个世界本身和其中所有一切也归人亲自支配。

我请求读过本书前面各章各节的每一位读者，不要把本书看做一篇目的在谈谈个别问题的普通论文，而毋宁把它看做一个设计中的国民企业计划纲领，实现这个纲领对读者本身有直接的利害关系。而为了促成实现这个纲领，不用说，每一位读者都能够做某种事情，甚至能做许多事情：也许除了这个请求，我不可能更好地结束这本著作了。

重大发明的一般命运总是要白白搁置百把年。一百年的发明，另一百年或者接着又一百年才采用发明。在愚昧无知的统治下以及在传播知识有困难的情况下，这是十分自然的。可是，时代变了，不列颠的报刊是自由的，报刊的威力是惊人的。找到真理就宣传真理，这是某些个别人的事情；引起舆论界注意真理，并做到采取真理所指示的实际措施，这是报刊的专门职责。当报刊热情地和坚韧不拔地捍卫正义事业的时候，对涉及人们共同事业的一切是无所不能的。不管这儿所捍卫的事业规模怎样巨大，不论事业实现后的结果是怎样宏伟，大不列颠和爱尔兰的报刊只须说一句必要的话，目的就能达到。唤醒群众适当地理解这儿所阐述的交换原理的重要性，这是第一步，只要这点做好了，跟着很快就会在实践上采纳这个原理。

总而言之，希望社会制度的每一位读者对这个问题考虑出意见，因为他怎样想和怎样说都可以。既然原理是正确的，那么保卫它或抨击它差不多对事业同样有帮助。一个人不为自己的利益说话（哪怕这违反自己的意愿），就很少能为合乎真理的事情说话，我认为这是一条定理。

防止人民不幸的可靠手段

1842年

第　一　章

引言和问题概说

我们的灾难是怎样产生的呢？怎样消除这些灾难呢？对待这些问题，各派政治家和各种企业家都有自己所喜欢的答案。我不准备多费唇舌跟他们中间任何人争论。他们所指出的灾难，实际上可能是这样的，也可能不是这样的。他们所希望发生的变化，可能产生有利影响，也可能不会产生有利影响。但是，如果有一个身上带着许多镣铐的俘虏，其他镣铐都解脱了，只留下一副镣铐未去，而这副镣铐的牢固程度又足以使他获得自由的一切努力化为泡影，这对他又有什么好处呢？一点好处也没有——答案就是如此。对于一个国家的遭灾受难的居民来说，社会货币制度如果不同时作根本的改变，那么即使他们的一切迫切需要都得到满足，对他们的好处也不很大。

总而言之，现在要研究的课题就是：现行货币制度的情况怎样？可以采取什么样的好制度呢？我的任务就是要答复这两个问题。

我国现行货币制度的缺陷是货币数量的增长速度绝对赶不上其他商品总数的增长速度。因此，每当商品数量比货币数量增长得快时，在两者之间的平衡状态恢复以前，商品只好或者留在卖主手里，或者亏本出售，即使人类中的半数人急需这些商品。

黄金数量不能像其他物品总数那样迅速增长，这是显而易见的。我们能够增加粮食、大麻、亚麻、棉花、羊毛的数量，还差不多可以无止境地增加另外五十种物品的数量，同时也能够通过经常办得到的、有时是十分容易的操作过程，把这些原料变成必需品及奢侈品。可是，我们不能按照同样的比例增加黄金的数量。因为黄金是一切物品的价值尺度，每当物品总数比黄金数量增长得快时，即使一切物品都有销路，那也一定要亏本出售。假定现在商品等于1，黄金也等于1，那么在黄金没有首先增长到2的时候，商品就应当始终保持等于1的水平，否则生产的结果就要亏本。具体说来，货币是需求，商品是供给，总供给总是超过总需求的原因就在于，黄金数量增加的速度不像其他物品总数增长得那样快。

制造商品的目的是出售商品，以换取多过成本的大量货币。可是，如果我们生产我们能够生产的一切商品，那么要想出售这些商品以换取超过成本的大量货币是办不到的，就像把两瓶酒倒入一个瓶子里而不让酒溢出瓶外一样。如果瓶子里酒已盛满了，那么在倒出一部分酒或者把酒全部倒光以前，我们不能再往瓶子里灌酒。如果市场上货币的需求已经满足了，那么其余的商品就应当等到供应的商品全部或部分卖完后再出售，否则商品销售结果将不是赚钱，而是亏本。如果市场上现有的商品的价值等于市场上通过商品交易可能获得的现有货币总数，那么或者把可以补充供应市场的全部商品留在所有主手里不出售，或者是全部商品的售价应当降低到恰好等于出售部分商品所能获得的货币总数，如果这全部商品都售完的话。

由此应当得出结论：因为黄金的数量，或者实际上需要以规定数量的黄金兑换的同样数量的纸币，永远不能像其他全部商品那样迅速增长，所以，总的说来，送到市场上的商品要想获利，就不能多过市场上按照可以接受的条件（即获得公平的商业利润）用以购买商品的货币的数量。

可见，需要是生产的原因，是生产的主人和指导者。某些人甚至某些社会阶级往往无疑地因为不听从这个道理，不给以应有的注意，而使自己蒙受损失。

上面我所指出的大概是人所共知的老生常谈。事实既然如此，那么，让人类一定要有这种制度，即在这种制度下，使一个物品（虽然这个物品由于自然限制不可能要多少就有多少）的现有数量作为任何其他物品数量的调节者，而其他物品的数量则因为问题涉及自然原因，差不多可以无限制地增长——这是多么奇怪的设想，又是多大的荒谬无知！现在这一代的人说，我们的仓库应当用金子建成，而我们存货的数量则应当适应仓库的容量。事实上，我们的情况就正是这个样子。

以上是我们对第一个问题的回答。我们现行货币制度的缺陷就在于，这种制度束缚了我们的生产力，使整个贸易机构混乱不堪，并且在全国造成一种使疯人院的病人也感到惭愧的反常现象，即在丰裕之中产生了贫困和饥馑。

可是，有哪一种最好的制度可以采用呢？这是我们的第二个问题。现在我就来答复这个问题。我说：我们只要推翻现行的办法就行了，也就是说，现在生产是需求的结果，应当使生产变成需求的原因。这就是我在本书标题上所指的那个办法，它向来是防止人民受苦受难的可靠手段。我以为，不接受我提出的这个建议，人类的发明才能无法创造出一个有类似效果的办法，同样也不能证明我建议的办法是不能实行的，或经过试验证明这个办法是不发生效力的。

生产怎样可以变成需求的原因，供过于求的市场（关于这种情况我们听得很多了）怎样才能给自己打开销路——这就是我试图解答的问题。这个问题我已经在《社会制度》一书中作过详细的研究。现在根据这个研究尽量简述前书中所发挥过的方案，以期尽可能地使那个方案和现在流行的社会风俗及成见并行不悖。下面所讲的可以说就是这个方案的轮廓。

价值标准　世界上只有一种东西永远可以作为真正的价值标准，这就是创造价值的劳动，就是根据政府认可的某些原则发挥作用的劳动，也就是政府在自己和公民们订的一切契约中以及对公民们提出的一切要求中所承认的劳动。货币应当是流通便利的财富代表，货币数量或增或减，跟货币所代表的财富的增减永远精确不变地成正比例。可是，任何货币如果本身没有丧失价值，就不能作为价值标准。一切有价值的商品，无论是哪一种，其市价常常是而且必然常常是波动的，而真正的价值标准则永远不能波动。

为了创造和保持价值标准，必须在政府中指定一个特别单位来组织和监督一大批分属于各个投机性最少的工业部门的大工厂。这就是说，接受了这个任务的单位应当生产社会各个不同阶级经常需要的商品，而不要生产那些在必须存放于仓库的时期中通常最易损坏的商品，或由于时尚改变及其他类似的原因而常常要削价出售的商品。

选择应当组织的生产时，我建议要包括下列商品，例如：品种、花色和质量最通行的一切毛织品；毛毯和绒毯；地毯和德腊格特[①]；各种品种及质量的普通棉织品；普通的英吉利、苏格兰及爱尔兰的亚麻布；普通丝织品；针织品、手套和鞋帽；房间家具（避免式样离奇古怪的家具）；椅子和沙发上的坐垫；非投机部分的小五金制品[②]；切割器具；各种锁及夹具；餐刀；磅秤和砝码；普通镜玻璃和窗玻璃；酒杯；家用普通玻璃制品及雕磨玻璃制品（后者限于非投机性制品）；瓷器及陶器（限制与玻璃制品相同）；最有用的各种步枪和手枪；散弹；各种书写、印刷及包装纸张；各种印书印报的活字（广告体除外）；有代表作品的书籍；最通用的各种挂钟及怀表；银器和镀银器（限制同上）；青铜器及铜器；肥皂及蜡烛；软木塞；伞。上述各项物品我是想到一件就写一件，并没有特别注意这些物品的排列次序。

另一方面，我不愿意涉及下面这些物品：披肩、花边、人造花、珠宝首饰、火药、渔猎用具、乐器、轻便马车和无论哪种易坏食品。

我已说过，监督这些形形色色的工厂权力应当交给政府任命的代办们，而管理这些工厂则应当委托一些工作经验及生活阅历方面修养有素、能够把工厂办得极好的可敬人物。工厂厂长应当有权斟酌任免各种职员及助手。男工和女工应当像现在一样，由各厂长或厂长委派的职员负责雇用和解雇。

这些工厂的牌名都应当添上交换系统工厂（标准工厂）字样，

① 一种布料——原注。

② 格雷指的是不受需求剧烈波动影响的商品——原注。

以与国内其他一切工厂相区别；并且，只要办得到，这些工厂里生产的商品都应当使用明显的商标或印记，并写上"Standard"（标准）字样，以便与其他商品相区别。同时还应严禁其他工厂老板凭任何借口让他们的任何一种商品冒用这种商标。

这些工厂应当与真正的国营企业例如造船厂及其他企业完全区别开来，并且不应与后者发生关系。

这些工厂的产品应当交给也是属于政府的交换商店或仓库，并且应在政府代办的监督下移交。仓库业务应当由代办指派的主任主持（同工厂由厂长主持一样）。需要用多少职员和助手，由主任斟酌决定。

在工商业代办监督下生产的一切商品，都应当卖给交换商店或仓库，但只能批发并且只换取劳动货币。商品出售前劳动货币可以随时支取，劳动货币的定义将在后面说明。

可见，交换系统商品的零售是跟其他商品一道任其自由竞争的。谁愿意，谁就可以自由买卖这些商品，并且可以任何利润出售，所以零售商之间的竞争调节着他们的利润，其情形就完全同现在一样。

由于设立了工厂及仓库，应当成立交换银行。劳动货币应当是交换银行根据需要而发行的银行券。工人、职员、仓库管理员、工厂厂长、仓库主任、商店经理的工资及薪金都应用这种货币支付。这种支付款实际上应当是交换商店发出的支票或付款单。因为每一个提供劳动或服务的人对丰富存货都作出了贡献，这种支票或付款单就是用来偿付那种贡献的价值的。不过，根据公平原则（下章将予以说明）这些银行券被认为是一切现金债务（不论属于哪一种债务)的合法支付手段,事实上在一切需要货币的场合都可以自由流通,完全同现在常用的纸币及金镑一样。这时候,每一个持有劳动券的人,由于有了这张银行券,就成为这张券所代表的和所支配的那一部分财富的所有主。

这些银行券按照"公平原则"怎样可以变成国家税收和不论哪一种货币债务的合法支付手段呢?这一点下面将作适当说明。那时也会说明,政府把这种货币合法化以后,将采用一些什么办法比较现在通用的银行券及金镑斟酌规定劳动货币的价值。但这个工作一开始就应该做,因为以后劳动货币的价值决不应再有变动。

劳动货币价值的不变性质,由劳动的平均价格决定,劳动的平均价格则由工商业代办规定,经政府同意和批准。工资、薪金以及任何一种付款,都应当由这个平均价格来调整。平均价格一经规定,可以永远不变。这个问题以及关于小额付款中使用银币和铜币的问题,将在下章作比较详细的研究。这里要注意的是,假如一周的劳动平均价格是一镑,而每周要求工人劳动的时间平均是60小时,那么今后一镑券就只代表一个甲等工人在被迫完成自己的义务的条件下所提供的60个小时的劳动。这个数目无论什么时候都不能以任何借口加以改变,因为提高劳动平均价格并不会增加工人的实际工资,而降低劳动平均价格也不会减少工人的实际工资;事实上,工人的实际工资乃是由工人的实在的劳动产品构成的。付给工人的货币不论多少,都只作为获得交换仓库份额的一种容易流通的凭证,这一份额是工人为支取这些货币用自己的劳动创造出来的。

总之,工资加原料价格用劳动货币表现出来就构成商品生产

的原始费用。但是，出售交换仓库的商品时，应当加一个百分数，这个百分数要足够保持和增加资本、支付职员薪金及一些意外开支，还要足够弥补交换储备因损坏或其他原因而产生的贬值损失。

交换银行的业务非常简单，只是根据交换系统各工厂及商店主管人的请求发行银行券，并管理各厂店的账务。铸币厂或造币厂的计划下章将作适当说明。现在我们要注意，金、银、铜都应该作为商品看待，不是它们决定劳动货币的价值，而应当是劳动货币决定它们的价值。金、银、铜的价值以及其他一切商品的价值都有波动。因此，金、银、铜每一盎司的价格，用劳动货币来表示，就应当始终恰好是人们认为必需交换的那么多的劳动货币数量。

采用上述交换制度可以使实际财富即必需品、舒适品和奢侈品的生产和分配大为增长。但因为货币数量的增长与商品增长成正比例，所以不论生产增长的幅度怎样大，也不会引起物价下跌。凡是人力能任意增加其数量的一切商品，如大部分食品、衣服、房屋及家具，比起金、银来，其价格都会非常低廉。可是这不会产生任何后果，因为事实上现在银贱于金，铜贱于银，而铅又贱于金、银、铜三种金属这种情况，已经不是灾祸了。相反，从商业观点来看，这种价格上的差别与其说是不方便，倒不如说是方便。用金和银作家常用品、装饰用品等等，由于比非贵重金属更纯净精美，是很合理想的。如果金银珍贵到人们竟不肯拿一盎司金子换 20 英亩肥沃的土地或一栋建造精美的房屋，那只要商业周转遵循合理的原则，这对商业也不会产生什么有害的后果。金和银由于便于作为蓄积对象以及在某些场合便于生产部门对外支付，无论什么时候都是有用的和必需的，而它们在市场上的比较价格是多少则完全不重要。即使将来有一天一个劳动镑只换得低于 1/4 现代金镑的黄金数量，但它毕竟将代表一个甲等工人在有利的条件下(不受任何限制的资本所拥有的条件)所提供的一定数量的劳动时间，并且也能够购买这些劳动时间所能创造的一切东西。同时，每一种使生产简易化的工具，每一件使人们有可能今天完成两倍于昨天的工作的发明，都能把所生产的东西降低一半价格。因此，在工资固定不变的条件下，大家对这件东西的购买能力就会增加一倍。

根据这个已简略地说明了的制度，生产就永远是需求的原因。对于这个原理是没有范围或限制的。我们不讨论个别专门部门，只引述其主要部分。如果交换仓库和外贸市场充满了必需品，那就用劳动生产那些很大程度上属于奢侈品的物品；如果发现奢侈品过多，那就请你们沿着梯子更上一级，每进一级的后果都是既扩大了生产又扩大了需求。很难完全说清这个前途，或者说出由于采用合理的交换方法民族福利会提高到怎样的程度。但是很有把握地断言，只要人民的生产力能够创造多大的财富，他们就能够掌握和享受多大的财富，而且除懒汉及腐化分子以外，每一个有劳动能力的人都能获得适当的一份财富。

希望政府注意这个问题，希望委派内行人员研究我想采用的这个原理。如果认为这个原理是无可否认的，那就应该委派一个委员会经过深思熟虑以后订出计划，并编制必要的预算。然后，把计划交议会批准，预拨必需的开办基金并使劳动货币成为任何一种国内贸易的合法支付手段。虽然所有大企业一开始会产生一些顾虑，并会遇到或大或小的一些困难，但这时候不会发生不可克服的障碍。在我所极力主张的交换制度的影响下，生产必然成为需求的不变的原因，而不是像现在这样是需求的结果。当这个伟大的真理一旦成为公共的财产，人类现时所遭遇的种种不幸的性质和原因就会了如指掌了。无疑，所有会伴随这个制度的实行而产生的次要困难，好比天平上的一点小灰尘是非常容易消除的。

其他任何办法都不能拯救我国避免内部的动荡。现有的劳动生产力可以比作一台大马力机器的充满了蒸汽的锅炉，已准备爆炸并断送我们。交换自由是唯一的安全阀，打开安全阀不仅保障安全，而且能变显著的灾祸为极大的幸福。反对打开这个安全阀，反对改变货币的性质，反而会使其他一切改良社会现状的计划劳而无功。一些大政党对于社会所遭遇到的病症的真正性质同样完全盲目无知，因而对必须开的药方的性质也一窍不通。豁免一切进口税，取消国家债务，使用奇妙办法筹措政府必需的经费，减低现有的一切赋税，让各阶级的政治家轮流执政——不管提这些建议的人动机怎样纯正，不管他们一般的措施怎样明智，而他们所能提供的轻松愉快之感将是微不足道的和昙花一现的。眼前袭击我们的灾难则会以同样的甚至以日益增长的声势反复出现，直到无秩序和无政府状态消灭了公共政权和私人权利本身为止。

这样，我已经概略地叙述了我所提出的交换计划。现在，我想在一定限度内把这个计划分成几个部分来讲。最后，我希望我能够证明它对于我上面提出的目的是有益的。

第二章

交换银行和造币厂的规划

建立合理交换系统所应采取的第一个步骤是任命一些全权代办来执行计划。这些代办已经选派并授予全权以后，首先应当成立交换银行并使交换银行拥有政府认为必须拨发的开办资金。

为了让代办们有可能充分妥善地随时随地进行最广泛的和最重要的实验，5000 万镑资金是不算过多的。因为在研究细节、建造房屋、完成其他一切准备工作以及把新交换办法付诸实施以前，就得花费许多时间，所以我认为这 5000 万镑资金不应当计算利息，或者一般说不应作为贷款看待。政府应将这笔款项直截了当还给缴款人，即还给整个社会。

代办们应当把这样拨到手的款项在伦敦适当地区购买或修建一个银行。办好了这件事情并委派银行经理以后，经理就成为这笔拨款的责任保管者，不过这一笔生产基金的首次拨款已花在购置银行房屋上。此后，代办们在有资格的顾问的协助下，应当继续建筑或购买开展各项生产所必需的房屋及设备，并且在各该企业部门最有发展前途的地区及地点创办各种企业。工厂一切付款都应通过交换银行，同时这些支出项目要记在代办们的银行账户的贷方项下。在这个阶段里，银行一切支付应使用现行货币，而不要使用本行的银行券。

当上述各项措施业已实行，所有为了奠定基础而计议开办的工厂都已建成厂房、购置了必要的设备及器具（并非原料）并准备开工生产时，余下的银行资金应该立即铸成金属锭并移交给造币厂厂长。因此，如果为了奠定基础支出2500万镑作为固定资本（包括建筑物和设备）已经足够了，那么剩下的2500万镑可以用来购买商品生产所必需的原材料。

此后议会必须通过法案，规定劳动券应当由交换银行发行，作为交换系统所属各工厂支付原材料费用、劳动工资以及其他各种费用之用，并作为缴纳国家税收和应付各种现金需要以及偿还现有的和可能产生的一切现金债务的合法支付手段。从此以后，其他所有银行对于一切现金需要应当自行斟酌，或者按照黄金折合劳动货币的市价用金币支付，或径用劳动券支付——事实上，这两种支付是完全没有区别的。

这里将适当地说明，劳动券在偿还一切现金债务时怎样才能公平地充当合法支付手段。我至低限度可以指明，用劳动货币来满足各种现金需要，其公平程度会同使用其他任何货币一样。

债务人不论把哪种货币还给债权人，都要使债权人有可能掌握与债务人依靠借来的货币或其他价值所能掌握的同样多的必需品、舒适品或奢侈品，只有到这个时候，债务才可以认为是确实全部偿清了。不用说，在这种情况下，从成立债务到还清债务这个期间，由于社会改良和有益发明而产生的一切利益自应全部归债权人享受。例如，二十年前，某人借给另一个人一笔钱，足够雇用若干当时技艺最佳的优秀工人在设备极好和环境极有利的条件下劳动一年；如果这个人现在获得同数目的一笔钱（不论什么货币），这笔钱使他也能够雇用同数目的一些技艺高明的优秀工人在现时最佳设备和环境同样有利的情况下劳动一年。在上述情况下，我就认为这笔债务是还清了。这样作至少可以说是尽最大可能地近乎公平了。至于谈到每个场合都要做到绝对公平，这是完全不可能的。因为我国货币价格有时会发生波动，以致无论哪一笔早先签订的借债大概都永远无法丝毫不差地确实还清。由于同一个原因，长期租赁的价格也常常变动不定。

为了尽可能地接近上述要求，应当对现有需要及债务（包括各种租赁在内）进行周密而广泛的调查。劳动券的价值应当根据通常办法确定下来，即应当根据全王国在人数及金额两方面都占极大多数的债权人和债务人的利益或根据国家对居民当前的要求确定下来。我记得，在《社会制度》一书中，我早已研究过这个问题了。

可是我说，政府既然批准实行新交换制度，就有权参照现行银行券和金镑的价值，规定自认为适当的劳动券价值。像我现在想证明的那样，这是很简单的事情。

在交换系统的所有工厂中，应当把从事一般工作、具有中等熟练程度的工人的平均工资规定并固定下来，职员薪金和其他一切货币报酬都应当根据这种工资来调整。但前面业已讲过，平均工资多少并没有什么意义，因为问题只涉及工人以及其他在交换系统所属各企业里工作的人。可是，只要使劳动券成为合法支付手段，它的价值对于现有一切债权人、债务人和租赁人就有头等意义了。

为了举例说明这一点，我们举出两个常常是阐明真理的最佳方法的极端情况。我们首先假定，一个甲等工人每周平均工资规定5先令。显然，在这种情况下，所有原先的债权人都会占到很大的便宜，因为他们以前每借出5先令，大概还不能支配一个甲等工人两天的劳动；现在每收回5先令，却可以支配一个甲等工人一周的劳动。很清楚，这对于债务人是不公道的，他至少不得不付出多到两倍（而不是一倍）的钱来偿还债务。其次，我们假定，平均工资规定5镑，那么所有原先的债权人就会吃亏，因为他们原先借出5镑至少可以支配三四个甲等工人一周的劳动；现在收回5镑则只能支配一个甲等工人一周的劳动。

这两个极端之间都有正确处。显然，事实上平均工资水平应当怎样才好是需要上面那些受全权委托的代办们最仔细认真思考研究的具有头等重要意义的问题之一。这里我不敢冒昧来讨论任何一个假设，因为我的目的只在于阐明一条为解决有关群众福利问题所必须遵循的原理。

这个问题对一个偶然的读者来说，可能是十分陌生的，为了避免使这样的读者产生错误概念，必须指出：当平均工资水平固定不变时，个人工资水平就照例有高低之分。甲等工人到处获得最高工资，次等工人工资较低，而一般男女青年工人也按其年龄和能力分别获得适当的工资；此外，在某些需要特殊技艺或特殊劳动强度的企业部门中，工人工资较平均工资会高一些，而在只需要普通劳动能力和普通劳动强度的部门中，工人工资就较平均工资水平低一些。事实上，常常谈到的所谓平均工资仅仅是一切契约所依据的一个基础，是每个人有权得到的一个假定的一周工资总数。实际工资或偏高或偏低可由雇主和受雇者双方协议决定，并且那时劳动镑也同现在的英镑一样，是签订一切货币契约的通用单位。

继这样的插话以后，我们回头来谈交换银行的业务。交换银行的业务只在于同所有经理们结算账务。银行应当把交给每一个经理的货币或依照经理的请求付出的货币记入借方，而把经理交来的货币以及转交给其他经理的货物的价款记入贷方。同时，各工厂厂长和各商店经理所需无论哪一笔款项，都可向银行或彼此之间办理信贷业务。

但我已在《社会制度》一书中讲过，经理们彼此之间不必进行债权和债务结算，他们每个人都和银行进行结算，而且只和银行进行结算。关于这一点，以后（第四章）将再作详细说明。

以上所讲的虽然文字不多，但似乎已把银行的业务活动确定了。实际上，银行只是各企业的核算局，以自己发行的银行券支付各方面所提出的一切需要。

都柏林、爱丁堡以及王国其他各地都应该适当地设立银行分支机构。这里，我的目的在于阐述一个广泛计划的原则和基本特点。如果我企图在这里解决只有次要意义的组织问题，那我们就会立刻陷入大量的细枝末节中。这里只要说明支行的任务在于方便中央行（其业务性质已讲过了）执行业务就够了。

现在我们开始来研究我们计划的一个很重要的部分。骤然看来，这一部分好像有点妄诞。可是我相信，我打算提出的这个建议是经得起人类智慧所能给予的最严格的检验的。

劳动券的定义我们已经说过。总而言之，假如把 1000 镑劳动货币付给工人作为他们的劳动工资，而把另 1000 镑用来购买他们将要进行加工的原材料;那么,这种劳动和加工材料的总价值就是2000个劳动镑。但是,根据现行制度来看,像料想的那样年复一年、代复一代地拿同样数量的工业品(不论哪一种工业品)去交换某一定重量的金银额,这显然是不可能的。比起大量生产的工业品,这些金属会越来越稀少:这是极可能发生的现象。设想这些金属会越来越丰富,我以为这种期待是毫无根据的。由此,应当得出结论:如果照现在按镑、先令和便士计算货币的办法(我不认为有什么重大的理由可以改变这个办法),想把一个先令(规定价值一镑的1/20)的固定分量永远保持不变是完全不可能的,这就像有时用规定价值的一镑券所换得的面包、酒、烟或羊肉的数量不可能不变动一样。建议中的劳动券按其本质来说其价值是可以保证不变的。因此,这样一张银行券,折合白银来说其1/20的价值应当恰好等于可以换得到的白银重量的1/20,而不管白银的重量是大或是小。对于黄金来说,情况也完全相同。现在通用的银币乃是一些毫无意义的银质玩具,我们有充分权利在每个银币上面刻上"虚幻的奢望"几个字,因为它不是而且永远不可能是硬币所妄想做到的那个东西,即不是含有不变价值的东西。

我要说明应该怎样使用以及可以怎样使用硬币,使硬币在一切正在使用或可以使用的场合都能顺利地和不间断地行使其职能,像一台构造正常和保养良好的机器一样。但在这以前,还应当简略地研究一下已提出的一个建议。

前面业已指明,除政府应当批准采用劳动券(其价值应取得政府同意预先确定以缴纳税款)以外,除劳动券应当在支付一切现有需要和债务时作为合法支付手段以外,各银行从现在起应当解除用规定数量的黄金支付银行券的义务。同时，让银行有支付自己银行券的选择权：或者用劳动纸币，或者用黄金（按照黄金市价折合劳动货币）。其实这两种办法是没有区别的。因此，普遍使用劳动券时，必须在全国停止使用现有的全部银币和铜币，而代之以根据合理原则发行的银币和铜币。这就是说，如果一个先令（1/20劳动镑）重于或轻于我们现在的一个先令（这是十分可能的），现有的硬币就应当停止使用。因为，如果我们假定，新铸银币只局部通用，并且新的先令比现在的先令略轻，那么，由于新先令同旧先令同样在市场上流通，由于贮藏旧币显然有利可图，所有的旧币就会立即消失。同理，铜币情况也是这样的。正因为如此，所以必须在三个王国里从新铸造硬币，并同时开放交换仓库把商品卖给公众。

因此，造币厂的工作制度应当改变，或者由于建立了工厂和商店，至少应当再建立专门的造币厂。现在我来确定造币厂的业务活动。

假定造币厂厂长经营企业（该企业的活动原则上与普通工厂无异）所需的房屋、设备和器材，能和其他的工厂厂长及经理们一样得到充足供应，假定这位厂长这个时期还拥有2500万成锭英镑（假定是政府拨发基金的余额，照我们的建议另一半基金已用在购置房屋、设备等方面）。

于是造币厂厂长就应当照下列程序行事：

预先应向公众说明劳动券的性质。应该让所有和这件事有关系的人知道：从今以后，无论是给交换系统所属各企业的工作人员支付款项，或是为上述各企业购买自己使用及加工的一切商品及原材料，都要使用劳动货币。应当说明，普通工人应得工资总是这么多，所以劳动券一定要支配某一定量的普通工人的劳动产品；或者说，因为劳动券在其他一切购买中是合法支付手段，所以又支配把自己的劳动产品送到市场上去的普通工人（不管他是在哪儿工作）的等价劳动。其次，造币厂厂长为换取大量纯金，应当拨出一笔款项，比方 100 万劳动货币，任何一个契约当事人在一定期限内可以用大量纯金兑换这笔款项。为了换取大批纯银，造币厂厂长再拨出 100 万劳动货币，契约当事人则以纯银兑换这笔劳动货币；同样，造币厂厂长为换取一大批铜，又拨出几千镑劳动货币（假定是 10000 镑），也可用这批铜兑换劳动货币。不用说，每一个契约当事人对于合理履行自己的义务应提出适当的保证。

这种公开交易起初无疑会引起困惑不安。这种交易给信贷商们提出一个耐人寻味的新课题。他们必须解决的问题是：如果我现在拿出这么多金、银、铜要换一镑银行券，那么，以后我想结束自己的业务时，这一镑银行券的购买力会怎样呢？什么东西能给我产生巨大的价值呢？是我拿出去的金银呢？还是我可能获得的银行券呢？如果我用少于换到手的数量的劳动券，能够补偿我所失去的价值，那我就占了便宜；如果为了补偿失去的价值，我不得不付出比我所得的较多的劳动券，那我就吃了亏。

我承认，这开始是一个困难问题，可是越到后来就越变得不怎样复杂了，因为金、银、铜折合劳动货币的价格很快就会同面包价格一样稳定，甚至还会更稳定些。

契约签订后，造币厂厂长得到一定数量的黄金、白银和铜，用交换银行的支票支付这笔款项，银行把这张支票上面所开的款额记入该户借方。这时候，造币厂厂长应当照下面的办法去做：

他在确定这100万劳动货币换来的白银的重量以后，把这些白银分成400万份，每份为硬币5先令；再分为800万份，每份为半克朗；再分为2000万份，每份为1先令；再分为4000万份，每份为6便士；或分为6000万份，每份为4便士。简言之，划分原则就是将所有白银按列举的各种硬币单位名称进行分配。

造币厂厂长按照划分白银的办法划分铜：把每一劳动镑所换得的铜，划分为240份，每份为1便士；再划成480份，每份为半便士。这样一来，我们就有了1克朗、半克朗、1先令、6便士、4便士、1便士和半便士等辅币。正和我们现在一样，还可以把法新（＝1/4便士）加进去。关于这些硬币的重量在这一个时期或另一个时期会怎样的问题是一点意义也没有的。这些硬币的重量可能同现在一样，也可以较重或较轻，甚至可以重到两倍或四倍，但并没有而且永远不能使货币有任何贬值，同样也不能使货币有任何增值，甚至1先令的分量增加一倍时也是如此。不错，金、银和铜的价格可能有涨有跌，并且涨跌现象有时肯定会发生。可是，这些金属绝不是货币。至于银和铜乃是商品，极便于划分成小块，极便于进行小额交易，并在比较巨额的付款中极便于支付先令和便士。不管社会偏见和公众无知。一看到分量有变动而名称不改的硬币怎样困惑不安，而要反对这一事实，一开始就注定不会生效。因为发行这些硬币所依据的原则是正确的，人们很快会承认这点，何况变革对任何人都不会引起丝毫不便。

造币厂按照我提出的原则铸造出足够数量的银币和铜币以后，这些硬币就准备发行流通，并且立刻能用劳动券或等量的银和铜（旧硬币式样或其他式样都可以）向造币厂换回这种货币。这样

一来，新铸币就在全国开始普遍使用了。

新的银币和铜币开始发行以后，下面三种情况显然会有一种情况发生：新币（这里我只谈白银）原材料价格比初次铸币期价格或者会上涨，或者会下跌，或者不涨不跌。但我已指出过，银价在第一次铸币后很快就发生变动的可能性比随后任何时期都要大些。因此，我们举出三种情况，看看在每一种情况下需要做什么：

一、如果银价不变，就是说，一镑劳动券继续买得到以前那样多的白银，那么以后银币的重量就不需要作任何改变。应当照原先的重量铸造银币，但数量必须递增，因为既要用这些银币满足目前的需要，又要在造币厂里经常储备一些硬币，视需要情况用以交换劳动券，或者用以交换等量的黄金。

二、如果经过一段时间，白银价格比第一次发行银币时提高了，那就必须签订新契约。这些契约的效力应当尽可能大到足以消除银价上一些轻微的波动。这样一来，我们假定，现在100万劳动货币换得的白银数量少于第一例。由此得出结论，现在应当重复第一次所做的。把换得的白银数量（不论重量是多少）分成2000万份，每份为1先令；其余硬币也按照适当的比例缩减。这样做过以后，造币厂应当立即以等重的新币换回等重的旧币。可是，因为旧币较新币略重一点，每一个持有大宗银币的人在交换中会赚得一定数量的硬币，并且因为这个改变进程不会带动其他商品的价格，所以每一个持有人可以便宜得到用赚来的硬币购进的全部商品价值。从社会观点来看，这种情况和现在面包、酒、糖、茶叶以及其他商品价格时贵时贱相比较，意义并不更大。以投机为目的，囤积白银的念头并不会大过现在囤积任何普通商品的念头。

事实上，这种念头反而要小一些，因为银价波动很快就会完全微不足道，并且比茶叶、咖啡、糖等商品价格以及现在大部分投机商品的价格波动容易预测。

三、第三种可能是银价下跌，即经过一段时间后，一镑劳动券换到的白银数比以前能换到的白银数增加了，而不是减少了。于是，这时要签订收购白银的新契约，就得把每一种新银币适当地铸重一点，因为100万劳动货币换得的白银重量比以前能换到的增加了。在这种场合下，大家在一切相互的现金交易中有权拒用旧铸币而要求使用新铸币。这样一来，前例中一切持有白银的人都愿意把硬币交给造币厂以换回新币，认为这样做能占到便宜，因为在兑换旧币中能得到较多的新币；如果是这样，那么现在他们就不得不同样用旧币兑换同重量的新币，即使数量上要受损失也会这样做。因为，大家鉴于旧币仅有票面价值，已不乐意再持有这种货币了。

铸造铜币应做的事情完全同铸造银币一样。

为了弄清楚我们所捍卫的原则在各种可能有的实施方案中所起的作用，必须极力阐明这种工作中的一切要点，消灭各种困难，在某些场合还必须防止一些实际上永远不会发生的障碍。不过，实在说，发行名目不变、重量变动的各种货币并不会引起丝毫困难或不便。银币只在20先令以内，铜币只在1先令以内，才是合法支付手段。在每一个时期里，银币和铜币的重量变动都是极不关重要的。第一次发行后，要经过一个较长的期间才发生变动，并且这些变动所引起的不安和不便很小。何况我所谈的变动，只对银币和铜币而言，金币方面则决不应发生变动。就铜币来说，利用其实际价值和票面价值之间的细微差距进行投机，人们对这一点未必会怎样感兴趣，因为铜币的合法支付效力仅限于1个先令而已。

但是，我现在提出一个很简单的办法，利用这个办法无论在什么时候都能够立即看出银币现有的价值，必要时也能识别铜币的价值。我所谓现有的价值指的是与以前有区别的这一个时期的价值，而我的目的在于使重量不足的硬币不会被当成重量合法的硬币。简单说来，这个办法就是把重量有变动的每一次发行的硬币编上号码。假定，现在发行五种不同的银币。在银币背面应当清晰地铸上№1字样，银币重量发生变动以前，我们一直使用这个号码。重量一发生变动，增加也好或减少也好，就把下一次和住后各次铸币标上№2字样，直至重量再度变更、需要再编新号为止，其余依此类推。

但我认为，很少有机会用旧币代替新币。因为，既然我们没办法比现在更迅速地开采白银，那么最后的铸币大概分量总是最轻的，这样旧币肯定会退出流通，因为停止使用旧币始终有利可图。但即使发生了其他变化，即新银币有时比旧银币重了，根据我的建议铸上的明晰的号码，也立刻能认出旧币。例如，用№2代替№1，如果№2较重，那就谁也不会要№1了。

现在我们来研究问题的最后一部分——关于黄金的问题。使用金币应付内部交换的日常需要，并不比以下的事例更合理：一个家庭主妇为了家用目的，宁愿使用金盆和金锅，虽然铁器和锡器同样合用甚至更为合用。

当我们采用合理的以物易物的交换方式时，10先令或20先令以上的金币就没有任何需要。从任何观点来看，纸币都有无限的好处。纸币可以充当价值尺度，而黄金则永远不能。并且纸币比黄金又轻又方便，不易算错。以次贵金属冒充黄金，足以巧妙地欺骗群众，但要伪造一张设计良好、印制精美的纸币则困难得多。因此，我不认为使用现在的金币有任何好处。不过，如果因为发行劳动券，必须使用值 10 先令和 20 先令的金币，那么我关于白银所谈过的一切同样适用于黄金，二者情况完全是一样的。硬币应当按照市场上金价改变重量，而改变的原则和办法已在上面谈到白银时确定下来了。但我要坚决强调指出：依我看来，不要任何诸如此类的金玩具，对我们要好得多。

对于国外贸易、侨居外国、积蓄和其他某些目的来说，铸造一盎司重的金币是很有用处的。这种金币要铸上通常铸在硬币上面的那种印记，以证明其成色和重量。斟酌情况用"国王"或"王后"作为这种金币的名称是适当的。这种金币不会因为放在男女钱袋中和其他硬币接触而十分磨损。伊斯特·斯密特菲尔德想非法使用也不那么容易办到，并且要像现在一样不暴露真相更不可能。这里我指的是众所周知的伪造沙金的办法。不假思考就开始接受这种硬币的人究竟不多。因偿付任何货款而接受这种硬币时，不妨留心衡量衡量。通常把硬币从这一个地方运送到另一个地方，要包装好，以防止受任何磨损。

硬币折合劳动货币的价值应当按照规定白银价值的办法，即用订契约的办法来规定，并且应当拨出大宗款项（例如 100 万劳动货币）兑换在规定期间内用以交换的最大的黄金盎司数量。100 万劳动币（用最小单位即法新来表示）除以换得的黄金盎司数，你们就得出一盎司黄金的价值是多少劳动货币。

硬币与其类似的可以名叫“贵族”币的银币(一盎司白银)一样,也应当是这样的商品:根据市场上出售其他商品的同样原则,按照本身折合劳动货币的价值在造币厂里出售。这些“国王”币和“贵族”币折合劳动货币的价格就成了一种指标,外国商人和其他的人能够利用这种指标就一定量的黄金及白银数比较我们市场上和别的市场上所有商品的价格。

依照我提出的办法(即签订契约交换大宗劳动货币及金银)确定劳动镑对英镑的相对价格以后,政府原先拨发的5000万英镑(现在一部分已变成建筑物,一部分已铸成锭块)应当立即折成劳动货币转到交换银行和造币厂的账簿上,此后王国每一笔现金来往和每一种账簿的记载,都应当按劳动货币计算,而且只按劳动货币计算。

我不很谦虚地把我大胆讲述的整个方案加上了《防止人民不幸的可靠手段》的标题,为了使读者对这个方案能够作出正确的判断,正确地理解这一章是必要的。

第　三　章

论工厂和仓库——关于对外贸易的几点普通意见

现在我们应当设想，大批各种类型的工厂都准备开工了，就是说，这些工厂已建成或购置了厂房，供应了一切必需的设备和功效最好的工具。不过，在这个阶段，暂时还没有任何原材料可供加工为适于出售的商品。每个工厂要任命一个厂长，要有厂长亲自任用的归自己指挥的必需的职员和助手，最后还有准备使工厂开工的工人们。

这时，工厂厂长立即开始收购企业上需要的各种原材料：第一次用现款购买（需要时从交换银行提取现款），以后视实际情况，或者用现款购买（同第一次一样），或者不付现款而由其他工厂或仓库供给。同时，厂长也向银行支取现款，按周给工人发工资，并在规定期间内给职员、助手以及本人发薪金。

厂长雇用工人时应注意：每一个合同都应当以平均工资水平为基础；厂长给公认为优秀的中等工人发工资时，不管以什么借口，都不应当比代办规定的平均工资水平每周多一法新或少一法新；每逢工人工资有多付或少付情况时，厂长应当在工人名册上简要地注明作出这种变更的理由。这种工人名册同其他所有账簿一样，应该经常公开审查，还应当让工商代办特任的专家定期审查。

某些只需要中等以下技艺及勤劳水平的工人的生产部门，付给工人的平均工资应略低于普通平均工资水平。但属于应比平均工资多付或少付的一切工作，必须由代办决定，而不能由各厂长决定。在每一个场合，工资偏差数额也应由代办规定。各行业中规定的偏差额，应当通报王国全境交换系统内所有从事这种业务的工厂。

确定工资差额应当依据的以及现在实际上依据的原理，亚当·斯密博士已阐释得相当清楚，我在前一部著作中讨论这个问题时业已引述过了。但即使不详细列举可以引述的一切理由，根据下面的例证，其道理也是显而易见的：例如，有 50 个普通工人在铸铁厂从事高温下的一切繁重的劳动，忍受这种劳动条件下的痛苦，公正地讲，他们劳动一定时间所得的工资，自应高于另外 50 个劳动比较不繁重、条件比较不恶劣（例如像纺织工、印刷工、排字工和装订工的条件）的工人。每周劳动时数以及每种生产劳动的平均工资，应由有关生产部门的代办决定。

其次，要求各工厂厂长监管以下各方面的事项：适当地注意保管应归他们保管的固定资产——厂房及设备；注意用中等工资招收有中等技能的合格工人，使这些支取高于或低于中等工资的工人的劳动和他们的工资相称；注意让自己管属的所有工作人员履行职责；收集本企业业务上必需的原材料；完成工作任务时能发挥最高度的技能并具有警觉性；按照代办们指示的划一步骤经常记账和结账；把本厂生产的一切商品交给指定的商店或仓库，或者根据对方需要交给交换系统下任何一个企业；雇用本厂需要的各种

人员，辞退一切可有可无的人；最后，从交换银行取款，给工人发工资，给本人及助手发薪金。同时，根据代办们当前的指示，按期编制自己应负责的本企业的决算和平衡表，并送给银行。由于发生某种非常事件或困难问题而有开会或请示的必要时，应立即报告代办，工厂管理人员对代办总是处于属员地位。

工厂和银行主管人之间进行结算的性质下章将作适当说明。

应当生产的商品，一定属于下列二者之一：一种是其他生产部门需要的**原料**，例如以后可以加工制成布匹的棉纱和麻纱；另一种是适于市场销售的**成品**，例如成块的毛料、麻布和棉布。可是，建议的交换系统这时并没有实际区别，因为这两类商品同样会被生产者销售出去，并且**毫无例外地**会全部交给有关的仓库或交换系统内其他企业。工厂厂长不应当把任何商品**出卖**给其他任何人。

可见，工厂厂长所处地位同下述许多人中现在所处的地位很相似：这些人或者整个负责照管一两个收集各工厂生产的一切商品的商行；或者充当资本家的雇员，为雇主利益经营某些企业，行为要对雇主负责，并向雇主领取与其服务价值相当的工资。

厂长的地位很受尊敬，很有好处，同时也是很独立的。每一个厂长的一切行为都遵循固定的规章和当时的命令。他的行动只受公共机关的约制，而不受个人意志支配。他处理交易并没有风险。他的职责无论如何重要，但因为极其简单而有规律，所以是轻松的。他的地位差不多完全像现在股份银行的行长，或保险公司及其他公司的经理。因为这种地位能获得优厚的报酬，每次出缺时都引起很大的竞争。所以，能随时找到完全合格的人担任这个重要职务。

就某一方面来说，交换系统各企业主管人的地位，和现在担任同一工作的普通人的地位相比，最为称心合意。这样的管理人没有贷款和拒绝贷款的严重必要，而这种必要也许是一个受别人委托经理一些重大业务的善良人可能遇到的极繁难的任务。就某一个意义来说，工厂和仓库之间信贷往来是不受限制的，从另一个意义上说，它们之间又没有任何信贷关系。每一个工业家或企业经理应当根据另一个工业家或仓库主任的要求，在数量上或价值上无限制地给对方供应商品。可是，这是按照雇主当时的指示办理的，而且结果也永远不会出现有问题的债务。当两个仓库属于同一个企业主的公司所有时，这种商品供应实质上仅仅是从一个仓库移转到另一个仓库。在交换系统各企业和各仓库中以及其他地方，可能发生营私舞弊及贪污盗窃行为，但生产和交换的组织制度能使这些行为极难发生。因此，照词的原义来理解的信贷，因而也就是有问题的债务，是根本不存在的。

看来，各企业一旦开工生产，就应当依照代办的最初指示，不断地、有规律地生产某些规定数量的商品，直到接到代办要扩大或缩小生产，或者改变产品种类及品质的新指示为止。除此以外，关于工厂这个问题已没有什么要谈的了。

仓库或货栈　管理这些商品贮藏库同管理伦敦及其他各地现有的一些普通批发商行很少有区别，所不同的是从普通商行购买商品时，给买主交货以前常常要付现款。这些仓库正是准备上市的商品的贮藏所，是交换系统一切商品购销的交易中心。

仓库应该设置在伦敦、都柏林、爱丁堡和王国各主要海港。在这些城市里，或者还在其他少数地方，应该修建许多收售货物的大型仓库。同时，在每一个工厂城市里，都应当修建一座收售当地特产的大型仓库，例如在曼彻斯特建棉织品仓库，在设菲尔德建刀类制品仓库，在贝尔法斯特建亚麻仓库等等。

交换仓库销售的商品价格，根据以下几项来决定：原材料价值和用于商品生产的劳动工资，加一个足够的加成数（补偿薪金和临时需要、存货贬值和房屋、设备及其他固定资产折旧损失的一切开支），最后再加一个附加数（保证交换系统的资金逐步增殖，从而扩大其业务经营范围以达到最理想的境地）。

商品生产上所消耗的劳动和原材料价值加上述的加成数（加成率应由工商代办决定，根据适当的理由某些种类的加成率可以高于其他商品），我们就得出商品的批发价格。所有合乎批发购买者这个概念的人，可以按照批发价格用劳动货币向交换仓库购到所需要的一切商品。需要劳动货币的人，可以用劳动货币的等价物如金币、银币或金条、银条向造币厂，或者不直接向造币厂，而是通过为造币厂经理业务的人，兑换所需要的任何数量的劳动货币。

这样买到的商品可以立即使用、出口，或者照普通办法零售给消费者，其零售价格也同现在一样，由零售商之间的互相竞争来调整。因为零售商业部门各方面具有我们现在已熟悉的那种一般的和经常的性质，这一点似乎不必再多说什么了。交换系统为确定货币价值并使生产成为需要的原因而发布的一些规则和指示，到批发仓库这个阶段其作用已告结束。商品一旦由仓库售出，就成为自认为应该购买这种商品的每一个人的私有物，可以被消费或者以任何方式被占有。但是，为了避免对供求平衡的不变性发生任何错误概念，应当指出：任何一个零售商如果以 100 镑出售只花费了 90 镑的交换系统的商品，为了能够从仓库中取得照交换系统价格值 100 镑的商品，当然应将所得的整整 100 镑付给仓库。

我们认为，这里就对外贸易问题说几句话，比任何地方都适宜。

当我想说明价值标准怎样才能确实可靠并建立在不可动摇的牢固基础上的时候，我力图避免不必要的空论，而只限于从内部关系出发来阐述自己的计划。现在，要确定对外贸易的性质是并不困难的。

就某种意义来说，每种必需品或有用物品，除我们亲手劳动创造的以外，都是别人给我们制造的。对皮靴匠来说，除了皮靴以外，每一件东西都是别人制造的。甚至连皮靴匠制靴用的皮料，虽说可以用自己附近饲养的牛皮，但像遥远地区的最奇异的产品一样，仍旧是别人制出的。作为一个皮靴匠，他同样既不能做这个，又不能做那个。当他需要这些东西时，只有去购买。

同这种情况完全一样，所有的企业家也应该购买他们经营企业需要的一切原材料，到可能极便宜地得到的地方去购买。既然我们认为除亲自生产以外的一切商品都是别人的东西，我们对这些商品的地位的看法就很显然了。

人可以用两种方法通过交换获得自己需要的东西。他可以直接用自己的劳动产品交换，例如以一双皮靴换一张皮革；或者因为皮革商不需要皮靴，皮靴匠可以出卖自己的皮靴，以换取某种物品，即皮革商同意交换自己的商品的那个物品。而大家最乐意接受的东西则是货币，因为利用货币，每个人都能买到自己认为需要的任何东西。

总之，交换系统各企业家开办自己的企业都需要原材料。这些原材料无论是外国的或者本国的，总可以用劳动货币购买到，因为劳动货币已成为全国流通的合法支付手段，掌握这种手段的人能够获得自己所需要的任何商品或劳务。如果货币持有人把货币交给某一个交换仓库，交换仓库就把交换系统所属各企业生产的任何物品供应货币持有人；或者，如果货币持有人不需要这些物品，则可以按折合劳动货币的行市获得黄金或白银。

因为交换系统所属各企业不生产金银，又因为经常需要用流通中的劳动券交换这些金属，所以显然应该用这些或那些商品去换金银。但我在前面已指出过，交换其他的商品，得到的金银或多或少(当然要作出应有的努力以换得对方同意拿出的数量)，这并不关紧要；因为，假如用商品换得的金银较多，那么结果不过是说明和劳动货币相比，金银不贵而已。假如用商品换得的金银越来越少，显然金银价格是提高了。但这种情况并无重大意义，因为如果经常需要从交换仓库提出大量的劳动产品交换这些贵金属，那么非常明显，同样的贵金属本身也会支配大量的工厂必需品，而不管这些商品是本国的产品或外国的产品。

大概举两个例子就足够说明我们已经谈过的对外贸易问题。假定，交换系统所属各企业中有几个鞣制皮革的企业(其中还有其他的企业)，并且制出的皮革是交给某一个大交换仓库的。起初，皮革是肉商的所有物，肉商把皮革卖给制革厂经理换得劳动货币。这些劳动货币既然成了合法支付手段，就能使肉商买到牛和绵羊并用以付租金，缴赋税，为自己买到食物、衣服和家具，还可付仆役的工资。简言之，肉商用这些货币做现在使用英吉利、爱尔兰或苏格兰各银行的钞票所能做的一切事情。因此，他并不力求把卖出皮革所得到的劳动货币换成金银，因为他显然没有这样做的必要。

但是，在交换系统所属各企业中，也有一些染呢绒企业的许多生产资料是外国产品。所以，染坊老板虽然可以同鞣革匠一样，把劳动货币付给原料供应者，但染料进口商却要用黄金或白银支付货款。因此，染坊老板事先要了解用一个劳动镑能换到多少金银，同时要知道在他得到这些金银的市场上，这些金属和染料的相对价值是多少。不用说，他同买方商定的按劳动货币计算染料价格要使他有可能从这次交易中得到适当的利润。换句话说，他所关心的是：他出售染料所获得的劳动货币数量要足够他向交换系统所属造币厂买回一笔黄金，这笔黄金要多过他再生产现在所销售的染料的需要，而两笔黄金中间的差额就构成了他的利润。

简单的事情常常需要详细的解释——这是那些对于一桩极简单的事情的执行方法也需要书面指示的人差不多经常碰到的事实。实际上，我现在打算叙述的事情，如果除开叙述本身以外，并不比任何日常交易复杂些。平常，黄金甚至对于办理国外支付也不必要，因为当国外也像国内一样对交换系统了解得很好的时候，当大家都知道贮存在英国公共仓库里的千百万财富都是 bona fide 产品[①]（英国纸币乃是这些产品的体现物，这些纸币在任何时候都能够掌握这些产品）的时候，那么这些纸币就像在我国一样，能够在一切文明国家里自由流通。

谈到对群众是否方便，那么不论进行大小交易，比现行方式并

① 货真价实的产品——中译注。

无任何差别。纸币和银币及铜币完全照现在的样子流通。虽然在进行交易的原理上，新办法和旧办法之间差别很大，但在买卖行为本身上却看不出任何变化。不过，还有一种差别也不无意义。这就是：现在金价如果上涨了，比如上涨 1/4，商品总价就会下跌 25%，结果能使成千上万的人破产。但如果采用以我所建议的原则为根据的价值尺度，那么金价即使也上涨 1/4，并不会触动哪一种商品价格，也不会影响债务人或债权人、大地主或租户的相对地位。金价这样上涨对黄金持有者(不论是持有金币、金块、金首饰或其他家用金器)是很有利的，其情况完全同现在其他财产(例如铁路股票)价格上涨对持有者有利一样。而且，一切租佃、一切契约以及无论哪一种交易，都建立在一个牢固的和公正的基础上，这个基础不会改变，也不会受任何偶然情况的影响。因为，不论约定支付日期怎样遥远，变更劳动平均价格的议会法案(法案显然太不公正、太离奇了，以致曾经有人拒不承认或拒绝考虑)，或执行劳动平均价格法律时所发生的疏忽、草率和欺骗，都可能破坏货币交易的等值性，而只有在我建议的制度下，这种现象才永远不会发生。

第　四　章

关于阐明相互结算的性质的几句话

到现在为止,我们已谈到了银行、造币厂、工厂和商品收售仓库的计划,但这些只是一个庞大的工商业机构的几个部分。现在,最好研究一下这些企业应该怎样处理账务。

这个问题以前已谈过一些,自然可以分成三个部分:第一、银行和工厂及仓库主管人进行结算;第二、上述各方面与银行进行结算;第三、编制银行本身账务中经政府代办批准的平衡表。任何大规模结算能大于这些结算,并且能免除任何紊乱现象,那几乎是不能想象的。

一、在给工厂厂长开的银行账户中,下列各项记入借方:委托厂长管理的固定资本为建筑物及设备,以及交给他或根据他的命令支付的一切现款的价值,交换系统里其他企业主(其中包括造币厂厂长)交给厂长的一切商品价值(造币厂的产品硬币也应看做商品)。下列各项则记入贷方:以薪金名义(与工资不同)支出的现款,交给其他工厂及仓库的商品价值(照原材料及工资费用计算的价值)。借贷双方的差额构成当时留存在工厂厂长手里的资产总额——固定资本、商品和货币。

在给仓库经理开的银行账户中，情况完全一样，所不同的只是：除上述全部项目以外，借方应增加一项，即根据代办命令在商品总价格上增加一个百分数，以供弥补保持及扩大资本、支付薪金以及存货可能跌价的损失之用。对贷方也增加一个项目——归还银行的某一笔现款，但各工厂主则永远不用归还现款。

关于存货跌价问题必须讲几句话。商品存储一个时期以后，由于下述两种不同的原因总有跌价趋势：商品可能损坏，例如玻璃可能断裂或打碎。就是本质上比玻璃少有损坏风险的商品，也可能因为存放时间过久而受损失，或者因为式样不时兴以及其他原因而完全失去效用。这是一个原因。另一个原因是，制成商品的原材料比以前容易到手，或者因为工作改进和设备改良，使商品必须加工时所费的时间及劳力比过去减少了。这些就是商品跌价的自然原因。这些原因一旦开始起作用，原先存在交换仓库里的一切商品的价格必须降低到新产同类商品的价格以下。否则，一般说来，这些商品会永远卖不出去。

为了弥补跌价的损失，一切原来价值太昂贵的商品，其价格应适当地降低到企业和仓库主管人编制年度平衡表时的实际价格以下。亏损差额应记入银行里各企业的账户的贷方，同时也应记入各企业自己的账簿中。这样产生的亏损，不论什么时候产生的，都构成一个项目，为了抵消这个项目，应当将出售前存放在交换仓库里的一切商品加算一笔利润。

倘若我们按照前述规则限令交换系统所属各企业尽可能生产非投机性的和不大容易损坏的商品，这种亏损的程度就不会很大了；何况，由于原材料价格上涨，有时会使存储的大量商品价值增加。这样损益相抵,所得到的差额才是由于上述原因而产生的实际亏损或实际盈利。

读者一定看得出,这种跌价与现在每一个掌握一大批存货的商人可能碰上的那种跌价性质完全不同。后面这种跌价并非某种自然原因造成的,而只是由于现行最不合理的交换制度所造成的市场紧缩情况引起的。按照我们的方案,质量好的新商品或早已制出的同新商品一样好的商品,永远不会像我已讲过的那些情况一样,遭受由于任何原因(自然原因除外)所引起的市场紧缩的灾害。最反常和最不合理的情况是:千百种商品仅仅因为数量上比某一种商品增长得快,于是价格就下跌。人类由于受传播最广并且已经深入人心的极其有害的谬见的影响,竟同意把上述商品叫做自己的财富的价值标准,虽然这种商品实际上从来不是而且永远绝不可能是财富的价值标准。

二、工厂和仓库主管人在银行开的企业账户,其性质和上述账户正相反:借方在这里变成了贷方,而贷方则变成了借方。

这是所有债权人和债务人的结算,即银行同每一个仓库主任及工厂厂长(其中包括造币厂厂长)进行结算,而每一个工厂厂长及仓库主任也同银行并且只同银行进行结算。例如,工厂厂长甲出售商品与乙,乙或者是其他的工业家,或者是仓库主任。这时候,所售商品附有载明商品品种、质量和价值的发票。但甲只须把这笔货款记在银行本企业账户贷方,同时另一方面,乙收到商品后,把同数额的款项记入银行本企业账户的借方。因为所有工业企业和仓库每周都要把有关结算活动的报表送交银行,所以上述账目会及时记入银行账簿上有关当事人账户的借方及贷方。利用这种制度，不仅使所有当事人在彼此结算中没有任何借贷项目的情况下，能把账务完全结算清楚[1]，而且对所有当事人的工作是否认真和诚实，能保持最有效的监督；因为，涉及各代办彼此间移转商品的报表，其中如有虚假，在银行里不可能超过一星期而不被发觉的。而且，因为任何一个当事人没有丝毫权利监督或干涉另一个当事人的事务，他们同样都是独立的，只对银行、代办和代办委派的监督员负责，所以与现在不同，他们对任何玩忽职守的行为互相宽恕，以及容忍任何方式的欺骗行为，乃是极其困难的事。

三、银行本身定期编制平衡表，送政府代办审核批准。平衡表拟议一年编制一次，所以银行只须像现在每个普通商人通常或应当做的那样，按一定的日期编造自己的业务报告书。

第一步，银行应当与所有的信托当事人，即与所有的工厂厂长及仓库主任，结账求出资产负债差额。这一步做好以后，把全部现有发行总额（实际上对交换储备有需要但未付出的数额）记入借方，同样把原先拨发的 5000 万（已变成劳动货币而且以后应构成余额）也记入借方，并把各当事人所有资产负债总差额记入贷方。如果贷方超过借方之数大于 5000 万加交换银行预定每年增加资本额之和，那由此得出结论：出售商品时所定的加成数太高，可以立刻降低，如果贷方总数减去 5000 万，减去预定增资额不等于[2]借方，那也可以得出结论：交换系统所属各企业出售商品时所定加成数太低，因此，以后应略微提高。

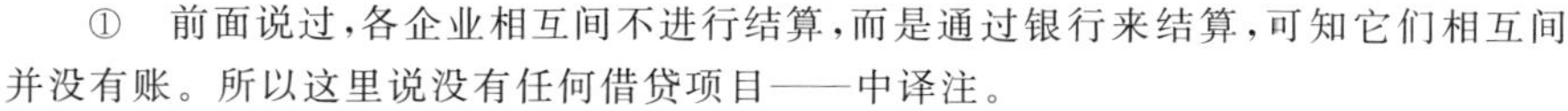

① 前面说过，各企业相互间不进行结算，而是通过银行来结算，可知它们相互间并没有账。所以这里说没有任何借贷项目——中译注。

② “不等于”应改为“少于”——中译注。

总而言之，交换系统的商品价格完全是根据原材料价值、劳动工资、运输费用等等和加在商品成本上的利润率（为弥补薪金和存货贬值的费用及保证资本保持和增殖）计算出来的。因为原材料、劳动、运输和利润率等等都是用劳动货币支付的，所以应当得出结论：流通的劳动货币总数应经常恰好与交换系统所属工厂及仓库的商品价值相等；这些货币的共同持有人是这些商品的共同所有者；每一个货币持有人正是上述储备品中某一份的所有者，而他所有的货币（不论多少）是这份储备品的代表物。

因此，需求应当经常与生产相适应。把储备品增加一倍、三倍或以自乘数增加，让储备品值劳动货币 1 亿镑或 10 亿镑，货币数量毕竟应按同一比例增加。因此，生产决不能超过需求，就和邮政马车不能比拉车的马跑得更快一样。生产和需求两件事是密切地联系着的。两者的相对增加、减少或者保持不变，应根据情况随时一致并永远一致。

诚然，人们在可能和自愿的情况下，同现在一样是可以储蓄的，但这种情况一点也不破坏供需平衡。不花钱只意味着延缓花钱权利，而并不意味着放弃这个权利。现在存款银行可能有几百万无人领取的货币，可是银行的义务仍旧不变，需求迟早一定会出现的。如果认为，债权人保留的货币内心里没有任何价值，在这种情况下，断言这笔存款永远不会被使用，那就等于作这样的断言：对某一笔财产拥有确实的和无可争辩的权利的人，却永远不想取得这笔财产。

在交换仓库里无疑经常有大量的财富积累。可是，这种积累不能同没有应当遵循的路标的盲人行动方式相提并论，因为这种积累乃是根据显明合理的行动原则进行的。由于这个原则，商品过剩现象同人们什么时候可能有的需要饱和现象（实在的或想象的需要）一样，显然不可能存在。

读者可能对我所讲的已产生了不同意见，这里及时提醒并驳斥这种意见也许是适当的。我已讲过，金币、银币和铜币仍然可以用作人与人之间以及国与国之间的交换工具，因为就银币和铜币而论，在小额交易中实在没有比这两种铸币更好使用的东西（当然在这样的条件下：根据合理原则来使用）。有人可能会问：比方说，如果工人用劳动所得的一部分银币购买国内不属于交换系统企业的商品，或者把所得的银币寄到国外（在这一情况下，对于本国来说，这一部分银币是永远丧失了），那么在你们那里，需求（货币）怎么必然永远会等于供给（商品）呢？

回答是明确的：金币、银币和铜币同爱尔兰的麻布或苏格兰的威士忌一样，本身也是商品。唯靠自己的劳动得到这些铸币，谁就已经提出了需求并得到了自己劳动的价值。他的需求已等于他的生产，因此他就不再奢求交换系统的商品。如果他有这种奢求，这就不是幸福，而是灾祸，因为怎能满足他呢？我们任何时候所拥有的一切储备品，都是劳动纸币持有人的财产，因此不减少满足现有正当需要的物资，就不可能挪动这种储备品。

当然，硬币所有人如果愿意的话，可以用以购买交换仓库里的商品。可是，这仍然无关紧要，因为他们只是用商品同我们交换商品，我们的储备品的价值，在他们购买以后，将完全同购买以前一样。改变的是价值形式。比方说，用金币换呢子。对于我们的想购买的人（不然只留下货币在手）来说，这无疑是一种方便。但这样交换的结果，我们比交换以前既不会富一点，也不会穷一点。

如果工人每星期劳动获得25先令——纸币1镑和银币5先令，那么一般而论，这一镑不是工资。严格地说，单纯拿一张纸给一个人作工资，实际上等于未付一文。他实际得到的只不过是他生产的财富的一张凭证，即他得到的一份价值的凭证。在这种情况下，在他交出支付凭证以前，换言之，即在他花掉自己的货币以前，他并不曾获得工资。但是当他把货币花掉以后，得到货币的人（无论是小店主、马车夫、医师、乐师或其他的人）就站到他的地位上了。现在，后者代替这个工人成为交换储备品的所有人，一直到这样移交给他的银行券脱手为止。并且这种移交还可以不定期地继续下去，直到最后把银行券和其他货币一起换成交换储备中的商品为止。在这个时期以前，银行券仿佛常常辗转易手，只有现在才首次付出去了，并且立即不再作为货币而存在了。这样，要等到重新发出银行券作为新的劳动报酬，或者需要购买任何有价值的物品以补充交换储备品时，银行券才又作为货币流通于市面上。

用5先令银币支付的那一部分工资则完全是另外一回事。这一部分本身就是bona fide（真正的）支付，谁得到这一部分，谁就不会再奢望交换系统的商品，如果他保持这些货币，交换储备不会增加；如果他花掉这些货币，交换储备一点也不会减少。

可见，工人如果把凭劳动得来的1镑5先令价值列入交换储备中，如果他把所得的1镑纸币和5先令银币作为存款，那么他给上述储备增加的是1镑的价值，因为他所存的其余的5先令价值只是他所得的5先令银币的等价物。因此，交换系统的库存和流通中的劳动纸币总数应该相等。

这里有必要指出，不管一周的平均劳动工资是多少（1镑、1镑5先令、30先令或其他较大或较小的数目），根据这个数目（估计交换系统所属各企业中极大多数人每周所得正是这个数目）印制劳动券，那是很方便的。这样，雇主们比较少操些心就能付清大家的工资，如果工资经常不是一笔整数，而是包括必须用银币支付的若干先令，那他们就得多操一些心，更不用说在头一种情况下所需银币一般总是少得多。现有铸币不论是那一种，主要是在零售商和公众之间流通，工厂往往不需要大量铸币。

但是，这个计划只有在平均工资定额为1镑整，或几镑、$1\frac{1}{4}$镑、$1\frac{1}{2}$镑、$1\frac{3}{4}$镑时才能采用，因为票面价格不大合适会引起过多的麻烦。

第五章

普通的论据——实际上办不到的事情——建议的改革办法的直接影响和间接影响——生产过剩——竞争的作用——积蓄——收入——怎样使用收入——交换系统计划的扩大——各种不同的意见

总而言之，我想，在以上短短的四章中，我已经用不多的篇幅以相当明白的形式阐述了计划的主要各点。我可以毫不踌躇地说，采用这个计划很快就能减轻我国的灾难，并彻底消灭一切不应有的贫困现象。

许多人遇到有人向他们提出一个需要认真思考和仔细研究的问题时，总是想躲到一个隐身之所里去。首先我要指出，在这个场合，大概不能妄图利用这个方便的隐身所。我所说的隐身所是指常常听到的那一句遁词——实际上办不到。世界上大概没有哪一种巨大的人类知识成就或研究成果，在当时不被认为实际上是办不到的。这句遁词的虚伪性已千百次为生活和经验所证实，甚至二十个民族中间有十九个民族说这句话，毕竟也只算是、可能以后永远是极大多数无知群众对于大规模改革计划作出的结论。

但是，在这种场合，对这句遁词来说，没有一点借口可言。我建议设立一个银行，这个银行比现在我国或任何外国的大银行（私人的或合股的）里的事情容易办得多，业务也不很复杂。

我建议，造币厂根据一些明确规定的、很合理的并且很容易实行的原则，铸造金币、银币和铜币。

我建议，政府预支 5000 万现金以实现既定的目的。其实，政府为了比这个目的绝对不值一提的和不关重要的某些目的，这样的预支款早已拨发过了。

我建议，大规模地开办某些工厂，每个工厂委托一个公认为有足够技能办好工厂的人来管理。并且，这个人在业务活动上所遇到的一般操劳和困难，至低限度可以较现在工厂同一业务上常有的那种困难和操心减少一半。

最后，我建议，这些工厂应生产出的商品送到某些适合于接纳这些商品的仓库里。这些商品就在那里凭现有货币出售给所有自认为必须购买它们的人。

总之我认为，现在和过去几百年间根据复杂的和困难的计划，以及**错误的**原则所做的一切，都能够根据非常简单、非常容易的计划和**正确的**原则做出来。

这样一来，我一开始就驳倒了这个计划实际上办不到这句遁词。这里所建议的只是我国政府任何时候都完全做得到并且很容易做到的一件事情。因此，我转过来研究我所讲的这种变革对社会所产生的影响。影响分两种——直接影响和间接影响。

记得，我一开始就指出过，交换系统各企业必须限于生产普通的、有益的和非投机性的商品。原因是显然的。我在第一章列举过的这些商品的各个生产过程都容易监督，这些商品制成以后，可以送往仓库贮藏一个时期，所受损失比较小；而且生产这些商品所花费的货币，就是它们本身的代表物。毫无疑问，绝大多数商品正是这种商品。可是，对于那些易腐的商品，例如各种农产品（谷物除外）和乳制品，以及对于一些富于投机性的商品，例如时髦的首饰、时兴的服装和各种家庭装饰品等，除非通过很复杂的组织工作，决不能把交换制度推广到这些商品方面；其实，自由职业的劳动要稍微做得正确一点，决不可能列入这些关系的范围内。可见，这种变革的良好影响虽然能扩展到这一切劳动部门，可是像我说的，这只能通过间接的和次要的途径。

至于谈到建议的行动计划的直接结果，既然认为交换系统各工厂拥有非常广泛的生产范围，实际上差不多包括一切容易归仓库保存的商品，那么所有在这些企业里获得工作的人，显然都能得到一切必需品的充分供应。他们得到的货币是合法支付手段，所以可以用以支付房租、税款以及购买所需的任何商品或劳务。他们的工资等于他们的劳动结果，因此显而易见，不论在其他任何情况下，他们都不可能得到比这个更好的报酬。

可能有人会问：我们既然按照自己的建议大规模地开始工作，并且创办起来这样多的各种各样的庞大企业，那么我们生产再生产，是不是要到市场上充满各种各样的商品为止呢？我们的商品是不是不要川流不息地售出去，以便给生产中的新商品腾出位置，而是要长期囤积在仓库中呢？回答是这样的：不，无论怎样决不如此。我们在这里碰到一个巨大的时代错误——生产过剩问题。每一个对政治经济学一知半解的人总是把按照市场紧缩程度进行生产这件事和真正的所谓生产过剩，即和某一种或某几种商品生产与其他大量商品的生产比例失调的现象混为一谈。对于这种人来说,生产过剩真是一个绊脚石。

如果有一个万能的天才,能够生产自己所需的一切东西,那么他首先就要满足自己在衣食住各方面一些最迫切的需要。这些东西满足之后,他就会继续布置并装饰自己的住宅,美化自己的庭院,并逐步使自己的各种各样的享受资料越来越高级化,或者竟沉溺在奢侈和玩乐的海洋中。整个说来,人类过去完全是这样做的,现在也确实在这样做。这简直是我们的天性。但这里面并没有生产过剩,因为欲望在逐步提高,欲望中所要求的总多过我们现在所有的,欲望在每个人身上都是那么根深蒂固,以致不论男人或女人完全心满意足的大概连一个也没有。

可是,我们假定,有一个天生具有超人力量的人,竟能给一只脚做两只皮鞋,给另一只脚一只也不做,或者给一只手做两个手套,给另一只手一个也不做。那么,很显然,这里就有了生产过剩;但同时也很显然,这又是生产不足。从我们的政治经济学辞典中把这两个术语删掉,而代以一个包含这两个术语意义的词,也许是有益的。这里,我指的是比例失调这一个词。

各种商品可以彼此不按比例地生产出来。上面已经说过,可以给右脚做两只皮鞋,而给左脚一只也不做。但是,只要你们增加生产,给左脚做两只皮鞋,比例失调现象就消失了。同样,一个国家可能把某一种商品生产得过多,但这只证明其他商品生产不足;并且这个灾难像通过缩小业务范围的办法克服一样,同样容易通过扩大业务范围的办法克服。

我们看看,应当怎样把这些观点应用到我们现在讨论的题目上去。同时，我们将想起一种情况，这种情况多半会常常发生，不管我们希望不希望。这就是：像现在出现的情况一样，过一些年月，机器会越来越完善；利用机器的帮助，甚至和现在所达到的技术知识进步相比，一个人将能完成许多人的工作。说这种情况对人类有害，这是多么奇怪而又绝非罕见的设想！

那么，且不说一些特殊部门，因为这只会使讨论进程复杂化，而且也决不会把这个进程说得更清楚些。我们只把衣食等第一类必需品用字母 A 表示，把能够略微提高我们享受水平的第二类商品用字母 B 表示，把能够更高地提高我们享受水平的第三类商品用字母 C 表示，把提高到由奢侈品组成的那一地步的第四类商品用字母 D 表示，最后把高到只有拥有大量资产的人才享受得起的第五类商品用字母 E 表示。假定，有一批拥有必需的土地和资本的人，在第一种情况下给自己生产一切供自己使用或消费的必需商品，我们把这些商品用 A 表示。为了简明起见，我们把他们生产的产品用数字 100 表示。

现在，假定由于能力好改进了设备或其他某种原因，这批人开始生产的东西比初次生产的多一倍，从而比自己消费所需的数量多一倍，即数目达到 200。由此作出决定，现在让另一批数目和第一批相等的人生产 B 类商品。结果，当 B 类商品生产者需要多余的一半 A 类商品生产者的产品维持生活时，A 类商品生产音很乐于用自己多余的一半产品换回 B 类商品生产者的一半产品，借以改善自己的地位。由于这样的交换，A 类商品生产者和 B 类商品生产者的地位，同样得到了改善。可是，由于技艺和技术的进一步改良，无论 A 类商品生产者或 B 类商品生产者，都有了剩余产品。

这种剩余产品不论多少，人们都可以用来促使C级商品生产者积极劳动。C级商品生产者也在创造剩余产品，直到影响D级商品生产者同样积极从事生产为止。当创造出更多的剩余产品时，最后一级的E级商品生产者也被吸引进这个竞赛圈子里来。由此可见，生产过剩这个观念本身，可以同一个白痴的狂言妄语相提并论，就是一个理智健全的人也很难断定，二者之中哪一个是由于无知产生的。

但是，不管全人类怎样忙碌不停，也不管"生产是需求的原因"这个原则的效用怎样历久不变，设想现在的生产资源状况能够把我们的生活提高到任何很高的豪华程度，这是错误的。一个人的劳动或才干所产生的结果，只能等价交换另一个具有相同技能的人的劳动或才干所产生的结果，不管这个人的劳动怎样富于生产效力，也不管他的天才怎样出类拔萃。虽然，比方说，一方面某一个刀具匠一生所制的刀具卖遍了半个地球，另一方面，他用所得的工资购买的东西更多过他卖出的刀具，但是，他所给予的一切和他所获得的一切，合起来只是两个人劳动的产品，因为如果这一方面或那一方面多过这些产品，那么交换就不会公平。现在，我们如果看一看，生产甚至在低生活水平的普通日常使用的和消费的物品，即在住宅、家具、衣食和无数舒适品及奢侈品等方面，花费了多少劳动，再加上我们在医疗服务或法律援助、国家和地方税收、旅行费用、娱乐和慈善事业等等方面的开支；其次，我们如果考虑到，当谈到一个人原来没有任何服务的生活方式时，人们会认为这个人所使用的一切都是他为大家所付出的劳动和给大家提供的服务的等价物。如果考虑到这一切，那么觉得奇怪的就不是一个人能消

费这么多，而是他得到了这么多的生活福利。同时，甚至已经使用着几百同胞的劳动的人们，只要能够把这几百人变成几千人，他们还是会高兴得不得了。如果注意到这种现象，生产过剩这个概念会多么毫无意义啊！！除了空着口袋，一个人的消费能力是没有任何止境或限制的，而生产能力却有界限。一个人能消费一千人的劳动，如果他能够支配这些人的话；可是，公平地说，除了本人能创造的和别人可能提供的那份价值以外，任何人也没有权利消费更多的东西。我们只举我们英国贵族的消费能力为例。几乎除极少的例外，一大批贵族的唯一工作就是根据一个人的年俸收入在各个场合里消费。但是，甚至这些巨额消费的例子，也还是能够超过的。富人想到一盘菜，可以支使十二个人替他寻找一整年。在这种情况下，他把一个同胞十二年的劳动当一顿早饭吃了。这是突出的例子，也并不那样少见。比如，一颗大钻石的价值不就证实了我讲的话吗？年复一年的光阴花在寻找钻石上面，找到以后，许多年劳动的价值加上预防找不到钻石风险的适当的附加数，像几个半克朗构成一种不大重要的物品或劳务的价格一样，完全真实地构成了钻石的价格。

在一个组织完善的社会里，货币制度建立在合理基础上，人们对装饰品、娱乐品和奢侈品（包括一切公认的高雅艺术品）的需要必然增长得很快，快到发展了的生产力有可能使社会上很少一部分人从事最艰难繁重的工作。譬如，一个人既然已经储备了丰富的日常舒适用品和娱乐用品，还拥有可以任意花费的多余的现金，那他就会开始得到能够满足他的幻想的一切。要使这种情况在全民范围内存在，唯一的障碍只是不合理的交换制度。

这个问题的第二个部分涉及我说的间接影响。间接影响有两种。第一种是：支付各企业中工人和其他人员的工资，要经常流通几百万货币，这会引起对各种有益劳动所创造的产品的大量需求，而把这些产品列入交换系统又不完全合适。

这些产品大部分是农产品和食品，也包括各种监督不到的（如果可以这样讲的话）工业部门的产品。这些工业部门生产的产品，除生产者本人以外，谁也不能评定产品价格，并且生产者方面的一些过分的要求，也会由于购买者明智而受着限制。此外，要加上各种根据协议原则或结算时各方面不会发生争论的设想而完成的一些工作。最后，还要加上像教士、医师、演员、律师、音乐家等这样一些职业的代表的工作，这些人的活动创造不出任何可以积累的商品。

所有这些人都可以用劳动货币付酬，劳动货币是这些人和他们的顾客之间的交换工具，所起的作用完全和现在通用的普通银行券相同。现在，这种银行券甚至只是简单的流通凭证，和劳动券相比较，并不见得是更真实的支付手段。关于自由职业的问题，我们已在《社会制度》一书中讨论过，并且我已经引述过了。

但是，第二种间接影响比第一种比较重要些。第二种间接影响的性质是这样的：有了价值标准，并且就交换系统内部所有各种工作规定了平均劳动价格，这个平均劳动价格必然会在整个工商界实行起来；因为，交换系统服从调节产品种类的各项条件，就能够无限地扩大，并且可以逐步开放以吸收所有别无门路获得工作的人，那么任何优秀工人显然不会为支取较低的报酬，即低于能够在公共企业中获得的报酬，而受雇于私营工商业家。这个原则所起的作用会普及到陆军和海军，同样会普及到一切家庭仆役和其他仆役以及农业工人，并且一般还会普及到从事自由职业、商业和体力劳动的每个社会阶级。

问题还有另外一个重要方面。使现在的银行家苦恼的噩梦已经消除，他们能够不冒风险地支援广大工商企业，这些企业目前由于银行必须用规定数量的黄金支付所发行的全部银行券，完全得不到这样的支援。现时，他们的银行券或者用劳动货币兑付，或者用劳动券换来的黄金兑付：二者其实是一样的。这样一来，银行券的发行额在很长一段时间内决不会过多，因为每次只发行这样多的纸币，即使交换系统外的商品的价格比交换系统内的商品的价格高，使所有持有这种纸币的人要求将纸币换成劳动券以便有可能在更有利的市场上使用自己的货币。同时，银行券发行额的扩大总是维持适当的均等，而不离开这个标准。

这样，结果就是：任何合理而有益的计划就不会缺乏促其实现所必需的经费，因为各股份银行和私营银行虽然绝不能像交换系统的发行额那样（在交换系统下，银行本身真正维护所发行的每一张银行券的等值性），按照数学般的准确程度和正确程度发行货币，但是这些银行为了本身的利益，经常尽量扩大发行额，使交换系统外的工资定额保持交换系统内的平均工资定额水平，但不超过这个水平。这就等于说，这些银行为了每一个良好的和有利的目的，经常能发行足够数量的货币，但也不多过这个数量。

我们说过，交换系统只要服从调节应该生产的产品种类的各项条件，就能够**无限制地扩大**。这一点实际业已证明（因为已经解释明白）:在合理的交换制度下，供求必然始终相等，其中一方面增加若干就意味着另一方面也增加若干。现在，我们如果看一看社会外部，即不包括在交换系统之内的那个部分，我们就能够把我们的论断继续深入一些。

总之，由于各工商业代办作为交换系统各企业的首脑使用最初的5000万的一大部分建立商品生产和交换系统，并且像拟议的那样，这些企业都全速进行生产，因为整个说来，商品的供给和需求显然会相等。既然对这个系统里工作的所有人员支付本交换储备请领单，授权停止增加储备的不记名凭证一定会随着每一次增加这个储备同时交给每一个人。不过，虽说供需总额显然一定经常是相等的，但某些需要我们研究的问题毕竟会自然发生。现在，我提出其中一些问题并尽力予以解释。

我们坚持这一原则：把我们应该出卖的各种各样的商品（我们再三强调这些商品是劳动货币持有人的财富）充分供应一切交换仓库，但同时也注意不让那些经验证明不能同别的商品一样畅销的商品的生产达到比例失调的地步。显然，这些商品应该减少生产，或者反过来让其他商品增加生产量。不管哪种做法，结果都可以使生产恢复平衡。

这里最要注意的是：哪些商品需要增加，哪些商品需要减少，按照以下的简单原因，同样是显而易见的。即：因为劳动货币本身没有任何价值，所以每一个持有人都需用以交换某一种东西。这正同现在一样，市场上出现了需求。所需要的商品应当属于下列两种有重要价值的一类：或者是交换仓库现有的东西，或者是那里没有的东西。在第一种场合，一个地方减少的需要会丝毫不差地等于另一个地方增加的需要。在后一种场合,所提出的要求自然是向外部市场[①]购买必需的物资(以不列入交换储备品类中的物资供应市场还会使资金运用产生盈利),或者提出需要的人要求付黄金,可以带往国内或国外任何市场上使用。

所以,考虑到可能需要用交换仓库里缺乏的某种商品交换劳动货币,因而又考虑到有些人会要黄金而不要某种商品,政府的工商代办应在下列两个办法中选择一个:或者组织生产这种商品(如果是国产的),以便满足今后的需要;或者不生产这种商品,而生产最容易换到黄金的商品。我早已指出过,在商品交换中,我们获得的黄金数量或多或少,并无任何意义,因为如果黄金价格比交换系统的商品价格提高了,那黄金一定与一切可以用劳动增加其数量的商品成同样的比例提高。否则,可能的话,政府的代办们会立刻开始生产和黄金价格相比没有下跌的商品,而不必为了购买用黄金交换自己的银行券。

可能有人会问,我们怎样能得到举办这些规模庞大的企业所必需的材料呢?材料有外国材料和本国材料两种。国产材料需要多少都可以用劳动货币购买,因为所有卖主得到货款就是得到了本国的法定货币,用这种货币可以购买自己需要的任何物品,可以付房租和税款,以及偿还任何债务。外国材料同样能用劳动货币购买,因为使用劳动货币能够从各种交换储备中或交换储备外得到任何一种便于出售的商品,也包括黄金在内。如果因为购买外国产品需要支付许多黄金,那么从这里可以看出:应该确实按照需

① 即交换系统范围以外的市场——原注。

要的程度，发展本国工业的这类部门：用这些部门的产品进行交换，很容易得到黄金。例如，中国给我们运来茶叶，除黄金以外，不愿意支取其他任何东西，那我们就应该用我们的人力生产能够极其有利地换到黄金的商品，以便用黄金购买茶叶。举例说，假如这种物品是棉织品，那么实际上我们是用印花布和凡而纱购买茶叶，即使我们从不曾送过一码印花布或凡而纱到买茶叶的地方去。我们出售棉织品换取黄金，以便用黄金购买茶叶。如果我们的棉织品换得的黄金逐渐减少了，如果棉花在加工以后换得的黄金并不比加工以前换得的多一些，那么从这里可见：更有必要尽可能使用最好的设备并改进生产方法，这对于一个总是抱怨生产过剩的国家不会是巨大的灾难。

但是，获得材料以创造财富的一切所谓困难实际上纯粹是虚构的，就是对未来若干世纪来说也仍旧是如此。宇宙所借以存在并主宰一切的无限智慧和巨大的力量，并非一点也不能满足自己的创造物的愿望。财富总归是供人使用的（因为问题涉及上述力量），而人只有在一定的条件下才能得到那些财富。人应当运用自己的智慧，同样也应当使用自己的体力。否则，他们可能世世代代会因贫困以及因贫困所引起的不和睦的重压而痛苦不堪，虽然所需要的一切四周很丰富，却永远在愚蠢地抱怨贫困和生产过剩。

不用说，创造财富的材料是十分丰富的。房屋主要用岩石、泥土、木材和铁造成。我们制衣服的主要材料是羊毛、棉花、亚麻、大麻和皮革。我们主要的食品是牛、羊、鱼、面包、稻米、糖、茶叶、乳品和蔬菜。以上这些东西的数量通过运用资本、技艺和劳动，可以无限制地增加。其次，我们研究一下比较高级的享受泉源，那我们会发现关于创造这些享受的材料问题更不关重要。例如,以一些高雅艺术(文学、绘画、雕刻和音乐)或科学(天文学、自然哲学、化学、植物学及其他)为例。自然材料对于这些作业来说是真正小而又小的事情。值几先令的颜料和画笔再加上几码画布,就足够画家创造出一千镑的交换价值。印书籍的纸张是用破旧衣服和诸如此类的东西制成的;而铅字和印刷机等印刷材料由于磨损得缓慢,只构成全部书价的一小部分;至于油墨价值则差不多徒有其名而已。所有其余一切价值都是人的技艺和辛勤劳动创造出来的。人类一切比较高级的享受泉源,其情况也多多少少与此相似。除去人的技艺和劳动以外,其余价值,即材料价值,通常是微不足道的。

人类能够工作并且愿意工作,为什么却感到缺乏上述这种或那种物品呢?因为我们还没有像应当做到的那样采取这个问题本质所需要的那种研究精神。我们不是集中我们的能力协同一致地、公正地研究使我们陷入灾难不幸的原因(我现在是就我的祖国而论的),而是分裂成一些无足轻重的小党派和小团体(宗教的、政治的、社会的和事务的),一个一个都以极大的狂热,力求获得毫无价值的可耻胜利,战胜自己的对手,而并不想求得真理。同时,以安慰和帮助我们的不幸并使我们同别人一道陷入普遍愚昧无知之中为己任的僧侣们,平静而冷漠地教导我们,说我们是依照神灵的贤明恩赐这样受痛苦。我以为,如果断言一切社会不幸(可理解为商业萧条、极端贫困和由此产生的种种灾难及罪恶)都种因于人类的无知、狂妄和堕落,那我们就很接近真理了。

把我们的意见总结起来,很快就会发现:按照每种价值一镑的消费必需品发行一镑的银行券,并停止使用购买等值消费品的一镑银行券，在这个原则的基础上，就能够找到一个防止生产过剩灾祸的正确无误的手段。但人类的发明能力总是在起着作用，总是准备把一些新的社会条件变成个人利益的源泉。这种能力能够创造出这样一种实现这种制度的方法：这种方法既妨碍交换计划起作用，同时又鼓励个人争私利。这里我应当声明，我不列举某些困难，只为我反对这些困难，并且不仅如此，我还能够消灭这些困难。反过来说，除了我极力想弄清楚的一些困难以外，我并不知道其他任何困难，哪怕是极不关重要的困难。我现在要谈到的困难是：某些私人发给工人的工资低于交换系统各企业发的工资，因此他们有可能把同样的商品按较低价格供应市场，从而使自己在竞争中能够很快战胜经营交换系统商品的商人：这种私人竞争有怎样的结果呢？

回答是明确的：诸如此类的事情他们一点也办不到。例如，假定私营工厂主打算比交换系统的麻布商便宜一点出售本厂的麻布。这个厂主出售商品必然换回以下三种货币中的一种，即：劳动货币、股份银行或私人银行的银行券或者黄金。交换系统的卖主以买回必需的黄金所需要的商品恰好相等的商品去换黄金。由于买来的黄金只反映用以交换黄金的那些商品的价格(用劳动货币表示)，所以得到的相对数量是多是少并无任何意义。我已经说明过，黄金是贵是贱，这个问题并无意义。可见，出售商品换回黄金时，不可能发生任何削价现象。私营工业家为换回股份银行或其他非交换银行的银行券，应按照劳动货币出售的条件出售商品。因为，所有这些银行券都应当由发行机关用劳动货币兑付，所以这些银行券在市场上首先应当支配相当于劳动券所支配的同样多的商品。否则,银行券持有人立刻会把全部银行券换成劳动货币,然后带往市场上去。其次,毫无疑问,私人银行和股份银行的银行券,决不能比劳动券昂贵,如果贵了,因为劳动券是合法支付手段,人人可以借股份银行1000镑银行券,当天就能用一千劳动镑归还这笔借款,同时把所赚得的价值差额放进自己的口袋里。并且,每天都可以重复这一过程。

在这种条件下,即当银行券的价格不比银行家要交换(提出银行券支付给办事处)的物品下跌时,银行家总是关注尽可能大量发行本行的银行券。的确,银行券的发行额实际上受银行家应该提出兑回自己的银行券(当别人提出来要求兑付时)的那个价值的限制,没有这种限制,纸币发行额就会达到这样一个数量,以致使威斯敏斯特的观察家关于仆役和一杯咖啡[①]的快乐的梦想会变成现实。

由此可见,一切纸币的价值应当受劳动货币价值的节制:一方面,前者不能涨到高于后者;另一方面,也不能跌到低于后者。

这样,我们来谈第三种情况,假设参加竞争的工厂主愿意出售自己的商品以换取较少的劳动货币(低于交换商店对同种商品的要价)。事实上,这种情况不见得可能发生。因为,工厂主如果这样做的话,就要付出比一镑银行券能够买回的较多的商品才换得一镑银行券。这样,每一次交易结果,就是心甘情愿受一次差价损失。谁也不能用低于交换系统商人所出的价格买到材料。由于一切业务的经营规模很大,谁也不能以低于那个不大的利润率(为了

① 指货币价值可能跌到一杯咖啡值5英镑的水平——原注。

扩大经营应当加到商品原始价格上的利润率)的利润出售商品。可见,任何节约只有靠劳动才能做得到。不错,交换系统内各企业的平均工资业已规定好了,而这些企业外面的劳动价格,则像现在一样,任人公开竞争。现在假设,交换系统各企业生产的物品的材料花费了10先令,劳动花了10先令,再加利润1先令,那么这个物品的售价就是21先令。再比方说,这些企业的竞争者也付出同样的价钱买材料,并且利润定额也相同。但假设,他的工资不是10先令而只是5先令,所以他的商品的售价只有16先令,而不是21先令。

对于这种做法的可能性这里有三个重要的反对意见:第一,如果竞争者出售商品得到的16先令本身没有一点价值,而只是一种工具的话,他就不会为这16先令劳动货币出售这种商品。如我们所假定的,他既然出售这种商品,那么,他在能够以任何形式收回这种商品的等值物以前,必然要在16先令之外增加5先令。实质上每一次交易都是16先令换21先令。第二,要用这种观点看问题:交换系统产品价值中包含材料费10先令,利润附加1先令,市价为21先令。在这种场合,制造这种产品的工人所处的地位如下:因为材料值10先令,利润为1先令,所以他支出11先令,加上他在这件物品上花费的劳动,就把这件物品变成自己的财物。交换系统企业外部的工人就不是这样的情况,虽然也可以向这样的工人收11先令抵材料和利润,但因为物品的市价必然会提高到21先令,所以他应当付出16先令,加上自己的劳动,才能换到交换系统企业工人以11先令加自己的劳动所能得到的东西。这种情况是不可能的。但即使这些理由都不生效,还有第三个理由:我

们即使设想，一个工业家能获得这样过高的利润，但他和别的工业家之间的竞争，很快就会把劳动价格提高到应有的水平。

所以，不论怎样看问题，结果都是下面这个情况：交换系统商品按劳动货币计算的价格，应当调节一切同类商品用同样劳动货币计算的价格，而不管这些商品是谁制造的；同时考虑到任何数量的黄金（即使数量极大也可以用商品换来）都同其他任何数量一样好（因为问题关系商业），所以为黄金与交换商店竞争是不可能的事。为了消费的目的，最好一切物品都是便宜的。可是，就算创造了价值标准，那也没有任何意义，从交换观点来看，一种物品或多或少都应当用以交换其他任何物品。纵然煤达到了黄金的价格，而黄金降到了煤的价格，在交换中也不会产生任何不便，不会因此产生任何商业衰退现象。至于谈到效用，这种变动就是一个大灾祸，因为差不多在一切场合，有用物品都很丰富，而这样一些东西则稀少：不过没有它们我们也过得很好。

但也可以根据另外一种观点提出问题。这种观点同其他关于生产过剩理论的见解一样，为疲惫不堪和待遇恶劣的工人指出新的令人快慰的前途。

假定，我们所有的仓库都装满了商品，消费品、舒适品和奢侈品甚至过度丰富，这些东西构成几百万、几千万的实际财富；设想这样的财富的代表物是整个社会手里的银行券，但世间仍然有想得到工作的人：对于这些人我们应当怎么办呢？我已讲过，只须沿着梯子逐级上升，大家就都能得到工作。决不应忘记，不管创造财富的实际人数是多少，这种人数增加多少同样就是对交换系统商品的需求增加多少。但是还存在另一条道路，我现在引导担心生产过剩的人走这条道路，随后我让他继续走这条道路，一直走到底，如果他能够这样做的话。

总之，我们的仓库存货满了，我们不需要更多的，而只需要经常保持同样数量的工人，以便把交换储备维持在一个适当的水平上，即经常充实仓库，使存货数量足够满足现在的需要，而不会达到过剩地步。对于生产过剩问题往后的任何议论，我们可用积蓄二字作答复。如果现在我们消费的东西足够了，那我们就可以为自己积蓄：收集金银储备，修建房屋，建设乡村、城市，开运河，修铁路，造桥梁，造船坞、船舶，在每一个经济部门发展公益事业，最后再购买土地。我们在需求方面是不是还缺少什么呢？当真，我们觉得所需要的这里都足够了：这里有我们存放国民财富的基金，有我们可以投入我们所能储蓄的一切（不论多少）的田地，并且这里还可以证明我以前的论断，即：我们所谈论的交换体系是能够无限制地扩大的。

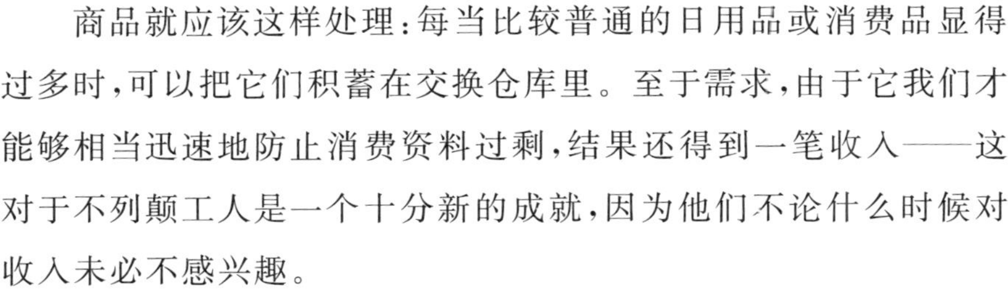

商品就应该这样处理：每当比较普通的日用品或消费品显得过多时，可以把它们积蓄在交换仓库里。至于需求，由于它我们才能够相当迅速地防止消费资料过剩，结果还得到一笔收入——这对于不列颠工人是一个十分新的成就，因为他们不论什么时候对收入未必不感兴趣。

请读者注意，这里我的目的是驳斥关于生产过剩的流行观念，否则你们可能认为我们太急于下结论了，因为要达到我们概略讲过的一切，必须有大量的资本。关于资本问题，稍后我会约略讲到。现在我想让大家明白以下问题：如果一个人经常能够积攒钱，他积下的钱总会多过自己要花费的钱，既然这样那么一个国家也就能够完全照样做到。如果国家的生产力已充分利用，能够以目前需用的一切物品的足够数量供应居民，那么就可以开始积蓄财富，当适当的积蓄目的物选定（这种目的物无限多）以后，国家就会完全无止境地继续越来越富足起来，而且在适当的制度下，它的财富每增加一次，同时也就使它的收入相应地增加一次。

这里，我有机会提出一个最有利地使用收入的办法，但首先我们要弄清这个题目本身的性质。在各交换企业的商品和货币相等的情况下，一个人为使用某种财物花费自己一部分收入（劳动货币），跟为获得这种财物花费自己一部分收入，二者是有区别的。因此，当广大居民群众有这种支出时，就有一笔钱回到交换银行里，换得这笔钱，交换储备中并不要付任何商品。如果有足够理由把这笔钱交给任何人，那么得到这笔钱的人立刻就成了这笔钱所代表的那一份财富的所有主。

这样产生的收入将成为交换系统财富的一部分，并分属于劳动货币持有人，每一个持有人所占的收入份额与他所持有的劳动货币数目恰好成正比例。可能有各种不同的办法可以把这种收入在各个持有人之间公平分配，而并不需要经过任何正式的分配手续。

首先，可以偿还全部借来的资本（现在可能有这个说法），这样可使资本的利息不致构成交换系统商品生产费用的一部分。结果，给财富生产者以工作的那种资本产生的全部利息，就归他们所有。这一点办到以后，我建议可以把这种收入合理地支付以下这些人的薪金，即经理、仓库主任以及在交换系统各企业里工作的各个职员和助理员。通过这个办法，把收入使用在交换系统各企业中，结果使每个工人和其他工作人员按照各人工资的准确比例获得多一些的劳动和服务产品价值。这样一来，这个方法所起的作用就等于给工作勤劳和品行优良的职工经常颁发奖金；因为，既然薪金照这个办法支付，而交换仓库里的商品价格又不因弥补职员薪金的费用增加了任何附加额而有所提高，所以每个工人任何一次支出，总能换回本身劳动的全部产品，并且除此以外，还能从交换系统全体职工的工作价值中得到自己的一份。其次，因为卖出商品只是为换回劳动货币，交换系统范围以外谁也不能剥夺工人这种权利。实际上，每一张劳动券的价值都按照收入总数的准确比例提高，因此收入已算入价值之中：并且因为这些劳动券开始总是付给交换系统的参加者，这些参加者的事情就是只有换回适当的等价物才付出劳动券。

必须指出，劳动货币价值这样增加和它的价值具有的不变性并不矛盾。如果每星期平均工资定额是一镑，那么一镑银行券就只是一个中等工人在当时财富和权力所能支配的最有利的条件下工作一星期的劳动产品的别名。但是，这些条件必然会发生变动。最常有的现象是：机器改良增加了个人劳动的产品，因而不是降低了劳动的货币价格，而是降低了劳动创造的商品价格。其次，由于资本得到偿付，资本的利息逐渐减少，降低了商品价格，但不是降低了劳动价格。第三种情况（业已讲过）是利用收入支付职员薪金，能够使巨额的管理、监察费用减少（有时能完全免除这种费用）。这些和另一些同类的情况，都能影响并且已经影响了商品的市场价格，其趋势是经常降低商品按劳动货币计算的市场价格；但价值标准仍旧不变，并且是不能变动的。价值标准是在最有利的条件下使用的劳动的平均价格。大概，在地球上人口住满以前，生产条件是会变得越来越有利的。

至于谈到我说的这个计划的业务规模，那么显然，这应该依据可以投入事业的资本总数为转移。既然政府原有的拨款已足以适当地保证这个系统健全存在，再要增加资本就可以采用两种方法。一种是以增加资本为目的特意在交换仓库出售的商品价格上加一个百分数，因为这是交换系统本身的资本，不需要支付任何利息。这种资本也可以用另一个方法增加，即允许私营资本家逐渐地但无限制地投资，其总数不少于换成不记名劳动债务（带有一定利息率）的货币数量。不过，因为这些债券是交换系统固定资本的一部分，虽然像现时许多种国家有价证券一样，可以根据持券人的意愿自由转移，但不应该以任何方式还本，而只应该照本付息；因为上述投资和平常股东向自己的公司所投股份资本性质相同，股东退股（其他参加人也有权退股）意味着企业完全破产。

同时，政府的工商业代办或企业的经理们自应偿还这些债券。当出售商品盈利或收入增加扩大了企业资本，因而使他们有此可能的话。由于这一点，每一个在交换系统各企业里工作的人，实际上都像上节指出的那样，会逐渐变成资本家，因为不论照任何方式使用资本，都不要在他的劳动产品上附加任何东西以偿付利息。一言以蔽之，交换系统的资本会尽可能迅速地变成国民资本，恰好同我们现在只要在适当保护这一条件下就可以无偿地使用道路、桥梁和不列颠博物馆等公共建筑物一样。

但这种情景还有另外一个方面。不用说，工人获得了自己的全部劳动产品，而且还能分享由于建立了自由的国民资本而产生的各种利益，这当然好得很。可是，任何国家都有了公共基金，允许每个人把储蓄的任何资本投到基金里去，从而能以利息形式获得一种公平的收入，这也好得很。这种基金在各方面都是有益的，能结合人们的利益，成为人与人之间的连系环节，并使有点储蓄的人参加社会事业，分享祖国或寄住国的繁荣和幸福。从这笔基金中还可以拨出捐款，以保证孤寡无生活上的顾虑，并有把握获得公平的收入。总结这一切理由，可见，由于打算建立交换系统而创立这种基金，并且把多余的资本投放在能产生收入的各种大企业中，比人们因交换系统拒绝为使用资本支付任何利息，而把自己的货币投入私人的或股份的投机事业中，也许要好得多。可是，我不只是讨论这个问题。

还有另外一个问题。肯少许注意本书内容的人的脑子里，大概很有可能发生这个问题。既然现在的货币是根据一个错误的原则发行的，既然在我们坚持这种货币制度时一定会经常给我们造成困难，那么我们如果不像这儿建议那样作重大的变革，能不能得到必要的改进呢？回答这个问题时，我只能指出：近二十年中，我看出了现行货币制度的错误，我经常思考怎样解决这个问题，一直到现在，我还不能找出一个比上面讲到的更简单有效的办法来解决这个问题。人不能像禽兽或鱼类一样，直接依靠自己活动的成果生活，人的本性是一种交换的动物，既然如此，因为在社会进步的情况下，直接的交换已不可能，交换时就要有媒介，即货币，并且这些货币应当成为价值标准、数量单位和衡量人在总财富总基金中的贡献的标准。可是，我重复说一遍，这个标准本身决不能有价值，因为每一件有价值的物品和其他物品相比，其相对价值无一例外，总容易发生变化。由此商业中就会出现一些无可救药的紊乱现象，这些现象不仅今天存在，而且从“货币”一词有着若干意义以来就一直存在着。既然货币不是商品，既然货币本身不应该有价值，所以只有根据某种正确无误并使货币所代表的价值一成不变的固定原则发行的货币才容许存在。因此，先在一切可能办得到的最有利的条件下创造出现实财富，并且极端小心保管这种现实财富，一直保管到需要从交换仓库提出交换回预先发出的货币为止（从社会观点来看，此后将怎么样就不会有意义了）；然后把国家货币变为这种现实财富的代表物，再由政府、政府某一部门或个别商业机关根据政治考虑采取行动，保障这种货币的不可动摇的稳靠性。我的确相信再没有像以上讲的这样容易彻底实行的办法了。因此，我重复说，价值尺度可以创造，创造的结果就是商品生产将经常不断地创造对价值尺度的需要。我在重复这个论断的时候，敢向三个王国里一切有批判力的思想界人士挑战：请证明我说的不对吧。

但是，我决无意断言，价值标准不能通过其他途径来创造，只是我找不到其他任何途径。我提议要做的一切，可以用很少的文字概述清楚。必须让所有能够并且愿意对社会福利作出某种贡献的人大量存款，然后让他们就自己所选定的实物形式取回这笔存款，即换回和自己的存款等值的几份实物。这个办法作为一个完善的制度，并且各方面都受公正的法律的节制：我觉得这是很自然的。但如果有人能够指出更好的即更简单容易的办法，可以使交换不受束缚，而我们的巨大生产力可以解放，使生产能完成其满足我们的各种需要的真正使命，不永远争取按金铸币维持价格水平

(商品数量可以增加几十倍,而金铸币则只能增加几倍):那么,我将是头一个承认他办到了这一点的人。

但是,同多数人一样,我知道,吸引大众注意任何一个专门问题是多么困难!要使别人接受现在使我向众人发表这些意见的坚强信念又是多么困难!我并不乐观地相信这个制度短时间内就能在我国采用(按照事物的自然进程,已逾中年的人仍然有机会看到),这本书如果引起了多多少少一些注意,而不是产生相反的结果的话,我毋宁会感到惊奇!人类一般都坚持错误办法,不仅长期拒绝接受这里叙述的计划,而且拒绝接受交换**原理**。就这样吧,可是那时候情况将是:紊乱现象会继续下去,人们拼命挣扎着,同浅滩上的鱼一样,时而跳得高时而跳得低,但始终是处在难局中,处在受苦受难的穷困境遇中,任何适当的方案、任何计谋和任何方法都不能拯救他们脱离困难。并且在世人最后揭露、认清和消灭商业结构中一切可怕的错误以前,这种情况会一直持续下去,纵然想让一个现在活着的人获益也太晚了。本书这些篇页的目的就在于揭露和根绝商业结构中的错误。

我将在下面谈论生产界限的一章中,结束我的论断。

第　六　章

结束语——阐明生产的界限；现在的界限是怎样的和本来应该是怎样的——关于居民和侨民的几句话

如果由于改革货币制度，除适当地调节生产以外，对于需要不可能有任何其他的界限，那就发生了一个重要问题：生产本身的界限怎样呢？如果某一次出售商品换到一笔钱，就意味着用这样或那样的方法以同一笔钱购买或者准备购买商品，那就要问：结果怎样呢？生严应当以哪儿为止境呢？

前章我已讲过，一个人的劳动或才智所获得的结果，按照公平原则，只能换到另一个人的劳动或才智所获得的等值的结果，因此一个工人可能享到的最大限度的享受，就是他在最有利的条件下所能生产的一切。但是，最好还是把问题深入追究下去。因此，我现在试图更详细地说明现有的生产界限是怎样的，同时说明自然的和实际的界限（现有的桎梏摧毁以后应当保留的界限）是怎样的。这里，话可能说得有些重复，但我热心坚持的那个学说的要义这样深印在我的脑海中，使我宁愿冒别人指责我讲得太啰嗦的风险，而不同意把有助于阐明问题的话保留不说。

现有的生产界限可能是容易确定的。大自然把这样丰富的物资散布在我们周围，总是希望我们享受我们凭自己的勤劳和才能利用这些物资创造出来的一切。一个人不努力就得不到一点东西，但他应当享有他的劳动所提供给他的一切。精疲力竭或不愿工作：这才是劳动的界限。可是，人暂时并没有耗尽自己的生产能力，也没有满足自己的需要。人的生产能力是这样巨大，以致评价和测量这种能力竟是一个困难的任务；而实际的或想象的需要又是这样众多，只有必须有收成的播种才能满足这种需要。

我们的国家已过细研究了某种商品，并把它作为价值标准。国家郑重宣告：某一定重量的黄金应该叫做英镑，其他一切物品的价值都应当用英镑数或英镑的分数来决定，物品能换回英镑，或者按英镑计价出售。这个制度的结果就是：因为黄金是价值尺度，所以不论需要商品的人手中现有的黄金或其代表物（银行券）数量是多或是少，这个数量总是在交换当时打算换成货币的商品（换言之，即在市场上出售的商品）时所能得到的最大数量。假设某一些愿意将钱换货的人手中拥有的货币恰好等于100，那么他们在市场上能得到的商品就只是100。因此，如果市场上的商品比货主估价那个数量（货主估价值100）多一点，比方说多过一半，那么显而易见，或者是多余的一半应当留着不出售，或者是全部降价（总额在100以内）出售。至于这个数量究竟是一百镑、几千镑、几万镑或者几百万镑：反正没有关系。

我们举个例子：货币和商品所值是均等的，即预定在市场上出售的一切商品都能按照适当的价格找到情愿成交的买主，同时商品的需求和供应已得到平衡。既然情况如此，为了对商界现状获得一个清晰的概念，我们就只须增加商品储备，而不要增加货币储备。

例如：

商品 100,货币 100——真实价格

商品数量增加到 110,货币仍旧是 100——亏损 10%

商品数量增加到 120,货币仍旧是 100——亏损 20%

商品数量增加到 150,货币仍旧是 100——亏损 50%

商品数量增加到 200,货币仍旧是 100——亏损 100%

由于照同样的办法可能继续亏下去,所以十分显然,必须另外使用一种流通工具,这种流通工具能够像一切适宜出售的商品一样,用普通办法迅速增加其数量。因为货币数量如果不能相应地增长,那就不可避免地会产生下面的结果:或者是价格应当下跌,下跌程度与商品数量及货币数量增长差额恰好成正比;或者是必须停止生产。除此二者必居其一以外,没有其他任何出路可供我们选择,也没有任何解救办法可以帮助我们避免这些后果。

既然情况是这样的,看来自然会问到的头一个问题就是:为什么货币数量不像商品数量那样增加得迅速,以便使商品出售 200 也能产生出售 100 时可能得到的利润率呢?答案是这样的:在黄金或其他任何含有内在价值的商品仍旧充当价值尺度以前,货币数量像我们增加商品数量那样迅速增加,显然是绝对不可能的,因为要使一种物品在数量上像其他一切物品合在一起那样增加得快,用任何巧计都做不到。

紧缩着的市场,——这就是现在人类享受的物质资源的界限,这就是挡住生产者前进道路的仇敌,这个仇敌对生产者说:你可以前进到这种地步，但不能再前进了。

因为，要使亏本不至于成为必不可免的后果，商品量的增长就不能比货币的增长快，所以亏本通常总是生产的结果。企业主们受着他们所说的将本"求利"这个贪心的鼓舞，有时这一个，有时那一个，经常总是跨越分界线。但可惜他们在这种场合创造的不是货币，而只是财货，或者更正确点说是灾祸，因为使生产者陷入破产，使生产者的妻子儿女困在贫民窟里：这不见得是幸福。

而这就是造成所谓生产过剩的症结。因为，商品数量比货币数量增长得快，以致商品价格下跌了，于是大家就叫嚷起来：啊！生产过剩成灾呀！其实可以用二十个不同的方法证明，这决不是而且不可能是一般的商品生产过剩。真正的灾祸是：在完全缺乏任何明确的增减原则的情况下，货币生产不足。像我们曾经做过的一样，请你们再着手使商品和货币保持均衡状态，生产在这种状态下就能提供公平的利润。可是，你们要根据现有的商品储备调整货币数量的增长；而不要像现在做的那样根据现有的货币储备调整商品的增长；这样，你们便能把生产增加百倍、千倍、百万倍或千百万倍，并且同任何时候一样决不会造成生产过剩。不会发生也不可能发生生产过剩，甚至连极小一点的生产过剩的远景也是不能想象的。

调整生产品的种类，使各种产品数量的增长保持比例性：这是防止所谓生产过剩现象唯一必要的条件。

可是，当货币数量停止增加时，商品数量一般也会停止增加。因为，"轻率"虽然常常越界，而"理智"则更经常喊"停止"。后者是常规，前者是例外。所以生产总会暂停的。但什么时候停呢？群众的需要什么时候获得满足呢？什么时候我们大家在物质方面享受得舒适和满意呢？什么时候我们中间每一个人都有家可归，有地方可以休息，有东西可赡养妻儿（如果我们有的话），有家具、乐器，书籍、地图和地球仪可供使用——总而言之，即有着使生活舒适（一般意义的舒适）所必需的一切呢？——不知道。当我们能以各种必需品和舒适品以及许多次等奢侈品供应王国每一个居民时，我们的生产活动就会暂停起来；可是，在现行交换制度存在的条件下，甚至每当我们能以足量的最紧要的必需品食物、衣服和舒适的住房等供应群众以前，我们的生产活动一定老早就停下来了。

防治这种灾祸的方法不能在民权党政策、托雷党政策、急进主义、宪章运动或我所熟知的任何其他“主义”的词汇中寻找，而肯定在于改革货币制度。改革了货币制度，货币数量将依商品数量为转移，而不像现在的办法一样：商品数量要受货币数量的节制。

在现代银行体制下，银行家们不可能办到这一点。现在的银行券必须根据要求用规定数量的黄金兑付，因此发行额不能达到使银行券的价格低于黄金的那个数量，如果越过这个界限，银行业盈利的末日就到了，就要亏本。每一张银行券会很快回到有关银行里来，速度和发行时一样快，结果每次发行都是亏本。如果银行券充分自由发行，使生产能够顺利进行，那么黄金价格必然要比银行券提高。而用银行券买来的商品就再也换不到原先那样重的黄金了，因为只有商品在增加，黄金量对商品量的比值缩小了。这样一来，银行家在自己的业务规模上，显然和社会上其余部门一样，要受到同等程度的束缚。

由此应当得出结论，无论是黄金，无论是根据要求用规定重量的黄金兑付的银行券，也无论是白银、黄铜、青铜、铁、锡、铅或其他任何一种具有内在价值的商品，都永远不能用来作价值尺度；否则就会阻碍生产，像用以束缚劳动阶级手脚的铁链一样。

为了使生产能够不停顿地进行，为了使希望得到比较奢侈的物品的需要有所增长（对比较不太奢侈的物品的需要刚刚得到满足），为了使总需求与供应相等以及使供应与需求相等，为了使商品数量增长时其价格不致下跌（只要创造商品的劳动没有变动），代表着一定量有效使用的劳动及才能的银行券就应当成为价值尺度。根据怎样的原则发行和停用上项银行券及其辅币如1先令、1便士、半便士、1法新等，我在前面已经准确地说明过了。

因此，随后我们的问题就是：生产界限，即根据事物本性确定的永恒不变的生产界限，实际上究竟是怎么样的？

我已经说过，完全耗尽我们生产人类享受的物质资源的能力和志趣，这才是这些资源的天然界限。可是，有些人设想我们的生产力是用之不尽的，并认为唯一的不足是我们的商品缺乏销路。为了使这些人能够完全满意，这个答案显然太一般化了。因此最好更彻底地讲清楚这个问题，因为不能做好某一件事情，其原因可能是多方面的而且极不相同的。

国家的财富泉源是土地、资本、技艺和劳动热情。让这些财富泉源充分发挥作用，这些泉源所能创造的最大数量的财富就是这个国家一年的成果。我们以为，使用这些力量的方式可以分成四类。这不是说，每一种业务都必须归入这些分类的某一类中，因为常常可能发生业务性质含混不清的现象。但是，预先研究这些分类，对我们可能有益处。

一、国家为了直接使用、消费和玩乐而利用土地、资本、技艺和劳动热情，利用拥有的物资创造财富。这种生产的特点就是独立自主，恰好像一个自食其力的人，本人需要不多，却能仿照鲁宾逊的办法，用双手劳动以满足自己大部分需要。

二、国家可以用大部分生产资源创造必须交换别国产品的财富。这意味着只用实物交换，而不增加价值，因为所得到的一切只预定和付出的东西是等值的。然而这种生产通常正是财富真正增加的原因，因为我们可以用我们的剩余物抵付外国产品。生产的东西足够供应国内消费以后，就用我们多生产的东西向别国购买我们本国不能生产的东西。在这种情况下，国际支付就包含着某种从来不曾有过的东西，如果没有机会照叙述过的方式利用的话。这时，同我们贸易的国家，完全处在同样的地位，也在充分利用自己的生产。

这也是一种健康的和适当的生产方式。这是国与国之间的劳动分工，对每一个社团（不论多么小）都是有益的。以交换别国财富为专门目的而生产的产品，可以是原材料，也可以是工业品。交换或直接进行或间接进行，结果是一样的。这就是说，我们可以把商品运到美国，换回我国需要的美国粮食，或者先把商品运到美国换回美国粮食，再把美国粮食运到法国，从法国换回我们需要进口的葡萄酒和丝绸。

三、第三个使用资本、技艺和劳动热情的方法纯粹是为外国生产。我们可以购买本国不需要的外国材料，用某种方式进行加工，仍然不以内销为目的，然后，把加工品运到外国市场上去。在那儿的卖价减去生产费用的剩余额，就是我们操心和冒险所得的报酬。

这大概不能叫做一种理想的业务。如果大批人参加到这桩业务里去,他们必然会陷入一种有点儿风险的处境中。因为在这些条件下,不管是什么样的资本、技艺和劳动热情起作用,所有的人必然会处于一小时内就可以被通知解雇的短工般的地位。我们想为它生产的那个民族,自己可以进行生产,或者正在开始进行生产,或者找到了其他东西代替我们的产品,或者找到另外的人可以在更合意的条件下替自己制造同样的产品。不错,对于一个像英国这样强大的国家来说,这样一些变化通常只是逐渐到来,并且或多或少地是可以预见到的。可是,有时候这些变化毕竟要到来,那时就会引起巨大的灾祸。如果某一个弱小的国家把自己大部分资本和劳动投入这种业务,那么一个强敌不要进入这个国家的口岸,而只要切断其国外贸易,就差不多可以消灭这个国家。因此,为国外消费者加工外国材料的工人的地位,对于多数人来说,不能看做是合乎希望的社会地位。可是,如果这种情形博得较现在大一点儿的赞扬,那就好了。

四、资本和技艺也可用在投机活动上,即用在普通买卖上。这种业务不会引起反对意见,因为考虑了各国的有余与不足,并且是从调剂人们生活条件上谋利的。这一个国家富有这一些产品,那一个国家富于另一些产品。在交换余缺中充当中介人的人能使双方获利。商人的合法业务就是这样的。但是,当商人沉溺在投机的海洋之中,并因此把成千上万同胞引入上述第三类业务中时,就每每变成比普通骗子好不了多少的人,如果情况不有所缓和,必然会作为骗子受到谴责。结果,使别人破了产,自己本身通常也会遭受同样的命运。现在我们重新回到这个研究的比较直接的主题上来。

因为已经指出过，在合理的交换制度的影响下，供应和需求只是同一件事情的两个名称，可见二者总是能够携手并进的。因此应当得出结论：既然对于这种供需关系需要的唯一条件是调节，我们的生产能力就应当和我们的调节能力相配合。事实的确是这样的。

如果大多数获得必需资本的人，从事许多各不相同的工作，获得代表自己劳动产品的价值凭证作工资，那么由此得出结论：总需求将等于总供应。某些商品有剩余毕竟是完全可能的，但这样的剩余数额必然和其他商品的不足数额恰好相等。例如，我们把生产的商品和商品的生产者用 A、B、C、D 表示，生产者获得自己的工资以后，可能希望用全部收入只购买商品 A 和 B 上；在这种情况下，一方面，对 A 和 B 的需要正好增加一倍（因为 A 和 B 正好占满足需要的商品的一半），而另一方面，对商品 C 和 D 则完全不需要。

显而易见，必须把 A 和 B 的生产增加一倍，而把 C 和 D 的生产停下来。因为这种改变的必要性通常是逐渐出现的，所以当备有制造合乎希望的商品所必需的材料时，或者当我们能够得到这种材料交换某种东西（我们没有它们也可以并准备为交换材料而付出它们）时，实现这种改变并不困难。

但是，可能发生这种情况，即我们既不能制出我们所需要的那种物品，又不能制出另一种可以用来购换那种物品的物品。那么显然，我们就应该不要这种可有可无的物品，而把想使用在制造所希望的物品上的资本和劳动，转用在任何其他目的（达到这种目的不会带来什么不可克服的困难）上。可是，如果发生了这种情况，即所需要的商品竟是非有不可的那种商品，例如食物（假定我们已生产了国内只能生产的最多数量，假定我们也不能用自己的劳动同时生产可用来购换别国食物的其他任何东西），那么显而易见，我们达到了生产的自然界限。因为，现在我们既然不能调节、又不可能生产我们最需要的物品，或生产可用以换购所需物品的其他任何物品；那么，一切我们可以着手的额外工作，只能产生一个结果，这就是对原来不足以供应早已存在的较小量需要的那种物品的需求增加了。我以为，生产上的这种自然界限是各个国家不论什么时候可以达到的头一个界限。

各个国家既不能用本国的劳动直接生产任何必需的商品，又不能借一部分居民的劳动通过交换间接得到所希望的物品，以供应自己的市场，只有在这个时候，侨居国外才是必要的。以上这个论断大概是可以容许的。这个时期到来以前，侨居国外是适宜的，可是我认为，其必要性则不可能是很迫切的；而且还要注意，在建议的制度下，近似这种情况的某种现象，视情势为转移，会在国内或国外市场上在对所需储备品的需要不断增加上经常表现出来。

可见，在合理的交换制度的作用下，总供应和需求始终相等，同时哪些商品生产要增加，哪些商品生产要减少，也是明如白昼的。而且对某些商品的需求是增加或是减少，无论在交换系统内或交换系统外，都是正确道路的固定路标。把你们耗竭了的储备补充起来吧，把储备已经充足的地方减少一些吧。这里应当指出，过多应该经常恰好与不足相适应，反之，不足也应当恰好与过多相适应。

可惜，大不列颠和爱尔兰现在不需要任何指标来标示它们的仓库满到何种程度，或空到何种程度！满啦！满啦！满啦！——对任何诸如此类的问题都是这样千篇一律地回答。房屋、家具、衣服和食物同样丰足，然而“市场呀！”“市场呀！”千万人永恒的叹息声就是如此。其实，为了使彼此获得市场，他们只要消灭深藏在他们交换系统里一个最大的病症就行了。

大不列颠也没有任何理由担心这样的日子很快就会到来：由于某种自然原因，它的生产应当暂停下来。大不列颠的资源是很富足的，只要放手利用这些资源，那么任何国家可引以自豪的历史中的最辉煌的篇页，比起出现在眼前的重新开放的英国繁荣的大门来，只是一幅人类境况绝望的画图而已。可以创造财富的英国资源差不多是无穷无尽的，同时这儿指出的有利地使用这些财富的方法其效力也恰好同样是无穷无尽的。

这里可以适当地注意一下，过渡到建议的系统时，任何缩减某种生产规模的借口，完全或者差不多完全可以消除。只要使生产规模一开始比现有资本数额所允许的小一些，就能办到这一点。在这种情况下，货物不足时可以用适当地增加生产的方法经常保持应有的供应比例，而不要每逢产品过剩时紧缩生产。

例如，所有各不同部门现有交换储备的情形可用下列数字表示：

2、4、2、4、2、4，

而供应比例则要求是这样的：

3、3、3、3、3、3。

那么，显而易见，把三个 2 变成 4，或者把三个 4 变成 2，或者把六个数字都变成 3，就可以恢复平衡。第一个方案要求增加生产，第二个方案要求减少生产，第三个方案则既要增加生产又要减少生产。显然，第一个方案最好，可是为了能够实现这一方案，我们手中必须经常拥有额外资本，以备用在任何需要增加资本的地方。这是在这种情形下唯一必需做的事情。

像这一章标题上指出过的那样，我打算就居民和侨民问题说几句话，但因为这不是一篇关于政治经济学的普通论文，而不过试图注意一下这门科学现在的可怜状况，所以我只指出，现在关于居民和侨民问题的一切争论，都是为时过早。因为我们目前既不能评论这一个，又不能评论那一个。一个灾祸发生了，首先只应当把全部思想用在消灭这个灾祸上。让我们在国内自由贸易吧！解除生产上一切束缚，让生产尽量自由发展吧！打断使我们陷入贫困的黄金锁链吧！那时我们就能够透过晶莹的空间，看明白许多事物，这些事物我们目前力图透过商业谬误的黑暗与烟雾分辨清楚，却毫无结果。

在《社会制度》一书中，我用一章专讲居民问题，关于侨民问题也提了几点意见。但现在我既不愿过分扩展本书篇幅，又不愿把对本书所讲的主要问题的注意力岔开。

第 七 章

关于现代政党的几点意见

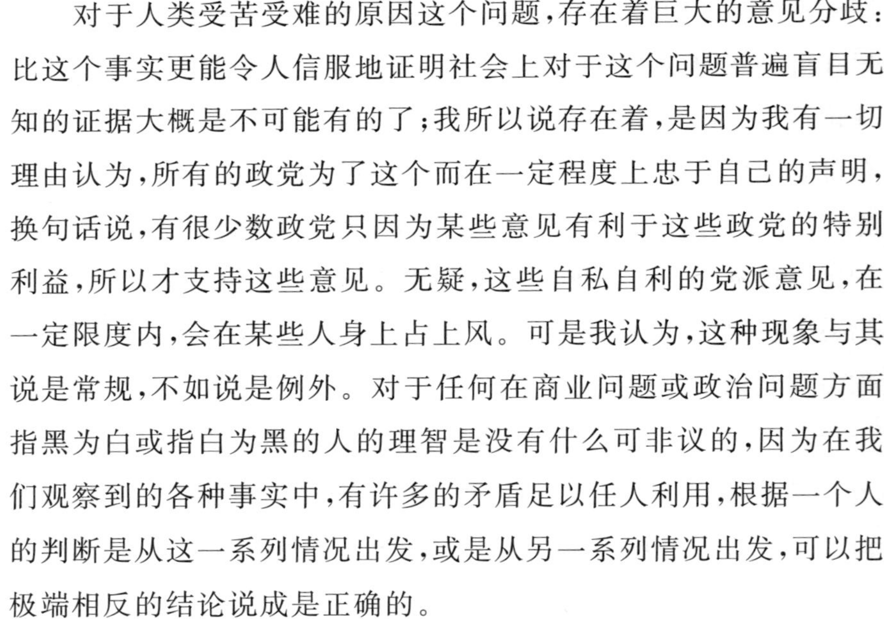

对于人类受苦受难的原因这个问题，存在着巨大的意见分歧：比这个事实更能令人信服地证明社会上对于这个问题普遍盲目无知的证据大概是不可能有的了；我所以说存在着，是因为我有一切理由认为，所有的政党为了这个而在一定程度上忠于自己的声明，换句话说，有很少数政党只因为某些意见有利于这些政党的特别利益，所以才支持这些意见。无疑，这些自私自利的党派意见，在一定限度内，会在某些人身上占上风。可是我认为，这种现象与其说是常规，不如说是例外。对于任何在商业问题或政治问题方面指黑为白或指白为黑的人的理智是没有什么可非议的，因为在我们观察到的各种事实中，有许多的矛盾足以任人利用，根据一个人的判断是从这一系列情况出发，或是从另一系列情况出发，可以把极端相反的结论说成是正确的。

如果一台蒸汽机坏了，停工了，如果有几个工程师奉派一一检查机器并报告机器的毛病，那就有这样的可能：工程师们会认为机器不能开动是由于同一个原因，而且同时认定这是真正的原因。因为，既然承认每一个工程师都懂得交给他们的这台机器的性能和构造，那就不管机器有什么毛病，立刻能够检查出来。有几个委员会奉命在六个月内就商业的困难、困难的原因及其消除方法等问题作出决议。我真愿意知道，这几个委员会提出的几份报告书，其间相似程度是怎样的。可惜，现在一些政治和社会工程师的见解是多么分歧和多么互相矛盾呀！看起来，除承认灾难确实存在，除在灾难原因和消除灾难方法上互不承认对方意见以外，似乎无论在哪一点上都不相同。

托雷党或保守党党员似乎没有任何特殊救治办法。按照他们的最近指示，他们好像充当了守旧分子的角色，极力反对我们在一些实验性的研究中所作的任何重要的频繁变革。他们不是改善局势，而是把局势恶化了。他们具有颅相相士称之为狡猾的那一类的天才。他们纯粹凭直觉来作结论。他们无论在哪一个场合，都不想回答自己的反对者的论据，而是采取一种极简单的办法："你们并没有说服我们。"从这种世俗常见的防卫措施中，也能得出许多合理的见解，因为对于一些不能以实事实物作证的事情，决不应作这样的结论：这一个人是对的，因为另一个同样有才能的人并不能证明这个人不对。保守党党员不直接对自己的反对者说："你们想做的事情是非正义的。"而是说："我们看不出这怎样能够带来好处，所以我们反对。"一个严厉的老监护人，肯极其冷静地听取被监护人的最激烈和最放肆的意见，但以后却不作任何回答，禁止一切建议，拒绝满足这些建议。把这个党和这位老监护人相提并论，不是不可以的。有一位季洛尔先生希望同惠灵吞公爵[①]谈论反谷物

① 惠灵吞（1769—1852 年）——英国统帅和国务活动家，曾参加英印、英西、英葡、英法战争，1819—1846 年选任英政府大臣及首相——中译注。

法同盟的问题，公爵于七月十六日的一封公开信里答复说，他“拒绝接见各社团的代表团或个别士绅们来讨论社会问题，如果任何一位士绅认为有必要就某一个问题给他作书面通知或报告，那么他一定仔细阅读这个书面回答。”这个决定看来是明智的和具有自由主义风度的。一个几百年来使人类束手无策的问题，大概不可能在通常短短的接见时间内谈好。用书面形式或印刷形式提出意见，比谈话方式清楚和完备些。书面叙述可以一读再读，从而能理解得确切些。而在谈话中，常常或多或少会错误领会原来想转达的意思，而且双方有四分之三的理由很快就会被忘掉。公开的集会以及公开的和私人的讨论，对于吸引参加人注意这些或那些问题是很有好处的。同时，这些集会和讨论还有助于形成解决问题的意见。可是，如果是一个困难问题，——即似乎有点使人们作难的关于人民在丰裕之中为什么过赤贫生活的问题，那么在办公室里研究和阐释这个问题，总比在辩论厅里好得多，因为在辩论厅里获胜的毋宁是最有口才的雄辩家，而不是思维最合乎逻辑的思想家。现在，我竭力要证明的是：自由输入粮食而不同时改变货币性质，就不会大大地减轻我国现有的和将有的不幸。

民权党党员们从原因到结果得出了自己的结论。只要他们考虑了问题的一切情况，那么他们的逻辑的结论自然是无可争辩的。但他们从来不曾这样做过。他们采取了那些有产生好处的自然趋势的措施：避免不必要的开支，尽可能减低赋税，并且在适当限度内允许实行自由贸易。这些措施的自然趋势是好的。如果国家需要粮食，通过纺纱换粮比栽培谷物本身更容易获得粮食，那么显而易见，间接的办法就比直接的办法更有效。如果一个人在机床边工作，而另一个人在多山的苏格兰的半荒瘠的土壤上工作，而且两个人的工作都以获得粮食为目的；那么，在这两人之中，织工是最优秀的农人，如果他的劳动比他的伙伴的劳动最后给粮仓里交付了较多的粮食的话。既然我们使用同样的劳动量做出其他什么东西，能通过交换获得较大量的东西，那么获得我们所需要的东西的最便宜的办法，实在只有自己永远不生产这些东西。

但自由进口粮食对我们有没有帮助呢？请看看美国吧！不用说，那儿粮食是充足的，然而美国的境况并不比大不列颠好。正相反，美国的境况比大不列颠更坏些。在1842年8月27日的报纸上，我们读到一条消息："纽约报纸刊载了差不多七百家破产户名单，这个名单按照英国报纸的通用方式排印，要占《泰晤士报》一半篇幅！这说明：怎样的飓风刮遍了美国商界！飓风刮过以后留下了怎样一片可怕的荒凉景象！"造成这种现象的原因，如果不是因为美国人同我们一样，完全没有适当的交换工具或价值尺度，那又是什么呢？因为那里同我们这里一样，货币与其说是按照某种明确的原则发行的流通工具，不如说是抛到人群中使大家为之争夺的一种物品。结果，人民能够生产的生活财富愈多，商人和工业家所受的亏损就愈大。美国人，同我们一样，既然可以设想用压力唧筒成功地代替人体内部流通血液的静脉和动脉，他们也就同样可以试图不要计划像人体静脉解剖那样精确的计划而实行有利的交换。

我国粮食如果同美国一样便宜，那么一年或者最多两年，就会把我们推回到现在的境况中来。工资会准确地按照粮食落价的幅度下跌。同现在一样，生产商品的机会和制造货币的机会之间的那种比例失调现象仍旧会保存下来。商品要比以前便宜些，但从商品中得不到任何利润。最后结果有二：第一，以前关于生产过剩的荒诞的哀叹声会重新出现；第二，英国人在获致最佳事物秩序上会迈进一大步；大家懂得，不是便宜的粮食，而是其他某种东西，必然会拯救我们。可是，在作出这么多的努力以降低一切商品价格时，至低限度应当记住：降低各种商品总价一半，恰好等于增加国债率，以及一切租赁租金额和每次债务偿还前的利息一倍。

现在市场上粮食很多，灾难主要不是缺乏粮食，而是缺少购买粮食的货币。增加粮食供应吧，可是灾难毋宁是增加了，而不是减少了；因为不相应地增加货币数量，增加粮食只会使对货币的原已过大的总需求更加膨胀。一切有利于粮食自由进口的论据，须以国内实行自由交换制度为前提，事实上这种制度并不存在。在英吉利、苏格兰和爱尔兰，有几百万人能够做到并且力求做到对彼此有益，可是因为他们之间缺乏应有的交换工具，以致不能做到这一点。一个大城市里的同一条街道上，总有好几十个人处在这种境况中。人们不是靠直接交换商品生活：面包师不可能用面包换呢子，制呢者不可能用呢子换面包，家具匠不可能用家具交换自己需要使用和消费的上千种物品。面包师、制呢者和家具匠，再加上百把个其他的工匠，大家都应当靠自己手艺赚来的利润[1]和用商品换来的货币剩余额（减去在商品上用去的货币）生活。这笔剩余额构成大家的收入；如果增加货币数量而不同时增加商品数量，那么生产的商品越多，剩余额或收入就越少。我已讲过多次，增加现有

① 私营手工业者的利润中包含工资——中译注。

这种货币数量不可能和增加商品数量同时进行。这样一来,结果就是:几百万能够而且愿意(指整个而论)互相供应各种可供合理使用、消费及享乐的物品的人,由于人间事实受到纯粹庸俗而巧妙的歪曲,由于制度错误(它可能在两年或三年之间废除),注定会经常陷入困难、混乱和争吵中。但愿人们别以为我是在维护粮食法。谁也不会比写这篇文章的人更喜欢完全废除这道法令。可是,在实行当前交换制度以前,想从这种变革中得到巨大的好处,那纯粹是一种幻想。

民权党党员的思想在其他情况下虽然有道理,但由于同样一些原因始终是不能实现的。他们首先应该摆脱那条控制商界的破坏性原则。他们应当把商业放在这样的基础上:商品数量的任何增加都不能引起商品货币价格下跌的趋势,如果这种增加不同时使商品生产中的材料费用或劳动工资降低的话。希望他们首先做到这一步,然后把自由买卖任何商品的权交给我们;任何有理性的生物都不会反对这点,并且任何一个思维健全的国家也不会长久地等待仿效它们的榜样。

但是,从单纯扩大我们现在的商业制度方面期待持久的改善,这是无益的和无希望的。这个制度已全部腐烂,应当抛弃,像扔掉破旧衣服一样,以便让位于由好成分和新型式建立起来的另一种制度。

第　八　章

呼吁：著者恳请研究这里业已成熟的交换制度的各种优点——提醒惠灵吞公爵注意他在报纸上所作的邀请

读者诸君：不论你属于哪一个社会阶级，请听听几点普通意见吧。

世界上充满了各种灾难，我们在每一条街道的角落里都能碰得到，并且侵入了我们城乡各个最遥远的处所；灾难川流不息地出现，报纸上载满了灾难的详细报道。贫困是全部灾难的主要原因，无疑还有其他的原因，可是贫困这个原因是主要的、压倒一切的。你们看到和听到灾难而感到遗憾，并且将因为灾难减轻而高兴，如果一知道灾难是怎样减轻了的话。这是老生常谈。

但这本书就是这样的，它声言任何不应忍受的贫困都能够消灭，并且说因为人们能够和愿意凭自己的劳动为大众创造富裕，所以大家都可能过得心满意足。现在这么多人陷入贫困的原因已经指明，并且消灭贫困的方法（以新商业制度的姿态出现在你们面前）按其本质说也不复杂。采用这个制度是毫无困难的事情，而且相反，实现这个制度的计划是简单的同时又是合乎实际的。实行计划的结果可以把生产必需品、舒适品和方便品变为需求这些物品的经常不变的原因。这就是著者的论断，这种论断是正确的，还是错误的？

如果你们的答复是否定的，这就意味着，关于事实本身，我们之间还有意见分歧，于是辩论结束了。但著者深信，不论你们怎样有办法，你们无论对著者借以解释为什么存在这些巨大灾难的原因，或是对著者建议采用的药方的功效，都找不出严重的错误来。

但是，也许你们的答复是另一个样子。你们也许有意默认：不仅折磨我们的那个神秘的灾祸业已揭露清楚了，而且真正的药方也指出来了。那么，就我这一方面来说，我同意：计划内容是丰富的，要求对商业结构作很大的变革；某些人的货币利益可能会受损失；使用私人资本的方式也许要稍微改变一下；在国内仿佛必须成立第二个政府；还有其他许多事情应该进行，直至现在整个工商业制度革命化为止。可是，承认这一切时，我毕竟认为，既然依靠这种变革能打碎使我们陷于贫困的锁链，那么从首相到农夫，每一个人的神圣职责应当是：勇敢地彻底认清灾祸，并尽可能迅速地把灾祸消灭光。

为了使群众解除饥饿，短时期内总应该做些事情。我写这些话是在 1842 年 8 月。请看看国内情况吧！除了骚动、风潮和暴行的新闻，半数公共刊物的各栏里还登载什么呢？不错，现在恰好因为消费如故而生产停滞着，所以灾难才可能减轻了。但同样一些原因还会继续起作用，所以同样的灾难还会一次又一次地以同样的或日益增长的声势重新向我们袭来。当有某种可以占有的食物，并且如果商业组织的一些缺陷不照旧妨碍用勤劳的方法取得食物时，人们总是会一直食用这种食物，否则他们就会使用强盗不法手段攫夺食物。说这些事情本身会改正过来是徒劳的，这些事情本身永远不会改正过来。想叫我们相信，贫困和不幸，甚至连不应有的贫困和不幸，是发展的和高度文明的社会状态的自然的伴侣：这也是枉然。我已证明，这种论断是错误的。除智力或体力方面无能，除懒惰、放荡及犯罪以外，没有任何产生贫困的自然原因。富人们沉湎于虚假的不可靠的室内安静，经常反复以生产过剩、投机性过大、机器太多、人口过剩和其他诸如此类的无意义的空谈来麻醉自己，是徒劳无益的。必须采取断然的措施，不应该再让灾祸像老虎那样潜伏在洞里，一有机会就出来猛扑我们。应当消灭灾祸，为这件事出一份力量是每一个人应尽的责任。

但是，不能期待惠灵吞公爵现在会很积极地参加社会事业。公爵的社会事业的太阳按照事物的自然行程正在向西方下落。可以期待的是他很快就会说司各特借约翰·肯布尔[①]之口所说的话：

> 更高的义务是祈求：
> 在剧场和坟墓之间保留一席地位，
> 好让我像罗马人进入丘比特的殿堂一样，
> 在临死前整整我的衣裳：
> 我的生命的短剧，

① 约翰·肯布尔（1757—1823年），英国著名的演员——原注。

已在为社会服务中结束。
这最后的一幕,
必定是关于我自己的事。

惠灵吞公爵说过,他会细读讨论任何国务问题的书面报告和信札。

我若是敢于向一位名人请求一切,我就会这样随便地利用他的声望。公爵这句话是一个声明(如果只要他找到根据发表声明)。按照他的意见,这儿拟出来的货币制度值得全面认真研究。我以为,这样一来,公爵可能在自己给祖国所做的一切事情中再添一件好事,因为多数人会开始研究他认为值得研究的问题。那时,问题就必然会以交付近乎全民讨论的形式出现在公众面前。

按威信说,报纸次于我上面谈到的公爵居第二位。我一定让这个受人敬重的团体中一大批可敬的代表人物有机会就这个问题考虑出意见来。如果我这部书中的见解是正确的,那么反对意见或赞成意见将起同样的作用,因为无理地反对正确的学说常常是最好不过的支持方式。即使这些见解仅仅构成一部错误百出的巨著的一个附录,这些意见的错误也是越发现和指出得快就越好。

但这本书的内容与其说是献给社会上层阶级的,倒不如说是献给中、下层阶级的。这些阶级,特别是上层阶级,不可能像对待一般的抽象哲学议论(永远不能或者要到一个不知多么遥远时期才能对实际生活发生影响)那样,对待这个合乎道理(哪怕是道理的类似物)并以消灭他们的贫困为目的的计划。如果有什么好事情要做的话,那么除了那些为自己的特别利益而应该做好工作的人,还有哪一个阶级或哪几个阶级的人来完成这项工作(他们的事情已经应当开始)呢?

确定这儿发表的学说的正确性或错误性是容易的事情。被推荐的这台机器的模型已在这本书里介绍过了,是由少数零件组成的,所以容易拆开并且容易了解。如果这是台好机器,那就希望各劳动阶级递交请求采用的请愿书,并且希望他们反复呈请直到被采纳为止。如果这台机器的质量确实像我介绍的那样,那么拒绝采纳将是白费力气。政府的成员是国家雇用的公仆,而不是国家的主人。他们根据自己所管理的人们的赞成和委任保持他们所掌握的权力,而被管理的人要做的事情则是:或者让这些成员照旧供职,或者把信任交给其他的人,如果认为必要的话。总之,如果人民确信某一个计划首先能减轻他们的灾难,并能逐渐使他们达到经常繁荣和心满意足的地步,那人民必然会一心一意坚决要求采纳这个计划,而这计划也必然会得到采纳。

有人说,人们绝对不会注意狂妄的和空想的雄辩家们的请愿书,他们的请求从来就没有特别的目的或任务,他们只是根据这样的假设,即他们具有最高的智慧,比现在那些掌权的人能更好地使用权力,才做到把别人手里的权力转到自己手里来。宪章运动者和其他一些人想引用这种说法作为反对我这个建议的正确性的口实是徒劳无益的。这一类好作空洞计划的人若是获得了权力,就会把问题完全搁置不管,仿佛像使用权力似的;并且他们关于这个问题没说一句话也是完全合理的,因为他们本身不知道该开始做什么，他们没有任何明确的目的，也不能确定这个目的。合并撤销论者[①]和宪章运动者们就是这样的。

我们认为这儿提出的那个目的正与此相反。**这个目的有明确的特点**。任何一个有教养的人仔细研究这个目的的性质以后，通过纯粹思维的过程，就能够近乎精确地确定它会造成什么结果，以及它不会造成什么结果；并且整个计划特意订得简单明白，所以在著者关于它的优越性的估计中如果有某种错误，这种错误也容易发现和揭露出来。

还有一个意见，我就在这个意见上结束这本书。希望别以为这里简略地说明过的**精确的行动计划**会自认为具有某些非常特别的优点，我不过是坚决主张现在的货币制度应当**整个**废除，把地位让给其他的制度；利用其他的制度对于人类就会造成这样一种状况，即现在地上和水中的鸟、兽、虫、鱼中间存在的那种状况，共同享用着土地。但愿人类能够创造和愿意创造多少财富，就能够享受多少财富；现在**人为的障碍**妨碍他们办到这一点，**这种障碍是应该撤除的**。

宣布这个原理而不同时指出怎样才能实行，那是无益的和无意义的。一切我能够做的我都做过了，而且方法上比十一年前那个方法[②]好得多，因为现在这个计划已删除了以前那个计划中间许多复杂的和困难的东西。我力求做到的是要使生产成为需求的原因，按事物本性说生产就是这样的，但愿**实际上**也是如此。但愿

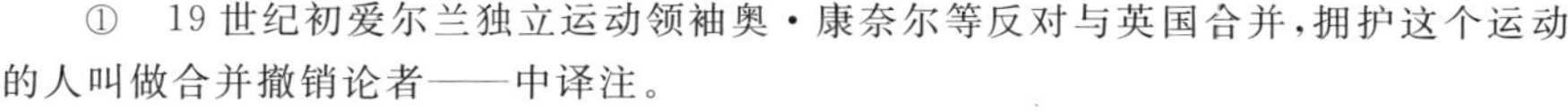

① 19世纪初爱尔兰独立运动领袖奥·康奈尔等反对与英国合并，拥护这个运动的人叫做合并撤销论者——中译注。

② 指《社会制度》一书——中译注。

“买和卖”两个词变成同义词。这应当是我们的商业大厦的基础，因为无论在其他任何基础上，大厦都不能建筑牢固。至于上层建筑，那就希望每一位建筑师都设计出自己的图样来，并且希望在选定其中一个图样时，坚固、朴素、大方和精确的匀称性都是中选的必要条件。

论货币的本质及其用途

1848年2月和3月为爱丁堡哲学

研究所全体成员讲授

第　一　讲

导论——详述问题的困难——通俗讲演通常教导的是那些公认的东西，然而在现时这种情况下，讲演人的任务却是捍卫对听众说来大部分是新颖的见解——这些见解的概括评述

当我决定向你们讲学的时候，我感到很大的踌躇不安。由于我现在所处的特殊地位，我诚恳地请求你们多原谅我。

首先，如你们中间大多数人所熟知的，我十分不习惯参加人数众多的集会，也不习惯向群众发表演说，而且任何公众集会我都不常参加。因此，今天在作这个尝试时，我固然一点也不怀疑我打算向你们阐述的那些见解，但毕竟十分担心自己能不能把那些见解讲得一清二楚。

其次，我应该请你们注意的**课题**包含这样的内容：**货币**及其本质和属性；这是为了使我们民族或大地上其他任何民族能够过幸福生活，货币究竟是什么、可能是什么和应该是什么的问题。照一般的意见看来，这个课题几乎是不可能理解的。正因为如此，所以选择这个题目的人就很少希望能使广大听众感到兴趣，或讲得使他们心满意足。

再次,关于我们要研究的这个问题所必需的教学指南哪里有呢？通常在讲演人惯于向这种集会谈论科学和艺术的各种问题中,我们拥有大量标准化的著作,其中至少包含这些科学和艺术的一些基本原理,那些原理是确定了的并且是经过论证和检验的,对它们表示异议就只能证明自己愚昧无知。因此,每一个作通俗讲演的人在一定程度上跟数学教师所处的地位一样。这位教师把早先确定而且证明了的知识,传授给那些想获得这种知识的人,即传授给料想能够教授这种知识因此特来学习的人。只有在某些个别场合,即当他偶然越出自己课题的基本原理范围时,他才谈到一些有争论的问题,并且大着胆子把别人(人们公正地认为跟他一样有权威的人)大概会怀疑或否认的东西肯定为真理。关于主要事实和基本原理,教授们之间不存在任何意见分歧。

但是,关于政治经济学问题,我担心甚至直到今天还没有任何指南可以指导研究科学的人熟悉一些无争论的原理,更别谈那些次要问题的细微分歧了。因为,错误是人人难免的,在这些模糊难懂的课题中,细微分歧是一定会有的。比方说,不列颠百科全书确实是一部伟大的著作,该书的最新版本不久以前才印刷出来。可是,即使在这部集古今智慧之大成的巨著里,我们想要找出关于政治经济学各项基本原理的毫无争论的定义,是不会有结果的。

不列颠百科全书的“政治经济学”条目是伦敦大学政治经济学教授麦卡洛克先生写的。但另外一些与他地位相同和名望相齐的经济学家,如已故赫尔福德郡奥斯汀专科大学政治经济学教授、有名的人口论(最近二十年间广泛流行的谬论之一)著者马尔萨斯先生,就对他所阐述的一些最基本的政治经济原理有异议。不错,麦卡洛克先生和已故的马尔萨斯先生在后者最欣赏的人口问题上意见是一致的，但就其他某些最重要的论点说，他们的意见却正好相反。

另一位经济学家在一个主要的政治经济学原理上，赞成马尔萨斯教授而反对麦卡洛克教授，这就是小萨缪尔·勒恩先生。虽说这位先生作为政治经济学作家的名望远不及上述两位作家，但如果考虑到他在157个[①]应征者之中，竟因为写出了《论国家陷入困境的原因和消除目前灾难的方法》这本优秀著作而获得《阿特拉斯报》一百英镑奖金，同时评奖者又是像爱丁堡皇家学会副主席大卫·勃留斯特爵士、牛津大学政治经济学教授赫尔曼·默里委尔先生、剑桥大学政治经济学教授乔治·普腊伊姆先生、伦敦统计学会副主席托马斯·图克先生、爱丁堡哲学研究所博学的所长兼爱丁堡大学政治经济学教授约翰·威尔逊先生等这样一些举足轻重的人物，那我们毕竟有充分的理由称他为“有名”人物。

例如，麦卡洛克先生说：“有效的需求以生产为转移。”马尔萨斯先生说：不是！勒恩先生也说：不是！可见，政治经济科学方面的库珀、李斯顿和萨伊姆[②]之流竟为生产取决于需求还是需求取决于生产这样一个简单的和起码的问题，在我们面前争论起来。这个问题，如我有一回曾向你们论证过的，具有决定性的巨大意义。一个生在现时代的人，在亚当·斯密博士为他准备好的书早已出版之后，没有彻底了解需求和供应问题就承担起阐述政治经

① 格雷在本书第334页及其他页上又说是158名应征者，可见这里原文有疏忽之处——原注。

② 库珀·李斯顿和萨伊姆是当时英国的著名外科医师——原注。

济学体系的任务，其做法并不比一个不懂得是太阳绕着地球转或是地球绕着太阳转的人要坐下来写天文学初级专题论文更明智些。然而，我可以肯定地说，所有一切经济学家都是这样的情况，这中间也包括小萨缪尔·勒恩先生、约翰·罗素勋爵[①]、罗伯特·皮尔爵士[②]、《爱丁堡和威斯敏斯特评论》的主编[③]、《欧洲导报》[④]的总编辑，以及差不多英国所有一切报刊和期刊（至少就我看到或所能找到的而言）的主编们。

不过，暂时就是放下其他一切关于这个题目的权威者不谈，并且把现代一些经济学家和千百个一时得意的作家的争论也完全搁下不谈，有人也可能会问："难道亚当·斯密博士在他的不朽的《国富论》中不是给我们留下了一些用优美的语言阐述得清楚而中肯的政治经济学原理吗？"

答案是明显的：并不是对所有政治经济学原理一概如此！因为，如果亚当·斯密博士给我们留下的是对一切政治经济学原理的明白而绝对正确的论证，那么不用说，这个原理的众多的注释者和通俗化者现时就不会形成将近这么多的一伙喜欢争论的人。例如，亚当·斯密博士如果在七十二年以前解释需求和供应的真实性质，同他论证劳动是财富的唯一的原始泉源那样清楚，那么不久以前，马尔萨斯和麦卡洛克两位教授之间就不会为这个问题发生

---

① 罗素（1792—1878 年）——英国的自由主义的政治活动家，曾任英内阁首相——中译注。

② 皮尔（1788—1850 年）——英国国务活动家、温和的托雷党人，曾任首相，在自由党支持下废除谷物法（1846 年）——中译注。

③ 现在这个刊物已不属于我着重指出的那些人物——原注。

④ 指《泰晤士报》——原注。

争论，并且照我的浅见看来，《阿特拉斯报》的发行人也就没有必要公开悬奖，征求对我国遭受贫困的原因和消除这种灾难的办法作某种解释了。

事情真相是这样的：在《国富论》中，我们看到了大部分（但不是全部）社会科学原理，而这位博学的经济学家的一些追随者和注释者，试图发挥这位学者的原理和继承他的发现时，却把所有的人和他们自己都弄糊涂了，特别是把问题弄得很难以理解了。一条社会科学原理、一条具有巨大意义和重要性的政治经济学原理，始终没有阐释清楚。当我们想正确理解这个原理时，一层层迷雾却弥漫在社会上作梗，这层迷雾至今还是这样把整个有关公共利益的问题搞得模糊不清，以致广大群众现在还仿佛觉得政治经济学这门科学“无论对谁都是一个难以理解的谜”。

总而言之，这一系列讲演的任务是补足我所指出来的那个空白点：论证社会科学中存在一条原理，对这条原理有一些经济学家至今尚未察觉出来，另一些经济学家则把它误解了，他们之中谁也不曾正确地给以估价。如果我能够使我的大部分听众照几年以前我自己所理解的那个程度清楚地理解这个问题，那我就敢于希望我能够参加（哪怕稍许参加）建立最伟大、最有效益的商业革命的基础，而这种革命在我国或其他国家有朝一日总是要爆发的。经过二十五年多的研究，我对这个问题业已获得某些知识，现在这种认识使我抛弃一切私人顾虑，不管我在某些方面对于如何完成这个任务准备得怎样不充分，我还是试图把我的研究结果告诉你们。

虽然如此，但我原有的一系列困难还是没有消除。因为，如你们现在看得到的，我所承担的任务并不是解释或详细说明大家认为理所当然的一些确定了的真理，而是论证你们的极著名的经济学家的某些心爱的理论（至少是其中某几点）的错误程度。因此，你们有权利以怀疑和不信任的态度对待我试图告诉你们的那些独出心裁的见解，你们有权怀疑我提出反对别人学说的一切，最好事先设想我是不正确的，那我就特别有义务要证明自己正确。我乐意接受这样的条件。

我要请求你们原谅的最后一个、但不是不大重要的一个理由是：我不是一个有经验的雄辩家，我不相信自己能够临场讲好这个题目。我觉得这是我的一个大缺点，我当真是惶恐地开始执行我面临的任务。不过，这几次讲演的题目具有巨大的和决定性的意义，所以，我曾注视东西南北四方，想找到一个不论什么样的有资格的律师来为我所捍卫的事业辩护。结果白费气力！我不曾碰到过哪一派，甚至哪一个人，在货币问题上跟我有共同的见解。而我打算告诉你们的那些观点，如我已指出的，是我长期深思熟虑的结果，因为这些观点可能是有价值的，并且就我所知，在别处是找不到的，所以我宁愿冒得不到你们赞成甚至受你们嘲笑的风险，而不想错过现有的机会，尽我的力所能及，试图履行每个人对他生活在其中的社会所应尽的责任，这就是把自己掌握到的知识，真正掌握到的或推论出来的，贡献给大家。

现在要接近我们的题目货币了，即英镑、先令和便士[①]。也许用不着告诉你们，现时出现了许多货币问题方面的哲学家。大概

① 当时英国币制是：一镑合二十先令，一先令合十二便士，一便士合四法新——中译注。

也用不着告诉你们，在以下这些人们的中间，即：主张用金币的哲学家和主张用纸币的哲学家之间，想把一切化成黄金的炼金术士之间，以及纸币拥护者之间，展开了许多争论。炼金术士告诉你们，当白面包、常礼服、房屋、餐桌没有按照黄金适当地估价或测定时，白面包不是粮食，常礼服不是衣着品，房屋不是住人的地方，餐桌不是家具。纸币拥护者对你们说，黄金不过是应当像粮食、干酪和油脂一样在市场上显现自己固有的价值的一种商品。可是，当你们要求他们给价值一词下个明白准确的定义时，可惜他们并不能照办。

同时，你们也知道：拥护苏格兰银行制度的人们和拥护英格兰银行制度的人们之间到处在进行斗争；在本届下议院最近一次选举激烈进行之际，不少候选人表示准备着手研究币制改革问题，如果这个问题在他们当了议员后提到他们面前的话。例如，我们的极受尊敬的爱丁堡市代表查理士·柯翁先生就是其中的一员。这些情况至低限度意味着人们已默认现有货币制度或银行制度中（包括苏格兰银行制度）也许并不是一切都是顺利的。

但是，我的见解比以上大多数先生要高明一些，至少在提出的时间方面要比他们早得多。因为柯翁先生和其他诸位只是昨天才生平第一次告诉你们，他们现在打算修订我国的货币法规，而我却可以从我十六年多以前出版的一本著作中引证下面一些言论：

“如果说劳动为人类创造了一切有价值的物品，那么交换就使某些人有可能利用许多没有交换单凭自己的劳动就永远得不到的东西。在社会发展的情况下，差不多一切阶级需用的衣服、食物和住宅，都包含着大量的组成部分，这些组成部分是散布在整个半球上的人们勤恳劳动的结果。其实，十分显然，如果每一个人只能掌握自己凭双手的劳动直接生产出来的东西，那人类便永远不能脱离极端无知和野蛮的状态。

因此，可以把交换叫做社会的联系和基础。虽然如此，但提出下面几个问题还是十分合理的：现在的交换制度好不好呢？它是以一些正确的原理为基础的吗？人类知识和物质资源达到现代这样发展的情况，使我们有权指望和期待得到一切福利，现在的交换制度能把这一切福利带给我们吗？

对于这些问题我毫不含糊地断然回答说：**否**。我们的交换制度是统治文明世界的恶魔的隐身所，它以饥饿报答勤劳，以失望报答努力，以困难、惊慌、失败报答我们的执政者谋求福利的善良愿望。正是我们的交换制度在人们关于公共利益的概念方面造成了比巴比伦的嘈杂更糟糕的混乱状态。

让我们实行议会改革吧（这一点差不多已经有把握了）！让我们拥有普选权并实行秘密选举吧！让议会一年改选一次，实行自由贸易，清偿国家债务，豁免一切赋税，取消英爱合并吧！让人们所希望的其他任何事情都兴办起来，让曾经使人们失望的任何现象都消失无踪吧！但是，当这个扰乱商业秩序的恶魔看到我们所说的一切包袱已经一个接一个地相继卸下来，而我们还是在另一个无形的包袱的压迫下越来越深地陷入失望深渊中的时候，它是既要用铁爪抓住我们的物质福利不放，又要嘲笑我们的狂妄与无知的。”①

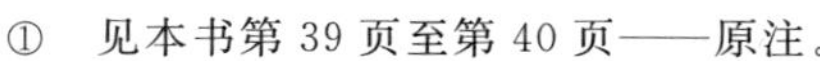

① 见本书第 39 页至第 40 页——原注。

1842年我重复说过同样一些话，现在（1848年2月22日）我第三次对你们说，在我们王国里，任何一个孩子都能够同大人——无论是大臣或最普通的人——一样，改善人类的一般处境。只要他们都彻底明白以下事实：我们现时的交换制度是在一些错误见解中播种、生根、成长和发展起来的，产生商业灾难（如人们正确称呼的）的至少有十分之九的原因都隐藏在这个制度里。这些商业灾难现在正在折磨着我们，并且只要我们以后继续坚持我们现时的货币制度，那我们就会继续遭受到这种灾难。

我们的执政者可以为民族的繁荣颁布法律，我们的慈善家可以赞叹繁荣，我们的报纸可以描写繁荣，我们的经济学家可以预言繁荣，在女王的统治区里任何臣民都可以期望繁荣。可是，我们如不着手进行像我们全体出席人员生平在交通方法改变方面所看到的那样巨大的变革（不仅是儿戏般的银行业务的局部改良，而是我国货币制度主要基础的改变），那我们至少在“原因”和“结果”还有着某种意义以前，永远得不到理应归我们享用的那些福利。其次，我还要告诉你们，甚至连铁路这种公认的时代奇迹，比起跟它同时存在的另一种奇迹来，也是不大令人惊异的东西。我说的就是那种在一个非常重要的问题上，即在交换问题上，至今还继续迷住舆论的烟雾。

你们会不同意我的看法，说讲得太过火了。但愿如此。我现时的目的，即今晚的目的就达到了。如果我引起了你们的好奇心，那我将进一步抓住你们的注意力；如果这点做到了，那我们很快就可以认真地开始转入本题。

现在我们花几分钟谈谈以下一个问题：在现代社会中，实际上有没有一种很糟糕的不正常的现象呢？而且这种现象既不能借缺乏宗教信仰、不道德、懒惰、无远虑，又不能借其他某些原因（人们很喜欢把不幸、失业、贫困、饥馑、犯罪、疾病、夭亡一概归咎于这些原因）来加以解释呢？我想，是有的。何况不见得哪一个人在对现代社会状况作一番普遍观察以后，能不得出这样的结论：在我们周围有着某种极不正常的现象，深入研究这种反常现象的性质和原因是十分必要的。

我们举一个多年离群索居的人鲁滨逊第二为例。假定这个人原先只携有少数最简单的工具和器械，被抛弃在一个土壤并不贫瘠的岛屿上，他也拥有巨大的智力和强壮的体力。他正确地估价了自己的处境，毅然决定利用一切有成功的机会，并且认定死在斗争中，总比由于缺乏劳动热忱或缺乏顽强的生活和享受（尽环境允许的）的意志而死要好一些。

不用说，处在这种境况中的人，如果能够适当地支配自己的时间，把自己的精力用在有效地实现拟订的计划上，比如一天二十四小时中十小时用于工作，八小时用于休息，其余六小时用于饮食、娱乐和德、智及宗教修养上，那就能够极好地达到自己的目的——满足自己的合理要求。

显而易见，可以叫做这个人的财富的东西，只包括房屋或他建筑的茅舍，以及他登岸时带来的和后来凭自己双手劳动创造出来的食物、衣服、家具和器械的储备。

如果起初，比如说头十二个月，这个人只为糊口就必须花掉自己的全部工作时间，即假定整个十小时全用于工作，很显然，他就不能利用上述十小时内的任何一点时间获得额外的衣服、家具或其他什么东西，因为他仅仅为了得到食物至少必须工作十小时。不过，如果在鲁宾逊第二流落的第二年中，由于某种原因（究竟由于什么原因，这对于我们的论断是不关重要的），他为获得自己够吃的食品，每天不要工作十小时，而只要工作八小时，那么显然，他就能够增加自己的衣服和家具的微小储备，其规模和数量正好是他现时每天支配的剩余的二小时内生产的。其次，如果在他流落的第三年中，练熟了本领，竟能每天只工作六小时，就能保证衣、食、家具供应充足，从这里就可以看出，他现在有了四小时的剩余时间，在这四个小时中，他能谋取适合自己享用的奢侈品，而并不会侵占原先用在休息和娱乐上的时间。同时，他也可以用新节约出来的时间建筑较好的房屋，改善自己日常衣、食和家具的质量；如果他对于这些事物不感兴趣，那就可以增加自己的闲暇时间。再推论下去，我们设想会有这样的时期到来，即他轻而易举地能够生产出完全满足自己的身体需要的一切必需品，而为了达到这一目的，每天只要工作一小时就足够了。在这种情况下，他显然可以把一天二十四小时中的二十三小时支配在休息、饮食和娱乐上，以便根据自己的安排，锻炼体力和智力。

总而言之，这个人所需的必需品、舒适品和奢侈品的供应状况是好是坏，或者简单地说，他是贫是富，就以生产的难易为转移——这也就是我想使你们容易了解的那条原理。

我以为，这是毫无疑义的事实。既然一个人的情况是这样的：他这个时候一小时能做出几年前要十小时才做得出来的东西，那么他就能够在下面两个办法中选择一种：或者较以前富十倍，或者把剩余的九小时闲暇时间花在娱乐和休息上。

人类是不是实现了这条原理呢？我讲的不是人们中间的一些特殊阶级，而是我国的一般居民。当曼彻斯特、利兹、诺廷海姆、考文特里、伯明翰、设菲尔德、佩兹列及其他工业城市的生产量日益增长的时候，住在曼彻斯特、利兹、诺廷海姆、考文特里、伯明翰、设菲尔德和佩兹列等地的老百姓的生活福利是不是同样在增长呢？工人们，无论是织工或铁匠，任何生产部门中的机械工人，或者甚至农业工人，现在的处境是不是改善了？给他们供应的必需品、方便品和舒适品是不是比十年、二十年、三十年、四十年、五十年以前同种工人所得到的好一些呢？在同一个时期中，生产的容易性是不是以完全同样的程度在提高呢？其他的一切社会阶级的境况，是不是以同样的程度在改善呢？

如果是这样，那么一切议论就到此止步了。如果某些人以及整个人类的处境当真按照这样程度改善了，如果我们这个民族当真生产、掌握并使用了我们能够创造并且准备创造的一切财富，这就意味着我们现在有了我们在现有知识范围和资源数量下所能得到的一切财富。但是，如果我们并不曾拥有这一切，如果满足我们需要的物品还存在着某种数量上的极限（除我们生产这些物品的能力或欲望耗尽以外），那我就肯定说：在我们的公共设施中间并不是各方面都很好的，在人类和人类本应享用的那些财富之间隔着一种东西——这是不能诿过于以下任何一个“原因”的一种东西，即不能诿过于通常的失业、贫穷和困苦的不幸以及由这些不幸引起的犯罪、疾病和夭亡。因此，有一个与这个问题有关的秘密，应该予以揭露。

在一些次要的问题如宗教问题、政治问题、商业问题、贸易自由或不自由的问题、刑法问题和其他几十个问题等方面，不管你们的意见如何分歧，我相信在下面这个问题上你们大家会赞成我，这就是：因为问题涉及我们的社会情况，所以不管一切政治见解和宗教见解如何，社会最大的需要可以用这个词来表达：工作——让一切能够工作并愿意获得工作的人都有工作。再补充一句："天天搞好工作，天天拿到公道的报酬。"

总之，我讲学的任务就在于论证这两个要求都是可以实现的，为此就只须合理地利用完全可以归我们支配的那些大自然的潜力就够了。

上面这样深信不疑地说我们的社会商业制度中存在着某种可怕的错误，如你们清楚地知道那样，这个见解并不新颖。为了改善我们大多数同胞的生活条件，近些年来有人提出各种各样的方案和计划。这里我们指的是欧文先生和他的合作制度、约·姆·莫尔甘先生和他们蜂房制度以及其他许多人和许多计划。看起来他们并不能使合作社兴旺繁荣，但我从不曾在蜂房里待过，所以我只是十分肤浅地懂得一点政治经济学的蜂房制度。不过，无论如何，如果不提鼓励自由贸易的日益增长的渴望，不提采用较为简易的课税制度的趋向，也不提我们商业制度各种细节中的少数微不足道的改良，那么直到现今就只有很少的改变，或者连任何改变也没有。我们的《社会制度》的主要原理仍旧不变，而大错误（如果真正有的话）即使被发觉了，却仍然得不到整个社会或政府的承认。

对于这个问题，我只请你们注意一个情况。

大家记得，就是在 1842 年或 1843 年，那时《阿特拉斯报》的老板拿出一百英镑作为《论国家陷入困境的原因和消除目前灾难的方法》这个题目的最佳作品的奖金，他同时还提出五十英镑和二十五英镑的两个补充奖，来奖励同一个题目的二等作品及三等作品。

谁要是费力翻一翻我提到的那个时期内的《阿特拉斯报》，谁就会确信报纸发行人在自己的作品中是坚持了这样一种见解，即：使我们感到苦恼的那些大灾难，其所以发生一定是由于某种特殊原因。看来，他并不认为这些灾难是自然而然地导源于我国的庞大紊乱而又不可理解的商业制度，或更正确点说是导源于杂乱无章的商业制度。他也不认为，我们大批亲邻和大批同胞常常不免陷入的那些赤贫深渊是不可理解的或不能消灭的。恰恰相反，“这一切灾难的原因是怎样的呢？我们怎样才能够消灭这些灾难呢？”——他的作品的口气就是这样的，他向参加竞赛的作者发出号召的意义就是这样的。

结果怎样呢？如前面已经提到的，结果是有一百五十八名应征者参加竞赛，评奖委员会把头奖一百英镑授予小萨缪尔·勒恩。

但是，在简单地复述勒恩先生所指出的国民遭灾受难的主要原因及消除灾难的办法以前，我不能不非常遗憾地指出，《阿特拉斯报》的老板不曾利用他所特有的一个方便机会，编辑和出版一本意想不到的引人入胜的书。

我说的是这样的意思：该报老板可以要求每一位参加竞赛的作者在自己的作品末尾，简短地总结或概述一下自己的见解（无论如何至少有十分之九的作者能做到这点），并要求大家授权让他保管和发表每一部作品的这个特别部分。

请看一百五十八位作者对于“国家遭灾受难的原因和消除灾难的办法是什么”这个问题的一百五十八个答案汇编吧！的确，如果从许多出主意的人那儿能够获得智慧的话;那么《阿特拉斯报》的前任老板和评奖委员会的委员们今天就成了世界上最有智慧的人了,因为讲的是这个特殊问题。他们从这大量论据里,应该可以获得某种很近似人类最高智慧的东西。无论如何,所谈到的这种作品汇编,在上述情况下,是可能这样容易编成的,当然也是非常有意义的。

这里我要指明,在《阿特拉斯报》征文成为当时一个流行话题的时候,我亲自就同一个题目写了一本小册子[①]。不过,我不乐意做一个落选者,所以在获悉评奖委员会的多数是某些经济学家以后,立即放弃参加有奖竞赛的一切念头。跟虽受委任但与公开演说或各政治经济学体系的著作权完全无关的诸公处于同等地位的先生们,和虽然受尊敬、地位高却多半受过那些成为这个问题的优秀作家而知名的著者的谬见熏陶培养并中毒很深的先生们相比,还是《阿特拉斯报》悬赏征文的更加适宜的评判人。

不过,照勒恩先生看来,人民遭灾受难的原因究竟是什么呢?救治的药方又怎么样呢?看起来似乎无须答复这个问题。关于一个极重要题目的一部从一百五十八篇应征作品中挑选的著作,本研究所中所有那些早已研究过巨大社会问题的成员当然应该拜读过。但是肯定还有许多人不曾见过勒恩先生的著作,因此我告诉这些人,勒恩著作中有许多值得他们注意的东西。

这本书罗列了大量重要事实,这些事实得自各种可靠的来源,并且编排适当:这点证明著者作为一个思考资料的搜集者是很有

① 指《防止人民不幸的可靠手段》——中译注。

才华和很勤劳的，也证明他本人是能够把著作写得有价值的。但《阿特拉斯报》所提的两个大问题“国家遭灾受难的原因和消除灾难的办法是什么？”却仍然没有答复。不但如此，勒恩先生对这个问题甚至连一线最微弱的闪光也不曾投射过[①]。他远远不是这样，他只是率直地说，存在着大量的赤贫现象，他很容易证明这点，但产生这种赤贫现象并没有特殊的或专门的原因，因此也不可能有任何特殊的或专门的消除这种现象的办法。不过，还是听他自己讲吧！

他告诉我们说：“在为富庶和进步而兴高采烈之中，在梦想物质繁荣的千年王国的时候，危险在于劳动阶级的处境。由于科学的发明，由于政治经济学的发现，由于一个人的聪明才力可以自由应用于自己周围的各种事物，物质繁荣的千年王国必然会降临。但随着财富的增长，贫困却增长得更快；社会上虽然有一部分人在富裕、教养和文明方面有进步，而另一个人数更多的阶级则朝着贫困、蒙昧和野蛮方面几乎以同样的比例在退步。这些可怕的事实使人惊异不置。

“详细一点说，经常以这种或那种形式吸引社会注意的各种灾难可以归结为以下几个基本事实：

“第一、存在着大量的不堪忍受的赤贫现象，这个概念中间既包括公开承认的赤贫现象，也包括未经公认的像吞灭一切的瘟疫一样集中在我国各大城市及各人口稠密的工业区中心的贫困现象。

---

① 这显然证明多数评判员对这个问题无知到了可悲的地步，因为我知道，我们商业方面各种灾难的真正原因，即我们的不合理的货币制度，已被他指明了，至少已被一个参加竞赛的人指明了——原注。

“第二、独立的工人阶级大部分的生活条件是劳动报酬不能保障自己过稍微舒适和安定一点的生活。有很多的理由担心他们已临近迟早总会吞噬他们的赤贫深渊，如果不采取某种有效措施阻止他们没落的话。”①

其次，“英国农业工人的生活情况是这样的：他们比各大城市的手工纺织工人及无业居民处境稍微好一点，在健康状况良好和劳动力未丧失以前的一般情况下，能够获得最必需的生活资料以维持一家人的生活，并在自己的家里过比较良好和体面的生活，但只有在不倦的劳动和不断的节约的条件下才有可能：对于他们来说，未来是绝对没有什么可以期待的，更没有什么可以指靠的。”

用《济贫法》委员会②一位委员助理的话来说，英国的农业工人即使有卓越的才能，也未必有可能升高一步，成为小农场主。农业工人作为一个星期工人开始自己的工作，大概不论才能及勤劳程度如何，仍旧会以一个星期工人的身份，结束自己的时光。这是好的一面，坏的一面又怎样呢？既然农业工人没有机会上升，那会有多少机会下降呢？如果他失了业，失去了健康，家里人口多（女孩子和幼儿多），或受了勾引开始不正当的生活，那会出什么事呢？答案是清楚的：暂时会从偶尔为善的慈善家那里获取救济，并和赤贫作斗争。可是，如果农业工人遭灾受难的原因继续存在，那么最

① 《阿特拉斯论文集》，第 8 页——原注。

② 依据英国济贫法（1834 年）建立的救贫事务中央监察机构，由三个委员组成——原注。

后命运不外是或者编入1072978名贫民名册中，按新济贫法[①]所规定的苛刻条件领取教区补助金，或者为饥饿所迫离开乡村流入某一个大城市里，加入流动的居民队伍中，寄身地下室或小客栈里，靠报酬最差的几种工业劳动或借盗窃、卖淫及其他偶然性工作为生。但愿人们永远记住这点，以便在阅读关于济贫法的报告及关于停发津贴迫使人参加劳动和消灭贫困现象的政治经济学论文时，十有九回懂得实际上所谈的是什么。”[②]

往下他又说：“我深信，如果我们把排在最末一级的独立工人下面的一个阶级（其中包括领补助金的穷人、罪犯、流氓和主要靠私人慈善事业为生的贫民）计算为二百万人，那我们是颇大地低估了他们；比较正确得多的数字是二百五十万或等于居民总数的七分之一到八分之一。如果我们把那些通常忍饥受寒的人（除开靠正当劳动获得工资以外没有其他办法）和那些全部或局部靠犯罪或公私慈善事业（最后主要靠同行人的帮助）为生的人包括在内，那我们相信他们达到三百万人或占居民的六分之一并不算夸大。在爱尔兰这个成数接近三分之一，就整个王国来说，平均超过王国不能靠正当劳动维持生活的居民人数的五分之一。其中有根小一部分是职业犯罪分子，大概惯窃不过十万，妓女数目也相等，但有许多人却以偶然的小偷小摸补充工资的不足，更大一部分人则仅仅靠那些在社会阶梯上高一级的人的偶然行善才能生存。应该记住，一百三十万领法定补助金的贫民还不包括在这里面。同时我

① 对1601年的济贫法（“旧济贫法”）而言，1834年的济贪法称“新济贫法”——中译注。

② 《阿特拉斯论文集》，第31页——原注。

们深信，这个数字是可靠的，并且以惊人的速度在增加着。

“现代社会条件下的头一个大祸害就是这样的

“其次一个祸害是：独立工人阶级中颇大一部分人（包括绝大部分工业人口及农业人口）处于这样的境况，即既不能凭自己的劳动维持相当体面和舒适的生活，更不能储蓄以防疾病、年老、失业以及其他许多任何时候都能够使他们成为贫民或赤贫阶级的偶然事故。

“第三个祸害是，甚至在货币工资足够维持生活的工人阶级中间，也存在着各种不同的败坏德性的因素，如使用妇女及儿童劳动、缺乏教育和宗教宣传以及恣情纵欲等等，这些因素有恶化他们处境的趋势，许多场合使他们的处境降到跟经常在物质贫困的重压下遭受痛苦的人一样的水平。

第四个也就是最后一个大祸害是：上面列举的祸害在一些根深蒂固的、几乎带着必然规律性的原因影响之下显然有所增长，此外还有某些暂时性的原因在最近几年间（特别是在最近十二月间）也使上述第一及第二两个祸害显然大大地严重起来了。”[①]

由于勒恩先生发现防止大众赤贫的办法，五位评奖的学者把《阿特拉斯报》的一百镑奖金发给他，他的办法究竟怎样呢？关于这点，请听听勒恩先生本人所讲的吧！听过之后，您们会因为我国的国民公共福利方面至今还是这种可怜的无知状态占上风而感到惭愧，您们一听，心里就会突突地跳起来！当您们偶然知道，国外发生了瘟疫和黑死病，那么请您们说：让瘟疫和黑死病传遍东西南

① 《阿特拉斯论文集》，第53—54页——原注。

北四方，大发慈悲，把那些无数命运穷苦、生不如死、世界上任何求援的希望对他们都属枉然并失去依靠的人消灭光吧！

勒恩先生说过："当我们从认清病症谈到治疗药方问题时，那么显而易见，既然不能确定任何特别的原因，也就指不出任何特别的治疗方法。唯一有效的改革办法是人人开始革新自己，换句话说，即恢复责任感和道义感，削弱责任感和道义感是产生灾难的根源，恢复它们就能激起无数的个人努力并改善舆论状况。应该直截了当地说，不如此则立法工作也不大可能有所作为。首先，在现代英国政治制度下，立法方面的改良措施得不到上层阶级舆论的支持是行不通的。其次，即使行得通也是不生效力的：既然原因还存在，那么由于这些原因，现有灾难的浪潮就会越涨越高，甚至即使这个浪潮一时退落，但还会重新涌起，并且规模还要浩大"[①]。

总之，勒恩先生按照他对三百万自由同胞的看法所能够提出来的安慰就是这样的。这三百万自由同胞每天都向那些处境较好的人发问（至少内心如此）："难道我们不同你们一样是人吗？难道我们没有同样的器官和感觉吗？我们不是同你们一样需要食物、需要防御风雨雷电，需要精神方面、道德方面和宗教方面的教育吗？我们之间的这种巨大差别究竟是从哪里来的呢？而且，如我们所深信的，我们和你们的地位之间的这种看不见的和不可逾越的鸿沟是从哪里来的呢？既然像勒恩先生所告诉我们的，只有在每个人都开始自我修养时，越过这条鸿沟的桥梁才能架得

① 《阿特拉斯论文集》，第166页——原注。

起来，那么他将来会不会这样亲切地告诉我们，究竟应该怎样开始这一事情呢？我们寒冷，饥饿，无衣可着，无家可归，我们能够工作并且喜欢工作，可是我们找不到任何工作，而我们人数却是一大群。”

但是，我不想只诉诸各位的感情，或吁求诸君的同情——至少为了使你们认识摆在我们面前的问题的极端重要性，这是十分必要的；我特别诉诸你们的理智，也只诉诸你们的理智。

总之，这儿我们面对的是一种非常独特的东西。一个由《国民遭灾受难的原因和消除灾难的办法》这部著作的一百五十八位作者组成的团体，其首领竟作出结论说，他本人所举出的一些巨大灾难不可能归咎于任何特殊原因，因此我们应该等待大家热烈盼望的那种修正许多小错误（仅仅通过社会成员自我修养的途径来消除）的改革。

我完全不能同意这个见解。我相信那些捍卫公共教育制度的人。我相信那些主张减少劳动时间的人——目的在使一个人的教育能够从童年开始直到临近死亡之时才告结束。我相信那些创办像本书指出的各种研究所的人，至于分哪些专业是无所谓的，因为一个能够在合理范围内分出自己一部分时间从事一些值得赞扬的学术工作的人，不仅是在充实和完善自己的智能，使理智感到愉快，而且是在避免那些精神上和肉体上懈怠的人所最易沾染的恶德。因为献身于无害的工作，必然意味着至少是暂时避免做极其有害的事情。我也最深信亚当·斯密博士所坚持的那些伟大的自由贸易原理，这些原理在不学无术和顽固不化的敌人的毫不减弱的炮火下已逐渐给自己开辟了道路，现在（至少就目前而论）已经和科布登[1]先生享有同样高的声望了。我也相信时代精神，这个时代已越来越重视考察研究，并且信赖（对我们的社会环境和社会前途）毫无疑问的事实胜于信赖空洞的议论，而不管那些发议论的人的声名怎样显赫。不过，我要告诉你们，不管这一切如何，还有另外一个比所列举的任何一个问题更重要得多的、绝对要求我们注意的头等问题，这就是我们的错误的货币制度。不用说，按现时的币值计算，这个制度每年浪费国家的钱财竟不下一万万英镑之巨。

为什么我要发表这种意见，我希望在随后一讲中给每一位同意留心地和耐心地听讲的人讲清楚这点。当真，我想极力做到的一切，总起来说，就是使一个人在物质享受资料方面没有任何界限（除勤劳到顶或生产力用尽以外）。其实，由于采用了原则上错误和实践上有害的货币制度的结果，我们已同意让我们的物质享受资料恰好受某种商品[2]数量的限制，这种商品虽说可以有利地用来交换一切可因人类劳力而增加其数量的商品，但本身产量却赶不上世间现有商品总产量。

① 理查·科布登（Cobden Richard，1804—1865 年）是资产阶级政治活动家，反谷物法同盟的创始人——原注。

② 指黄金——中译注。

第　二　讲

在不受任何货币制度影响的贸易完全自由的社会里，生产经常是需求的原因——整个说来，销售商品如同购买商品一样容易，并且这是永无尽期的现象——“供应”和“需求”不过是同一个概念的两种称呼

在导论一讲中，我已试图使你们认清我们当前问题的极端重要性。现在，如果你们允许的话，我们应该进而研究问题本身。我打算就若干精确的原理向你们阐述我的意见，在阐述过程中根据需要同时提一提其他一些政治经济学基本原理。我们把主题各个部分一一研究好之后，再试着综合到一个中心点上来讲。

总而言之，今晚我的任务是尽力向你们讲明，在完全自由的社会状况下，不要任何货币，一般生产过剩或适销产品储备过多的现象，根本不可能出现。

开始讲这个问题时，我感觉得极其忐忑不安。当然，这不是由于题目本身的性质，题目决不难讲，而是因为《不列颠印度史》一书著者已故詹姆士·穆勒先生，在所著《政治经济学纲要》第二版中，对于这个题目已讲得非常好，就我而论，无论采用我容易办到的哪一种方法，要像他那样处理好这个题目是根本不可能的。但是，我

们之间有一个重大的区别，即穆勒先生在他的全部论断过程中，没有丢开现行货币制度，因此像我在另一讲里将给你们指出的，他的论断的每一节都是臆想的；而我们则仅仅研究以商品交换商品，其中没有哪一种商品不是另外一些商品的公认的价值尺度，我们无疑可以得出结论：生产永无尽期地是需求的自然的原因。

我要指出，麦卡洛克先生在所著《政治经济学原理》第二版中，正好和穆勒先生一样，犯了同样的错误。两位著者都断言现在生产是需求的原因（永无止境），然而实际上只能说事情本来应该是这样的。

总之，把有关货币的任何意见搁下不提，我们假定在座诸君都只为私人利益而活动，每一位都成了某种商品的生产者，大家带着自己的劳动产品到一个公共场所来碰头。十分显然，我们到那里去是为了买进，同样也是为了卖出。这个人有粮食，那个人有肉，第三个人有酒；这个人有呢绒，另一个人有鞋子，第三个人有帽子等等。显然，我们之中无论是谁，如果不是事先决定要从市场上带回相应数量的物品，那就决不会想带这些物品中的某一种到市场上去。在市场上，每个人要做的事情是，以自己的剩余劳动产品交换别人的剩余劳动产品，不过，人人打算的决不是付出多取得少。制面包的人需要肉、酒和衣服，卖肉的人需要粮食和各种食品（自己能制作的除外），制呢绒的人也需要自己所需的一份原来属于肉商和面包师所有的商品。可见，由于必要性，人与人之间应该进行无数次的交易，才能使每个人都能满足自己的需要。

但是，在这些情况下，无论哪一个人，都不会使自己所提供的商品数量多过他想要换进的商品。恰好相反，每个人的需求总是和他的供应相等。一个人供给，或者更确切地说销售，并不单是为取得供给或销售之乐，而是为让自己获得别人的一部分商品，所得的这部分商品越多，就越能心满意足：这是毫无疑义的。

总之，因为交易对方无疑也是照同样原则办事，所以他们的需求与供应不过是同一件事情的两个名称。供求二者是同义语：一方的需求是另一方的供应，而另一方的需求则是这一方的供应。这种论断没有涉及货币，所以在相互交换中所供给的和所获得的各种商品的相应数量显然都应该等值，因为在每一个场合，这些数量都是专门协议的结果，协议必然意味着使两种对立的利害关系取得一致，如果协议各方不能用双方供求一致的行为证明所供和所求的价值相等，那协议就决不可能实现。因为始终是在没有监督的自由交换的情况下，所以认为一件东西所值多少，就能换得多少：这是正确的。

其次，要对通常用来交换另一种物品的那种物品的数量加以调节，调节的总原则是生产这种物品时所使用的资本、技艺和劳动的相对数量。

如果两个能力大致相等的人从事各种不同的生产工作，一个人工作一天，另一个人工作两天，那么照理后者用一半产品就可以获得前者的全部产品。不过，这条规则中也有若干例外。例如，亚当·斯密博士说过："就我所能观察得到的而论，下面五个主要条件在补充一些工作中的低货币工资，并平衡另一些工作中的高工资：(1)工作本身使人愉快或不愉快；(2)学习这种工作容易和便宜，或困难和昂贵；(3)工作经常或不经常；(4)对从事这种工作的人信任大或小；(5)完成这种工作可能或不可能。"

可是，不管这些想法如何，一种可以用来交换其他物品的那种物品，其数量总归是取决于市场对这种物品的需求是大或是小。

例如，假若粮食比呢绒有剩余，并且市场上寻常情况是一码呢绒可以换二蒲式耳粮食，那么粮食供应显然暂时会不成比例地多起来，一码呢绒就可以换到 $2\frac{1}{2}$ 蒲式耳或 3 蒲式耳的粮食，而不是换到 2 蒲式耳粮食。可见，用呢绒能换得较多的粮食，而且与生产这两种物品所支出的原始费用或劳动毫无关系。在某些情况下，一盎司白银可以换到一磅粮食，而未必找不到这样一个运动员，他告诉你们说：他一生当中许多次极乐意用值 12 盎司铜的银币交换一杯冷水，而在平常情况下，一杯冷水却连 $\frac{1}{4}$ 盎司铜也不要。可见，在所有的情况下，每当某种物品不足而又需要这种物品时，要交换这种物品显然需要大量的其他物品，而每当这同一种物品过剩时，则需要用大批这种物品交换其他商品。

当然，应该注意，在现阶段讨论中，我们绝对不研究假想的交换参加者究竟能够提供什么东西上市的问题。必须暂且不谈这种能力，因为我们现时想明确的一点只是：在还不存在货币这种东西的时候，按适当比例送交市场上的商品（不管这些商品是用什么方法获得的）同时、同样是供应也是需求，是需求也是供应。其次，任何可能有的商品数量，不管怎样巨大，只要严格遵守适当的比例这个唯一的条件，就决不会破坏这种事物常态。

说几句话解释"适当的比例"这一用语。这个用语不过是说，因为人人都需要衣服、食物、住宅和家具等等，这些东西应当按适当的比例提供到市场上来，否则有一些物品会发生过剩现象，但每次过剩都恰好会为另一些物品的相应的不足所抵消。完全同这种情况一样，如果一个人不得不为自己完成所有各种工作，对自己的工作时间支配不好，竟致把时间全部用于一个方面，比方说用于粮食生产上，那就会因此同样失去衣服、住宅及其他通常认为是小康生活所必需的一切，而粮食供应则嫌过剩。

市场上挤满出售同一种商品的人，这并不是好现象。因为，每个人都拥有另外某一个人能够供应的过多的单一商品储备，结果就是无论谁都什么也卖不出去，什么也买不进来。所有这些买卖人同样想做卖主，但没有一个人想买进，所以谁也卖不出去。如果完全按正确的比例行事，就会得出与假设情况正相反的结果。这种理想的比例具体反映到市场上，每一个向市场提供物品的人就能够以物易物，而且每一个参加交换的人傍晚返家时，都能得到某种比早晨带上市的更满意的东西。

这里最好向你们讲明一条亚当·斯密首先发明和论证的无可争辩的(我认为在这个场合我们可以这样说)政治经济学原理：劳动是财富的唯一的泉源。

看管我们的畜群要靠劳动，掌犁耕地以便播种要靠劳动；劳动变种子为粮食，劳动使我们有衣可穿，劳动建造房屋，劳动给住宅里摆上各种家具；休息时间保卫我们的是劳动，给我们准备我们所期待的晨餐的也是劳动。我们应该把春天的花卉、夏天成熟的果实和秋天成熟的庄稼，一概归功于劳动。简单说，应该把我们所拥有的或所享受的一切，把合乎财富概念的一切，都归功于劳动。甚至即使我们能靠奇迹吃穿，即假设我们所需要的一切依靠某种奇迹会自行掉落到地面上来，这位学识精湛的博士的论点毕竟还是推翻不了。因为，地上的野果、空中的鸟和海中的鱼，在人类劳动通过采集和捕捉等行为加以占有以前，并不算是财富。不错，土地是财富，水也是财富，甚至连地上的野兽和水中的鱼类也都是财富。但只有依靠劳动，即原先用以占有这些财富的劳动，才会如此。例如，在一切管理良好的国家里，土地被占有以后，立刻会由土地所有人或其仆役进行耕种，或者以一定报酬暂时让给别人耕种，或者按议定价格永远转让给别人。不过，无论在任何情况下，这种财产最初出现时，毕竟是一种靠使用人类劳动得来的财产。

据我所知，现时人人都很清楚地知道的这条原理，像语文科学中的字母一样，已成为政治经济学中的老生常谈。

其次，下面这一条也是政治经济学中一类公认的原理：对各种财富的合法所有人，应当保障其权利。因为，假若不是为了直接利用或消费这些财富，所有人何必关心获得它们呢？这条原理十分明显，不用长篇大论来解释。一个人在某个时间内用自己的劳动和技艺所生产的财富，如果多过这个人所需要的或想立刻使用或消费的，要是多余的产品不归他所有(他自然想把这些东西积蓄起来防病、防老以及防偶然灾难)，那还有什么办法能够鼓励他这样勤恳劳动呢？把这个人积蓄的东西变成和他本人一样的另外一些人的财产，那他的一切勤劳精神和进取心会立刻消失，当然为满足他日常生活需要所必需的那一份除外。如果一个人积蓄的东西在他觉得必须使用、消费或让给别人以前，不始终是他的私有财产，那就无论是谁决不会想要积蓄什么东西。

把这条原理应用到爱尔兰现状上来看。我们按期征集签名呼吁援助这个不幸的国家，这真是滑天下之大稽！如果我们能够买水注满建筑在“阿瑟之座”(Arthur's Seat)高地[①]上的筛子或无底水池,那我们这样来使用我们的财富和资源就同样是合理的。其实,给爱尔兰以有效的帮助,像在英格兰和苏格兰一样给爱尔兰人民的生命财产以同等程度的保护,那么爱尔兰很快就能够自救。能够和愿意耕种土地的人将租用它的土地,它的城市和乡村将布满工厂和充满财富,其丰富程度至少会跟英格兰及苏格兰一样;因为只要各种积蓄尝试中的头一个条件经常在全国得到充分保证,那么全王国的大部分资本和技艺就会像奔向低处的水流一样滔滔不绝地流来,复兴爱尔兰。如果政府当真不能为爱尔兰办到这点,那政府就会什么也办不到。由此得出的结论是:因为问题涉及爱尔兰,我在这几讲的过程中对你们阐述的关于英格兰和苏格兰货币问题的一些观点,在爱尔兰学会我所指出的文明技艺(art of civilisation)中的最必要的第一课以前,不可能有成功希望地被采用。

看来,谁也不会否认,把苏格兰的农场主移几百户到爱尔兰去,他们利用自己所能自由支配的英格兰和苏格兰资本总数,很快就能够使这个不幸的地方的全部农产品增加一倍或一倍以上,并且还能很快给移民创造一笔财富。为什么农场主们不去那儿,不把好处送给爱尔兰全体人民并也带给自己呢?对于大多数人来说,这仅仅因为:反正自保在人类欲望的目录单中占第一位,而保障所有权则占第二位。

愿上帝帮助爱尔兰人民!可是,如果有谁应该充当上帝的代

① 《阿瑟之座》是爱丁堡附近高地——原注。

理人执行这个使命，那就无论如何首先应当寻求保护爱尔兰居民（无论他们是爱尔兰人、英格兰人和苏格兰人或地球上任何一洲的人）生命财产的有效办法。此外，为保护爱尔兰人民的生命财产而应采取的措施，要使大家完全相信：这种保护是经常的而不仅是暂时的。当你们为爱尔兰这样做过之后（这是应该做的并且迟早要做的），接着就应该为儿童实施义务教育，然后依次做其他的事情。这样经过一两代后，爱尔兰在文明的阶梯上就会占到应占的地位。不过，这些都是题外的话。

这里顺便还可以谈到另一条牢固建立的政治经济学原理，即劳动分工。这条原理又引导我们直接研究以下另一条原理：对社会福利具有重大意义，并且由于货币制度问题（现时我们所研究的一切只能作为这个问题的绪论）值得我们特别注意。我指的是个人竞争原理，但几乎所有拥护合作、拥护集体所有制及政治经济学中其他“蜜蜂”制度的人，都把这条原理抛弃了。

分工原理和个人竞争原理相互间的关系非常密切，可以叫做政治经济学中的暹罗双生子——其实二者差不多是分不开的。分工的结果将是人们不要做许多事情或从事许多操作，而只专做一件事情并且常常只从事一种操作，借以取得生活资料。在这种情况下，结果是：一百个人（人人都这样做）所做的工作，比他们按照老办法用一双手开始、继续和结束许多套操作时所能做的工作，要多十倍、二十倍，在某些场合甚至要多出一百倍。不过，这条原理的实质大家也知道得很清楚，无须加以讨论。

分工的结果使人们能借上述方法集中自己的注意力，从而得到惊人的熟练技巧，而与此相关的个人竞争这条原理，则激励人们高度地表现出这种由分工得来的最高才能的技巧。取消分工则“灵巧”和“技艺”二词会失去一切意义，因为那样就既不可能有“灵巧”，又不可能有“技艺”。其次，取消个人竞争原理，则一切促成获得或表现灵巧和技艺的动因，都会迅速消失。

我们实在应该把下面这种惊人的事实归功于这两条原理：虽然每个人生下来就跟其他任何人非常相似，以致连他们体质相同这点也当真得到了证明（虽然是错误的），但毕竟有少数这样的人，就他们而论除说明仿佛是一种奇迹以外，不能说明别的。例如，你们可以用极平常的走钢丝职业，或者再简单一点，用舞台上的舞蹈演员为例。然后再去话剧场看一位头等悲剧演员或喜剧演员，听听帕丝特或林德·靳妮的演唱。你们也可以在街上蹓跶蹓跶，看一看那些半裸体的印度人。这些印度人以非常准确不变的姿势保持真正的绕身皮球不使中断。皮球四面八方绕着他们飞旋，但他们借熟练的技巧总能够抓住皮球，并且适当地轮流抛回空中[①]。这种熟练技巧虽说就目的和对象来说比较低级，但其惊人程度大概不会不及优秀演员、音乐家或机械工的灵巧罢。

或者请你们到艺术沙龙里看看那惊人的艺术复制能力，无论是复制在大理石上，或是在帆布上。请你们走进我们任何一个公共医院里，看看具有怎样高明的手术和技巧的外科医师用有经验的手解除人们的苦难——这种手术稍一拖延就能致人死命。外科医师是这样使不幸的病人恢复生命希望，以暂时的轻微痛苦为代

① 揣想这种杂技大约像我国杂技艺人玩流星一样。流星因有绳索联系才能绕着玩者自己旋转。这种绕身皮球大约也有绳索联系，由于玩起来转得极快，观看表演的人看不见绳索，故著者这里没有说明是用绳索联系的——中译注。

价立即恢复了健康和体力；从不久以前许多事例看来，由于采用了某些最新发明，甚至连这种轻微的痛苦也能化为乌有。

我们应该把人类的成就和技术的这种进步归功于哪一条社会科学原理呢？应归功于劳动分工，归功于人与人之间的个人竞争，因为这是产生优异成绩的主要原因。

我希望你们特别重视这些重要原理，因为应该承认，虽然多年以来我完全了解并且承认这些原理的真实价值，但直到不久以前我才清楚地懂得，实际上怎样才能够实行和容易保持住一种完全自由的和无限制的生产及交换制度。或者换句话说，怎样才能实行和容易保持住一种商业制度，在这种商业制度下，生产经久不变地创造需求，而且一点也不会违反我们已经讲到的那条异常宝贵的个人竞争原理。

但是，任何真理始终是自相吻合的。虽然一方面我暂时难得赞成无限制的个人竞争，另一方面也难得同意极端无限制的交换自由，可是现在我不仅看不到这种困难，而且准备充分证明这种困难并不存在。

不过，你们可以提醒我：本讲的专门目的在于论证一种学说，这种学说认为：不管在哪一种货币制度下，生产本来就是需求的经常不变的原因。虽然我已试图扼要地阐明这条原理，可是在我们能够看到对这个问题已阐释得清楚、准确而且毫无疑义的文献的时候，如果我仅仅相信自己的贫乏的语言和智慧，那就无论对于这条原理也好，以及对你们也好，都是极不公正的。因此，我如果用极可尊敬的经济学家的言论代替自己的言论，那就不作辩解了。

于是，现在由已故詹姆士·穆勒先生就这个问题向你们表达意见，我引述了他的文章。你们要注意，在这位博学的著作家谈到货币的地方，我略去了其中几句话。我所以要这样做的原因是：如果我把此刻要读的穆勒的议论应用到现存社会货币制度上，其中就没有一句正确的话；然而只要撇开任何货币制度不谈，那么在穆勒先生的论断中，人们的才智就找不出什么错误，也想不出甚至使头号诡辩家能用以推翻穆勒作出的结论的巧妙办法。

穆勒在所著《政治经济学纲要》第二版序言中说："我利用一些新的事例试图把我觉得可以作为下面这个极重要的学说的证据的那一点说得更清楚明白些：一国的总需求和总供应始终是相等的，生产决不会超过市场的需求，换言之，即商品决不可能发生普遍过剩的现象。"

我们再看穆勒先生著作正文（只放过其中谈到货币的短短五行建议），找到下面一席话：

"一个人只为力图享有才进行生产。如果一个人生产的商品就是自己想享有的那种商品，那么到了要那么多就生产那么多的时候，到了供应和需求正好成正比例的时候，就会停止生产。野蛮人给自己制造弓箭，所制造的数量不会超过想拥有的数量。

"如果一个人生产的某种商品的数量多过自己需要的数量，这可能仅仅由于一个原因，即他需要另外一种商品，那种商品可以用自己所生产的商品的剩余额交换回来。对于这种显而易见的道理，大概不必再补充什么了。设想一个人负责生产某种东西，却不愿意拥有某种东西，那是不符合众所周知的人性法则的。如果一个人需要这一种物品，却生产另一种物品，那这只因为需要的那种物品可以用自己生产的物品交换回来，而且得到的物品比他试图亲自生产的要好些。

“自从劳动大规模分类和分工、每个生产者专心生产一种商品或一种商品的一部分以后，生产者所消费的只是自己生产的一小部分，其余的东两预定交换供应自己需要的其他一切商品。既然每个人限于生产一种商品，并用自己生产的商品交换别人生产的商品，结果是每个人都获得各种各样的必需品，数量多于试图亲自生产所有这些物品。

“一个人消费自己生产的东西，其实就既无所谓供应，也无所谓需求。需求和供应显然是与交换即与买方和卖方有关的用语。既然一个人是自己为自己生产，那就没有交换。无论是卖也好，买也好，他都毫无要求。他有财物——他生产财物，并且不想抛弃财物。如果我们把“需求”和“供应”二词作为一种比喻说法，应用到这个场合，那么从我们的供应条件本身可以看出，需求和供应是恰好彼此成比例的。总之，既然问题说的是市场上的需求和供应，那我们就可以完全不研究每个所有人所消费的那一部分年产品（自己生产的或得来的）。

“显然，我们这儿说的需求和供应，指的是需求和供应的总数量。我们说到任何一个国家某一时期的供求相等，指的不是一种或两种商品。我们说的是这个国家对所有一切商品的需求总额等于所有一切商品的供应总数。尽管需求和供应的总额相等，某种商品或某几种商品的生产量比现时对这些特种商品的需求量或多或少的情况是十分可能发生的。

“形成需求必须具备两个条件。一是想拥有商品的欲望，二是支付商品价款的等价物。需求就意味着想购买并且具备购买手段，二者缺一购买就不可能实现。等价物是任何需求的必要基础。一个人想得到商品，如果没有什么东西作代价，则想望也是枉然。这个人提供的等价物乃是满足需求的工具，他需求的数量就是他的等价物的数量。需求和等价物是易于互相代替的两个用语，一个可以用另一个来代替，等价物可以叫做需求，需求也可以叫做等价物。

“我们已经看到，每个生产者都想根据自己运上市场的产品总量取得与自己的生产品不同的商品。显然，所有这个生产者生产的并且不想留给自用的一切东西，就是可以交换其他商品的储备品。因此，他的想买的欲望和他的购买手段(换言之，即他的需求)丝毫不差地等于他所生产的产品(不打算消费的)数量。

“不过，显而易见，每个人都是把自己不打算消费的一切生产品投入供应总额中。年产品的任何部分不管是以什么方式落到一个人手中，如果这个人自己一点也不打算消费，那就想全部出售，因而全部都变成了供应品；如果他只消费一部分，那就要出售剩余部分，于是全部剩余额都变成了供应品。

“可见，由于每个人的需求等于他打算销售的那一部分年产品，或者一般说，等于他打算出售的那一部分财物(这恰好就是每个人的供应)，所以每个人的供应和需求必然相等。

“需求和供应两个概念之间，存在着一种特殊的相互关系。所提供的商品常常同时就是需求的工具，作为需求工具的商品同时也是列入供应总额中的商品。每种商品常常同时是需求品，也是供应品。进行交换的两个人之间，并非一个人仅仅供应，另一个人仅仅需求；而是每个人既有需求，又有供应。每个人的供应是他的需求的工具，而他的需求和供应不用说是完全相等的。

“既然每个人的需求和供应彼此总是相等的，那么一个国家的全体成员合起来的需求和供应也应该相等。因此，不管年产品数量是多少，这个数量决不能超过年需求总额。全部年产品可以分成与参加分配人数相等的若干份。总需求量等于这些部分总量中各个所有人不留给自己消费的那一部分。不过，各部分总量却等于产品总量。可见，论证是十分完善的。

“说一个国家的需求总应该和这个国家的供应相等，说一个国家决不能缺少足够容纳全部生产品的广阔市场，不管这种论证怎样无可指摘，但这个论点还很少得到正确理解，有时显然有人表示异议。

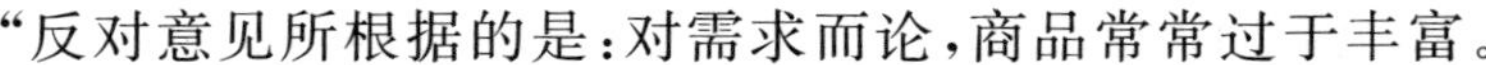

“反对意见所根据的是：对需求而论，商品常常过于丰富。

“事实本身是无可怀疑的。但也容易使人确信，这个事实并不会损害人们想借它来推翻的那个论点的可靠性。

“虽然每个人提出的需求无疑与自己提供给市场的东西相等，可是这个人在市场上可能找不到所需要的那个购买者，也可能出现谁也不需要他必须售出的那种商品的情况。不过，这并不会减少这个事实的真确性，即：这个人是为得到与自己的供应相等的需求而来，因为他需要某种东西以代替自己带来的商品[①]。

“每个人的需求和供应相等，所以即使一种商品的数量超过需

① 这里略去了我曾经谈到的那个建议：“因为货币就是商品本身，并且除此以外，要不是为了把货币用在生产性的或非生产性的消费品上，谁也就不需要货币了。所以，即使假设有人只需要货币，那也没有任何不同之处。”以后将适当证明：这是某些经济学家的最大的谬见——原注。

求，而其他某种商品的数量则必然会少于需求。

“既然每个人的需求和供应相等，总的需求和供应就会经常相等。假定把供求两个相等的数量分成同样多的份数，份数恰好彼此相符合；假定粮食供应有多少份，需求就正好有多少份，呢绒供应有多少份，需求也就有多少份等等。显然，在这种情况下，不管年生产品数量是大或是小，都不会有丝毫剩余。现在假定，供求份数恰好符合的状态被破坏了。假定，对一切物品的需求仍旧不变，呢绒供应却大有增加，结果是：既然对呢绒的需求不增加，当然呢绒会过剩。不过，呢绒过剩其他物品就会短缺，短缺之数与过剩之数相同，这是因为所生产的多余的呢绒数量只能用一种办法，即抽调生产其他商品的资本，从而减少那些商品的生产数量。但某种商品的数量如果减少而需求不减少，这种商品就会不敷供应。因此，一个国家不论什么时候，要使一种商品或几种商品数量超过需求，而不使其他某种商品或几种商品数量不相应地少于需求，这是办不到的。

“由于这种或那种商品的供求失调实际上引起的后果是大家都知道的。过剩的商品会跌价，而数量不足的商品则会涨价。这种市场价格的波动，每个人都懂得很清楚。过剩品的低价由于利润减少很快会从这个生产部门中挤出一部分资本，欠缺品的高价则会把资本吸收到这个生产部门中来，直到利润得到平衡，即供求互相适应为止。

“有时每个人只消费必需的东西，因而全部剩余的年产品都积存下来，援引这种情况，无疑是有利于设想生产可能比消费增长得快的一个极强有力的理由。实际上这是一种不可能的情况，因为这违反人性。不过，在这种情况下发生的后果，还可以进行分析。这只能更好地阐明我们对供求平衡所作的论证。

“在这种情况下，每个人在年产品中所占的一份，除开本人必需的生活资料以外，都用在生产上面。不用说，全部生产都是以生产原料和少数半制品为目的，因为这是能满足任何需求的仅有的一些物品。每个人在年产品中所占有的一份，除自己消费以外，都用在生产上，所以这一份是花在用以生产原料和半制品的物品上。但这些物品本身正好也同样一部分是原料一部分是半制品，因此每个人的需求完全是由这些产品构成的，而且所有供应也是由同样一些产品构成的。总而言之，一切都证明总需求和总供应必然相等，因为全部年产品除参加生产的人消费的一部分以外，都作为需求工具出现，而全部年产品除去同样的一部分以外，也作为供应出现。

“由此可见，经过全面检查判明：生产决不能比需求过分快。生产是需求的原因，而且是唯一的原因。生产永远满足不了供应，也不能同时和同样程度地满足需求。”

已故穆勒先生的论断就是这样的。我认为如果撇开货币不谈，要推翻这种论断是完全不可能的。但是，这里出席的每一个人大概都准备声明说：

“不过，既然这种论断是正确的，那么我们这里大概一定存在某一条与此对立的原理，因为说实在的，我不承认现时生产是需求的原因。我否认，需求和供应是同义语；我否认，现时不同时和同样程度地增加另一种东西，就不能增加这一种东西。”

提出这个反对意见是有充分理由的，因为有一条对立的原理在起作用，因此说现时生产是需求（就这个名词的公认的、正确的意义而言）的经常不变的原因，并不比说生产是本市春季常刮东风的原因更正确些。我将要充分而适当地向你们讲清楚这条对立原理的性质。

但是，请不要把我看做是不承认经济学家的学说的人。在这个讲演过程中，我将没有理由对已故亚当·斯密博士的任何一种理论表示异议。我此刻已举出他的一条原理，并将比他自己所做的更有力得多地捍卫这条原理。

现在我们再从健在的作家麦卡洛克先生那儿举出几个论点，这些论点本来应该是正确的，但不幸却只是一堆错误。

例如，关于生产过剩问题，他说道："每一个人当使用自己的生产能力时，他的目的或者应当是把自己劳动所得的生产品全部消费掉，或者是用这种产品的全部或一部分交换自己想得到的别人的商品。现在假定，他直接消费了他生产的全部产品，在这种情况下，显然不会有生产过剩或过多的东西。因为，假定为自己消费而生产的商品竟可能过剩，这无异假定生产可以无目的地进行，或者没有原因而能够产生结果！当某些人不是直接消费自己的劳动产品，而是把生产品供应别人时，由于计算错误，就可能发生生产过剩现象。比如，甲生产出一些商品，准备用这些商品跟乙或丙进行交换，而乙和丙却不能以甲想获得的商品供应甲，于是甲的计算落空，生产就出现了过剩现象。显而易见，甲应该或者把自己的商品供应别的当事人，或者改变办法亲自生产自己需要的那些物品。不过，这个错误很快就会得到改正，因为他既然确信现时的做法不能达到自己的目的，那他马上会想办法改变做法，以后只生产可以

找到买主或者打算自己消费的商品。由此，显然可见，生产容易性普遍提高决不可能成为市场经常负担过重的原因。”[①]

这简直叫人难堪！穆勒先生这位具有头等权威的学者竟断言：生产是需求的经常而可靠的原因，整个市场不可能百货充斥，供应和需求是同义语，不同时和同等程度地增加需求，就不可能增加供应。

这种论断跟我们的一切经验相矛盾，我们在惊异之余，转向英国百科全书政治经济学条目的编写者麦卡洛克先生请教，而他也告诉我们同一个“道理”。

但偏巧，当这些哲人先生们把我们这样的普通人弄得很糊涂（差不多像他们彼此间糊里糊涂一样）的时候，我对某一个老老实实、实事求是的人说：“某某先生，我不久前成了一个很有学问的人。我读过有关政治经济学这个有趣的科目的一些出色的著作。作家们都说：‘生产是需求的原因，并且是唯一的原因；你们不同时和同程度地增加需求，就不能增加供应。先生，请您说说，根据您的经验，您认为事情真正是这样的吗？”

试想想，答复怎样？我不准备啰哩啰唆地复述这个答案，那会使你们厌听。“先生，这是理论，仅仅是理论。请相信我，这种理论之中没有一点真实的东西。”他的答复实质就是这样的。毫无疑义，这是正确的答复。

那时，我们现在面临的一个大问题发生了：“如果我们的现行

---

① 这是极其明显地重述我们已完全引述过的穆勒的议论，麦卡洛克由于欠诚实没有说明真情实况——原注。

货币制度废除了，如果废除了现行制度而建立起我称之为健全的那种制度，那么生产是不是实际上会真正成为需求的原因呢？换言之，整个说来，商品以合理利润出售，是不是会像现时按照合适价格购进一样容易，并且永远如此呢？”

当然，会这个样的。所以，我在三个王国里引起一种危险思想，人们出来反对这种论断，或者援引某些理由(除最幼稚的和最荒谬的以外)反驳这个极重要的理论。总而言之，穆勒和麦卡洛克关于这个问题的见解并不正确，不过他们的见解过去应该是正确的，现在可能变成正确的；同时，一俟社会上大家认为必须使这些见解成为正确的，那这些见解就会全部变成正确的。不过，这两位先生不懂得另一条在我们这儿起作用的原理，正是由于这一条原理才使得他们的论断被驳倒了，他们的希望落空了，他们的结论也十分合理地被每一个实事求是的人当做迷误学派的纯理论教条而抛弃了。事实就是这样的：生产永远是需求的自然的原因，如果撇开无论哪一种货币制度或几种货币制度的话；可是，不幸得很，我们国家和其他国家所采取的那些货币制度，已经把这条非常宝贵的原理化成了空谈。

第　三　讲

生产本来是需求的原因，现时却是需求的结果，而且由于受我们现行货币制度的影响，原因和结果的作用也改变了——为了使人类过幸福生活成为可能，应该把生产和需求之间业已受到严重破坏的互相协调的关系恢复起来

在前一讲中，我已极力指明：如果排除了货币的各种影响，生产就是需求的原因，而且是唯一的原因：供应和需求是同义语；总的说来，供应和需求必然始终完全相等。因此，在这些条件下，生产过剩现象显然不可能产生；比例失调现象则无疑可能发生，不过用经济学家们常常吹嘘的说法，这是很快就会自行消除的一种灾难。

但是，显而易见，如果许多人为了我前讲所指出的目的，即为了交换本行业生产的各种各样的生产品，在市场上相遇，每个人既有东西出售，同时又有大量需要，那么他们很快就会陷入非常困难的境地，甲有食品出售，乙有衣物出售，丙有房屋出售，丁有家具出售，戊有燃料出售。但可惜，几乎毫无疑问，不论多少人集合在一起，都找不到两个人处境都如此顺利，即彼此所需要的商品种类及数量恰好就是他们愿意买和愿意卖的那个种类和数量。例如，甲

有粮食出售，丁有红木桌子出售。但假定，即使甲需要桌子，而桌子所值的粮食可能比丁立即需要的东西多得多。此外，桌子所有人除粮食以外还需要许多东西，比如需要一件常礼服、一顶呢帽，或者可能需要一加仑威士忌酒，而这些东西都是其他参加贸易的人的商品。桌子所有人可能需要用桌子换回若干食品或衣服，桌子则不可能切成这么多部分而无损伤。

其次，丙的处境（如果可能的话）会更加糟糕。他至少需要二十种不同的物品，而他能用以交换这些东西的唯一财产是一幢房子。房子所有人能与之进行交易的某一个人，可能偶然需要房子，但不能支付卖房人需要的那么多的商品交换房子。

这些陷入困境的生意人应该怎样交换自己的商品呢？假定大家承认等价原则是他们交易的基础：每人都打算获得应该获得的东西，而且一点也不多要；简言之，即人人同样准备要求公道并以公道待人。但有人会问，每个人到底应该怎么办呢？

论重量出售的平等原则，在这里是不是适用呢？当然不适用。因为，例如生产一磅钟表，所花的劳动要比生产一磅马铃薯所花费的多许多倍。其次，精工做成的丝绸衣服或披肩，也未必可以交换一样重量的普通麻布或棉布。可见，“等重量交换等重量”并不解决问题。

其次，我们试一试等长交换等长原则。不过，在这里我们的情况并不会好转。比如说，拿一码呢绒换一码条带吧！分别生产这两种东西所需的劳动不相等，一句话就立即把问题决定了。可见，“等长交换等长”并不比“等重量交换等重量”好些。

那么，除了采用体积为单位，例如以一立方英尺的煤换一立方英尺的铁、铅、铜、银、金及宝石,我们还能怎样呢?但这是不可以的,为什么?这是因为,而且仅仅因为,获得一立方英尺的铁、铅、铜、银、金和宝石所花费的劳动要比取得一立方英尺的煤多百倍、千倍或百万倍。假如,一个人为了采集一立方英尺的钻石要花一百年时间(如果他能够活这么长久而且始终健康并继续不断地从事这种事情),而要采集一立方英尺的煤,在一般情况下,则只是几分钟的事情。

再次,我们以数目相同作为价值尺度,也是枉然。预备屠宰的同等数量的绵羊,未必可以公平地换成同等数量的公牛,因为饲养和照料绵羊所需的劳动和劳动对象,比饲养和照料公牛所需的必然少得多。虽然作为食品的牛胴比羊胴大得多,但这个事实本身决不是牛胴市价较高的原因。无论就公平原则而论,或就事实而论,营养品或维持生命的物质就不是等量交换的。生产费用或所耗费在这些东西上的相对劳动量,这才是出现以下事实的真正原因:一种物品贵而另一种物品贱,或者更确切一点说,支付一种物品可能换成数量完全不同的另一种物品,而不管交换数量是否依照重量、长度或数目来评定。

再次,思想家在寻求价值尺度时,有时可能谈到效用问题。可是,在特殊场合下,商品有用无用依个人评价为转移,撇开这个事实不提,那就十分显然,比如一般地说,水比酒的用途要大无数倍,但毕竟谁也决不想比较水和酒的可交换量。

由此可以得出结论:公平的交换原则既不可能在等重量交换等重量、等长度交换等长度、等数目交换等数目中找到,又不可能在所评定的效用相等上面找到,所以我们应该另找其他办法。总而言之，我们所需要的就是价值尺度——这种或那种，好的或坏的，或不好不坏的。没有这种价值尺度，商业就不再是商业，社会就不再是社会，而文明人类所有一切种族就会退化到野蛮状态。因为，如果我们以劳动换劳动、产品换产品、劳务换相互的劳务，整个交换在数量上和范围上都仅仅是一种在没有任何公认的价值尺度的条件下进行的交换，那么显然，每个人都不得不用自己整整一半时间从事这种交易，即通过繁重的直接互换手续，以自己的剩余劳动产品交换另外五十个人的适当份数的剩余劳动产品。简言之，在秤和秤砣、长度和体积以外，必需有价值尺度，人与人之间的一切交易（除无偿劳动或直接交换以外）都能够利用价值尺度实现。同时，交换工具也是必要的。

这样一来，我们现在就一步一步地在着手研究我们应该解决的一个重大问题——货币问题了。我想，并不只是我们在着手解决这个问题，因为你们如果到我国各地走走，也会看到许多人都极其怀疑现行货币制度的合理性，他们大概决计要慷慨地放弃祖先遗留下来的聪明办法，不再相信这个办法，而对于这些问题另有自己的特殊的见解。当他们这种意图适当地得到全面实现时，那个时刻对于人类的儿女们来说，将是伟大而光荣的日子。

总之，已经知道，使用货币就必然使我们有可能实现按照等重量、等长度、等数目或等效用诸原则所完成不了的现货交易，现在我们可以把理想的货币性质列举如次：

1、坚牢性　这种质量只有在涉及货币本身的内在价值的限度内，才是重要的。如果一个英镑像金铸币一样，本身包含所代表的那种价值，那么坚牢性就具有巨大意义，因为当缺乏这种坚牢性时，铸币材料仅有使用一年的价值，这对国家乃是一年一度的沉重的税务负担。可是，另一方面，如果最常用的货币像银行券一样具有代表性；那么：因为花在纸张和印刷上的一便士，可以代表240倍到24万倍大的价值，坚牢性问题就失去意义，并且完全可以搁置不谈。因此，根据这个观点来说，我们有一切理由对现存货币表示满意。

2、携带方便性　最大额或最小额货币从一个地方移转到另一个地方，携带方便，轻便灵巧，用费很少，有防止损失的完全保证：这些在我国业已做得非常好，所以从这方面来看，似乎现行币制未必还需要有改善之处。同时，货币（指谁都想亲自花掉的货币）携带方便性还有这样的便利：公爵夫人要随身携带一笔足够付清半条街商品货价的巨款，也很容易，而一点不因为必须亲自带钱包感到困难。因此，从这方面来讲，现存的货币仍然是好的。

3、可分割性，因而也就是方便性　我们的货币制度没有以上列举的任何直接以货易货情况下所避免不了的种种不方便。一法新是很小的货币额，百万英镑是很大的货币额。可是，欠了一法新和百万英镑数额，或欠了二者之间任何一个数额的债务的人中，无论是谁跟自己的债权人结算时，只要有足够的货币来支付就不会感到困难。因为货币现有的可分性完全足以应付一切实际目的。

4、质量和重量[①]一律　铸币上压上造币厂印章借以向我们证明铸币质量，而纸币则由有关发行银行用真印刷版盖上印鉴以保证纸币质地优良。当然，这还要看银行家的兑现能力如何。不错，

① 下面有一讲将要充分说明只有在某些场合重量才能一律——原注。

当人们给我们铸币和银行券时，我们有义务辨别二者的真假。不过经验表明，这里实际上并没有多大的困难。所以，这里我们应该认为，像现时这样的我们的货币制度，仍然是令人满意的。不用说，不费力称铸币重量，我们就不可能确定任何一种铸币的重量。但这样做，似乎只有在使用黄金的场合才是必需的，因为现在人们绝不称量铜币而且也很少称量银币，可见在这方面，一切都没有问题。

5、不过有人可能要问：既然承认我们现行货币制度有这么多有益的良好质量，那么这种制度的巨大缺陷是什么呢？在我看来，那个缺陷已经到了压倒一切优点的程度，使我不得不开始讲学，予以反对；并且还要向《欧洲导报》[①]的出版家提议，就这个问题举办一次奖金500基尼的论文竞赛。那个缺陷究竟是怎样的呢？

我反对现行货币制度的意见可归结为一句话——这个制度所费太昂贵。当我们持有货币时，我承认现存货币足够坚牢、便于携带、可以分割，并且质量和重量一律。可是，我完全否认，这种货币具有费用低廉的优点。

总税额以整数计算，一年大约是5000万英镑；根据各种估计，国家的全部收入一年为4亿到5亿或6亿英镑；我们账簿上的国债总额大约是8亿英镑。如果是这样，那么维持我们的货币制度，每年费用要多少呢？

是等于100万、200万、500万、1000万、2000万或5000万英镑吗？一句话，我们所有其他各种赋税合起来对于国家是不是像

① 指《泰晤士报》——俄译注。

货币使用税那样的沉重负担呢？因保存我们的货币制度所花的费用，是否不少于1亿英镑？换言之，是否不少于国债这个最大的一种稻草人[①]的八分之一呢？

我以下述论点回答这些问题：根据最谨慎的估计，维持我们的货币制度，每年的花费无疑不少于1亿英镑。我认为，实际花费比这个数字还要大些，而且可能大得多；不过，一年1亿英镑是我们为此而支付的最小数目。如果我能够使你们像我自己一样、明白这个论点，我就希望你们赞成我的以下见解，即：我们的货币制度缺少费用低廉这个重要的品质；为了我们的哨子[②]，我们所花的代价太昂贵了；并且，如果保留这个哨子，我们一年要花费1亿英镑，那我们就越是快些摆脱这个镀金的玩具越好。

在我们由于无知而建筑起来并加以膜拜的黄金祭坛上，我们把一条我在前讲中阐释过的伟大的政治经济学原理，即生产是需求的原因作了牺牲。已故穆勒先生徒然力图证明：生产是需求的原因，供应和需求是同义语，我们决不能增加这一方面而不使另一方面同时和同程度地增加。因为，他据以作出这个结论的那条原理，我们已完完全全地把它献给黄金偶像作为牺牲了。不过，现仍健在的麦卡洛克先生也同样徒劳无益地用我上次提请你们注意的那些理由来捍卫同一学说。他和穆勒先生同样不曾指出，虽然他们对于这个问题的议论每一个字都应该是正确的，但实际上他们

① 稻草人是田中吓唬鸟雀的一种草人，转意为吓人的东西，或纸老虎——中译注。

② “... that we have paid too much for our Whistle”是从一个著名的有趣的小故事里借用来的说法——俄译注。

每个字的音节都是错误的。现在生产不是需求的经常不变的原因。让上帝把生产变成需求的原因吧！那我们就很少能听到英国宪章运动或爱尔兰分治运动的呼声了。简言之，这两位绅士（其中有一位非常老练）所捍卫的原理实际上并不存在。这条原理已被逐出所谓文明世界，这个世界如果回到这条重要原理上面来，并在尽可能短的时间内完全实现这个原理，那就能够最好地显示自己文明的真实性。

可是，有人会问，维持我们货币制度的费用一年要 1 亿英镑，究竟是怎样得出来的呢？所说的是不是黄金本身的损耗呢？是不是我们经营商业所需要的大量贵重金属的价值呢？抑或是说我看到从那些一点不受我们监督的人那儿获得货币供应的办法太迂缓和不能令人满意，所以想借这点为理由证明我的大胆论断正确无误？当然，问题不在这里，因为我可以根据唯一的一点向你们说明：我为什么确定我们现时的货币制度一年至少要花费 1 亿英镑。

第一、假定国家现时一年的收入为 5 亿英镑。我考虑到（未引其他论证）我国每年所缴纳的赋税大约是 5000 万英镑，而国家的全部收入超过赋说总额自然不会少于十倍，所以我认为这个估计是很恰当的。

第二、拿国家一年的收入来看，由于有了这样一种货币制度，使按比例的生产真正是需求的经常不变的原因，使按公平价格出售商品换回货币正好同现时购买商品一样容易并且永无止境：在这种货币制度影响下，国家一年的收入怎样呢？比较简单地设想一下：我们处在这样一种环境里，即由于这种环境国家的全部生产力完全充分地开动起来了，那时请你们说说，难道我国全部劳动产品不会按六比五的比率增加吗[①]？

如果你们同意在上述情况下，劳动产品当然会增加到这个程度，那么你们这也就等于承认我们现存货币制度确实使我国人民每年至少要浪费1亿英镑[②]，同时使我们在买商品、收现款、雇佣劳动及处理其余一切的时候，要按照它们现时的货币价值来进行。因为现时按比例的生产，不仅在我国而且在地球上任何文明地区，都不是需求的无限的原因，这种情况应当完完全全归咎于我国货币制度的性质。

但我们要十分确切地来研究一下，现行货币制度是通过怎样的途径给我们带来如此可怕的损失的。

每当对某种商品的需求一增加，只要是(请特别注意这个例外现象的性质)这种商品不提高费用就不能足量上市以满足过多的需求，这种商品的货币价格就会比其他一些物品上涨(在这种商品能满足过多的需求的情况下不一定涨价)：这不仅是大家都很清楚地知道的政治经济学原理，而且也是事实——我所以指出这个区别，是因为有许多所谓大家都很知道的政治经济学原理，并不是事实。现在，请你们随便拿一种数量不能因人类耗费劳动而任意增加的商品来研究，并把这种商品作为你们的价值尺度。假定一切货币契约的签订、一切商品价格的估计、一切赋税的征收都按照这

① 就是说，现时国家年收入为5亿英镑，那时国家收入会达到6亿万英镑——中译注。

② 本来年收入可达6亿镑，现时却只有5亿镑，即使全国人民浪费了1亿镑——中译注。

种商品的盎司数或镑数、码数或亩数，一句话，即假定你们的英镑、先令和便士分别由这种商品的1镑、1/20镑、1/240镑或其他单位构成。这样一来，无论这种商品是黄金或白银、铜或青铜、珍珠或钻石，也无论是专门从另外一个世界里带给我们作货币的某种特殊的东西，我肯定地说：人类的智慧无力证明，上述价值尺度和生产是需求的原因这个伟大的原理在地球上任何国度里似乎能够并行不悖（哪怕只并行一周时间）！为什么呢？这只是因为采用这种商品作货币，其数量不能因人类耗费劳动而任意增加，所以增长得慢；而其他一切商品则可以用人力任意增加其数量，所以增长得快。在货币少商品多的情况下，卖比买困难得多，于是发生生产过剩现象，因而可以用人力使其数量比货币数量增长得快的每一种商品价格，就要下跌，虽然生产这种商品所需的劳动量并未减少。既然如此，那么曾经使人们感兴趣的一条最伟大、最重要的政治经济学原理，即生产是需求的原因，就被逐出我们的商业系统，说实在话，就是被消灭了。

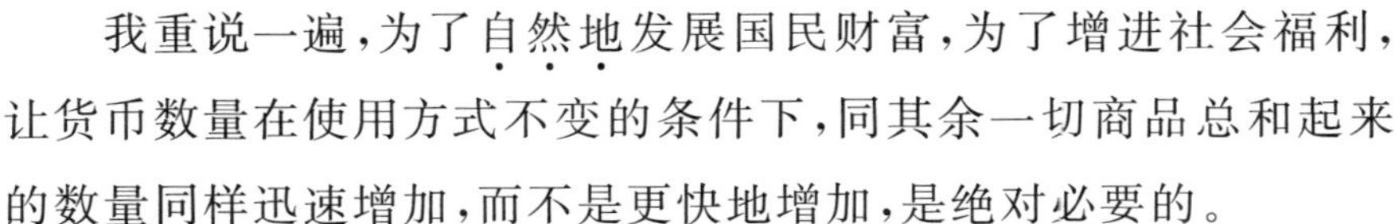

我重说一遍，为了自然地发展国民财富，为了增进社会福利，让货币数量在使用方式不变的条件下，同其余一切商品总和起来的数量同样迅速增加，而不是更快地增加，是绝对必要的。

假定爱丁堡市现时有价值100万英镑的各种不同的商品在等待顾客，再假定也有现时称为人数比例适当的一批顾客能够有钱购买而且愿意购买所有这一切商品。但是，恰好在顾客想做成这些买卖的时候，商品数量由于这种或那种原因增加了一倍，而可以用来购买这些商品的货币数量则没有相应地增加。显而易见，所有预定出售的商品都得跌价。不过，实际上，商品数量决不会这样增加的。商品所有人即使能够把这样多商品送上市场，也决不会那样做，因为他们容易及时得到有关市场现状及前景的信息。

可见，生产本来是需求的原因，而实际上却变成需求的结果，这是由于我国币制的影响，所以把二者的作用对换了。

因此，虽说现代货币具有坚牢、可分割、携带便利及其他若干优点，虽说这种货币取消了困难的和不便于实用的直接的物物交换制度，但它同时使一般说在货币存在以前就已产生的一条原理失去作用，这条原理的意义是这样不可估量，同时又是这样适合于社会当前的要求，以致使我们随时随刻都非有它不可。

简言之，我们出卖了我们的首先发现权！伊萨夫为了蝇头微利出卖了自己的权利，而我们则用黄金换得了我们的权利！而且，我是以适当的虔敬态度说这个的，我们已达到违反上帝亲自颁布的真正戒律的地步，我们不是从《创世记》或《自然记》里接受这些戒律了吗？因为这两部权威著作同样正确无误地断言：人应该辛勤地生活，应当靠劳动生活。

我们的金价值尺度说：不，人不应该辛勤地生活，因为人不应该工作，至少不应该工作得大大超过我愿意让他做的那个数量。今后，人应该靠自己的脑力生活。人不应该享受通过辛勤劳动所能创造的那个数量的财富，而今后应该限于享受这样的财富量，即他可用以巧妙地换成一定量的某种世间最稀罕的商品。

总之，自从人们用自己的法律宣布，黄金应该作为其他一切商品、一切债务、一切现金票据、一切现金信用的价值尺度以来，我说从这个时候起，上帝的法则就被不列颠议院法案破坏了、消灭了、废止了、停止执行了，而执行这条法则就被宣布为应受处罚者。同时，处罚并不由为所欲为的人和待在我们法院里的法官们（当情况允许行使赦免权时，他们还常常提供减轻处罚的机会）执行，而更永远不由被违反了的自然结果的法则执行。因为，的的确确就是那个把黄金抬高到作为我们的价值尺度地位的议会法案，把生产贬低到作为需求附庸的地位，其实生产首先就是需求的亲人、朋友和同伴。

我们商业中的一切困难的巨大秘密就在这里。这个秘密斯密博士不曾发现，穆勒和麦卡洛克两人则同样把这个秘密弄得很难理解；这个秘密是马尔萨斯主义全部谬论的主要基础，是罗伯特·皮尔爵士[①]及其大批门徒、一些顽固不化的酷爱捉迷藏的人的障碍物。皮尔他们这班人中间，没有哪一个人不是一拿起笔杆讨论供求问题，就立刻得出这种或那种最明显的谬论来。

可惜，亚当·斯密博士对于这个问题不曾把自己的意见稍微详细一点说出来。说真的，这只是因为他没有什么意见。

穆勒先生相当勇敢地肯定并试图证明，生产是需求的无限的原因，可是他忘记了：显而易见，如果这点不错的话，那么按公平价格出售商品换回货币，会同用货币购买商品一样容易。其次，对马尔萨斯教授来说，当他写他那两卷反对人口增长的说教时，自然决不曾想到：现时需求是生产的原因，在可以用有关这个问题的一切事实审议他的学说中任何一个论点以前，这两个名词应该调换位置，即：生产应该成为需求的原因。

① 皮尔（1788—1850年）是英国政治家，托雷党员，1844年皮尔条例的创议人。1846年，他在自由党人支持下废除谷物法——中译注。

举例说，生产的食物的实际数量现在取决于投放市场用以购买食物的预计的金币数量，而不是像本来应该那样仅仅取决于我们生产足量食物以利居民的能力：这个事实难道不会影响食物生产吗？例如，如果说现时上市的鱼的数量容易增加一百倍是老生常谈，那么说它容易增加一千倍，就接近真实得多。如果这种商品——无论是干鱼或咸鱼，本身是与其生产量相等的需求的原因，那么我们就未必能再一次听说还需要好像不久以前已经把这一代人的仁慈和无知都不可磨灭地完全铭刻在里面的那种苏格兰救济基金。

一般说，如果按公平利润出售人类的劳动产品同给人们安排工作一样容易，那还会发生贫困现象吗？那还需要我们定期捐款救济那些能够并自愿凭自己的劳动保障自己生活的人吗？

我们如果从经济学家的著作转向期刊批评家和每日观察家的作品，那么这些先生（我是把他们作为一个阶级来讲的）之中，有谁曾经想到生产本来应该是需求的原因，而现时却是需求的结果呢？谁想到在这种情况下谁也不能确定我们的生产资源的数量是这一论点的必然结果呢？可惜，答案是这样的：整个说来，这些先生理解问题并不比五岁的孩子强。

这是事实，我们手足一体地把我们的工业和商业联结在一起，可是在充分享受到这个好处以后，我们在街头相遇时，却像傻子一般，张嘴瞪眼相互说："可怕的时刻呀！各项事情都很糟糕！"而对如此新颖的一些首创见解竟有一个回声回答："很糟糕！"

有人问我们，货币的质量究竟应该怎样？我这样回答这个问题：除我已列举的那些质量之外，还应该补充一个最主要和最必需的头等质量,这就是:货币应该具有这样一种本质和这样一种质量:使生产在保持各种生产品之间的适当比例的条件下,今后能恢复自己的天赋权利,即创造等量需求的权利,并如我在别处讲明过的,不管生产将增加百倍、千倍、百万倍或千万倍,需求都可以同量增加。简言之,需求应该永远能够对生产说:“我决不落后!”

指出这个伟大的要求怎样才能实现不是今天这一讲的任务,今天讲演的目的只在于论证生产现在不是需求的必要的原因。当我已经用你们大家都很清楚地知道的种种事实证明了这个论点以后,我还要更认真地以具体实例说明这个原因,即由于这种原因,在现代货币制度存在的条件下,现在生产完全不能成为需求的原因。

为此,我把以前我自己就同一个问题所写的一篇文章(1842年发表)选出几段宣读给你们听听:

“现有的生产界限可能是容易确定的。大自然把这样丰富的物质散布在我们周围,总是希望我们享受我们凭自己的勤劳和才能利用这些物质创造的一切。一个人不努力就得不到一点东西,但他应当享有他的劳动提供给他的一切。精疲力竭或不愿工作:这才是劳动的界限。可是,人暂时并没有耗尽自己的生产能力,也没有满足自己的需要。人的生产能力是这样巨大,以致评价和测量这种能力竟是一个困难的任务;而实际的或想象的需要又是这样众多,只有必须有收成的播种才能满足这种需要。

“我们的国家已过细研究了某种商品,并把它作为价值标准。国家郑重宣告:某一定重量的黄金应该叫做英镑,其他一切物品的价值都应当用英镑数或英镑的分数来决定,物品能换回英镑,或者按英镑计价出售。这个制度的结果就是:因为黄金是价值尺度,所以不论需要商品的人手中现有的黄金或其代表物(银行券)数量是多或是少,这个数量总是在交换当时打算换成货币的商品(换言之,即在市场上出售的商品)时所能得到的最大数量。假设某一些愿意将钱换货的人手中拥有的货币恰好等于100,那么他们在市场上能得到的商品就只是100。因此,如果市场上的商品比货主估价那个数量(货主估价值100)多一点,比方说多过一半,那么显而易见,或者是多余的一半应当留着不出售,或者是全部降价(总额在100以内)出售。至于这个数量究竟是一百镑、几千镑、几万镑或者几百万镑:反正没有关系。

“我们举个例子:货币和商品所值是均等的,即预定在市场上出售的一切商品都能按照适当的价格找到情愿成交的买主,同时商品的需求和供应已得到平衡。既然情况如此,为了对商界现状获得一个清晰的概念,我们就只须增加商品储备,而不要增加货币储备。

“例如:

商品100,货币100——真实价格

商品数量增加到110,货币仍旧是100——亏损10%

商品数量增加到120,货币仍旧是100——亏损20%

商品数量增加到150,货币仍旧是100——亏损50%

商品数量增加到200,货币仍旧是100——亏损100%

“由于照同样的办法可能继续亏损下去,所以十分显然,必须另外使用一种流通工具,这种流通工具能够像一切适宜出售的商品一样，用普通办法迅速增加其数量。因为货币数量如果不能相应地增长，那就不可避免地会产生下面的结果：或者是价格应当下跌，下跌程度与商品数量及货币数量增长差额恰好成正比；或者是必须停止生产。除此二者必居其一以外，没有其他任何出路可供我们选择，也没有任何解救办法可以帮助我们避免这些后果。

"既然情况是这样的，看来自然会问到的头一个问题就是：为什么货币数量不像商品数量那样增加得迅速，以便使商品出售200时也能同出售100时所得到的那种利润率呢？答案是这样的：在黄金或其他任何含有内在价值的商品仍旧充当价值尺度以前，货币数量像我们增加商品数量那样迅速增加，显然是绝对不可能的，因为要使一种物品在数量上像其他一切物品合在一起那样增加得快，用任何巧计都做不到。

"紧缩着的市场——这就是现在人类享受的物质资源的界限，这就是挡住生产者前进道路的仇敌，这个仇敌对生产者说：你可以前进到这个地步，但不能再前进了。

"因为，要使亏本不至于成为必不可免的后果，商品量的增长就不能比货币的增长快，所以亏本通常总是生产的结果。企业主们受着他们所说的将本'求利'这个贪心的鼓舞，有时这一个，有时那一个，经常总是跨越分界线。但可惜他们在这种场合创造的不是货币，而只是财货，或者更正确点说是灾祸，因为使生产者陷入破产，使生产者的妻子儿女困在贫民窟里：这不见得是幸福。

"而这就是造成所谓生产过剩的症结。因为，商品数量比货币数量增长得快，以致商品价格下跌了，于是大家就叫嚷起来：啊！生产过剩成灾呀！其实可以用二十个不同的方法证明：这决不是而且不可能是一般的商品生产过剩。真正的灾祸是：在完全缺乏任何明确的增减原则的情况下，货币生产不足。像我们曾经做过的一样，请你们再着手使商品和货币保持均衡状态，生产在这种状态下就能提供公平的利润。可是，你们要根据现有的商品储备调整货币数量的增长，而不要像现在做的那样根据现有的货币储备调整商品的增长；这样，你们便能把生产增加百倍、千倍、百万倍或千万倍，并且同任何时候一样决不会造成生产过剩。不会发生也不可能发生生产过剩，甚至连极小一点的生产过剩的远景也是不可想象的。

“调整生产品的种类，使各种产品数量的增长保持比例性：这是防止所谓生产过剩现象唯一必要的条件。

“可是，当货币数量停止增加时，商品数量一般也会停止增加。因为，‘轻率’虽然常常越界，而‘理智’则更经常喊‘停止’。后者是常规，前者是例外，所以生产总会暂停的。但什么时候停止呢？群众的需要什么时候获得满足呢？什么时候我们大家在物质方面享受得舒适和满意呢？什么时候我们中间每一个人都有家可归，有地方可以休息，有东西可赡养妻儿（如果我们有的话），有家具、乐器、书籍、地图和地球仪可供使用——总而言之，即有着使生活舒适（一般意义的舒适）所必需的一切呢？——不知道。当我们能以各种必需品和舒适品以及许多次等奢侈品供应王国每一个居民时，我们的生产活动就会暂停下来；可是，在现行交换制度存在的条件下，甚至每当我们能以足量的最紧要的必需品食物、衣服和舒适的住房等供应群众以前，我们的生产活动一定老早就停下来了。”[①]

① 见本书第294—298页——编者注。

不过，货币问题还有另外一个方面，我们现在应该着手研究。

我们有一种名叫货币的商品在工商界流通，这就是黄金。把银行券放到一起来研究，问题也少有改变，因为银行券本身虽然不是黄金制成的，但银行券或者应该是拥有黄金储备的凭证，是黄金储备的普通代表者；如果需要的话，黄金储备在任何时候都应当提出兑换流通中的银行券。这就好像拥有遗产凭证既然毫无争论，那么这种凭证就与为了任何商业目的所提出的那种财产等值。

世界上任何规定重量的有价物品，从来不是现在也不是价值尺度，而且绝对不可能作为价值尺度。

毫无疑问，黄金现在是法定的价值尺度。不过，这种法定只是像算术中通过法律宣布今后二加二不等于四而等于六一样。就算这种法律将来会颁布，并且那时大家会马上承认：在法律上二加二等于六，并且二加二将等于六就完全像现在黄金是有效的价值尺度一样。可是，二加二究竟不是六，而黄金也不是价值尺度；黄金从来不是价值尺度，也同样很少可能成为价值尺度，就像圣保罗大教堂很少可能被派往新西兰或月球上考察一样。

因为黄金如果不仅仅是名称上的价值尺度，而是实际上的价值尺度，那么就是在普通条件下，花费（适当使用）同量的资本、技艺和劳动，应该获得一盎司黄金。但是，根据以下这个十分充足的理由，这显然是不可能的，即：资本、技艺和劳动虽然可以按几万种不同的方式来花费，而黄金究竟是数量不多的一种商品，不能跟其他任何东西一道按适当比例增加。

举例说，某个特别地方为了某种目的需要海水，只要在有这种需要的整个期间保持同样的取水给水方法，最后需用的一加仑水就能够像头一加仑水那样不花很大量的劳动取得。可是,如果为了这个目的,需要从某一个特别水井里并且只能从那里汲取的特种水;或如果上述水井对所提出的需求只能供应经常减少的数量。那么,最后一加仑用水,只有用多得多的劳动、经过大得多的努力和长久得多的等待,才能得到,而因此这一加仑水所花费的比头一加仑水要多好几倍。

请把这个例子用到黄金上来。由于适当地使用资本、技艺及劳动,生产品数量会日益增加,那么在我国,黄金这种金属是不是在一切情况下都能随时获得,并且其数量能经常增加以交换产量恰好同样增加的生产品呢?

我们以现有的商品及黄金数量和现有的商品及黄金市价作为出发点。如果我们把商品量增加一倍,那么这些商品是不是一定会换到加倍的黄金重量呢?如果我们把商品数量增加一百倍或一千倍,那么这些商品能不能继续换到而且一定换到重量增加一百倍或一千倍的黄金呢?

当然,换不到!既然换不到,那我就肯定说:黄金当真并不比下面这样的冰块更是价值尺度:在大热天里,冰块因天热融化了,冰块的货币价格正好由于它的稀少性而上涨,同时对它的需求,则因为同一原因,即正是由于天热冰块融化这一原因,而会增加。

既然生产上市产品仍然花费原先的劳动数量,上市产品量增加可能成为这种产品的货币价格跌落任何数目的原因。可见,货币无论是黄金或冰块,都不能作为价值尺度。我要着重指出,所谓上市产品,我指的是拥有购买资金并且愿意购买的人们平常所购买的那一切商品。

如果一定品种、质量和持续性的劳动，一天能得到一定重量的黄金，那么经过十二个月以后，十天的同一种劳动会不会得到比这个重量多十倍的黄金，一百天的劳动会不会得到比这个重量多一百倍的黄金呢？

到这里听讲的人们中间，谁也不需要别人告诉他：在现代社会状况下，仅仅由于偶然情况，上述劳动数量按每小时工作计算会不会得到同数量的货币。

在这种情况下，我们议会规定的价值尺度是多么荒谬绝伦啊！十蒲式耳粮食的十倍是一百蒲式耳，十磅茶叶的十倍是一百磅茶叶，十码麻布的十倍是一百码麻布。可是，如果通过若干天一定品种、质量及持续性的劳动所赚得的货币现在是十先令，那么短时间通过十倍同品种、质量及持续性的劳动所赚的货币，却根据被叫做货币这唯一的一种商品的稀少或丰富的情况，可能是 80 先令、100 先令或 120 先令。显然，我们所谓的价值尺度是滑稽戏、虚构物和鬼火。这正好像今天的品脱昨天能容一夸脱，早先能容一加仑，而明天却只能容一小杯。如果事情只是这样，那就好啦！可是，这是一种坏东西，是一种破坏工具，和这种东西比起来，火药要算是不伤人的物品，而利剑也不过是普通玩具罢了。

因为，如果我们的生产力和资源当真是这样巨大和丰富，使我们能够有吃、有穿、有住宅和家具、有教育可受，并且在其他方面也能充足供应另外一个星球上的居民；如果我们准备适当地使用我们的生产力。这时候，黄金法就立刻会出头露面，并且庄严地高声叫喊：停住，我命令你们！于是每个人马上俯首听命，仅仅因为若不然自己的商品的货币价格就会跌落，因此命运注定永远不是赚钱而是亏本，一直到每个人在黄金法（起先是在人们不大懂得这个法的真正性质时草拟的）的命令面前退却和低头为止。由于同样可悲的愚妄，人们至今还容忍这条法律。比田鼠更盲目、比猫头鹰更蠢十倍的人们，愤愤不平地服从这条法律；人们惯于责备猫头鹰的智力，猫头鹰的智力却胜人们的智力十倍。但是最后，人们似乎已用审视的眼光注意着这条法律的性质：这是从人类社会中永远消除这条法律的第一步。不列颠议会的议员们——皮尔、罗素、科布登和所有像他们那样的人，当前还要认识一个重要真理，这就是：只要我们这里实际上有准确的价值尺度这个东西，其准确程度像重量单位、长度单位或其他计算单位不因它们所测量的数量很巨大而缩小一样，那么生产按适当比例地作任何增加，不论增加的数量怎样大，大得多么不可想象（每码、每磅、每英尺产品仍然需要以前的劳动量），这都不能成为生产品的货币价格跌落一分一厘的理由；在这种情况下，生产品只要合乎适当比例就决不可能超过需求。

可是，不管本世纪未来的历史家觉得这点多么不可理解，而事实是：每当商品数量比货币数量增加较快的时候，商品价格就会跌落。这个事实就是那些维护现行货币制度的人也非常清楚，这可以从他们的著作中看出来，这些先生在讨论这个问题中，没有作出我们的货币制度是世间上最荒谬的东西这一结论，而是在我们全部产品数量显然并没有超过产品的自然数量的六分之五的时候，就开始为生产过剩或投机过分大嚷大叫。他们坚决叫人相信，只要问题一谈到货币，那就万事大吉了，或者换句话说，整个人类都应该养成加紧努力的习惯。但不是为得到衣服、食物、住房、家具、教育和娱乐，而是为了黄金和黄金，除黄金以外，什么也不为。而且甚至还不是为使黄金作为国内交换工具或作为使各国能够用以建立更经常而有利的相互关系的媒介物。黄金本身，即金金属，这就是他们生活中的最高福利，为了让几百个或几千个社会成员得到黄金，以致使劳动阶级陷入饥饿，使商人阶级的困难、贫穷和破产成为司空见惯的事而不是例外的事：都不认为代价太昂贵。

你们认为这是对我们的处境的夸大的和过甚其词的描写吗？不是！真理允许继续作这一系列论证，还要比我现在打算作得更深远得多。我主要的目的是力图引导你们照着正确的足印前进，使每次谈到社会不幸时，你们就能够信念坚定地指出使我们这一代人为地注定受穷受难的那些法律来。因为不应当怀疑，商业困难并不是自然地起源于我们的世界地位，并不是不可避免的。与此相反，商业困难是由议会法案造成并使其长存至今的，因此任何时候都可以用议会法案来加以废除。

但是，我们还是继续讨论下去。总之，我们的确没有任何价值尺度；严格地说，无论哪一种交换工具，好的、坏的或不好不坏的，大家都没有。

衡、量或计算任何一种商品，我们费力很少或者毫不费力，而不论这点怎样奇怪，作为一种商品交换他种商品的交换工具所需要的货币总额，其价值并不少于商品本身。简言之，在商品所有人获得机会用与自己的商品等值的货币购买其他任何商品以前，交换货币的商品应该出售给任何需要商品的人。

我已向你们证明过，不这样的话，所有的人就能够毫不困难地处于这样的情况下，即当为了获得别人的财物而出售自己财物的那个时候，生产就（现时是真正的或预料的需求的不变的后果）变成了需求的可靠的原因。

并且我已适当地解释过，这个论点一点也没有触及这个事实，即任何上市产品的最终价值只能用回答下述问题的答案来确定：产品真正要卖多少钱？——这其实就是任何市场价值的明显的标准。

我在这里所捍卫的是什么呢？——这不仅是说我们现时的交换工具不完善，而且实际上我们根本没有公共的交换工具。

例如，一定数目的商人相遇在公共市场上，其中每个人都有许多商品出售，可是再什么也没有了，因为他们的全部财产已经变成商品。就他们每个人单独说，以及就他们全体合起来说，他们的商品究竟怎样才能够进行交换呢？

显然，他们的处境是困难的。因为，尽管他们都力图为买而卖，可是谁也不能首先买进，所以谁也不能卖出。结果，他们的买卖就陷入僵局。

但银行家在哪里呢？大财主在哪里呢？银行家或大财主会让他们有可能做他们要做的一切吗？

不能！银行家以私人身份的确会按自己使用或消费的需要向他们购买商品，需要多少就购买多少；可是，作为银行家，则什么也不购买。银行家既不会拿自己的黄金换回茶叶、食糖和呢绒，也不会去换麻布和桌椅。你们如果怀疑这点，就请你们明天带一群公牛、二十头绵羊或六百瓶酒去苏格兰银行、皇家银行或不列颠亚麻公司，请会计员把这些东西记在你们账户上的贷方吧！

不用说，会计员对于这个请求的答复是：“先生们，我们没有牛栏关牛，没有牧场放羊，没有酒窖藏酒。以这些东西或以其中若干东西作担保，我们也许可以按规定手续照现行利率借些钱给你们，不过我们却不买这些东西。你们出卖你们所开列的商品，我们经管货币，只有卖货币、贷货币和用货币换货币才是我们的工作。你们带着公牛、绵羊或葡萄酒到这里来，并不比提着羊腿到皇家剧院办公室交两三张沙发价款更有理由些。”

既然情况如此，显然不存在一种公共的交换工具，也确实不存在一种经常准备为大家和每一个人完成无论是天平、砝码、尺度或数目都不能完成的那个任务[①]的工具。由此仍然可得出以下证明：

现时生产不是需求的原因，更不是需求的唯一的原因；

一般说，现在以公平的利润出售商品收回货币，比付现金按适当价格购买商品要困难得多；

现时供应和需求并不是同义语；

最后，不增加需求而增加供应，同时以惊人规模增加供应，是办得到的。

这些就是我在本讲中所要捍卫的那一切结论。我不怀疑，你们会同意这些结论。不过，你们要牢牢记住并把关于这点的记忆带到自己的家庭里，你们这就正是起来反对那些有学问的政治经济学教授，实质上等于你们对他们说，他们的一个最重要、最颠扑不破的学说，不过是一种纯粹的幻想。

① 要求货币让任何人任何时候尽可能少花时间和劳动，少操心，用任何物品、任何价值去交换市场上出售的并且是自己想交换的等价商品——原注。

关于这个问题，我只应该补充说：以后我将极力向你们阐明一种含有货币应该具有的一切重要质量的货币，并从而阐明：由于使用这种货币，不仅经过合理调节的生产能永无止境地成为需求的可靠的原因，而且商业各方面的一切制度能建立在经常繁荣的基础上。简言之，社会上工商阶级的货币困难以及生产阶级的工作不足，在任何时候都不会变成灾难，而只是人们的过失。

总之，我一直试图向你们指明：第一，与任何货币制度无关，真正的需求即占有某种预定出售的商品的欲望（这种欲望须与支付商品等价物的能力相配合）以生产为转移；第二，仅仅由于我们的货币紊乱，以致使这个最重要的原理不发生效力，成为一纸具文，成为一种只存在于某些经济学家的虚无缥缈的梦想中的东西。

显然，我们的办法应该这样：所有工业家、商人、手工业者和生产工人，应该联合起来，并采取措施以便能够毫不迟延地恢复我们已被剥夺的一种异常重要的原始权利——即人人都有权利按照自己的心愿工作，使我们能够生活并且有权利生活，像有工作可做、有能力工作而且愿意完成工作的人一样。

但是，请不要害怕联合起来这几个字眼，因为我并不准备让你们评判任何"蜜蜂制度"或其他联合制度。我要求人与人之间互相合作和互相信任，要求这种合作和信任的程度并不比现时在全英格兰、苏格兰以及在爱尔兰一些比较好的地区所常见的那种情况更大些。我希望什么呢？——我希望大家作出坚定不移的决定，要求政府认真地、彻底地重新审查并修改我国有关货币的法律。这是绝对必要但早已被忽视的一个办法，这个办法迟早必须实行，所以实行得越早越好；因为用商业行话来说，我们的错误的货币原理是我们的不幸的唯一的原因。

请你们相信，因为推迟货币改革所作的普通的道歉，不会再被用来代替货币改革本身。他们说永远让公众发表意见，其实是要大家重复《泰晤士报》不久以前使我们听厌了的那样一些诡辩和含糊其辞的废话。我们至低限度已相当了解叫做货币的那种东西的重要性。关于货币问题的讨论，大概已遍及全国了。既然已经产生了坚强的信念，相信某种祸害已在我国货币制度中扎下了深根，那就让过去的经验回答这个问题：在与这儿有关的一些法律得到必要修改以前，人们大概不会让事情再度停顿下来吧？

不幸，报刊在这件事情上落后了一百年，因为报纸既不懂得我们遭受的灾难的性质和原因，又不懂得我们遭受的灾难的规模大小。但对货币问题的注意日益增长，毕竟已有了无可怀疑的征兆；而且在论战中真理总是愈辩愈明，所以为了在短期内把研究这个问题的空气鼓动起来，我愿意提出一笔奖金，奖给对我现时向你们所讲的能发表最高明的反对意见的人，如果有资格的和大公无私的评奖委员会认为提反对意见的那个人的见解足以驳倒我的见解的话。

但是，我再说一遍，我不向你们提出任何联合方案，要使我们的年收入增加1亿或将近1亿，我们并不要改造社会。除废止某些荒谬的法律以外，颁布几道拯救货币的法律——这就是我们所需要的一切。应该把彼此相互交换我们的各种劳动产品的权利交给我们，这种权利现时已被议会法案剥夺了。简言之，人与人之间应该开辟一条互相联系的渠道，利用这条渠道大家能够提供和接受相互间的服务，并且符合真正无愧自由交换之名的原则。

请注意，生产过剩只不过是剩余的别名，这是我们在社会来往中惯常听说的现象。

剩余一个、剩余五十个或者世间上一切普遍剩余，全无交换可能，这种剩余物究竟还有什么价值呢？答案很明显，一点价值也没有。譬如，一个人可能是一个煤矿老板，倘若不能用煤交换别的东西，那么除自己需要消费的一部分数量外，其余全部煤炭对他都失去了价值。其他任何商品的情况也是这样。一切生产的目的都是为了使用、消费或交换。因此，如果我们落到生产仅仅能供自己消费的境地，那我们就完全可能变成一个人为地陷入贫困的民族；而其实，只要我们本身开辟了国内市场，那我们任何时候都可能变成一个人人相当富裕的民族。

但显而易见，在我们的生产能力大于我们的交换能力以前，换言之，在取得合理利润出售商品比按公平价格购买商品困难一些以前，总市场一定始终是百货充斥的。同时，反过来说，同样显而易见，如果出售任何一种商品跟生产这种商品一样容易，那么现时在寻求有盈利的运用的全部资本和劳动就立刻会得到运用，因为生产当真成了需求的原因。

其次，在总劳动市场仍然百货充斥以前，毫无疑问，在业工人和失业工人之间，视情况为转移，会程度不同地产生不可容许的竞争。失业工人经常会同意支取低于现时在业工人所得的报酬，完成要求任何数量和任何质量的工作，力图借此排挤在业工人。

实际上，没有工作的人想按最恶劣条件取代在业工人的地位，这种意图已尽人皆知，以致王国里未必有这样的工业部门，那里的工人没有自己的一套工会章程、工资等级表和限制工资的规定，只允许自己工会每一个成员按照这些规程取得工作。

从此就在劳动阶级之间产生了以获得比现时较高工资为目的或以反抗雇主降低工资企图为目的的罢工现象。同时，大工业城市里雇主与雇佣工人之间的永无止境的纠纷也就从此产生了。

如果整个说来，在任何有益的职业中，对全部生产品的需求已由一种劳动法令所形成，那么现时雇主和工人之间常常因工资问题发生的一切误解与仇恨，还会出现吗？显而易见，促使工人联合的唯一动因，即保护工人中间一些比较幸运的人以防止比较不幸的人们的竞争的企图，一一消失了。因此，联合本身及其所固有的无数坏处也消失了，或者至少会丧失任何实际意义。

这里我不能不指出，我们对一个巨大而常见的灾祸，竟采取冷淡无情和漠不关心的态度，容忍这个灾祸存在，很少或者完全不提出问题；相反，对于一些不常见的令人不愉快的琐事则十分重视。即使只是一个小指头疼了，也会像闪电一般快地提出问题："怎么一回事呀？"——并且会立刻进行检查。就算亲爱的父亲、孩子或朋友脸上比身体健康时稍微欠红润一点，而整个屋子里也会响彻同一种声音："怎么回事呀，怎么回事呀？"或者是，花朵比平常早一天蔫了，这件不愉快的事情就会引起问题，至少脑子里会想："我们心爱的东西为什么蔫得这样快呢？"于是，严寒、酷暑、冰雪、干旱或淫雨，都会被说成是这个意外损失的祸首。可是，即使整个民族受苦受难，即使红润从整个民族的半数儿童脸上消失了，即使民族的儿女们因为没有住处和炉壁，没有食物和衣衫褴褛，以致不是一个一个地而是成千上万地衰弱、憔悴和死亡。这些，按一般人的意见，还认为是非常自然的事，倘有谁从漠不关心的旁观者队伍中走出来，大胆问："这一切灾难的原因在哪里呢？"那么不用说，答复一定是："这儿没有一点特别的问题！"

这不是虚构，不是抽象的结论，因为在不很久以前，《阿特拉斯报》提出的就正是这个关系大不列颠民族的问题，该报并且悬赏100英镑征求答案。

先生们，你们担负的研究任务，比妇女们担负的要大一些。在这个世界上，无中不能生有。宇宙间没有一个原子不占据着特定的位置，不服从这条或那条确定不移的神灵戒律。在人的身体内，没有一条动脉或静脉、一根筋肉或神经，没有自己的特殊的用途。如果不是由于我们疏忽大意、无知或愚蠢妨碍了上述事物的功能和活动，那它们全都是以方便我们和造福我们为目的。并且请你们相信，我们体内所有的东西已经够了，并不需要再添加一点东西。不过，为了让自己充分享受物质生活的快乐，我们应该服从人类生存的自然法则。同理，为了从我们的社会制度中获得最好的结果，我们应该熟悉这个制度的自然法则，服从这个法则就肯定能为我们保证社会健康，这就像合理的饮食和合理的睡眠和体育就一定能够最好地保证我们身体健康一样。

如有些人所断言的，既然人类最重要的研究对象就是人，那么由于所讲的是既要研究人的肉体，又要研究人的精神，所以我们的教育工作就表明：我们是怎样领会这条法则和怎样尽心竭力执行这条法则的。可是，说到社会科学，那么它作为日常普通的研究和考察的一个部门，却应当从头开始。有比较少数的人，甚至在最有教养的阶层中，曾经致力研究我们讨论政治经济学各种问题的书籍。但是，即使所有各社会阶层都对政治经济学感兴趣，可惜除某几部书以外，没有任何可读的书；就是这几部例外的书也有缺点，如亚当·斯密的《国富论》的缺点是不完备，麦卡洛克的《政治经济学原理》则是各种正确论断和错误论断、真理和谬见掺半的混合物。

因此，我特别希望现时在人数众多的爱丁堡中学和专科大学完成自己学业的青年们，注意到这个重要科学部门中现有书籍的缺陷。既然政治经济学几乎跟其他任何一门科学相比，毫无疑问现时总是屈居末位，这中间就一定存在着一种比较性的空白点，不用说，谁能完全彻底弥补这个空白点，谁做了这件事，谁就能够为自己带来利益和荣誉，同时并给予自己的同胞长久的和异常宝贵的好处。而研究这门科学一定要经常锻炼观察和思索人类一般事务的能力，所以受到这种锻炼的这些能力，既不能改进，又不能加强，以适应其他一些有时可能利用这些能力的地方。再说，谁想精通政治经济学，谁就应该多研究自己周围的环境，少研究书本。选择书本应该像捡蘑菇一样要持怀疑和不信任的态度，以便寻找真正的蘑菇时，不至于捡到毒菌、吃到毒菌和徒劳无益地白煮一顿毒菌。简言之，我们缺少一部像约翰孙辞典那样的政治经济学辞典，也许有某一个现年 20 岁的青年人，碰到一个任务，即要在满 35 岁那年填补这个空白点。总而言之，现在用英语写成的政治经济学体系中，没有哪一种够资格使用这个名字。

不过，我们要回到本题上来，这就是要使你们相信必须消灭现存的违反自然的生产界限。总之，如我们已经查明的，既然现在总生产取决于需求，那么显而易见，不仅是懒人和一文不值的人，就是勤恳而老实的工人，有时也可能失业；并且未必还需要说明，容

许这种事态存在的社会，将为自己的愚妄而受到怎样可怕的惩罚！因为，起先由于必要而偷闲的人，很容易变成懒人。举例说，我们看到一个似乎很勤恳的人，但没有工作，他的显然可敬的品质加上明显的贫困处境，引起我们同情，自然也使我们乐意帮助他。援助处境贫困的可尊敬的人以后，我们感到的快乐，甚至使我们的利己情感也得到了满足。另一些受同样原因驱使的人也会帮助他。看啊，这个至今作为我们行善的可敬的对象的人一定会发现，当他还能够维持面子，说“唉，现实起初太可怕了”的时候，工作对他并无意义，因为闲散有益些，也许有益 5 倍。于是，一个积极、勤恳而可尊敬的社会成员，起先变成胆怯的不坚决的小施舍的追求者，以后又变成粗野的强求者，最后就一步一步地堕落成酒鬼、小偷和罪犯。

如果不幸的人（这种可以设想得到的偶然事件是千万件现实事件中的一件）永远感受不到失业所造成的饥饿痛苦，那他大概能够以德行高洁出名，正如他现时以陷入邪恶著称一样。如果我们依靠议会法案继续限制生产，也限制对劳动的需求，那么要使无数这样的偶然事件不再发生，能不能办得到呢？

这是办不到的。正因为如此，所以除非采取行动，恢复社会上一个伟大的原理——生产是需求的原因（这一原理的无数优点已被一些现行货币法令给我们剥夺净尽了），我们就决不能改善国家的现状。

必须经常施舍以援助一些有劳力的人，这是民族的一种耻辱。非常好的情况可能引起暂时的困难。有时出现一种风行的行业，存在一个短时期，然后逐渐衰落，直至完全灭亡；另一些事业则由于所有原因中的一个最好的原因，即由于同一部门的其他部分业务得到改进也可能停止经营。就在不久前，我们看到的驾驶邮政马车和公共马车的邮递员和车夫就是这种例子。不过，新生力量的发展或新商品的采用，一般说都是这样逐渐进行的，即着重阻止青年参加没落行业或事业，而不是着重剥夺老工人的惯常的工作。

对于丧失劳动能力（体力的或智力的）的人，应该根据国家法律给以广泛的救济，我所以说要广泛的救济，这是因为：既然我们可以像目前确实在做着的那样，让自己每年花1亿英镑维持一种极不合理的货币制度，我们就当然应该有可能做好充分准备支援那些不能靠自己的劳力和智力保证自己的生活并且应该向别人求援的人。但是，我对那些建筑豪华大厦的人却很少有敬意，在我们这里这一类大厦已大量兴建起来，并且专门为慈善目的还在继续兴建。至于谈到建筑物本身，那么在不久的将来，这些建筑物会被看成用以纪念商业无知时代的陵墓。

我们不需要这些东西。我们的民族十分能够保证她的儿女人人有饭可吃、有衣可穿、有屋可住、有教育可受，并有其他各种各样的供应；而不要私人施舍救济。将来当我们的生产资源一解除现时所受的束缚，那么大家就会承认，把自己的私人积蓄用到慈善建筑物及慈善基金（这常常是恶习和不法行为的根源）上是合理的，就像一个人负责制造火车头是合理的一样。让生产在我们中间占一个适当的地位吧！那么，我们就再也听不到财富离开平常的和合理的自然继承途径（这使继承人大为伤心）而用来兴建医院、学校及收容所的消息了。沧海一粟——私人慈善事业不论办得多么慷慨大方，也不管是为了教育居民或供养居民，能给我们伟大国家提供帮助的意义就正是这样的。把我们因无知而被剥夺的那种权利还给我们吧！把跟街那边的商人自由贸易的权利给予街道这边的商人吧(现时欧洲哪一条街的居民都不曾享受到这种权利)！那时候王国里勤劳、正直而又最贫穷的人，就不会比我国未来的最上层人物更可能感到解不脱饥饿的痛苦，同时也没有必要怎样减少最上层人物的财富。

这里请让我及时预防那一堆胡言乱语重复出现。在一切场合，当有什么事物出现的时候，尽管这种事物的性质及宗旨和世界上半世纪或将近半世纪以来大家业已熟悉和公认的既有事物略有区别，多数不明事理的人(群众)总是散布各种胡言乱语。

人们的外部感官还完全辨不清楚的最重要的发明和可以想象得到的最荒谬的理论，在刚刚发表时处于完全相同的地位，这就是说：最初谈到发明时，同样受指责，受嘲笑，被宣布为不可实行的，简单地认为是热心人的幻想。而当这种发明(的确说得上是发明)开始逐渐被成见较少的人接受下来时，该发明所产生的结果最多也只有十分之一得到承认，其余十分之九还会被看做是热心人的幻想。

实际上，情况究竟怎样呢？如果把任何新发明的原理抛入思想的大洋里，(如果允许我这样描写人类智慧的一切产物)那么这个原理视情况为转移，会证明是正确的或错误的，换言之，即是原理或不是原理。如果不是原理，那么作为一种谬论很快就会自然灭亡；如果是原理，那么最后的结果几乎常常是这样的：真正的现实会远远超过原先发明这条原理的人的最乐观的希望。

举例说，要詹姆士·瓦特甚至在大有成功把握的时候，认为到

1848年就可能出现一种蒸汽机(哪怕预测一会儿),把这种蒸汽机固定在机车和轮船上就能够创造出一切奇迹,这可能吗?要煤气照明的原始发明人预先推测这个发明会在其他消费部门引起革命,这可以设想吗?其次,富兰克林利用儿童的玩具(风筝)导电,因而证明甚至可以使天空中的电受人类控制。但那时候要使他脑子里闪出一个念头(哪怕一刹那间)认为就是这种电流在当时会成为人们相距几百英里瞬息就联系得上的伟大工具,认为这种电流会成为他本人(印刷工人和新闻传播者)的职业上的工具之一,认为这种电流在下一个世纪将使用在不差分秒地、准确地走动的天文钟上[①]:这些能想象得到吗?

毫无疑问,至少在这些情况下,原始发明人的希望和现时全世界所容许和所公认的事实之间的差别,是不可以计量的。

从诸如此类的实例中,我们得出一个教训,即:对于那些可怜的和毫无价值的人物的成套废话永远应该予以蔑视,他们关于每一件对他们的衰弱而迟钝的脑子来说是新鲜的事物的议论,都不过是重复下面这些话的简单的陈词滥调:"头脑发昏","地地道道的热心分子","也许他的见解中有某些可靠的东西,但不用说是太夸张了"。我们要学会像检验黄金一样检验原理或冒充原理的东西。我们要通过这样严格而公正的考察研究检验各项原理。如果

① 当获得电钟专利权的亚力山大·本首次在爱丁堡介绍他的惊人的发明物时,我立刻向他定制了一座电钟,并特别提出请尽可能替我做一座特别好的。这座电钟的优点可以根据下述事实来判断:走得十分准确,准确到一年只差5分钟;今年从1月9日到2月16日,走得不快一秒,也不慢一秒,而这个期间内最大的误差则不过20秒——原注。

我们发觉这些原理是正确的而不是错误的，那就让过去的经验教导我们变得比较谦虚一点，并且不要过于匆忙地说什么应用这条或那条正确原理有个范围。

我们把这种论断应用到我们的问题上来。我告诉你们，按照商业的本质，生产是需求的原因。我告诉你们，我们抛弃了这条原理，恰好像我们偶然或由于无知而抛弃一盒价值等于英国全部国债的金刚石一样。现在我再告诉你们，我们应该把这条原理还给社会，让我们未来的货币制度以这条原理为基础；其次，我还要说，做到这点之后，我们就使国家收入每年至少增加1亿英镑。目前请不要嘲笑我，也不要加给我通常的一堆荣誉称号(这一套总是会落到伟大真理的早期预言家身上的)，遇到机会时花一两小时考虑考虑我向你们阐述的问题，这不更好吗？不更明智吗？请你们这样做，我深信你们很快就会愿意用完全另外一种态度对待这一系列讲演。无论怎样，我创立的原理，正确或不正确，当然值得每一位到会的人回答一个问题——这条原理究竟怎么样呢？

第　四　讲

银行制度概述，现时是需求结果的生产，通过建立这个制度，任何时候都能变成需求的原因

在前面几讲中我已试图说明：与任何货币制度无关，生产是需求的自然的原因；供应和需求是同义语；并且供应总是等于需求，如果在我们的商业政策中不容许某种非常有害的制度有立足余地的话。同时我也试图说明：不管怎样，这条伟大的原理业已停止起作用，因此我们的绝对的责任是恢复这条原理的作用，并使我们的全部商业都服从它的指导和管理。

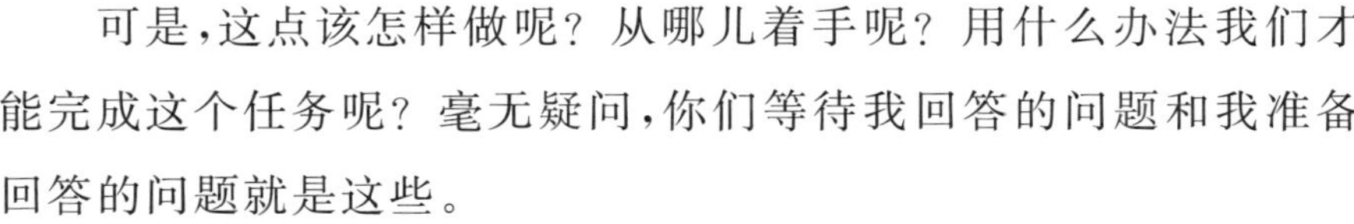

可是，这点该怎样做呢？从哪儿着手呢？用什么办法我们才能完成这个任务呢？毫无疑问，你们等待我回答的问题和我准备回答的问题就是这些。

不过，虽然做了这个准备，我并不坚持要采用我自己提出的任何计划。我绝对没有这样的打算，坦率地说，我根本没有任何我认为唯一合适的计划，或者是我抱着纯粹的偏见或含有倾向性的那种计划。简言之，权威地、绝对可靠地回答这些问题——这不是一个人的事情，而毋宁是全英国、全欧洲和全世界的事情。

我已试图向你们阐明一般说人类现时差不多完全没有认识清

楚的某些原理，按照这些原理，为了使个人和民族达到我们本来可以达到的那种繁荣程度，我们绝对必须改造我们的商业交换制度。但我讲到的这些原理，既不是我创造的，也不是你们创造的；这不是什么商品，也不是只要我们认为适当就可以利用或丢弃的家常用品，这些原理是颁行在宇宙间的上帝的戒律，所以是始终不变的。由于忽视这些原理，我们从太古以来，最可怕是还在最近，常常受到惩罚，而且在无数场合下甚至被处以死刑。我们受到惩罚，完全像一个泥水匠受到惩罚一样。如果泥水匠承约兴建一座教堂尖塔，他坚持把尖塔倒置——塔尖着地，塔底朝天；结果尖塔常常倒塌，常常砸伤他，这恰恰像我们的货币建筑物老是砸伤我们一样。生产本来是我们的商业建筑物的基础，现在它却占着一个普通风信旗的地位。

但是，发现正确的交换原理以后，现在我们就应该像对待力学中的膨胀原理一样来对待商业中的交换原理。水加热就产生汽。水化成汽时，那一刹那间需要较化汽以前大得多的空间。如果这个空间不够用，即装蒸汽的容器不能按需要程度扩充，蒸汽就会强行寻找出路。如果我们像《克里克塔》号[①]的机械人员一样，决定把蒸汽阻留在容器内，蒸汽和装蒸汽的容器之间立刻会发生力的冲突，而且胜利的机会至少百分之九十九会属于蒸汽。

这里我们举了一个大家都很清楚的明确的力的例子，但是应用这个力是与力本身完全不同的一回事情。力只有一个，而使用

① 泰晤士河上的一艘汽船，不久前在伦敦爆炸，原因是安全阀的作用受到妨碍——原注。

力的方法则有多种，列举应用力的一切可能性，现时还是解决不了的一桩任务。

正因为如此，所以我们有高压力和低压力的机器，有固定机器、火车头和轮船机，并且所有这些机器因使用目的多种多样(前已指出)，构造的类型和体积也多种多样，因此要把1848年的蒸汽机记述得完备充分，无疑需要写好几本书。

现在我也这样向你们阐明真正的交换原理。不过，做好这个之后，我仍然宁愿尽量听到别人的意见，而不坚持采纳自己的意见；因为说的是一台精密的机器，利用这台机器这条原理才能在实际上极其有利地发挥作用。如同蒸汽机里所发生的情况一样，原理虽然只有一条，而运用原理的可能有的方法则有许多。因此，留心问题并竭尽全力考虑各种简单的、实际的、有效的和公正的详细办法，这与其说是某一个人的事情，不如说是每一个人的事情。特别重要的是，在追求这个目的的时候，谁也不能违反各种正确的政治经济学原理，因为正如大自然里一切都互相配合一样，人类一切设施也应该互相配合，否则不管我们怎样热心地、诚实地和勤恳地努力工作，我们努力所得到的报偿不过是失望而已。

例如，在政治经济学中，劳动是财富的唯一的泉源。分工提高了生产品的数量。分工所能达到的极限受市场大小的限制。人与人之间的自由的、无限制的竞争(而且不管是用脑工作或用手工作)是正常的和对社会有益的。劳动的果实是工人的自然的财物。保证所有权是积累财富的重要条件。积累又叫做资本，对于一切商业企业都是必需的。人们所以用一种物品交换另一种物品，是因为自己需要的那种物品比用以交换的那种物品对自己有较大的价值。由此而产生的结果是:任何公平交换能使双方获利。因此,无限制的交换自由,对于所有的人以及对所有的国家,都是有好处的。社会上现行货币制度,原则上是完全、绝对和根本错误的,因为这种制度阻止人与人之间自由交换财物,并使这种交换成为不可能。

我提到这些事情,只为举例说明我的这个论点:努力把我们的货币制度建立在健全的基础之上时,应该避免违反任何一条正确的政治经济学原理。所有那些轻信暂时方便的错误原理而不信自然界本身的正确原理,只求达到或者更正确地说只求努力达到自己的目的和任务而不怕违反常理或违反逻辑的人,正在陷入这种错误之中,所以对于这种错误更应该小心避免。

虽然我力求鼓起别人研究问题的兴趣,以便为整个民族获得由大家出主意所产生的一切好处,虽然我十分真诚地并且毫无条件地放弃一切认为我的任何特殊计划都应该受特别重视的狂妄念头(至少要比它们在经过仔细研究之后所应得到重视的程度大一些),但向爱丁堡哲学研究所的成员们谈纯粹抽象而缺少任何具体计划的原理的优点,这究竟不很合乎逻辑。我的打算也不是这样的。我现在试图向你们说明我根据多年仔细研究问题的结果草拟的国民银行计划。由于建立国民银行,原来作为无限制的自由竞争的自然结果的生产,必然会永无止境地成为需求的经常不变的原因。并且这一切都是以对所有的人一律公平为基础,而且一点也不违反任何公认的、正确的政治经济学原理。

为了近乎百分之百地消灭我们国家现时所受的一切灾难,不管这些灾难来自工人失业也好,或来自劳动工资太低也好,我们只要求做两件事情，即：第一是建立银行制度，以恢复供求双方的自然关系，这种关系的性质我已向你们详细解释过了；第二是确立真正的价值尺度，以代替现时被错误地叫做价值尺度的虚构物。

这里我应该请求听众们，特别是女士们，宽宏大量地原谅我，因为我所研究的问题，不仅在口头上讲述是困难的，就是问题本身（不管能产生怎么极伟大的结果）也通常被认为是枯燥无味的，即被认为是不少群众瞩目的那些问题中最坏的一个问题。

的确，我在这里可以指望做到的一切，就是向你们说明我所建议的银行制度的基本概念。不过，这些讲演讲完以后很快会发表，所以我的论点如果有错误，大概也很快就会得到改正。

总之，现有的银行制度和应有的银行制度之间的具有代表性的主要差别，包括如下（不过，我们随时要注意，我们的专门目的在于使生产有可能事实上永无止境地真正成为需求的原因）：

现在，工业家或商人通常把每天的售货进款交给特定的银行经理记入他们的账户贷方。同时，银行经理应该拥有存入工业家或商人仓库中的一切商品，按卖价记入他们的账户贷方；其次，工业家或商人可以把售货所得的全部现金交给特定的银行经理，同样由后者记入他们的账户贷方。而另一方面，下列两项应该记入银行顾客账户借方：第一、取自银行顾客的货仓里的全部商品价值总额；第二、银行顾客用通常办法从银行支取的现金总额。由此可见，银行家对自己的每一位顾客应该有一种商品账（Stock account）以补充现金账（Cash account），不过这里只涉及商品总额，而不涉及细数。

为了给联合王国所有只经营批发业的工业家、商人及经纪人等等（下述几种人除外）服务，应该设立一种银行。这种银行正确命名为交换银行（Standard bank）：一个设在伦敦，另一个设在爱丁堡，第三个设在都柏林，并在全王国各个城市里（甚至在最小城市里）设立一个或几个分行。这就是说，伦敦银行的分行要遍布全英格兰，爱丁堡银行的分行要遍布全苏格兰，都柏林银行的分行要遍布全爱尔兰。

与交换银行有业务关系的工业家和商人中，应除去下面几种人：第一、所有经营易腐商品（鲜鱼和未制成罐头的水果等等）的商人；第二、所有经营随时尚变化的商品（这类商品如妇女时装或时髦品）的商人；第三、所有经营为专门目的或特殊目的而制造或进口、因而不宜在普通市场上销售的商品的商人。我提出工厂里采用的机器设备作为这种商品的例子，工厂里的机器设备大多数是定制的，因此只适合某些个人、商号或公司的爱好、要求和选择。显然，这种商品如果送到其他市场，而不是送到为它们专设的市场，大概卖不到原来所值的三分之一的价钱。

我想到的第四个即最后一个例外，是制造或进口危险商品如火药、爆竹等等的人，这种人也应该从交换银行的顾客名单中剔除出去。

但甚至这些例外，也宁可说是名义上的，而不是实际上的，因为相互交换的制度差不多同右手把钱交给左手一样方便和容易做到，这种制度的有利的影响很快就会自上而下地普及到社会各个角落。因此，虽说我所列举的工业家和商人连同艺术家及自由职业者一道，不应该属于直接与交换银行有业务关系的人员，然而这种银行制度给社会带来的福利，会像走捷径一样可靠地并且几乎同样迅速地循间接途径而普及到他们身上。

总之，这三个交换银行的职责就是按下述条件通过所属各分行与所有只经营批发业的人进行核算，但这些人所经营的行业须以交换银行所据以成立的议会法案所容许的为限。这些人（商人或工业家）都应该宣布自己是交换银行的参加者，并且以参加人资格按议会法案规定的一定手续把自己的名号记入银行账簿中。

所提到的条件基本上是下面这些（虽然大概还需要其他一些条件，但都比较琐细而且只有次要意义）：

第一、参加交换系统的商人或工业家，应该至少在当地仅仅以交换系统参加者的身份经营业务。考虑到他们以这种身份成为大国民银行协会的一员，经营自己的银行业务时应该遵循建立国民银行本身所依据的原则，不过严格地说，这与任何人并没有什么联合关系或有一点共同利害关系。

第二、每个商人或工业家在交换银行开设账户时，应该说明将来不定什么时候要交给银行的最高限度的现金总额，并且应该保证向银行付清应该交付的借贷差额。同时，他们也应该向银行报告年交易的最低额，而不许他们的营业额低于这个数目。

第三、如果某一位工业家或商人故意或指使他人在自己的财产清册上记任何假账，或者是别人经他同意、默认或纵容记这样的假账，那么因为他有罪过，应该立即要求他结清自己在交换银行所开的账户。以后，永远剥夺他无论以私人身份或以商号或公司成员身份重开这种账户的权利。同时，也应该终身剥夺他无论以任何身份为交换系统的任何银行家、商人或工业家服务的权利。

条件就是这些。现在我认为，银行在给任何一个商人[①]开设账户时，应该提出这些条件。我再说一遍，这些条件是：商人无论在这个地方或那个地方，应该仅仅是参加交换系统的商人，并且是批发商人。为了这个目的，应该把“批发商”这个概念的法律定义详细讲明白。商人应该说明不定什么时候将要交给银行的最高限度的现金总额，并且向银行作这样的保证：银行跟自己进行交易时不会受损失，或者说不会因这些交易而受损失。商人一年中与银行往来的营业总额，不应该低于某一最低数额，至少在与银行来往中一定要诚实无欺(honest)。我以为，交换银行的这些要求并没有什么特别不合理的地方。

商人也就应该遵守上述各项条件，这些条件是他获得交换协会会员一切权利和特权的前提。现在他的情况是这样的：假定根据所经营的商品性质的需要，商人有仓库、栈房或许多地窖，他把准备售给顾客的存货运到那里，按照卖价把存货价值估定为10000英镑。有关存货的账应记在他的商品账簿中，商品账要做两份：一份留给自己，另一份交给银行。

当商人交出商品账(账内附有存入他仓库内价值10000英镑商品的证明单)时，银行立即把这笔款额(10000英镑)记入银行账簿内该商人账户贷方，同时商人马上可以向银行提清这笔款子，如果他想要提的话。

① 这里我没有提经常重复的不必要的“工业家”一词，不过当我只使用“商人”一词时，总是指“工业家和商人”而言——原注。

如所拟议的，考虑到银行已按照商人自己规定的卖价，把商品全部价款付给了商人，所以从此以后，商人手中的商品就公道地和正当地成了银行的财产。不过，银行的这种权利（比方说是自然的权利）不应该随便使用。否则，商人仍然应当充分地和不受监督地支配他的商品，不仅可以把商品出售以获取最大利益（完全同他现时所做的一样），而且应该在这个或那个时期，按这种或那种价格出售这些商品。既然银行认为商人和他的担保品是对预付给他的现款负责的，这笔现款就确实应该归还银行。

商人随后的事情就是出售自己的商品，换取劳动货币（Standard money），同时取得他能够得到的利润，并且这种利润完全像现时一样，继续受各该商业部门所发生的大小竞争的调节。总而言之，我们认为，商人在各个时期按自己规定的价格现款出售价值10000英镑的存货，随着商品陆续出售，所得现款逐日缴存银行，这些现款就完全用来偿付银行贷款。全部业务手续如下：

商人某甲在苏格兰交换银行的商品账户

借方			贷方		
1848年1月4日	从他的仓库中提出的商品	英镑 1000	1848年1月1日	存入他仓库中的商品	英镑 10000
1848年1月6日	同上	1500			
1848年1月9日	同上	500			
1848年1月12日	同上	2000			
1848年1月16日	同上	1000			
1848年1月21日	同上	2500			
1848年1月26日	同上	1500			
		10000			10000

商人某甲在苏格兰交换银行的现金账户

借方			贷方		
1848年	现　金	英镑	1848年	现金:每日销货进款总额①	英镑
1月1日		10000	1月4日		1000
			1月6日	同　上	1500
			1月9日	同　上	500
			1月12日	同　上	2000
			1月16日	同　上	1000
			1月21日	同　上	2500
			1月26日	同　上	1500
		10000			10000

但是很显然,既然一方面银行应该让自己的顾客对他们运进自己仓库的全部商品能按照卖价总额**如愿获得现款**,而不管各种商品总值为几百万英镑或几万万英镑;那么另一方面,当标准仓库的商品销售出去的时候,银行也应该有一种很明确、很精密和通行无阻的办法**收回**自己的贷款。有各种各样的办法可以保证所设计的银行业务制度中的正当工作获得这个必要条件,但为了不把我们的问题复杂化,我眼下只谈谈其中一个办法。

显而易见,既然每个商人**应该**从交换银行那里**全数得到**他能够运到自己仓库中的一切商品所值的现款,那他对商品**能卖得的**不论多大一部分**现款**都不可能有任何要求。因此,**根据法律**这些现款**只**应交与交换银行(商人在这里开了自己的账户)的经理人,而且这位经理人在从任何人那里收到一笔应记入上述商人账户贷方的现款以后,应该向这个商人提出按这笔款项**供应**商品的**要求**。

在这些条件下,售货所得利润总额不论多少,首先落入银行。

① 不论归谁负责,也不论为什么目的,从他那里提取货物——原注。

而且超过原先规定的一切利润已被银行记入商人账户贷方，所以这里不会发生任何实际困难。由于出售某些商品的售价低于原先所估价值而产生的亏空，应由商人补偿给银行。

这里可以顺便指出，由于劳动货币和交换系统的商品同时存在于王国全境，现行国内商业信贷制度会整个废止。因此，现时使批发商业受损失的许多灾害之一，就会消灭。再则，任何有问题的债务都不可能产生，理由很简单，因为原来按信贷条件赊购商品的任何借口，都已不复存在了。

总而言之，从以上对银行制度的这种简短叙述中可以看出，货币（劳动券）只是一种转移凭证，这种凭证证明交换系统市场上存在着确实是卖回劳动券而不是卖回其他什么货币或其他任何物品的等价生产品。可是，因为交换系统市场上的一切商品，不仅其评定价值而且其实际价值，[①]也总是和公众手中所有的劳动货币完全相等，所以从这里必须得出结论：生产始终应该与需求相等。总交换储备是代表这种储备的劳动货币持有人的总财产。因此，一切商品或者是需求的对象，或者是积压品，即或者从市场上销售出去了，或者仍旧留在市场上。在前一种场合，代表所售商品的货币首先存入交换银行，或者换句话说，应当在市面上停止流通。不过，某种商品如果仍然留在交换市场上，即作为商品代表的货币的持有人如果愿意把自己的货币储蓄起来而不想用去的话，那么在

① 说“实际价值”是因为随便哪一部分交换储备，无论销不出去也好，或只能按低价销出去也好，这一部分交换储备应由其所有人照全价从交换市场取回。所有人应该注意到，在允许把他的名字记入交换银行的账簿以前，他必须提出保证：需要时，他就取回商品——原注。

这种场合，一方面将积累起交换储备，另一方面将保留对这种储备的需求权。

但尺度不健全时，决不可能产生这种积累。因为，既然货币留在货币所有主手里，不能产生利息，货币所有主就差不多肯定无疑地总会或者把货币借给能利用货币的人，以取得利息，或者立刻用货币购买能带来进款的财物。

因此，显而易见，当我们把国家的货币制度建立在转移凭证的基础之上时，总生产就会成为与生产相等的需求的可靠的原因。尽管眼下仅仅由于我们的错误的货币制度，以致我们市场上当真几乎百货充斥，但从建立新币制之日起，某种商品过剩的唯一原因就是比例失调的生产这一点了。

例如，一个人获得了若干本身毫无价值的银行劳动券，从而证明他对国家一部分交换储备取得了所有权，这时他相信他用这些劳动券能获得某种东西。究竟是什么呢？他拿出这张券给卖方看，因为这个东西现时已变成了他需要购买的东西的购买凭证。如果他在交换系统的市场上购买商品，那么他的货币就不存在了。如果他根本不上市场，而是把自己的货币用在别的地方，那么这只意味着，他把付出的那些货币所代表的那一部分财物交给了与他有来往的人。

如果一个人不是用自己的货币购买这种那种商品，而是想让货币生息，或者想积蓄下来购买土地、房屋和土地永租费（feu-duties）[①]之权等等，那么在这种情况下，他或者把自己的货币付给私

① “feu-duties”一词在苏格兰法律上指的是继承使用土地的交付款——俄译注。

人，向私人购买房屋、土地等等，从而把自己在交换储备中所有的一份转移给私人；或者当交换系统各经理出售不动产时向他们购买上项财产。在后一种场合，货币将付给交换银行，因此货币就不再是货币了。

因为我讲到的交换原理，不仅适用于普通商品（国产品或进口产品），同时也适用于任何一种经善意建议到公共市场上出售的不动产。这里唯一的条件是：如果不动产找不到买主，原所有人就应该收回去。不论在任何情况下，当不动产所有人把财产交给经营不动产的交换系统的经理，按规定价格出售时，应当作出充分保证：如果照规定价格找不到买主，那么不动产所有人或者照定价取回财产，或者另想办法补偿亏空，如果经不动产所有人同意财产以低价出售的话。简言之，当上项财产由市场取回时，银行为交给交换系统的不动产所支付的货币总额，应完全偿还银行；因此，上项财产卖给买主所得价款如低于银行为该财产预付的款额，卖主应该把差额补偿给银行。

这里应及时指出反黄金法同盟（Anti-Gold-Law League）所捍卫的货币原理的错误。

在伦敦组成上述团体的先生们，已足够清楚地看出现行货币制度的可悲的无用情况。他们正确地断定黄金不是真正的价值尺度，可是却仅仅建议我们采用另一个毫无意义的东西代替这一个毫无意义的东西。如果我对他们的计划理解得不错的话，这些先生们是说：政府应该发行一种可以用来支付税款的钞票，钞票总额就等于税收总额。由此可见，将来我们应该利用的不是黄金，而是比黄金毫无优点的各种各样的纸片。纸片之中并无任何价值尺度，说国家税收和社会交换工具之间有联系也并不比说国家税收和万有引力定律之间有联系更有道理些[①]。

例如，我们假定今年国家税收是5000万英镑，而这一年全国的总收入则是5亿英镑。除开小数目应该通过这种或那种方式用大数目偿付以外，这两个事实之间还能有怎样的联系可以想象得出来呢？显然，没有其他任何联系。可是，我们假定存在这种联系，并且利用某种奇迹使5000万英镑国家银行券代表的5000万英镑赋税，在这一年当中执行了货币的职能并且执行得很好，即假定这些钞票使我们在这一年间彼此有可能相当方便地交换价值5亿英镑的劳动产品。那时怎么样呢？也许在下一年间税收总额还是5000万英镑，然而我们的生产能力那时却可能增加25%，即增加到6.25亿英镑。在这种情况下，如果货币使用方法不变，那么额外的生产能力或者根本没有实现，或者即使实现了，结果也是国家受非常惊人的亏损而不是赢利，因为仍然保持同样的货币使用方法，劳动产品在不同时引起与商品和货币增加量之间的差额相等的亏损的情况下，其数量的增加决不能比货币本身快。简言之，商品虽值6.25亿英镑，却只能卖5亿英镑。因此，任何合理的货币制度的最必需的首要条件是：使货币数量的增加与其他一切商品数量成适当的比例(不论商品里包括些什么东西)，而不要成不合理的比例；或者，换句话说，货币数量不要比商品增加得快。总而言之，货币数量应该随着商品数量的增加而增加，而且要与这种增

① 如果本国某一位好朋友还清了国债，而另一位朋友则给我们留下足够抵补我国其余各项开支的岁入，那么按照反黄金法同盟的计划，我们仍然完全没有货币——原注。

长额成精确的比例。

所以，一切以土地为担保（我说的是用真正不准备出售的土地为担保）发行货币的概念纯粹是幻想，因为上述一切反对意见都适用于这些概念。在这两件事情之间并无合理的联系，而且即使有某种联系，对于依据这种原理发行的货币来说，其数量的增加（根据必要和意愿）要同我们每一个工业部门的生产能力一样快，是完全办不到的。旧历史又重演起来了。每当商品数量比货币数量增加得快时，或者是商品价格即使无任何自然跌价原因也必然会下跌，或者紧接商品这样的暂时增加生产会停顿下来，使价值整亿的生产能力闲置不用。

货币作为土地和黄金的代表，总应该分别受所代表的土地数量或黄金数量的限制。不过，我们所需要的东西却是这种货币：不仅代表土地或黄金，而且既代表土地和黄金，也代表房屋和白银，总之是代表一切商品，并且充分具备便于流通和便于贮存这两种品质。

但愿拥护货币改革的人们，不论他们相互间意见一致或分歧到怎样的程度，请利用现时货币的唯一特征检查自己的计划。伦敦同盟的计划、伯明翰计划、格拉斯哥计划和苏格兰股票计划，或者所有这些计划一起，或者这些计划的某些部分，在商品生产要求的劳动量不变的情况下，会不会使生产按适当的比例增加到一百倍、一千倍或一百万倍，商品的平均货币价格连一法新也不涨跌呢？如果是这样，那么原则上这些货币制度就完全合理，而剩下的唯一问题就是这些货币制度中的每一种的简单易行程度如何和细节中的一般优点如何。反之，如果这些制度在商品的货币价格没有上涨或下跌的情况下，不能使成比例的生产无止境地发展下去，这些制度原则上就是极端错误和绝对错误的。经过数字检验，原来这些制废都是幻想，这种幻想不但是一种以错误认识为依据的幻想，而且正是以那种说明我国和世界上其他任何国家的货币制度无用的错误认识为依据的幻想。生产本来是需求的原因，在这些货币制度中的任何一种制度下，生产继续听命于需求。

存在着一条原则，而且只存在这一条原则，货币制度能够以这条原则为根据，就不至于伤害人类生活的这一无比重要的条件，即：一个人为了能够生活下去，就应该劳动。货币生产应该随着各种商品生产而进行，货币本身应该是一些便于携带的、可以分割的和便于转移的凭证，证明存在着一些物品，货币所有人在任何时候采取任何方式，能够用自己的货币交换这些商品。

十六年前，我差不多说过同样一些话：财富应该像千百条发源地不同、属性各别的水流一样，汇聚到一个大蓄水池里，在那里把自己的各种不同的属性融和起来，混成一体；然后应该一份一份地还给原所有人，每一份数量上与所有人投入的相等，但所具质量则是整体的质量；同时，货币应该只是一种尺度，每个人提供的价值是多少，利用这种尺度再还给他的价值也恰好是多少。

到英格兰、苏格兰和爱尔兰有了银行体系的时候（我现时正在为建立这个体系而奋斗），就会成为三个包含着各种动产及不动产的市场，这些动产及不动产都预定按下述原则出售：

市场的主人，即交换系统的银行家，向公众宣布说："请你们把所有准备出售的一切东西送到我的市场上来，我按你们原定价格把你们所有的一切财产（动产和不动产）的货币价值付给你们。这时，我的唯一的条件就是：当上述财产不由我经管时，我预付的款项应该全部收回。这也就等于说，当财产当真不归我经管时，你们把财产交给我以前，应该有相当的保证。出售或者换句话说交换你们的产品和财产的义务，仍然应该全部归你们承担。”

我不以为，谁能指出在全国彻底推行这里谈到的银行业务制度会发生一点实际困难，或者有谁能证明，如果这个制度建立好了，不违反必要比例的生产会在什么时候有不再产生需求的可能性。在这种情况下，你们看得出，由于制度所规定的尺度的特殊性质，强大的个人竞争原理仍然像我们呼吸的空气一样，是自由的和不受任何限制的。我并且完全相信，由于采用这种银行业务制度，大不列颠的居民在货币方面，每年至少能赢得1亿英镑（照货币现时的价值计算）。

按照所提计划发行的货币不是商品，也不是名副其实的凭证。简言之，这种银行券证实存在着一种准许进入交换系统市场的财产，存放在那里是为了等待所有者按他们能借以取得的那种价格出售。

现时，银行家在商人售出商品后从商人那儿取得货币，并且当商人需要货币时，又把货币还给他们。同时，银行家也凭一定保证把货币预付给商人和其他的人。但银行业务的真正原则却在于：银行家按一切可能上市商品的公布价值把价款付给商品所有人，而当上述财物从市场上提回时，则应把这种价值归还银行家。不管骤然看来这两种做法的差别怎样平常，但归根到底真正的问题还是，生产仍然是需求的结果呢？或者是成了需求的原因呢？

应当清楚地懂得，在我们讨论的现阶段里，我们还不曾把价值尺度讲得很详尽。可是，说的是存在着这种价值尺度，所以任何品种和任何数量的上市财物显然应该同时间和同程度地是供应和需求，也是需求和供应。其中任何一个时期留在手中的储备品，都只是上市商品量和市上销售商品量之间的一个不曾取得的差额，并且与手中所有每一份储备品相适应，在不定什么地方一定有着一笔与储备品总额相等的没有内在价值的货币。

根据以上所述，某些人可能会开玩笑似地设想，我是想把拿破仑的“小店主式的民族”变成一个贷款银行老板式的民族，而把我们所有的一切英镑、先令及便士都变成同数量的抵押收据。我不反对这种或其他任何一种设想，可是实际上，我不惜重复说多少次，我所力求达到的是使我的讲题——货币对本所最年轻的成员也容易明白。总而言之，我希望甚至能使中小学男女学生有可能驳倒罗伯特·皮尔爵士、科布登先生和其他任何替这种错误的货币制度辩护的人。由于这种错误制度，我国和其他国家的居民，现时所得到的不过是他们自然收入中的一部分而已。

但是，所设计的交换银行并不是一个普通的贷款银行，因为两者之间首先有如下差别：贷款银行经理以抵押收据交换物品，而这种凭证只能买到世界上一种物品，这就是首次付出这种凭证换得的那种物品，然而劳动货币则不仅能买到交换系统市场范围内任何一种财产——动产和不动产，而且能买到交换系统市场外任何一种财产。简言之，劳动货币不仅能付我们的粮食和肉食价款、衣服和家具价款，而且也能付房租或地租以及交纳税款。同时，与有学问的和很贤明的《泰晤士报》的说法相反，用劳动货币付款是极其妥当的。此外，使用劳动货币还能给我们的僧侣和我们的医师、律师、艺术家、教师、演员、音乐家和家庭仆役，总之给社会上一切非生产成员以及生产成员支付工资。

但是，劳动货币不像典当收据一样只是某一种商品的代表物，而是在公共市场上出售的各种商品的代表物，所以显而易见，既然人人都自行决定他们怎样使用自己的收入，那么尽管货币制度最完善，市场供应还可能出现比例失调现象。不过，总的来说，只要我们的交换工具合理，市场上就决不会达到百货充斥的地步。

例如，我可以假定（因为我不信事情不会如此），曼彻斯特可能使国内市场充满棉纺织品，而设菲尔德则可能使国内市场充满刀具。可是，直到建立自由交换制度使过剩和不足两个用语仅仅成为同一个名词即比例失调一词的不同称谓的时候为止，这种可能性从不曾得到过也不可能得到充分证实；而在我现在描述的交换制度下，情况就正是这样的。

因为商品准备上市时，可以把商品变成作为物资、劳动、运输、销售费用和工业家利润的代表物的货币。而且货币用完，会从交换系统市场上以任何形式取得恰好相等的价值，即预先运到市场上交换同样一些货币的那种价值。显然，如果这一类仓库、栈房或地窖存货过满，另一类或另几类就必然会存货不满，并且不满的程度完全相同。

这是一个地方在一切情况下能经常而普遍地提供工作机会的一个自然的指标，如果不是这里有工作，那就是那里有工作；因为不定在什么地方工作是一定会有的。因此，双亲和监护人只应注意供应与需求的一般动向，以便随时了解工作一定会按哪个方针扩大，会按哪个方针缩小，从而决定怎样教育和培养自己的儿女。

因为与现代社会状况不同(在现代社会状况下,各种商品过剩现象也许会常常出现),对劳动的需求不可能在一个部门中减少,而不在另一个部门或另几个部门中一定有同样程度的增加。

现在事实并不如此,这仅仅是因为:由于现行币制,生产是需求的结果,而不是需求的原因。这个事实发生影响的方式是这样的:如果你们生产商品比制造货币快一些,那么在货币使用方法不变[①]的情况下,商品价格会下跌。那时,全部存货所售的价款总额就会减少(很可能亏本),或者必须留着不出售,直到消费使商品与货币恢复平衡为止。在这种情况下,我们大工厂里工作时间就不充足,而工作要依靠较大企业的千百个小企业也有同样的缺点。总而言之,生产就会停顿起来,并且那时就会有一两百万人陷入不幸的而且很奇怪的境况中。本来通过联合使用自己的资本、技艺以及通过勤恳劳动,他们能够为自己和自己的家庭创造丰富的生活福利,只因为不能交换自己的劳动产品,所以把他们的创造活动人为地阻碍住了。

现在我们看,在金市流通和我所建议的银行制度并存的情况下,我们能做什么?以及反黄金法同盟成员借自己国家发行的纸币能做什么?

我们已有上述市场和银行家。银行家在商品上市得到证实的时候,应该立即将全部价款付给商品所有人,而不论是谁出面,也不论所需款额是多少。不过,出面人不应该根据某种价值的商品业已上市、商品所有人业已把商品陈列在那里等待出售这个事实

① 指货币使用时不打折扣——中译注。

付出一些普通的纸凭证，而应该用具有与所有认为会被接受的财产——动产和不动产等值的金币支付。

就罗伯特·皮尔爵士而论，他应该从哪里得到货币呢？如你们所看到的，就算他的一种商品储备——黄金（因为严格说黄金不是货币）在价值上等于其他任何一种商品的国民储备，那还是不能令人满意的。他的储备应该等于其他一切预定在市场上出售的商品总和，否则每个商人将力求获得这种储备以损人利己。

其次，如果一盎司黄金在价值上等于许多盎司、许多磅、许多公担或者甚至许多吨其他某种商品，那么交换银行（可以叫做市场的主人）究竟应该支出多重的黄金以交换各种能进入市场的商品呢？对于这个问题，唯一合理的答案是：尽可能少的最少量。而出售自己的各种劳动产品的卖者应得到多重的黄金呢？答案是：和完全不出售相比，最好是出售者同意得到的相等的数量。

在这种情况下，我反对这个意见，说什么对现行货币制度的优劣点进行争论是徒劳无益的，因为严格说，没有哪一种货币制度是可以进行争论的，我们现时叫做我们的货币制度的那种东西，无疑只是商品直接交换的半野蛮制度的变种，而且这种制度是这样笨拙和不完善，以致不利用期票、信用等等这些可怜的辅助办法，我们就连一个星期也经营不了我们的国内贸易。

我们没有任何价值尺度。因为，如我在前讲中指出过的，每一种真正的尺度总会有同样的长度、面积或容量。可是，金币含有什么呢？金币含有的东西今天合十码料子，明天合十二码同样的料子，而料子的真实价值则由生产料子必需的实际劳动量构成，它在这个期间是丝毫不可能变动的。

无论在通用哪一种金属货币的情况下，我们不让自己陷入远无止境的混乱境地，就一年也过不了。因为生活财富数量比黄金增多了，所以物价每周有变化。加紧利用我们的生产力吧！勤恳地劳动吧！你们将得到好处！——结果又怎样呢？物价跌落了，存货贬值了，借款人受了骗，而贷款人则迫不得已当了骗子手，或者只能收回小部分贷款而不是全部；而且每十年或十二年，国家的全部商业就会失去常态，陷于停滞，或者几乎毫无作用，完全停止活动。我们的货币制度实施的结果就是这样的！

如果回头讲到同盟的幻想，那可以说同盟既没有基础，又没有上层建筑（Superstructure），在黄金不是价值尺度和国家发行的纸币不是价值尺度之间，根本不能作出什么选择。

我们国家需要这样的货币，即能使不破坏必要比例的生产永无止境地成为需求的原因的那种货币；为了实现这个要求，价值尺度是必需的。

假定有一千个人能够而且愿意联合自己的资本、技艺和劳动以满足自己的需要，假定他们所需要的一切就是根据某种公平原则彼此交换自己的生产品。请问，国家流通手段这样的虚构，怎能帮助他们呢？女王陛下[①]的司库不接受他们的商品，不让他们把商品换成发行的货币，甚至即使他们拿到了货币，情况会更加糟糕，因为生产者需要商品以供自己使用和消费。因此，他们需要自己的银行制度，利用这个制度（不管它的结构如何）他们彼此间就能够花费最少时间并且以最少的操心和焦虑交换自己的产品和财

① 女王维多利亚王朝（1837—1901年）——中译注。

产。但是任何以同盟所建议的那种单纯虚构为根据的国家流通手段,却一瞬也不能使我们得到自由和无限制的交换制度。我们时时刻刻要注意,任何货币制度如果不让生产有可能保证需求,就不会建立在合理的原则之上。

反黄金法同盟的成员们,永远梦想不到赋税一年达 5 亿万或 6 亿万英镑!不然的话,他们怎样使生产与流通之间保持必要的协调呢?问题在于,他们从来没有思索过这种必要性,但不管他们知道不知道,这种必要性是存在着的。

好在,反黄金法同盟的计划还没有经过试验,因为计划明天如果被采纳,生产的机会就毕竟会超过交换的机会。于是,物价时常会下跌,生产会迟缓起来,工资会降低,失业现象会出现,而我们的现状中的一切灾难就会回头;并且,因为所谓货币医师已得到允许,可以试验自己的药方,灾难还会加深。而他们的反对者则会自鸣得意地说出他们自己已成功到什么地步,让国家的现状说明这点吧。

毫无疑问,不经过周密考虑就想在社会上推行新货币制度,任何这样的企图其后果都是这样的。因此,什么也不做,比起采取这样的措施,即结果一无所得或者产生一些更坏的什么东西的措施,还要好得多。简言之,在我们所处的那些情况下,从一些不彻底的措施中是得不出一点好结果的。我们只制出半个火车头,却希望它能开动列车;或者只制出半座钟,却希望它能给我报时间:其结果正与此相同。我们应该采取受自然本身指使的合理的交换原理,以此作为建筑我们整个商业大厦的基础。否则,我们一定会继续像现在这样工作——一味以失望作为工作的奖赏。

第五讲

继续讲上讲的题目:货币制度概述,现时是需求结果的生产,通过建立这个制度,任何时候都能变成需求的原因

在上面几讲中,我已试图向你们说明,生产是需求的自然原因,不过因为存在着我们的不合理的货币制度,所以事实并不如此;因此,一方面要保存我们现有的货币所提供的一切次要方便,同时要建立另一种货币制度,利用那种制度,我刚才谈到的巨大原理就能够重建起来。同时,我也大略告诉了你们,通过建立交换银行能够实现这一切。交换银行的业务包括:第一,发行纸币以代表一切可以送上交换系统市场的动产及不动产的全部财产的价值;第二,无论什么人从市场上拿去上述财产以后,经常随即收回这项货币。现在,你们自然要想到下面一个问题:

如果反黄金法同盟不造成生产与需求完全平衡的绝对必然性的话,那么不仅承认这个原理而且彻底实行这个原理的任何货币方案哪里能存在呢?我担心,不能存在!不错,有许多建议,主张以地产作为我们的货币制度的基础。

但是,一切以地产为担保或一般说以其他什么东西为担保发行货币的方案,原则上都是错误的,实际上也是极端的妄想。只要

货币原来是根据正确原理发行的，就可以由这个人转交给另一个人。货币可以由甲交给乙，用以抵换什么东西或作为赠品：也可以有担保或无担保地作为有息贷款出借。并且，这一切都能按适当手续办理。不过、一俟银行把根据价值[①]发行的货币支付出去，就应该诚实地*发售*价值，任何组织合理的银行若不能把货币换成价值，就决不能*发行*货币。

其所以如此，原因是显而易见的。例如，假设银行预付10000英镑纸币给某顾客，以与准备出售的商品恰好同数量的价值为担保。假定你以这些货币中的一镑购买上述某一部分价值，用去的这一镑就不再是货币了；而银行家留作担保的价值现在就少去1镑了。假定你用去5000镑作这种购买，那就只剩下5000镑货币；假定你把10000镑完全用掉，那一方面*市场*就空了，而另一方面*货币*也完全没有了。

可是，即使以同样的财产作担保，预付10000镑给同一顾客；即使货币持有人现在和银行家商定，移交给自己的财产将仅仅*作为担保品保存起来*，而不准备在市场上销售。这种做法所产生的不可避免的后果必然是：这一整笔货币在市面上流通，只能使原有商品储备的*货币价格上涨*。总而言之，如果所有货币都被借款人用完，那么这笔货币就增加了10000镑的*需求*，而不会增加一文钱的*供应*。预付后预定上市销售的财产数量与预付前完全相同，因此在一些想得到这种财产的购买者之间所发生的竞争，其必然后

① 指商品所有人把商品交给银行以领取劳动货币时所交商品的价值——中译注。

果是提高财产价格，提高幅度恰好是 10000 镑，假定对所有准备出售的财产经常有实际需要的话。

其次，既然任何组织完善的银行不以立即打算认真地在市场上销售的同价值的商品为担保，就决不能合理地发行任何数量的一笔纸币，那么货币也完全同样不应发行低于上述财产的全部价值的数额。因为，在这种情况下，会出现与上述情况正相反的混乱现象。例如，这时得到的商品是 10000 镑，而担保商品支出的货币数额只有 5000 镑，那么借来的全部货币，如预先假定的，会立刻转入普通流通中，即使用在市场上，结果值 10000 镑的额外商品将落入力图出售这些商品的人们的手中，而投入另一容器中的货币则只有 5000 镑。这样一来，供应将增加 10000 镑，而需求却只增加这个数额的一半。于是售货人之间的竞争也会按比例增加，因此一切商品的货币价格会跌落，而且跌落的数额恰好就是额外商品储备价值和同时投入市场的额外货币总额之差。

有人说，就是有影响，对这里的市场能发生这种影响吗？或者对那儿的市场能发生这种影响吗？试图以类似这种含糊其辞的普通推测对抗上述论点，这简直是荒谬绝伦。完全不错，你们可以提出一些虚构的可能性，使论断复杂化，但你们却不能驳倒这种论断。的确，你们可以使问题陷入非常错综复杂的花言巧计的迷网，使今天到会的各色各样听众的大部分人莫明其妙，使得要解开你们的迷网的无端的绳结和一切活套十分困难。但是，像抛向空中的石头一样，尽管你们能够使用任何人工设备，强使石头尽可能比较缓慢地和不显著地下落，但根据引力定律，石头一定会落下来。同理，我现在向你们讲述的一些货币原理，也会按照同万有引力定律本身一样的那种不变的定律，继续起作用，其有害于我们或有益于我们，则视我们是继续像现在那样违背这些规律，或者诚心学会服从这些规律的指导为转移。

这里请容许我指出，依据一些最普通而又最不复杂的事例，我们常常得以发现重要的真理。苹果落地，有才智的人就能凭借这个事实，发现宇宙定律。至今还没有哪一个人（死的或活的）的著作能够与亚当·斯密的政治经济学著作相提并论，他讲到交换原理时，曾这样阐述问题：

“产生这种好处的分工，决不是哪一个人的聪明才智所造成的结果……。分工是人类天性所具有的某种倾向（虽然是很缓慢地逐渐发展起来的）造成的结果，这种倾向并不是以广大效用为目的，而是指交易、买卖、以一种东西换成另一种东西的倾向……谁也不曾见过一只狗有意识地同另一只狗交换骨头，谁也不曾见过某一只牲畜用手势或叫声告诉另一只牲畜：这是我的，那是你的，我把这个给你，换你那个。”①

所有确实懂得自己所写的是什么的人，情况都与此相同；清楚明白的思想产生清楚易懂的语言，而错综复杂的语言则是神智错乱的可靠标志。

但我们还是回到我们的问题上来。在我说明为什么反黄金法同盟的计划以及一切以土地为担保发行货币的方案都是幻想以后，还得指出伯明翰货币改革家的幻想。我根据《泰晤士报》引述

① 亚当·斯密：《国民财富的性质和原因的研究》1935年社会经济出版社出版，第16页——俄译注。（参看商务印书馆1972年译本第12页——中译注。）

蒙特兹(Muntz)先生去年十月在伯明翰一次公开聚会上所讲的一段话,能够很好地阐明那种幻想的性质:

“先生,现在我也可以说明我在1840年向发行银行管理委员会建议的那个办法。在问题经过讨论和得到顺利解决以前,首先必须停止兑现[①]。第二个必要步骤是彻底划清英格兰银行和政府之间的权限。第三个必要步骤是撤销管理国内货币流通的银行,把职权移交给国家银行,国家银行由议会任命并向议会负责的经理们管理。同时,国家银行应该发行银行券作为合法支付手段。其他一切银行都要用这种银行券支付自己的各种凭票即付的票据。第四个步骤是授权这些经理发行自己的钞票,只是逐步发行,发行量以真正足以提高一切跌落了的物价为限,而对于与这些钞票一起流通的金、银,则要使银价达到一盎司值7先令6便士为止。这样将使小麦价格维持一蒲式耳平均值7先令6便士的水平,其他物价也成适当的比例。到7先令6便士的价格达到了以后,国家银行应该经常照7先令6便士的价格接受白银,并用一盎司值7先令6便士的白银兑付各种凭票即付的票据。”

蒙特兹先生的计划,像反黄金法同盟及发行以土地为担保的货币拥护者的计划一样,是一个以谬见为基础的计划。这个计划不以任何原理为根据,是一座无发条的钟,是一个无锅炉的蒸汽机,是一个没有太阳的世界。

现行货币制度的**特殊错误**在于:我们的增加商品数量的能力大于增加货币数量的能力,因此当我们加紧我们的工业生产时,虽

① 即用银行券兑换黄金——俄译注。

然远没有用尽一切工业潜力，物价却跌落了，已有的商品只有亏本才能销售出去，而当发觉这种情况时，生产却停顿起来了。

所以，不论是什么样的医治这个病症的特效药方，都应该是这样的：即使我们的生产力紧张到尽可能达到的极限点，物价也不应该跌落，只要我们按适当的比例生产商品，那我们的一切商品就永远能够盈利出售，而不会亏本。

显然，蒙特兹所建议的办法是完全不生效的。当真，他的计划使我想起关在笼子里的一只小鸟，小鸟像斯特恩[①]的椋鸟一样，一直在叫着："我从这里逃不出去！"这只小鸟就是生产。不过，蒙特兹先生是个正直的人，因为《泰晤士报》说他是个正直的人，所以他应该是一个正直的人——这是不容反驳的论据。

可见，正直的蒙特兹先生不喜欢俘虏生活，"我从这里逃不出去"的叫声刺痛了他的听觉，使他难受。"你应当逃出去"——蒙特兹先生这样说，并立即打开鸟笼的小门，于是我们的小鸟飞进屋里。不过，当小鸟再叫"我从这里逃不出去"时，蒙特兹先生就说："啊，你要求太过分了！我看见你在笼子里，让你在屋子里自由地飞，而你还是发牢骚，那好吧，你就非留在这里不可了！"

我们的情况恰好是这样。我们国家的生产资源被关在笼子里。国家生产资源所以被关在笼子里，并不是由于这个人或那个人，并不是由于罗伯特·皮尔爵士，也不是由于《泰晤士报》的编辑先生，而是由于对交换问题极端无知，这种无知笼罩了整个社会，也几乎笼罩了每个社会成员的头脑。蒙特兹先生只想在很有限的

① 劳隆斯·斯特恩——英国幽默作家（1713—1768年）——俄译注。

一定的范围内给这些生产资源以自由。不过，即使这些生产资源明天在这样的范围内获得自由，那也像我们的小鸟一样，还会要求自由。这些生产资源的要求说穿了就意味着："我们的权利和我们的义务创造了需求，而不是由需求产生我们的权利和义务。"

这个而且只有这个才是真正的商业自由，只有这个才是考验任何货币制度的标准；一种货币制度是应该存在或者应该垮台，就取决于这个标准。

如果拿这个标准检验蒙特兹先生的货币制度，它是不是适合于我们伟大国家的任务呢？当然不适合，所以我真正相信，如果蒙特兹先生本人赏光，重新研究我所阐述的货币问题，那他就可能愿意承认我是对的。

我担心，得请求你们原谅我的多次反复陈说。不过，因为这个问题对许多到会的人来说，大概有一部分是新颖的，而对某些到会的人来说，则完全是新颖的；要分析清楚这样一个问题，我认为必须彻底扫清我们前进的道路，在开始另一件事情以前先做完这一件事情；因此，必须把我们的研究分为几个部分，认真地完成这个研究。

总之，如果没有合理的怀疑，能确定以下的事实，即：按比例安排的生产是需求的自然原因，货币制度的任何变幻都不妨碍这种生产；正如穆勒先生所说过的，"生产是需求的原因，而且是唯一的原因，决不会创造供应而不同时和同程度地创造需求。"那么，由此必然得出结论：不能维持这个比例就是生产本身的自然界限。

这个论点，我认为是全部政治经济学的极重要的论点之一。不幸，好些经济学家似乎都把它忽视过去了。至少就我所知的经济学的著作,确实是这样的。然而不管这种现象多么令人奇怪,这个论点却差不多是一目了然的。从这个自然的生产界限中,而且仅仅从这个界限中,产生出两种对国家商业利益具有极大意义的必要性(两种必要性之所以存在,完全种因于这个生产界限)。头一种必要性是对外贸易,第二种必要性是侨居外国。

不应该把对外贸易的必要性和对外贸易的利益混为一谈。对外贸易要在这种场合才能成为有利的,即当我们需要某种物品时,可以用另一种物品交换这种物品,而生产另一种物品所费劳动比生产我们直接需要的物品要少一些。

例如,我们很喜欢葡萄。众所周知,很好吃的葡萄可以在我们自己的温室里栽培出来。为了计算生产一磅温室葡萄的费用,我们应当计算租用温室的租金和保持温室完整的一年的经费支出、葡萄藤本身的价格、园丁及其助手的工资、燃料及照管炉灶的费用,最后还有采集成熟葡萄以及把葡萄运送上市的费用。把一年间的这一切开支加在一起,然后以所收获的葡萄磅数除用费总额,你们最后就得出一磅葡萄的价格。

可是,在法国南方,质地很好的葡萄却是在露天栽培出来的。所以,葡萄在生产中耗费的资本、技艺和劳动,比在我国生产葡萄少得多。因此,当我们与法国有充分自由的贸易关系时(只要两个民族在重要的交换问题上摆脱漆黑一团的愚昧无知状态,这种自由贸易就能实现),那时候我们的葡萄大概会大部分在设菲尔德栽培,并且不是在罩玻璃窗扇的温室里,而是在刀具匠的作坊里。刀具匠的产品在耗费劳动相等的条件下,质量优于法国竞争者的产品,正如在法国南部室外生长的葡萄质量上胜过英国的温室葡萄一样。

现在，你们懂得对外贸易对于民族利益有着怎样巨大的意义，而且老早以前它就渐渐变成必要的了。葡萄可以在我国栽培，而就果实质量说，可以大获成功。同样，刀具也可以在法国生产。不过，两国的居民现在为所需要的这些东西额外多付些价款，同时又很显然，仅仅为了玩乐，仍旧要把自己的最高利益给商业上的愚昧无知作牺牲。

商业对于国家，就同交换对于个人一样，是同样一回事情。例如，一个第一流的写生画家希望得到自己的大理石雕像，而一个卓越的雕刻家同样力图获得自己的画像。在这种场合，你们是不是建议美术家雕自己的石像，而建议雕刻家画自己的肖像呢？不然的话，那对于你们来说，既然不容许有这种极不合逻辑的行为，却要承认个人与个人之间或国与国之间的贸易上的任何限制为合法，显然是办不到的。

不过在这里，我们看出了问题的一个不大重要的方面，因为优秀的美术家可以试着雕出蹩脚的雕像来，而熟练的雕刻家也可以用颜料胡乱画出自己的相似物。然而，**当两个国家彼此交换生产品受到阻挠时，两国的这个或那个工业生产部门里的全部剩余生产能力却会完全受损失**。这点可以用上面讲过的例证来说明。比如，法国能多生产水果，其价值比现时能出售的多100万镑；英国也能多制造刀具，其价值也比现时多生产100万镑，那么显而易见，如我们所假定的，禁止双方所希望进行的交换（我们给**双方课税**，每一方课100万镑），这就确定无疑地等于我们从它们的皮箱中各拿出同样一笔金币一样。

从这里你们懂得，当自由和无限的贸易关系受到阻挠时，结果出现了双重情况：第一，生产费用增加，而产品质量却比较低，像上面假定的那样，美术家变成了雕刻家，而雕刻家则变成了美术家；第二，在交换不受任何限制的情况下所创造的和使用着的千百万财富，逐渐没有存在的可能了。

直到现在，所谈的是对外贸易的利益。我已说过，不要把对外贸易的利益和必要性混为一谈，对外贸易的必要性来源于完全另外一个原因，即：一个国家可能产生不能维持某种生产比例的情况。我已多次指出过，我们不超过需求的无止境的生产能力，就仅仅取决于这种生产比例。

完全自由的交换制度是依照我所指出的原理通过建立国民交换银行的途径创造的。国民交换银行发行货币，以便将送上市的所有动产和不动产的全部价值付给交换系统各工业家和商人。

可见，在这种银行制度原理下，大家都可以把自己的劳动产品抛到市场上去，又可以从市场上取回自己认为需要的某种形式的等价物，并且是这样容易，好像现时大家把货币存入公共银行一样，随时可以按自己的需要一部分一部分地取回。可是，毕竟很显然，如果很快能交换上市商品，却得不到足量的某种绝对必需的生活用品，那么这种市场交换工作就必然会受到破坏。举例说，如果我国居民增加得非常快，以致不论我们耗费多少直接劳动，还是不能以足量的食物供应自己，在这种情况下，或者是按比例的生产立刻停止，或者是我们劳动的某些部分应该采取新方针，即应该生产其他任何一国或几国居民给我们提供食品准备交换的那种商品。我们的论断至此完结：对外贸易的必要性出现了，因为没有对外贸易，我们就再也不能维持国内市场上的有比例的供应，而生产与需求间的均衡则总是取决于经常具备这种有比例的供应。

对于侨居国外，讨论的进程完全与此相同。因为，像对外贸易的情况一样，在一个长时期内总是先获得侨居国外的利益，后产生侨居国外的绝对必要性。显而易见，利益总是在这样的情况下出现的，即当任何数量的资本、技艺和劳动在国外能够带来比国内更多的收入的时候。然而，侨居国外的绝对必要性只有当有比例的供应市场既不可能以我们的劳动，又不能靠对外贸易上运用我们的资本较长久地予以维持时才能产生。这种比例是否存在，应该经常根据以下这点来判断，即有货币准备使用的人能不能按合理价格用货币买到自己想买的东西。

但是，我以为，距我们能够不再按比例地供应我国市场的那个日子还很遥远。至今人们总是叫嚷缺少购货人，而不是叫嚷缺乏货物；并且我们现时能够这样容易地生产和分配确实是社会福利所必需的大量物质产品储备，所以我坚决相信这样的日子将会到来：发现一个人人头脑十分灵活的民族所引起的惊异，并不比1848年欧美贸易政策史引起的大些。因为，生产和利用一个人能够生产和愿意生产的全部财富，非常明显，是这个人在现在世界上的天赋的义务和权利。所以要使后代人明白历史上曾有过这么一个时期，即一个人虽然智力和深思熟虑的洞察力备受赞扬，却当真不承认物质享受资料上的这种自然的界限，反而接受各个时期曾使千百万人死于人为的饥馑中的假想的界限，非有确实的证明不可。

在我试图说明情况不大复杂的基本交换原理之后，我希望，下面这点就会变得十分清楚：既然不管相互交换的办法怎样自由，整个生产不一定会创造出与生产相等的市场需求，按比例的生产就应当创造出并且一定会创造出这种需求。

但是，按比例的生产，或者如前已讲过的，按比例的供应国内市场，二者一样，并不只取决于我们在国内生产我们需要消费、使用或储蓄等东西的那种生产能力，因为当我们能够生产其他国家准备提供我们所需要的商品来交换的这种商品时，国内市场就可以继续得到按比例的供应。可见，这时出口和进口必然彼此完全相等。

不过，维持我们的对外贸易，并不依靠某一种方式。商品可以直接交换：例如，英国的煤可以交换法国的葡萄酒。在这种场合，英国的天然产品就换成了法国的天然产品。英国的棉织品可以交换法国的丝织品，在这种场合，英国人的劳动就换成法国人的劳动。因为，耗费劳动的材料，既不是这一个国家的产品，又不是那一个国家的产品。当然，很容易看清楚，这儿所说的只是主要材料，如果我们要谈生产丝织品和棉织品所需的无限次要材料(如生产上述商品使用的各种颜料及化学物品)，并且还试图彻底追究这些材料的原始来源，那我们很快就会完全陷入对我们的问题毫无实际意义的一些细枝末节的迷宫中。

其次，一个国家的产品，不管是像上述第一种场合，由本国材料和本国劳动制成，或是像上述第二种场合，仅由本国劳动制成，反正一样，可以供给其他某一个国家，以交换这样的商品，即该国的买主们并不需要但这些买主可以用以向第三国购买他们不能提供任何更直接的等价物来代替的某些商品。

例如，中国出产茶叶，英国是茶叶的大消费者。但中国不要英国的天然产品交换自己的茶叶，而要英国本身不出产的黄金。因此，为了向中国购买茶叶，我们首先应该在可以用我们能提供的那些商品换到黄金的地方购买黄金，不过，要能得到购买茶叶所需要的黄金，是用本国工业产品交换，或者是用本国产品直接或间接换到的外国产品交换，这对我们是没有分别的。

由此应该得出结论(我希望你们注意这个结论)：不管这个过程怎样复杂，但在国内市场能够按比例地得到供应以前，即在居民要求用自己的货币交换的那些商品得到充分供应以前——一直到这个时候，对于我所坚持的一条重要原理所起的作用，不可能有任何限制，这条重要原理就是：在合理的货币制度下，需求从始至终总是与生产相等。任何商业的真正目的和任务就在于：获得我们想拥有的东西，以代替我们能够提供的东西。从商业观点来看，是用直接方法或是用间接方法达到这个目的，这完全不关重要。因为，只要目的当真无困难或无不便地实现了，我们就可以(如果愿意的话)输出我们的劳动所创造的一切，并且除进口货以外，连起码的生活资料也包括在内，什么也不消费，什么也不使用，什么也不储存。

可是，这样的时日可能要到来，即既不能把本国工业的各种产品运送上市，又不能通过直接或间接的途径以本国的这些产品交换别国的产品，以维持国内市场的按比例的供应。于是，那时候(不过也不会更早)，某几种生产劳动在我国就会成为过剩的。这个时期是不是到了呢？生产工人是不是现在必须或者不定什么时候必须离开祖国寻找工作呢？或者更正确地说，如果我国确实经常存在着交换自由，如果按比例供应（像本来应该的那样）是维持生产和需求经常平衡的唯一条件，是不是直到现在还必须侨居国外呢？

我承认，我不能确有任何把握地答复这个问题。为了对这个问题哪怕是提出一点近乎情理的答案，需要作令人厌烦的和长期的研究。但是，下决心作这个研究要无益地耗费时间和脑力。整个民族和一切没有可靠收入的人，应该坚持毫不迟延地和认真仔细地研究这个问题。因为，既然论断（我已作过了并且还打算作）是正确的，是像存在着光和热一样不容置辩的，并且可以由任何受过适当教育的二十岁的青年用简单的统计予以证明，那么我就可以肯定地说：如果我国居民短时间内不要求政府采取大规模的减轻困难的措施，那他们将来还是完全应该受他们现在所受的经常缺乏货币的痛苦，货币缺乏（就其多样性说）有时还会变为货币饥荒。

但是，我郑重提醒你们，关于这个问题切莫采取任何妥协办法，妥协办法徒然造成幸福平安的错觉以欺瞒我们。按比例的供应或者是需求的自然的原因，或者不是。如果不是的话，那我向你们提出的每一个论点，都只是一堆应该受到你们鄙视和嘲笑的废话。不过，按比例的供应如果确实是需求的自然的原因，那我们的任务就清楚了，即尽力做到实际上确实如此。

我回头来讲一种精确的价值尺度，这种价值尺度不是黄金，不是白银，也不是任何有价物品，而只是一条原理。

如果我们已经懂得：每一个参加工业交换体系经营房屋、土地或其他不动产的商人或事业家，应该亲自确定送到市场上的商品或财产的价值；银行在获得充分补偿的保障以后，应该立刻照本来的估价把上述商品或财产的全部价值折成货币付清。那么,就发生了一个问题:我们究竟要采取哪种方式才能恰好获得那种准确的价值尺度?即利用那种尺度,人与人之间一切交易行为就能实现,并且其准确及合理程度不亚于把同品种和同价值的两种东西按重量、长度或数量依次出售的情况。

我特别请求你们注意这个问题,因为看来大家直到现在都对这个问题理解得不正确,特别是《威斯敏斯特评论》的原出版者[①]、《泰晤士报》现在的出版者、以蒙特兹先生为代表的伯明翰货币改革家、以反黄金法同盟为代表的伦敦货币改革家就更是这样的。简言之,一些有各种政治色彩的人(一般而论,他们关于货币问题的见解是大家都知道的)还需要了解关于某种类似真正价值尺度的概念本身。至于说只要改良(更正确地说改造)我们的货币制度,我们就立刻能进入比现状优越的社会(从商业观点来看),其优越的程度正如同沿铁路由一地到另一地的交通方法胜过我们祖先的交通方法一样。对于这样的问题,他们中间只有很少的人对它们有一点粗浅的了解。

我以为,你们已经看出,如果世人称之为财富的一切——现实的(реальный)和个人的(персональный)[②],整个不同的一种和最少的一部分,都能够以重量相同、长度相同或数量相同为基础方便地进行交换,那就根本不需要货币;但因为而且仅仅因为这点办不到,所以价值尺度不仅就交换方便而论是必需的,而且就使规模或

① 前已提到,这个机关杂志现在已归别人掌握——俄译注。

② 指不动产和动产——俄译注。

数量较大一点的交易行为成为可能这点而论，也是必要的。

其次，你们也看得出，把金币叫做价值尺度并不比把东风叫做价值尺度更成功一些。因为，不论多少盎司除以16就得出磅数，不论多少英尺长，除以3，在一切情况下总是得出码数。但除黄金本身以外，任何物品的任何已知盎司数或英尺数都不会经常换到同重量的黄金数量，甚至就是在生产这些交换物品所需的劳动数量以及对这些物品的需要量始终完全不变时也是这样的。可见黄金不是价值尺度，而是普通商品，黄金价格用其他物品测度时，实际上就同其他物品的价格一样，时常有涨有跌，虽然由于1盎司黄金价值等于3镑17先令$10\frac{1}{2}$便士这个法定的虚构物生了效，以致这种波动现象在一定程度内躲过了公众的视线。的确，在拟议中，黄金是价值尺度。同时国家的法律也宣布，黄金是价值尺度。不过，事实上，肯定黄金是价值尺度，并不比说2+2=5、15、50或500更正确。

法律能做许多事情，可是毕竟有许多许多事情不能做。例如，法律能叫一个人改名换姓，甚至能使一头牲口改变名字。法律可以规定，从今以后所有的狗应该叫做母猫，所有的母猫应该叫做狗。如果这条法律实行了，将来所有的母猫都汪汪地叫吠，而所有的狗则咪咪作声，那又有什么呢？但法律不能制止万有引力定律起作用，或者把午夜的黑暗变成正午的光明，把十二月的冷风变成七月的炎热。当法律发布愚蠢的命令说“黄金应该同时是价值的标准和尺度”时，法律毕竟是试图做上述那种根本办不到的事情。因为，像我们所住的地球只有一个一样，大自然亲手分给我们的，的确只有一个价值标准和一个价值尺度。除此以外并没有另一个。而要制造另一个价值标准或价值尺度，并不比制造另一个太阳或另一个月亮更能由人做主。人不可能抛弃这个天然的价值标准，另外规定一个类似价值标准的黄金代替这个标准，而不会因为自己的过于狂妄自信而不受到任何自然法则的破坏者常常要受到的那种惩罚。因为我们不服从自然法则惩罚会降临，而且惩罚的降临并不取决于我们是否知道我们违反了某种自然法则。

当我向你们宣告，人的劳动是价值的泉源同时也是唯一可能的价值尺度时，我并没有告诉你们什么新的东西。关于这个道理以前已多次有人告诉过你们了，但也许谁也不像我们的伟大的同胞亚当·斯密博士那样认真地着重指出这个。下面是他的原话：

“……对于一个拥有商品并且打算不使用或亲自消费这种商品，而是要交换其他物品的人来说，任何商品的价值等于他用这种商品所能购买或所能支配的劳动量。因此，劳动是一切商品的交换价值的真实尺度。

……劳动是原始价格，是用以支付一切货物的原始购买总额。世间一切财富的获得原本不是靠黄金或白银，而是依靠劳动。对于拥有财富并且想用财富交换某些新产品的人来说，财富的价值恰好等于他用这些财富所能购买或所能支配的劳动量。

……可见，只有价值永远不变的劳动才是无论何时何地都能据以评定和比较一切商品价值的唯一真实的尺度。

……可见，劳动显然是唯一普遍的和唯一准确的价值标准或唯一的尺度，利用这个尺度我们就能够随时随地比较各种不同的商品间的价值。前已指明，我们不能为各种商品所换得的白银数量来确定各种不同商品从这一百年到另一百年间的真实价值。我们也不能用粮食数量确定各种商品从这一年到另一年的真实价值。但我们能够用劳动量极其精确地确定各种不同的商品从这一百年到另一百年，从这一年到另一年的真实价值。

……应该时常记住，作为白银以及其他一切商品的真实价值尺度的是劳动，而不是某种特殊商品或某一类商品。”[①]

我想，每一位无偏见的读者都会承认，在《国富论》所有各卷中，再也找不出哪一条原理比我刚才引述的更明白而较少含糊的了。不过，说来奇怪，博士对自己的原理毕竟只讲到这里为止，他好像纯粹是偶然讲到的，原理的结果解释不详，研究不细，考察不深；而说到一切实际目的，则又词义呆板。不幸，直至今日情况仍然如此。

但是，在重述这位以其盛名给这座文明城市增光[②]的学者多年以前阐述的伟大真理的时候，我希望唤起你们注意：在半个世纪或将近半个世纪中，对一些最为重要的发现采取置之不理的轻视态度，不把这些重要发现应用到实践中来，对我们说并不是新鲜事情。实际上，在那些对世界有过巨大贡献的人中间，只有较少数人的研究成果在他们生前已经得到广大社会人士的应有的评价。为什么我们还要为一条已被我们现代一个极伟大的哲学家证实的社会科学原理在72年之间一直被弃置不用而感到灰心丧气呢？其次，我们既然得到了这样一位权威理论家的支持，那就总有一天会

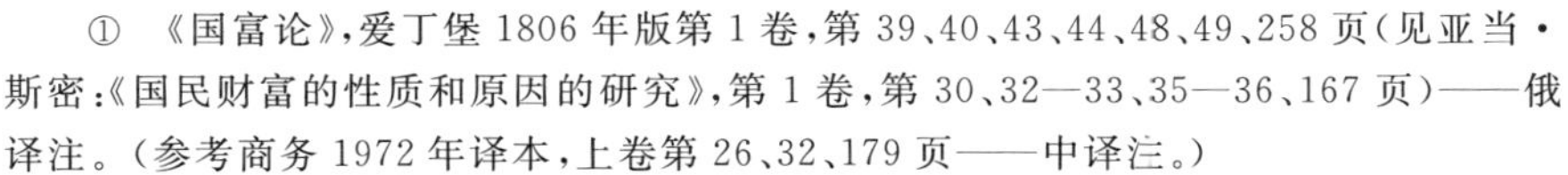

① 《国富论》，爱丁堡1806年版第1卷，第39、40、43、44、48、49、258页（见亚当·斯密：《国民财富的性质和原因的研究》，第1卷，第30、32—33、35—36、167页）——俄译注。（参考商务1972年译本，上卷第26、32、179页——中译注。）

② 亚当·斯密定居爱丁堡许多年——俄译注。

看到劳动作为公证的价值尺度，以及作为价值的泉源将在世界上得到自己的真正的地位，为什么要放弃这个希望呢？自然劳动所负有的这个使命是无论如何也永远不能剥夺的，为什么我们对实际上赋予劳动以这个重要使命却踌躇不决哪怕是片刻呢？问题十分清楚：劳动是真实的价值标准，是唯一真实的价值尺度。因此，如果我们继续执拗地和愚蠢地拒绝把劳动作为这种尺度，那我们那时候就一定根本不会有任何真实的价值尺度或标准，因为无论采取任何其他可能有的办法，我们都得不到这种尺度。

所以，我们如果打算略微深入一点继续这个研究，那么我们遇到的当前的事情将是被重复一万次的一套公式化的老问题："你们怎样做这个呢？怎样克服那个呢。怎样讲清楚另一个呢？"如此等等。在这种场合，这些问题以及诸如此类的问题，数量可能不少，而且也不是不关重要。不过，在对这个课题思考了 25 年多以后，我毕竟十分愿意说：我不仅在用劳动精确地测度任何一种价值（Value of any kind）上没有遇见过任何实际困难，而且我不以为，有谁能够提出任何不同意见反对马上实现这点，而我不能立即驳斥并且一次就永远驳倒这样的反对意见。

既然，如亚当·斯密博士所宣传的，劳动是唯一真实的价值标准和尺度，那就发生了一个问题：通过怎样的过程才能测量劳动本身呢？比如，劳动量相同，在煤场劳动一小时和照管织布机一小时，当然不能给以同量的工资。在需要受长期训练的业务上，例如雕刻业上，劳动 12 小时所得的产品，也不能和不需要这种预备训练或根本不要任何训练的 12 小时劳动所得的产品作公平交换。

其次，给五十个人付同样的报酬，即使他们都从事同样的工作，这也不见得十分公平。因为，甚至在人们的地位、职业和一般条件名义上相同的场合，由于技艺、勤劳及认真程度不同以及由于行为不同，这个人和那个人不论现在和将来，在他们的劳动价值方面，不仅存在细微差别，而且存在着巨大的差别。

再次，谈到自由职业者如律师、医师等等，他们一个人一小时的劳动价值，常常大于其他人一天甚至一星期的劳动价值。

事情既然如此，那我就再来讲一讲我所提出的问题：唯一的价值尺度的劳动本身，应该怎样测量才能使谁也不吃亏呢？检验任何比较价值的唯一正确的方法是在相互自由协商的条件下出售任何劳动、服务或商品，从而取得的实实在在的一笔现款。但是当一个人处在不能利用这个正确方法确定自己的劳动时间和别人的劳动时间的价值相比的地位，怎样测量劳动本身才更不会造成大不公呢？

对于这个问题答复是怎样的：大自然不会自相矛盾，只要我们一丝不苟地服从大自然的命令，我们就永远不会陷入绝境。在这种情况下，我们深信：人与人之间的无限制的自由竞争原则，在任何职业中（无论自由职业、商业、机器作业或手工作业）都和自然的价值尺度劳动完全相符合；因此，承认劳动是合法的价值尺度及标准的法案，就同劳动永远是并且应该永远是自然的价值尺度一样，并不给任何类型的竞争者引起任何实际困难或不方便。这一个人的劳动价值和那一个人的劳动价值之间，有时存在着巨大的差别，有时差别并不很大。但是，当每个人都能十分自由地确定自己的劳动价值并得到这种价值（可能的话）时，无限制的自由竞争原则总会以足够适应一切实用目的的精确度把这些差别调整好。

现在我们是直接站在硬币论者的一座大堡垒面前，不过他们的工事是用稻草扎成的，我们很容易收拾掉。

硬币论者假定，纸币不能凭票兑换规定重量的黄金或白银，就一定会贬值：这是他们所犯的终身的错误。

但是，这个假定是纯粹的错觉，因为兑换不开某一定量黄金、白银或其他东西的一镑纸币的价值，可以由法律规定，这是十分容易而且会像数学般的精确和明显的。照这个办法来做，不仅不必担心纸币可能贬值，而且可以由国家斟酌使这种法定纸币具有任何价值，并且即使纸币数量增加百倍、千倍和百万倍，也能保持这个价值。

我们业已指出，存入交换仓库的商品，应由交换银行立即支付价款，而销售这些商品的任务则仍旧归商品生产者或进口者负责，这是货币制度的不可分割的一部分。在这种货币制度的影响下，生产现时是需求的结果，将来可以变为需求的原因。获得商品售出前付款的巨大权利应该附有一个条件，即在王国每一个生产交换系统商品的工厂里，应该有一种用劳动货币支付的固定的最低劳动价格。

讲到这里，但愿政治经济问题方面的新手们不要就某种规定工资这一提法开玩笑，因为他们如果冒险同我争论这个问题，那我知道，他们一定会被驳倒。因此，公道要求他们在这点上面接受警告。

用纸币支付最低劳动工资，这无非意味着一个竞争中的出发点，像同时起跑跟阿斯科特及爱普索姆[①]的竞赛原则不矛盾一样，

① 著名赛马地——俄译注。

最低工资跟竞赛原则也丝毫不相矛盾。竞争的意义是这样的:“让有能力的人首先跑到终点,但根据公平原则,大家都应该同时起跑。”

从问题一般提法的观点看来(我们很快就转入细节部分),究竟把起点定在哪里,这是不关紧要的。最低工资可以规定为每周5先令、10先令、20先令或50先令。在这些数量之间,即在5先令和50先令之间没有任何实际差别,因为工人的实际工资在每种场合都是本人的劳动产品,而工人每周的货币工资则不过是这种产品的别名而已。

为了更明白易晓起见,我们把这个起点即每周60—72小时的最低工资定额(在王国交换系统任何工厂里凡年满21岁的工人依法都可以给他们规定这个工资定额)标明为20先令或一个劳动镑。那样就自然可以看出:在交换系统所属工厂里,每一个比较机灵或拥有较高技艺、执行重要职责或担任较高职位的工作者,所需工资定额会超过每周20先令,而且超额部分跟工作者所申明的和主人所承认的该工作对低级工作(即前述每周付最低工资20先令的工作)的优越程度成精确的比例。因为大自然本身已预先规定,“事情将来的确是这样的。”

由此可见,既然大工厂里每周最低工资定额是20先令,那么很显然,比较优秀的工人每周工资是21到25先令,更优秀的工人每周工资是26—30先令,工长可能是35—60先令,或者甚至更多些;而办公室职员、金库出纳员及其他所占职位更要守信用和负责任的人员,所需年薪将波动在100镑到1000镑之间,或者更多一点。这种情况至少现在是这样的,而我们建议为建立我们的整个

货币制度需要完全另外一种基础时，我们也丝毫不会破坏现时调节着报酬定额上一切差别的那条原则。

因为，即使我们同意将寻常的最低工资定额加一倍，而大家的情况仍然相同。这就是说，我们如果把司炉的工资加一倍，那我们同时也应该把工程师的工资加一倍。我们把织工的工资加一倍时，也应该把工长，仓库管理员、办公室职员和金库出纳员，简言之即把每个工作者的工资加一倍。可见，既然起点或最低工资定额业已规定，那我们将工资加倍绝对不能改变什么，我们所同意的不过是用较大的和较为动人的名义标示同一件事物罢了。像“我们叫做蔷薇的那种花，就是把它叫做其他什么花，闻起来还是同样清香”一样，不管我们用纸币20先令、50先令或500先令称呼工人一周的劳动产品，这种劳动产品将和现在完全一样。如果实行了合理的货币制度，那么交换系统各种不同工作的最低工资定额每周是否等于20先令、10先令、40先令或5先令，这根本没有什么意义，当然这只有在没有债务人、债权人、义务承担人和契约义务负责人等等这样一些人的情况下才会如此。不过，我应该留待下讲再来阐释这个问题。

第　六　讲

第四、五两讲题目的继续和结束——现行造币原理的错误程度——正确造币原理的说明和演示

我在上讲里力求说明，只有劳动可以测量价值。其次，如果不存在债务、信贷和现金义务，商品的货币价格只是一个名称，名称的选择完全由我们自己斟酌决定，所以一个人的工资是不是每周20先令、10先令、40先令或5先令，对于他并不关重要。

但现在存在着债务、信贷、借据和契约，并且数目很大。仅仅一种债务总额就已达8亿镑或将近8亿镑[①]，这已不是什么秘密。所有这些债务和义务都应该公平处理，否则我们会把英国的荣誉和光荣为它的穷困而牺牲干净。不过，我深信我们国家情愿加倍偿还自己的国债，而不同意少还，或用贬值的货币照原数偿还。并且，在合理的货币制度下，加倍偿还我们的国债和我们现时财源拮据的情况下年年就这笔债款继续付息相比，倒是一桩困难少得多的任务。

但必须充分讲清楚这个问题，尤其《泰晤士报》对于这个问题

① 指英国国债——俄译注。

的一些幼稚说法竟流行得这样普遍，以致许多对别的问题有正确判断的人都被迫接受一种错误见解，仿佛凡不能兑换到任何规定重量的黄金或白银的纸币就一定是贬值的货币。换言之，假如现在我应该还给你们100镑，而且在现行法律规定下，你们可以要求付100镑合乎法定重量及成色的金币，那么一旦我们这里使用不能兑换任何规定数重量的黄金的纸币（一镑币）以代替现用的金镑，我的100镑债务将不会如实地全部还清你们，因为你们所得的只是这种纸币，而不是金币。

为了证明这种学说极端荒谬绝伦，我首先举一个很偶然的事例，接着另举一个，然后试着使你们熟悉银行券的真实性质。这种银行券应该立即由法律规定作为我国唯一的价值标准和尺度，从而使我们现有的和将来的一切货币义务，从现时起一概用这种银行券支付。

已经指明过，将来在我们的竞争中应该有一个起点，这就是用纸币支付的一周最低工资定额。依据国家法律，在交换系统所属任何工厂从事任何工作的年满21岁的人所得工资都不应低于这个定额。由于个人竞争原则的作用，所有其他物品无疑都会因这种最低劳动价格而获得自己适当的货币价格，这就同这些物品现时在缺乏任何价值标准的情况下借同一原理的作用获得这种价格一样。

假设在这种职业中，现在每周的最低工资定额是20先令。我举出20先令这个数目，仅仅为了论述简便，我并不是说实际上现时在任何职业中最低工资就是20先令。为了我的论断，我以这个数目来讲比用别个数目方便些，因为这是我们的货币单位，即一个英镑。这样,既然一个人现时用一周的劳动可以换得一个英镑,那么他的劳动产品(不论产品是什么)现在显然应该值一个金币(叫做一个金镑),因为他平常用自己的劳动的确是换得这个铸币,或者换得随时能兑到这种铸币的纸币一镑。再假定,按照我力求确定的交换原理,规定最低劳动价格每周为10先令,而照我们假设原来按现行货币每周支付工资20先令的同一个工人,从现在起每周就只能得到10先令而不是20个现时的先令。这就必然得出结论:因为这个人一周的劳动产品跟以前完全一样,所以我们劳动币10先令的价值就恰好等于以前的20先令。换句话说,我们一镑劳动币恰好值英格兰银行一镑钞票两张,或者恰好值两个金镑。

不过,如果照我们的原理把最低工资定额规定为一周5先令而不是10先令(这丝毫不会损害工作者的利益),那么我们的一镑劳动币就会值4金镑。如果我们规定上述最低工资定额为一周2先令6便士而不是10先令,那我们的一镑劳动币就值8金镑。如果规定最低工资定额每周只1先令(这对工作者毕竟并无任何可以意料到的不便或损失),我们的一个劳动镑就正好值英格兰银行钞票20镑或20个金镑。实际上,一个劳动镑确是换成了银行钞票20镑或20个金镑,而我们的劳动币一个先令正是评价为现在铸币20先令,并且值一个金镑。

这就是关于"贬值"的问题。据《威斯敏斯特评论》前编辑和《泰晤士报》的现任编辑这些聪明的先生们的意见,由于以纸币代替了金属货币,所以贬值是必然的后果。

这些有学问的重要人物说:"不过,因为他们既然不说这个,那他们就离开了他们以前所遵循的方针,即假设把现在的劳动产品都换成等价物，那么不论把等价物叫做20先令、10先令、5先令、$2\frac{1}{2}$先令或1先令，都是没有分别的。你们是不是当真想说，如果大不列颠的生产力像被水闸关住的湖水突然夺闸而出一样，全部解放了，那么不管你们决定怎样规定劳动镑的时价，你们的劳动镑能继续换到与原先同重量的黄金吗？不用说，这是办不到的。”

十分明显，并没有这种事情，而你们的弱点和我的强处就也恰好在这里！这就是我所坚持的一切论断、总结及本质分析所针对的那一点，即：如果我们增加货币数量比增加商品数量快一些，物价就会跌落，生产就会停顿；如果我们增加货币数量同增加商品数量一样快，物价就不会下跌，而成比例的生产则可以继续增加并且永无止境。虽说人们当然不会用原先那样多的黄金或白银（当时金银比较少）交换大量出产的产品，但就价值的通用意义而论，我们只应关心的产品本身的价值毕竟不比以前少。例如，房屋、衣服、食物和家具的数量即使增加一千倍，但新建的房屋还是跟旧房屋一样舒适，可能更干爽一点并且具有良好的通风设备；额外的食物同样营养丰富，衣着同样保暖，家具也同样便于使用。

我们面前的问题很明显：我们是坚持我们的虚构的价值尺度——黄金，从而把我国的生产资源监禁起来呢？还是采用天然的价值尺度，从而解放我们的生产资源呢？

这就是全部货币问题的主要之点，是金币拥护者和纸币拥护者之间意见分歧的实质和总结。我深信，无论是罗伯特·皮尔爵士、约翰·罗素勋爵、约翰·路易先生、科布登先生和《泰晤士报》的出版人，或是议会两院议员中任何拥护金币的人，不可能再推翻这些论点，或者提出比最幼稚的和最露骨的诡辩更好的反对这些论点的意见。

但我们还是回到我们原来的讨论上来。我们已经看到，如果把最低劳动价格规定为一笔为数不很大的劳动货币，即如果我们把最低劳动价格叫做一周5先令、2 $\frac{1}{2}$先令甚或只1先令，那么一个劳动镑的价值就要颇大地超过现在一个英镑的价值。另一方面，从这里可以看出，最低劳动价格如果数额很大，结果就会相反。例如，假定我们确定最低工资定额为5劳动镑，前例中同一个工人的工资就是1英镑。因为这个工人的劳动产品还是跟以前一样，所以他一周所得的5镑劳动券只相当于1个金镑或相当于值1金镑的东西。因此，他一周支5镑的处境实际上跟以前假定的一周支20先令、5先令、2 $\frac{1}{2}$先令或者甚至只1先令完全一样。这个工人的实际工资是用自己的劳动产品换来的若干必需品、方便品和舒适品。只是他所得的这个名称并无碍于这种产品的本质，所以对工人本身来说，他的工资合劳动货币一周是5先令或5镑毫无分别，因为他的社会上的相对地位在两种场合是相同的。

从有债务、信贷和货币义务的观点来看问题，情况就完全不同。因为按照压倒一切的个人竞争原则，每一件适于在国内出售的物品，根据我已讲过的法则，必然会按交换系统工厂所付的最低劳动价格得出自己的货币价格。你们按过高水平规定这个最低劳动价格，那你们就掠夺了每一个债权人；照过低水平规定，那你们就掠夺了每一个债务人。

比如，假定在王国一切工业部门中，凡年满21岁和21岁以上的人每周最低工资现在等于10个先令；再假定，这种工资不仅对工作人员本身,而且对所有债务人及债权人,都是公道的。这样一来,一切商品的现令价格就都与这种情况相符合。在这种场合,最低工资应该等于10先令劳动货币,因为在这种情况下,债务人、债权人和各种有货币义务的人的相对地位仍然相同。不过,你们若是把最低数规定为20先令而不是10先令,那你们就即刻为了债务人的利益而剥夺了债权人所应得金额的一半。若规定最低数为5先令,那你们就同样完全按同一标准掠夺了每个债务人,即你们恰好把他的债务增加了一倍。在头一个场合,你们使债务人有可能用他的确应该拥有的恰好一半劳动产品还清债务;在后一种场合,你们却使他不得不加倍偿还他实有的债务。

我希望,根据上面所讲的可以弄清楚:纸币的价值可借法律规定,使达到那个将被认为适当的水平,同时我们在任何时候都能够依据法律以数学般的精确程度创造新的尺度单位或重量单位。我们下一个问题是这样的:说实在的,一个劳动镑的准确价值应该是怎样的呢?

这是一个只可以借另一个问题来回答的问题。我敢肯定他说,对于另一个问题,甚至连一个包括欧洲20位优秀会计师的委员会七年以内也不能作出正确的回答。这个问题是这样的:

签订当天每一份货币契约时,按各个不同时期成年人的劳动评定出的货币价值是怎样的呢?不管怎样努力,谁也绝对不能认为自己能够正确地回答好这个问题。也许能把某种略微类似公道的东西给予千百万债权人,但决不能比这更进一步。一言以蔽之,从产生许多货币义务(现时存在将来也一定存在)时起,货币价值就起伏得这样厉害,以致使关于一个劳动镑的价值应该规定在怎样水平上才能公平地满足现有一切债务人和债权人的要求的问题，完全等于这样一个问题，即：如果有 10000 个人在不同时期贷出 10000 笔数额完全不同的现款，我们应该把怎样一笔现款归还给每个人，才能在平均偿清大家这个必要前提下，公平地满足每一个人的要求呢？

可见，对我们提出的问题作正确的答复显然是办不到的。因为，如果关于我们将来的法定支付手段的一镑券的准确价值问题成为公众讨论的对象，就会产生许多分歧意见，所以这里我仅仅限于阐释应据以确定一镑券准确价值的一条原则，何况这种研究使我们有可能以几乎足够达到一切实际目的的精确程度解决这个问题。

业已阐明过，如果没有像债务人或债权人这样的人，也没有像货币契约或货币债务这样的事，那么我们的劳动镑就只是一个假定的东西，可以根据交换系统里每周最低劳动工资得出自己的价值；考虑到 5 先令、10 先令、20 先令或 100 先令实际上对每个人说价值相同，所以这种最低劳动工资可以随便规定。但因为债务人、债权人和货币契约都存在着，所以用法律规定最低工资定额变成了头等重要的事情。

我们且举一个对出席这里的每个人都十分合意的例子。在苏格兰有所谓永租费，在单独谈到这种费用时，指的是因永远和单独掌握及使用某一块土地而永远按年付给该地所有人的某一数量的租地费。这里一方面是收取永租费之权，另一方面是掌握及使用土地之权；如果继承权不受限制的话，这两种不同的继承权利就可以永无止境地随意由一个人移交给另一个人。

总之，既然认为现时的货币价值是合理的（因为这将是极简明扼要的和极好的分析问题的方法），既然又同意全王国各个生产事业中现时每周最低工资等于10先令，那么交换系统各工厂里真实的最低劳动价格每周也应该等于10先令，并且为什么要这样，原因也在这里。

在上述条件下，一个付出或收进10先令继承租金的人现在就付出或收进一个成年人的一周的最低劳动产品。这样一来，如果照法律规定上项最低劳动价格为一周10先令，那么每一个老板及其佃客的比较地位仍旧不变；但如果规定这个最低数为20先令，那你们就立刻恰好剥夺了老板应得金额的一半。如果规定为5先令，那你们就确实把租金总额增加了一倍，因而使佃客遭受损失。因为，佃客缴给老板的货币总额虽然在一切场合都无增无减，但货币本身的价值在前一种场合下整整减少一半，在后一种场合下却整整地增加一倍。

规定最低工资定额时，或更正确地说，确定最低工资定额的货币名称时，避免这两种极端情况，找出两者之间的恰当的中数，这是立法者的义务。但既然这个最低工资是用一切可能有的方法中的最公平的方法确定出来的，那对不列颠民族来说就应该像价值法则、价值标准和价值尺度一样永远不变。

我清楚地知道，无论采取什么方式或根据什么样的原则规定工资，规定工资这个概念将使某些好作长篇大论的人觉得很奇怪。其实，我并不主张规定谁的工资，我只建议用法律确定一项原则，任何劳动部门中——无论是自由职业、商业、技师和工人的劳动或家务劳动的工资，都将根据这项原则确定下来。在我所捍卫的原理中，没有哪一个论点有意伤害（哪怕一刹那间）人与人之间或国与国之间的那种最无限制的个人竞争自由，也没有哪一个论点跟容易正确理解的亚当·斯密博士的学说有一点意见分歧。实在，我只告诉你们怎样依照这位伟大的导师的指示，做应该做的事。

“可见，只有价值永远不变的劳动才是无论何时何地都能据以评定和比较一切商品价值的唯一真实的尺度。”

“应该时常记住，作为白银以及其他一切商品的真实价值尺度的是劳动，而不是某种特殊商品或某一批商品。”

“可见，劳动显然是唯一普遍的和唯一准确的价值标准或唯一的尺度，利用这个尺度我们就能够随时随地比较各种不同的商品间的价值。”因此，即使有谁提异议说：“可是皮尔爵士并不照亚当·斯密博士凭自己智慧所发出的期票认真付款呀！”这也不会使我发窘。不错，他没有这样做。相反，期票可耻地逾了期，并且早已被做出拒付证书。但晚做强于永远不做。不用说，期票即使不由皮尔爵士本人兑付，毕竟会由他人兑付，而且会彻底兑清。

总而言之，按照我所阐述的交换方案，国家的货币包括各种不同式样的劳动券，价值最少为1镑，最多也许达到100000镑。

这些钞票应由三个同源的机构发行，这三个机构分别命名为英格兰交换银行、苏格兰交换银行和爱尔兰交换银行。钞票应当由各银行的代办们分发，大城市里代办人数较多，伦敦至少应有二十人，规模比较小、一般说多少有些重要性的城市每市一人。

这三个国民银行钞票部的业务是：调拨钞票给各分行，从各分行收回货币，跟各分行结账，监督各分行的业务。硬币部的业务完全相同。当需要金币、银币和铜币时，这些银行应该把上述铸币发给所属各个经理。另一方面，当经理们手边所有货币显得过多时，他们也应该定期把纸币、金币、银币或铜币缴还给自己的领导人。这样一来，社会上所得到的金币、银币、铜币和纸币，在数量上已足够供应商业上的任何需要。

因此，储备足量的金币、银币和铜币以满足全王国可能发生的任何需求，这种责任就要由三个同源的银行担负。根据现时经验，你们无疑会设想这是一个很困难的任务。可是，这个设想可能有的困难，随着我们将来更进一步的研究，很快就会缩小，并且很快就会证明这儿任何困难都没有。但是，在进而讨论造币问题时，我想着重指出，这三个交换银行除开和自己的经理们以及和政府有业务来往以外，不对外经营任何业务。

这里我要指出，三个交换银行成立以后，政府立刻会委托这些银行征收一切赋税，估计这些银行当然能够完成这一任务，并不需要哪怕是一个人当真从事征税工作。因为，只要我力求建立的银行制度被充分认识清楚了，那么，这一大堆关税、消费税、印花税、窗户捐以及其他捐税，那时候可能会立刻取消。从交换系统各种产品里抽取同样的一个百分率，这就是唯一的税捐。交换银行征收这种税捐可以不要任何费用或几乎不要任何费用。甚至连每一个郡各种地方税大概也可以不花任何费用由交换银行的分行征收。不过，现在我不拟扩大讨论这个题目。

交换银行本身靠征收百分率不大的发行费来维持。这个王国的全部货币业务本来比国内现有任何大银行机构的业务要简单得多，所以只要按很小的百分率征收发行费就够维持了。

不过，你们大概会发觉，我们以前一直未注意探讨货币的一个属性,这个属性的重要性我在前面一讲已指出过。我说的是货币的可分割性。直到现在,我们研究合理的货币制度原理及计划只研究到一镑银行券。因此,我们下一步任务就是保证上述一镑券可以分割成为先令、便士和半便士,如果必要的话,也可以分割成为若干法新。

这里,请允许我提一个问题:你们之中有谁看见过某种办不到的事吗?无疑你们听说过一些办不到的事情,可是我问的不是这些。你们曾经看见过某种办不到的事吗?对,你们不只看见一种办不到的事情,而是见过许多。某种办不到的事情就在这里,它叫做金镑[①];这是另一件办不到的事情,它叫做先令;这是第三桩办不到的事情,它叫做便士。虽然我也许不完全对,因为这些铸币只是感觉到是办不到的事,而不是实际上当真如此。它们实际上是用假借流通名义的冒牌货,而且不幸对我们来说,它们是某种更蹩脚的东西,因为今天在不列颠范围内没有哪一枚金币、银币或铜币不是我们的货币制度有极大缺点的无可辩驳的证据。

例如,先令就名称、重量及价值说,被认为是不变的。但是,从亚当降世之日起,从来没有哪一个狂热分子能想出比这个国家的政府顽固地想使某种成色的金属块里含有不变的名称、重量及价值这个企图更荒谬、更不可想象的一个方案。把冰块保存在熔炉里,或是把火红的炭放在大冰块上,也会有以上的同样结果。

给铸币取一个我们认为适当的名称后,我们可以使用这种铸币。这种铸币可以用黄金、白银、铜、青铜或其他任何我们认为适

① 讲演者把金镑、先令、便士等铸币给听众看——俄译注。

当的金属铸制，可以常常同名及同重量或者同名及同价值，但发明经常同名、同重、同值的铸币却是哪一代人类也实现不了的任务。

唯一真实的价值尺度是劳动。因此，如果我们的一镑代表一定数量和质量的劳动，那么从这里就可以看到，我们的一先令和一便士今后就分别是我们的一镑行将交换到的白银及铜重量的1/20及 1/240。但任何真实的价值尺度都不可能常常换到同重量的黄金、白银、铜或其他任何物质。仅仅承认黄金是价值尺度，这决不意味着把黄金变成了价值尺度，正如把水叫做火并不意味着真的把水变成了我们可以用来取暖和煮食物的火一样。我们愿意怎样称呼黄金就怎样称呼，可是黄金之为价值尺度并不比水、火之为价值尺度更有道理些。关于这点，再没有谁比亚当·斯密博士了解得更清楚，阐述得更明白和更果断了。

但现在我们应该进而切实研究造币问题。

总的说，首先如我已讲过的，铸币可能是名称和重量不变，而同时价值应该涨落不定；或者可能是名称和价值不变，但这时候重量应该改变。而要使任何合理的货币制度发生良好的作用，当我们现在仅有其中的一种铸币时，这两种铸币都是必要的。

例如，先令可以经常是先令，即可以是 1/20 英镑。但是，如果英镑本身是真正的价值尺度，那么要使它能够一年又一年地、一百年又一百年地购买到同一重量的白银，显然不可能。因此，我们的一个先令含有而且的确应该含有一个劳动镑能购到的那个重量的白银的 1/20，而一个便士则应该含有一个劳动镑能买到的那个铜重量的 1/240。同样，半便士和一个法新应该分别含有同样重量的这种金属的 1/480 和 1/960。

其次，显而易见，一镑任何钞票当本身是价值尺度时，不能在一个不确定的期间继续交换同重量的银或铜。因为，劳动既然是唯一的真实价值尺度，并且用同量劳动得到的当然不经常是同量的银或铜——或直接获得，如果这种劳动直接使用在矿场上；或间接用劳动产品交换，如果用其他方法使用劳动。所以，任何规定重量的银或铜，都不能经常抵得上那个价值本来不变的东西的 1/20 或 1/240。

因此，造币厂不应该再作为一个政府机构，而要成为交换银行的普通的附属单位，它的将来任务是为交换银行铸造数量足供银行需要的金币、银币及铜币。一个克朗总应该含有一个劳动镑能换到的白银重量的 1/4，半克朗应该含有这个白银重量的 1/8，而一个先令和一个六便士铸币则应该分别含有这个白银重量的1/20 和 1/40，而不管这个白银重量是多少。

在这种情况下，骤然一看，可能会想象出一两个实际上并不存在的困难来，但因为事实上这些困难真正是虚构出来的，所以稍加研究就足以扫清误会。

在这一讲里业已指出过，各交换银行应该根据请求把所需一切数量的金币、银币或铜币发给自己的经理们，而经理们同样应该以所需的上述铸币供应居民。请问，各交换银行应该怎样取得足量的金、银、铜以供铸造大量硬币的需要呢？

答复很明白：交换系统各银行家只须用自己的钞票购买所需的一切金属。可是吃惊的硬币论者却说："怎么！本身根本没有任何价值的普通纸片能买到黄金和白银，能买到贵金属，而且'需要多少就买多少'吗？我是不是听错了呢？"

完全不错。各银行为取得所需金银数量而这样支付的货币(劳动券),其实就是将要向不列颠市场领取市场上所有一切物品的领物单,而土地、房屋、粮食、牲口和各种各类商品都将在这个市场上出售。难道这种货币不是至少值一定量的上述贵金属,而贵金属本身不总是属于可用劳动券购买的物品之列吗? 不用说,都是的。在这种情况下,以抵换金属的东西交换这些金属,所得到的金属是多是少并无意义。劳动币一个先令的大小和重量和现时一克朗相近,或者和现时 6 便士硬币相近,这对任何人都不相干。一般说,考虑到不管必须抵一盎司白银的那个东西的价值怎样,一盎司白银总能抵补这个价值,如果说的是一段不长的时间的话。所以,这件事情就跟谁也没有关系。对于黄金和铜来说,情况也的确相同。如果银行把这样买到手的金属变卖出去以前要经过许多时间的话,这些金属价格涨跌的可能性就是这样的:在这段时间内,这些金属和一般劳动产品相比,价值上与其说会下跌,就毋宁说会上涨。因此,如果不再妄想把黄金作为其他商品的价值尺度的话,那就不管那时候我们被迫用怎样一个数量的其他物品交换这些金属,看来这些金属将来至少能换得到同一个数量的东西。

实在,让黄金和白银跟黄油和鸡蛋、呢绒和印花布并列在市场上占一个应占的位置,那时从商业观点来看,贵金属的价值跟我们将很少有关系,就同现时金刚石的价值以及商业上称为商品的最便宜物品的价值跟我们很少有关系一样。即使这些金属多起来了,多到绝对过剩的地步,或者由于它们的极端稀有珍贵以致少了起来,那这也完全不关重要。因为,如亚当·斯密博士说过的,“金器和银器价格低廉和数量丰富,是我们在前一种场合所能得到的唯一好处；这些无巨大意义的奢侈品价格高昂和数量稀少，是我们在后一种场合所能遭受到的唯一不便处”。[①]

由此可见，不论交换银行需要多少黄金供应所属各经理以及通过经理们供应群众，要得到交换劳动券的黄金数量并无任何困难。并且交换银行用劳动货币所能买到的全部金、银和铜，恰好反映出用以交换这些金属的劳动货币的价格，所以跟任何别种商品所发生的情况一样，供求平衡能完全保持。金、银和铜正是交换银行所掌握的储备的一部分即供应，而换回这些金属所付出的货币则丝毫不差地构成了群众手中相应的需求。

对于我所讲的货币制度的另一个虚构的困难，可能是担心所建议的银币和铜币重量有变动。但这个反对意见即使有人提出，实际上也是没有根据的。银币只有总额达 20 先令，铜币只有总额达 1 先令，才是合法的支付手段。不用说，下次发行的银币重量较轻时，人们可以储蓄银币，不过由此得到的利益实在是微乎其微的。在任何情况下，其唯一显明的结果只是使造币厂里银币部门业务繁忙一些而已。如果有人对铜币提出同样的意见，那也完全不必重视。其实，这些铸币永远不会有人拿去过磅，今天到会的先生们中间年纪比我大的或跟我相等的人，一定清楚地知道，不值 9 便士的 1 先令币和不值 4 便士的 6 便士币，长期在王国流通，无论对谁都没有大的不便，或者说没有任何不便。

由此可见，我们已预定要储备足量的钞票、银币和铜币，并且要使银币和铜币始终保持同样的名称和价值。不过，我已告诉过

① 参考《国富论》商务印书馆 1972 年版，上卷第 229—230 页——中译注。

你们，为了使合理的商业制度能不受阻碍地发挥作用，也需要不改变名称和重量的铸币。因此，我们着手讨论金币问题，因为，金币无论在名称上或重量上，绝对不应该有所改变，所以价值方面必然发生波动。

我想拥有的唯一的金币应该是用一盎司黄金（成色与现时铸币相等）铸成的金币，至于金币名称意义并不大。我们假定，在妇女统治时期把金币叫女王，在男子统治时期叫国王[①]。再者，我们要丢开这样一种荒谬无比的东西即被叫做金镑的那种铸币，而把铸好了的重一盎司金块叫金镑。不用说，这种金块比现时毫无价值的东西当然是更有资格的权力代表。

同一类型的名称和重量不变的铸币，跟名称及价格不变的铸币不同，也可以用一盎司白银铸成，即每一枚铸币，随便怎样称呼，应该含有一盎司白银。

各交换银行应该有这些商品（因为铸币并不是胜过牛肉或腊肉的货币）的足量的储备，以便供应所属经理们并通过他们供应群众。铸造这些铸币的黄金和白银是用劳动券向市场上购买的（我已讲过，这些金属无疑能用劳动货币购买到手，其数量也是绝对足够满足一切需求的），一盎司黄金和白银的价格当然应该是人们认为为了黄金和白银必须用劳动货币支付的那个价格。毫无疑义，这个价格像其他任何商品价格一样，是有波动的。而要使金币和银币的价格像石灰、木材、粮食或煤炭的价格那样不波动，本来是

① 现在，1848 年 6 月，我认为这两个名称比其他任何名称都要好些，哪怕仅仅为了向欧洲和全世界表明我们始终不渝地尊重不列颠宪法也罢——原注。

没有任何根据的。真正荒谬的事情是我们妄想使一个东西成为其他任何东西的价值尺度。如果这种妄想不过是一桩荒谬绝伦的事情,再不是别的什么,那我们真可以让自己嘲笑这个妄想。但可惜事情并非如此,因为确实不错,我们的人为的货币制度不仅使我们付出损失几十亿财富(被生产和利用的财富)的代价,而且使我们变成了一个只崇拜物质财富的民族(更确切地说是种族),这种物质财富按最高估价不过是生活所需的物品中的一种,而且并不是最主要的一种。

我希望,由以上所讲的可以看出,采用我所建议的银行制度,就能够立刻和永远解放我国的生产资源,并因而使我们得到我们能够和愿意创造的那种度量财富的尺度,而且使真正的需求始终等于按比例的供应,而供应也始终等于真正的需求。同时,只要所涉及的是货币本身的名称和分类,那我对社会上现有的习惯和成见,就不做一点不必要的干预。

毫无疑问,十进位制比我们不均匀地把一英镑划分为二十分之一、二百四十分之一和九百六十分之一要简单些。可是,无论如何,我在采用唯一正确的价值尺度以代替现时为我们社会招致咒骂的错误尺度的时候,并不想改变我们的劳动货币的名称。因为,这种改变至少起初会使许多事情陷入混乱,会引起某些不方便,会产生许多错误,并且所有这一切都会被记在新采用的货币原理的账上,而不会记在十进制铸币的账上,其实我所建议的货币原理跟这个制度并没有什么必要的联系。十进制铸币迟早很可能会排斥掉其余一切制度。但是,现时把钞票一镑划分为先令、便士和法新等单位,是为一切实用目的已足够了,所以现在我不打算改变这种划分。

同时还有另外一点。因为这一点，我们在肤浅地研究这几讲的论题时，可能产生许多误解。人们可能要问，您所说的货币制度不会是仅仅适用于我国国内贸易吧？当然，不是！甚至即使是这样的，难道这就是反对我国国内贸易应用这种制度的理由吗？当然不是。这种反对意见不仅没有一点理由，而且事实恰恰相反：就我们的国内贸易来说，并不需要一盎司黄金，所以现时我国经营国内贸易所需的全部金币立刻可以抽出来，用以经营对外贸易。可见，只要是涉及我们业已研究过的那些问题，我们论断的结果都只证明我讲的对。

不过，除这一切以外，业已明确地指出过，作为我力求推行的货币制度的组成部分，交换银行应该经常储备充足的贵重金属（包含一盎司的黄金及白银）以满足可能向银行提出的任何需求。同时也业已证明，交换银行能够创造这种储备。究竟是什么情况妨碍我们利用以相应数量的盎司黄金及白银支付的票据经营我们的对外贸易呢？我说的是这一切情况：人们可能重视用贵金属支付的贸易契约，而不喜欢交换银行的劳动镑契约。不能反对使用黄金和白银作为一个人与其亲邻之间或一个民族与另一些民族之间的交换工具。我们现代制度的荒谬之处是妄图使贵金属成为价值尺度，而不是把贵金属作为交换工具。

很快就能弄明白，若干盎司黄金或白银能够在伦敦、爱丁堡或都柏林换到 100 镑或 1000 镑劳动券。这些金属的价格大家从报纸上常常可以看得到，因此世界上任何地方的商人只要是想得到黄金和白银交换运到伦敦、利物浦或其他任何不列颠港口的货物，就可以要求(如果愿意的话)对方用黄金或白银支付,这完全同他们现在可以这样做一样。

大概不必指明,我们生产对外黄金或白银收支中大部分只是支付收支差额,而且比起真正的营业总额来,实际上所用的黄金或白银很少。但无论怎样,我们都用不着研究这个问题。我们只须这样说就足够了:我所建议的银行制度,不仅不妨碍把黄金和白银作为对外交换的媒介物,而且还能使这种业务更简化易行。

现在,甚至连欧洲也没有划一的货币制度。我们的先令不能在法国流通,而法郎也不能在英国流通。尤其是,特威德河[①]以南甚至拒用我们苏格兰的银行券,而英格兰银行的银行券在苏格兰一些比较偏僻的地方,则成了某种稀罕物品。

今晚,我还应该向你们再讲一个问题,讲清这个问题,本讲就结束了。

我们王国各商业团体以货币利息名义付给英格兰银行、苏格兰银行、爱尔兰银行或其他任何现有的发行银行的每一个先令,都是浪费了的金钱,而付息行为本身则是真正毫无意义的举动。不过,在国家建立了以正确原理为基础的银行以后,我们就能够从那儿取得营业所必需的任何一笔资金,而不要花费一文钱支付利息。

有一个人盖了一栋房子,为这栋房子支出了自己的最后一文钱,然后到银行家那里说:"先生,我盖了一栋房子,现在房子已完全盖好了,我来同您商议租金问题,为了您允许我住在里面,我应该付您多少租金?"银行家回答说:"先生,拿您的钱,我并不反对,

① 位于苏格兰南部,流入北海——俄译注。

就假定您一年要付我50镑租金；可是，难道不能弄明白，我究竟是用什么方法取得这种收租权的吗？”对于这个自己盖房子却要别人收租的人，你们以为怎样呢？

不过，不管这个假设怎样荒谬无稽，我肯定地说，如果认为某商人现在因使用某银行家的纸币而一年付出50英镑作利息有多少理由，那么在我假定的场合不为什么而每年支付50镑也就恰好同样有多少理由。此外，由于一个十分明显的原因，即因为一个国家任何时候都能给自己设立一个银行，利用银行将来能名副其实地储积下花费在支付利息上的每一文钱。不用说，你们都清楚地知道，在这个问题上，也如同在其他我所捍卫过的并且向你们阐述过的一切问题上一样，用麦卡洛克先生的话来说，我的格言永远是这样的：“经济学家不应该为增加某些个别阶级的财富和享受而创立制度和草拟方案，而应该着手开辟国家财富和全民福利的泉源。”

请大家在这段引语下面签名吧！那我在保卫我的事业中就不会有任何困难了。我有一切理由设想，至低限度麦卡洛克这个论点在这儿会得到公认。从这一点出发，我继续来研究这个问题。

首先，请你们注意，货币利息、资本利息和银行营业费用本身，根本就是三个完全不同的东西。为了正确理解我们眼前的问题，恰好应该这样分析研究这三个问题。

我们开始假设，某商人在交换系统市场上抛出价值10000镑的商品，凭这些商品由交换银行取得10000镑。在这种情况下，银行家借给商人什么东西呢？的确，什么也没有。银行家仅仅因为获得了适当的保障，才付给商人一纸便于携带、便于移转和可以分割的凭证，凭证证明商人向交换系统的市场提供了一批价值10000镑的财物。借助于这纸凭证，我们的这位商人跟其他任何参加王国交换系统的商人一道，就置身于同样能买又能卖的地位。但是，如果不计算所值仅仅一先令或不到一先令的纸张及印刷费用，银行家并没有给这位商人预付任何形式的价值。可见，即使这位商人可以要利息，所要的也只是一个几乎等于零的数目。这里真正的资本家是借款人，而不是贷款人；因此，如果在这种场合，利息一般应该支付，那么借款人就应该把利息付给自己，因为其他人谁也不贪图这点利息。直到现在，不列颠民族从来不曾有过什么银行。以英格兰银行为例，并不是为英国服务的银行，而只是为银行的老板们办事的银行，老板们的利益和公众的利益是正相反的。其实。就一切实用目的而论，这样的银行不过是由一些干预别人事务、操纵各种财物价值标准的不负责任的人组成的一个有法律根据的公司罢了。不久以前，银行对自己仿佛提供过的服务取息7%甚至8%，但现在我告诉你们，从营业总额上取1/8%或将近1/8%，未来的英格兰银行将要征收的大约就是这么多。这种银行应该设立起来，以保护公共利益，而不要保护为个别投机分子所有的公司的利益。在我的下一讲中，我会回到这个问题上来，可是现在你们必须懂得下面这个道理：一切名副其实的货币应该仅仅具有代表性质，所以只发行货币的人不应该贷放任何有重要价值的东西，而且既没有提供什么，就无权收取利息。

但是，正如我现在试图解释的，资本利息是和货币利息不相同的。例如，一个人拥有价值一千镑的商品，他想把这些商品交给交换市场。交换系统的银行家在获得适当的保证以后，付给这个人

1000 镑。而这 1000 镑留在这个人手里就是他的财产，所以无论把这些钱借给谁，这种行为都是善意地把恰好同数量的一笔资本交给借款人。资本留在所有者手里就是他的一种固定的收入泉源，当所有者把资本交给别人时，显然可以得到合理的利息以补偿所交出的运用资本之权。可见，虽然交换系统的银行家对自己发行的货币不可以贪图任何合理的利息，但其他的人显然人人有充分权利按现行利率出借自己的钱，而且像任何其他价格一样，这个利率额也由各贷款人互相竞争来调整。因此，显而易见，货币利息和资本利息是两种极不相同的东西，其中货币利息在多数场合是一类人凭借情势向另一类人课征的赋税，而资本利息则常常是贷借双方十分公平合理地协商的结果。

这样，在极力指明货币利息和资本利益之间的重大差别后，我们还要研究这个问题的第三个部分：什么是真正的银行营业费用？

不管骤然看来这点怎样令人奇怪，但唯一不要任何流动资本的大型事业，确实就是银行业务。工业家、商人、小店主、农场主、园丁、渔人——不但如此，甚至连做短工的工人，都至少应有若干流动资本，而只有银行家方面所需的流动资本总额不超过他所有一张流动的印刷纸张的价值。虽然根据我所指出的货币制度原理的特别任务是供应足量的铸币，以备全王国使用，但在这些货币之中，哪一枚 6 便士铸币仍然永远不是（甚至一刻也不是）王国的财产，哪一个极小部分也绝对不能归入王国本身的账户中。

但是，交换银行需要颇大一笔固定资本。固定资本包括英格兰银行、苏格兰银行和爱尔兰银行所在的建筑物，也包括这三个总行所属一切分行的行址。还有房屋的特别装潢、室内陈设的全部家具、日用器具、保险柜和账簿等的价值以及三个总行所属三个规模不特别大的印刷厂,也要列入建筑物的价值之内。有关交换银行需要资本的问题所要说的一切就是这些。简略地说,全国范围内分设的许多账务支行及其设备加上三个印刷厂——这就是我们这个伟大国家所需全部银行财产的总目录。除纸张和银行券印刷费以外,流动资本的一个6便士铸币也根本不需要。

因此,交换银行有权向顾客征收的唯一费用是足够应付下面开支的加成数:第一、政府拨发的和普通股份公司临时征集的银行固定资本的利息;第二、经理、管理员、统计员、代理人、办事员、看门人的薪金;第三、意外支出;第四、印刷费开支;最后,造币厂的开支,前已说过,造币厂是三个交换银行的普通附属单位。

这些营业费用不应靠银行预付给商人的货币的年利率来平衡,而要靠商人和银行的交易上加收一个百分数来平衡;前已说明过,交换系统的银行家不能向自己的顾客提出有关借款要按期付息的要求,因为货币本身没有任何价值。例如,假定银行凭商品作保预付交换系统商人1000英镑,商人在一个长时间不能出卖这些商品。显然,因延迟出售感到痛苦的是商人,而不是银行家。因此,显而易见,付给银行以抵补银行开支的总金额,应该是从营业总额上支付的一个百分数,因为这个方法十分公道同时又最简单。

以年营业总额50000镑为例,按1/8%计算总额是62英镑10先令。就是在没有任何货币利息的情况下,从营业上收1/8%大约就足够支付银行全部开支;然而现时62镑10先令却只能交清预付款1250镑的息金,而不是50000镑的息金。

但我决不是硬说,按营业总额征收1/8%的税率就一定足够支付银行和铸币机关的一切费用。我以为这个征收率可能足够了，不过无论这个税率怎样，其中总不包含一切赋税中最骗人的一种——纸币利息。

不言而喻，三个交换银行应该根据议会法案来建立，经理人数也应由法案规定。经理们由下院任命，向下院负责，并且只向下院负责；至于管理员、代理人、办事员及各种杂役，则应由经理照议会法案规定手续指派。

我已尽力向你们说明，货币和资本是或者应当是两种完全不同的东西：一方面，仅仅使用货币决不应当收取任何利息；另一方面，要求资本利息则无论从哪一方面看都是公平合理的。这里我就便说明另外一个问题，有许多人（包括一些著名的经济学家）非常喜欢在这个问题上把大家弄糊涂。

在某些时期里，常常不免听到人们议论这样的问题：货币太多了，货币过剩了，获得不定什么类似优厚利息的东西很困难，等等。而同时，你们也找得到各色各样同一类型的人在叫嚷：缺乏金钱，很难得到还账的进款，利润极微薄等等。

事实真相却是：这两类抱怨的人（舆论界很少能察觉他们中间的差别）讲的是像白粉和干酪那样一个和另一个极不相同的两回事情。简言之，一方面说获得投放资本的有利场所很困难，而另一方面则抱怨对自己的产品或商品没有真正的需求。

我记得，当《阿特拉斯报》前出版者谈到这个问题时，陷入了大惑不解的困境。这位出版者问，当货币不能产生足够的利息，只是一味找寻顾客，同时市场上对货币以及对各种商品都没有任何需求，这时候，罗伯特·皮尔爵士怎么能够在货币流通过满时期，通过发行一镑券(银行券),创造出暂时的繁荣。

问题不过在于:所说的过剩的货币只是寻找用途的资本,由于资本寻找用途,以致业已过满的市场,即因缺乏货币需求而陷入过饱和状态的市场,更加过满。简单点说,《阿特拉斯报》所讲的过剩的货币是供应,而缺乏货币则是需求。不过,但愿我们的货币制度将来能建立在适当的基础上,那时货币(就最广义说)将始终是需求,而市场产品(包括各种铸币本身)则是供应。并且由于现有货币总是创造等价财富的结果这一充足理由,供应与需求始终会恰好相等。

但是,替现行社会货币制度的各种各样的不合理之处作辩解,大概不是我的真正的任务,所以甚至为解释普通货币与真实资本的区别,而略微说些离开本题的话,也许是不必要的。我们的目的决不应忽视这个目的就是:在怎样的货币制度下,各种商品(能移动的和不能移动的)按比例地生产一定能以最大的简便程度和最小的错误可能性创造相等的需求。至于这个伟大的要求能够实行,而且能用既简单又合乎实用的方法来实行,这点我业已充分论证过了。

现代社会机构的巨大错误,在于需求和生产的步调有不一致的趋向。这个祸害是应当消除的。生产既然永无止境地是需求的自然的原因,就应该在实践中是这样的。而要实现这个变革,不论变革的结果多么巨大,只需要让群众透彻地认清货币的本质、用途和应有的质量,认清货币现时怎样和应该怎样就行了。只要群众彻底懂得这个问题,改变情况的进程,就像把我国现行币制(更正确地说是伪币制)再延长一年寿命一样,是做得到的。

总而言之，我们正在尽力设法向整个不列颠推广这个问题的知识，而且直到我失去健康和耗尽精力为止，我决不中途罢休。只要我们严肃地、仔细地和坚持不懈地做下去，我们的目的一定可以达到，而且会容易地、有把握地和尽可能迅速地达到。

第七讲

自由职业者，他们的职业的性质：结合货币来研究——供应货币以经营与所建议的工商业交换系统完全不发生关系的零星业务及其他业务——麦卡洛克先生和科布登先生的谬见

我已向你们提过一个建议，对于这个建议已有人提出批评；现在我根据这些批评开始这一讲，并进一步说明我的建议，引导我们去研究另一个我们以前从未涉及过的问题。我指的是自由职业者及其他与我们上面所讲的交换系统丝毫无关的人的货币地位的问题。

业已指明，交换系统的工厂应该由喜欢向这样的工厂投资的人来兴办。在这些工厂里，成年人应该得到用纸币支付的最低限度的劳动价格，而且在每个场合真实的工资定额应该用普通的调节方法即由个人竞争来确定。老板将力求使工资尽可能低廉，工人则相反，力求从老板手里取得最高工资；不过，这一切都得遵循一个不变的条件，即：工资可以低到某个水平，但不能再低。这个标准的性质及意义在上讲说到现有债务、信贷和货币义务时业已说明过了。

据我所知,不管过去一切经验如何,不管对事物可能有的一切偏见如何,我肯定说,交换系统的任何数量的商品一旦生产出来,并且达到适合销售的完整程度,由商品所有人运往自己的仓库,交换银行就应该给货主付清商品价款。

但是,请注意!我听过一位人们认为是指挥国务大臣的聪明人之一的硬币论者曾嘲笑地说:"我以为,对于工业家来说,最好首先是出卖自己的商品,其次是把出卖商品所得的钱交给我,第三是当他有机会用这些钱的时候再从我这里拿回去。"

工业家把自己的商品卖给谁呢?农民、畜牧家、进口商和建房人,以及家具、乐器和各种名称的有用品及装饰品的制造者,都处于同样的地位。他们富有各种商品,但是他们应该利用什么工具,才能不仅彼此间而且能同他们愿意与之打交道的任何社会成员,交换商品呢?而这就是他们所要求的一切,只要所有产品都按适当比例上市的话。

在这种情况下,硬币论者以自己的名义并且以同行的名义大发议论:"那么,让他们到我们这儿借黄金。当我们觉得利息足量、担保可靠时,就把黄金借给他们。这些商人应买或应卖的一切商品的价格,将恰好跟我们借给他们的黄金数量成正比。你们说到的那些人与他们自己的商品的价格无关。这是我们的事情,而且仅仅是我们的事情。因此,他们的商品价格将来是高是低,他们能不能获得若干利润或者会亏本:这完全取决于那时他们彼此间的竞争程度。我们借给他们的黄金是多是少,这要看是不是更符合我们的利益。但你们应该清楚地懂得,我们给他们黄金,不是要交换他们的商品,而只是在有可靠担保的条件下,暂时借给他们。"

对于这种“很可爱的”和“令人快慰的”理论，我回答说：“不，先生们，你们的白天快结束了，而我们的明朗的早晨则快要到来了。早已发现你们所谓的调整是压制我们的商业的一件非常可怕的事情，而不是你们设法叫人们确信的所谓依靠和支持。我们不需要你们，今后我们将拒绝你们的虚伪的援助。”

我把自己的论点重说一遍：我们自己的银行严格地按照我已说过的价值尺度原理并根据一个人可能提供上市的产品总额印制和发行的纸币，立即使这个人在对其他任何人的关系上成为购买者，而交换系统里其他任何得到货币的成员也同样可能立即成为他的购买者。只因为每个人虽然已向交换银行取得商品的全部价值，但还有为自己产品寻找买主的义务，所以无限制的自由竞争原则仍然未受损害。银行发行的货币使每个人有可能购买，如果他自己有什么东西出卖的话。而银行方面唯一的条件是：如果卖者找不到购买他的商品的人，这时他本人就应该把货款还给银行[①]。由此显然可见，估计按所给价格把上等货物送上市的人在市场供应上一定占优先地位，因此靠同一种商品保持商人们之间的最无限制的竞争和角逐是有把握的。

在这件事情上，我占有站在真理的立场上的人所占有的优先地位，一切来自印刷广场[②]的硬币论者和故弄玄虚的人就是合在一起，也不能把我从这里排挤掉。你们无限制地生产吧，我将为你们找出一个无限制的市场来！唯一的条件是纸币发行要恰好配合

① 把预支的货款还给银行——中译注。

② 伦敦市的一个广场，《泰晤士报》印刷厂所在地——俄译注。

商品生产，而不要稍快一点，使生产品本身完全像现时一样受个人竞争原则的调节，彼此按适当的比例上市。

这以后，还硬说我们能得到的、已得到的和应得到的及应享用的正是我们大家现时总共能够和愿意生产的这么多财富数量，这不是普通的老生常谈又是什么呢？

总而言之，讨论到现阶段，我们已阐述了因社会商业上和生产上的巨大需要而发生的货币问题。已经说明，货币不像现时那样是商品，而应该是生产可供使用和享受的财富的普通结果。并且，我们唯一的困难（如果真有困难的话）是创造财富本身，而不是创造借以在各社会阶级之间分配财富的那种普通的代表物。其次，业已说明，因为问题涉及已谈到的各个阶级，发行货币应当有次序性、系统性、规律性和准确性，能与头等机器的运行相匹敌。货币数量不应该近似实际需要额，偏高一两百万或偏低一两百万，而应该恰好是实际需要额，一文不多一文不少，而达到这个准确程度并不会引起一点困难。

但是，我们还应当研究零售商业和自由职业的问题，也应当研究第四讲所列举的各个行业的问题，因为这些行业不能包括在已提到的使供应（商品）与需求（货币）永远相等的整个工商业系统中。

我们扼要提示一下我们为了给社会上工商业阶级充分供应货币所提出的办法。

我们指出过，差不多一切类型的工业家，在商品以宜于销售的形式进入仓库后，应该支付等于上项商品按批发售价计算的全部价值的现款数额。

这样发行的货币显然首先要补偿工业家本人在生产商品中使用的资本。这就是说，为了继续不断地办好自己的企业，这位工业家应该补充他的原料储备，经常支付以下费用：工人的工资、商业用房租金、资本利息、国家赋税（如果有国家税收的话）及一切意外费用：这些开支的一年总额就是他一年的生产品的成本。比方说，我们把支出总数定为 18000 镑，再加上假设的利润 2000 镑。那么，银行全年应该付给这位工业家的生产品的全部票面价值就是 20000 镑。这一笔货币（需求）立刻分散在以下各个方面：原料（制造工业家的商品的原料）生产者或进口商之间，工业家的办事员、仓库主任、监工员、各种工人和职员之间，工厂、仓库及其他商业用房的所有人（如果是租来的话）之间，工业家的资本（如果是借来的话）的所有人之间。最后，构成工业家本人利润的那一部分，则同样分散用于支付住房租金、国家税及地方税，支付无数种私人开支如家庭费用、仆役工资、子女教育费用、宗教费用、医药及法律顾问费用、戏剧或其他娱乐费用、各种公共目的的志愿捐款以及其他各种各样普通开支。

这样花费在无数目的上和分散在一切社会阶层（从国王到国王最末一个臣民）之间的大宗货币，迟早一定会经过以下途径回到交换银行里来，即首先经过零售商人之手，如经过肉商、面包商、经售殖民地商品的商人之手；其次，经过皮靴匠、成衣匠、服饰用品商、呢绒商、细木工匠、裱糊工、经售书籍和乐谱的商人之手：简言之，即经过有某种职业或经营商业的各种有才能的人员之手（口袋里有钱的人都想把钱花在他们那里）。因为这样流通的货币总额就价值说恰好等于：第一，预定在三个王国诚实地出售的交换系统

的全部不动产；第二，全部动产，即预定在国家批发仓库里出售的全部商品。同时，考虑到已经在公众手里的货币回到交换银行里以前，总是要辗转传递，因而常常是经营超过货币总额本身许多倍的交易；所以一般而论，谁也不知道是不是需要任何补充货币。

因此，从这个观点看，认为不管什么时候总是需要发行货币以补充三个交换银行的发行量的说法是可疑的；因为，如上所述，既然流通中的货币数量按价值总是等于交换系统市场上的一切动产及不动产储备，可见这个总数目很大，当然比现时的流通总额要大许多倍。但是，与《泰晤士报》上的深奥莫测的货币议论相反，每一个劳动镑无论何时都应该恰好代表国家最初借议会法令所赋予劳动镑的那个价值额，而且不管镑数怎样增加，一刻也不能损及镑数的分文价值。因为，哪怕是发行一镑补充纸币，在发行之前务须有价值一镑的物品。

但是，假定三个交换银行按照我所阐述的原理发行货币并使货币流通全国，所发行的货币将足够满足国家的一切需要，如果有人认为这个假定是错误的，那么在这个情况下，对于现有的或新开的股份银行所作的必要的补充发行就不能有一点反对意见。

这里我可以指出，对这种补充发行额所加的任何限制完全是不必要的，只要股份银行能给公众这样的充分保障，即凡得到股份银行发行的每一镑银行券，该行随时可以按照要求给兑换一劳动镑。各交换银行只接受劳动货币。法律不许任何一个经售交换系统所有动产或不动产的人，以一部分财产交换劳动货币以外的其他任何东西。因此，股份银行或其他银行的银行券不管怎样增加，也不可能使这种财产价格受分文损失。股份银行的银行券对劳动券的关系，同这种银行券现时对金镑的关系一样。所以，如前已谈到的，只要充分保证公众一提出要求就能换到劳动券，那就可以允许其他任何银行家发行银行券，自认发行多少有利就发行多少，这对任何人的利益都不会带来损害。

股份银行的银行券实际上是根据要求用劳动货币支付的期票，就这一方面说，只是支付诺言；除非取得接受人同意，不能交换任何财物或还债。然而劳动券则不是普通的支付诺言，而真正是任何时候和采用任何方式可用以交换真实财富的代表物。劳动券也是支付一切税款、债务以及任何货币义务的合法支付手段。

现在，我进而专门研究自由职业者在我所叙述的货币制度这方面的特殊情况。

自由职业者虽然跟商界有密切关系，并且显然属于商界，但就大多数人而论，他们获得生活资料的方法完全不同于普通商人。

每个参加我所建议的商业系统的人的收入，是各种相互交换的商品价格的一部分；而不与商品交换相干的自由职业者的收入，则是完全得自另外一个来源。交换银行的年发行额代表所有参加交换系统的农民、工业家和商人的物质生产品和进口商品，而大部分自由职业者则同现在一样继续获得自己的收入，即以自己的职业服务直接交换顾主付给他们的货币。

例如，医师或艺术家以货币形式从顾主那儿获得支配交换系统这样一部分财富储备的权利，即顾主同意用以交换所得的职业服务的那一部分财富储备。一方付出货币，另一方取得货币，这种行为是交换系统一定数量的财物的合法移转，用以报酬一方给予另一方的若干等值服务，或补偿一方给另一方提供的实际利益或假想利益。

可是，这样交易的结果，并没有创造任何补充货币，并且一点也用不着补充货币；同时还要注意到，所有这类交易仅仅是直接交换，而这种交换的性质完全和以下那些交易不同，即商品在售出以前，先要生产出来，在仓库里存放若干时间，还应当寻找买主。

谈到这里，在货币问题方面应当注意社会生产成员和非生产成员的区别。麦卡洛克先生在所著《政治经济学原理》一书中，对这个问题的解释很混乱。一般说，无论在这里或差不多在其他一切场合，当他试图修正亚当·斯密博士的论点时，结果弄糊涂了的却只是他自己本人。

与亚当·斯密博士的论点显然相反，麦卡洛克告诉我们：演员、歌手、舞蹈家和丑角都是生产工作者。他却不说玩纸牌者、女占卦者和跳舞的熊是生产工作者。但既然前者是生产工作者，那么后者也是生产工作者。其实，大家都是财富的领受者，而不是财富的生产者。例如，珍妮·林德夫人去年九月在苏格兰举行的四个音乐会上唱了几支歌，因此获得 1600 英镑。可是，无论在她歌唱以前，或在歌唱结束以后，现有全部财富的真实价值完全没有变动，至少就她的歌唱对这种价值的影响说确实如此。她的演出所造成的唯一实际结果是：价值 1600 镑的某种财富原先是属于另外一些人的，在她的演出结束后立刻为她所得。这位有惊人天才的夫人从财富原所有者手里取得这种价值，事先已互相协议过，所以是公平合理的。但是，假如用同样多的货币雇佣若干数量的造船技师，那么国家现有财富总额就会增加，而增加额则恰好为生产的财富价值与造船技师在工作期间所消费的财富价值之差。

麦卡洛克先生关于这个问题的议论是十分错误的。他在《政治经济学原理》第76页上写道：

“政治经济学问题方面大多数作家对于他们所谓生产性劳动和非生产性劳动之间的差别开始了争论不休。但说实在话，我却找不出任何真正的理由说这些争论大部分应该进行，或者说应该弄清楚一种劳动和另一种劳动之间所常常发生的差别。显而易见，问题不会引起困难。我们应该考虑的不是所实行的劳动的形式，而是实行劳动的结果。如果一个人从事某种不损害别人的工作，并且实现了他所念念不忘的那个目的，那显然他的劳动是生产性的；而如果他没有达到自己的目的，或者没有从劳动中得到等价的利益，那么这种劳动就显然是非生产性的。这个定义似乎很清楚，又不致引起误解。在另一个地方，我指出任何其他的定义将引起无数困难和矛盾。”

我不赞成这种学说。相反，我认为区别生产性劳动和非生产性劳动非常重要，因为只要有着必要的最少数量，生产性劳动太多或非生产性劳动太少，在我们这里就决不能起作用。生产性劳动是活的牵引力，非生产性劳动则是操纵牵引力的人。这样看来，因为问题只涉及所得的物质财富，一个民族的真正利益显然就在于尽可能使大部分居民站在生产这种财富的生产者的地位，而且同样显而易见的每一个民族的神圣职责就在于把这个地位尽可能提高到更高的富裕和幸福的水平。

为了确定什么是生产性劳动，什么不是生产性劳动，我们应该注意“实行劳动的形式”，而不要注意“结果”。否则，我们将“陷入无限的困难和矛盾中”。例如，玩纸牌玩得好的结果不会生产出任何必需品、方便品或舒适品,而是要获得一些必需品、方便品或舒适品。律师利用他的职业一年可能获得成千上万英镑,可是他甚至连自己写字用的那张纸也造不出来。其次,为什么政府为了养活自己必须向全国征收赋税,唯一的原因不是因为(正如亚当·斯密博士所确证的)国家职员大部分不是社会上的生产成员吗?如果人民和政府同样从事生产性的劳动,那为什么政府要向人民征税,而不是人民向政府征税,或者为什么总是必须征税呢?显而易见,麦卡洛克先生在这里混淆了截然不同的两件事情,即混淆了生产和消费;只要世界上有任何两件事情能区别得开,这两件事情通常也就能区别得开。

他就这点引述亚当·斯密博士的话,并且很亲切地告诉我们:他驳倒了斯密博士。我们且看看吧!《国富论》的著者说过:"某些最可尊敬的社会阶层的劳动,像家务劳动一样,没有生产出任何价值,没有固定在任何长时间存在的物品或可以出售的商品上,它继续存在直到停止劳动为止,并且依靠这种劳动,以后可以获得等量的劳动。例如,国王和所属的所有司法官吏和军官、全部陆军和海军,都是非生产工作者,他们是社会公仆,靠其余居民一年劳动产品的一部分为生。"博士就是这样说的。

麦卡洛克先生说:"虽说这些论点近似真实,可是我却以为不难指出,斯密博士试图划分生产性劳动和非生产性劳动界限的错误。我们从他举的主要一个例子家庭仆役开始。他说,家庭仆役的劳动是非生产性的,因为它没有体现在适于销售的商品上,而工业家的劳动则是生产性的,因为它体现在这种商品上了。但工业家的劳动生产了什么东西呢?其中是不是含有为社会利益及社会保障所需的舒适品和方便品呢？工业家不是物质生产者，而是效用生产者，那么家庭仆役也是效用生产者，难道不是显而易见的吗？大家承认，获得粮食、肉食及其他食品的农民的劳动是生产性的。不过，既然这样，那为什么要把制作好这些食品以便消费的家庭仆役的劳动确定为非生产性的劳动呢？十分显然，这两种劳动之间没有任何区别，两者或者都是生产性的，或者都是非生产性的。以生火说，从煤槽里取出煤添到炉壁里，跟把煤从矿井里送到地面上是同样必要的。如果说，矿工的劳动是生产性的，那我们是不是应该说雇来生火和添火的仆役的劳动同样是生产性的呢？亚当·斯密博士的一切议论都是从一个错误的假设出发的。他在没有区别并且按事物本性不可能有任何区别的地方，制造出一个区别来。人类一切努力的目的都是相同的，那就是大批增加必需品、舒适品和享乐品，并且让每个人决定：在这些舒适品中，通过仆役劳务形式将占有多大一份，通过物质产品形式又占多大一份。不错，像这点有时也得到确认那样，家庭仆役劳动的结果很少能够得到农民、工业家或商人的劳动结果一样的评价。可是，难道因此就欠实在吗？就少价值吗？那些叫做生产工人的人，如果没有得到错误地叫做非生产人们的帮助，能完成同量的工作吗？"

在另一个地方，麦卡洛克把消费确定为获得利益的同义语，然后补充道："我们生产商品只是为了我们能够利用或消费商品。的确，消费是人类努力的结果和目的。"接着，他又把价值说成是**适宜于交换的价值**。不用说，服务属于适宜于交换的价值之类，因此上面引述的麦卡洛克先生的意见符合他给这个名词所下的定义。可是，毕竟有无数的例子，说明适于交换的价值与**生产率**同义的程度

(所争论的正是这点)并不大于生产与破坏的同义程度。在我刚才给你们宣读过的那一段论断的例子中,麦卡洛克本人对这点已给我们作了一个很好的说明。他说:

"以生火说,从煤槽里取出煤添到炉壁里,跟把煤从矿井里送到地面上是同样必要的。如果说,矿工的劳动是生产性的,那我们是不是应该说雇来生火和添火的仆役的劳动同样也是生产性的呢?"

这里我们看到两个人:其中一个人明显地、确定地和毫无疑问地采取生产行动,即增加现有的商品生产储备;另一个人则明显地、确定地和毫无问题地采取破坏行动,即减少现有的商品生产储备。但是,麦卡洛克先生宣布这两人同样是生产工人,如果他是对的话,由此必然得出结论:这两个人的工作结果将是同样的,因为他们的工作对象是煤这一同样的原料。假设,这一个人完成的工作恰好同另一个人一样多,并且每个人各按自己的方式经手同重量的煤,例如一个工作日一吨。而到了年底,一个人积蓄了313吨煤,另一个人则恰好烧掉了同量的以前的存煤。《不列颠百科全书》最新版《政治经济学》条目作者关于生产性劳动概念问题的论断,原来就是这样的。

不过,在其他情况下,生火或添火的人可能是生产工人。例如,在工厂里生火或添火的人的工资就是产品直接生产费用的一部分,增加了产品的货币价格。煤本身、照管火、加工材料(不管是什么样的材料)和使用在材料上面的劳动——所有这一切都是某种商品的生产费用的组成部分,能提高这种商品的交换价值,并且按照我向你们建议采用的交换制度原理,又都由着商品这样生产出来而发行的货币作代表。在住宅里生火的女工，丝毫没有增加适于交换的现有财富储备，反而要消耗现有财富储备；与生产性劳动有别，她的有益劳动的价格是换得对交换系统一份商品财富储备（从主人手里移交给她的那一份）的要求权。靠生火或添火，不像工厂一样，没有创造任何补充货币。简言之，在工厂里由于生火总的财富储备增加了，而在住宅里则生火使总财富储备反而减少了。[①]

现在，麦卡洛克先生如果不定什么时候正确地懂得货币的本质、用途和应有的属性；如果他的脑子里意识到货币要成为准确的价值尺度必须具有代表性这个伟大而重要的真理；如果他知道（哪怕有亚当·斯密博士所知道的那样一半也好）金币和银币（不论铸成什么样子）现在是而且永远应该是普通商品，并且像普通商品一样价值有涨有跌，使用金币和银币作为唯一的交换工具就意味着完全取消正确地称为货币的那个东西并代之以唯一的直接交换制度。——如果他懂得这些，那么，他就决不会犯双重错误，即：不会否认亚当·斯密博士所确定的真理，也不会力图以明显的、毫无疑问的和可笑的谬见来代替真理。而我向你们讲说这个问题的目的，就在于使你们懂得正确的货币理论，不重犯他犯过的这些错误。

任何这样正确称呼的货币，即任何本身是价值尺度的货币，都应该具有代表性。可见，就麦卡洛克先生所谈到的煤说，针对运往

① 照麦卡洛克先生的意见，一个人除在宴席上吃光一头有角有皮的公牛和喝光一桶啤酒以外，什么事也不做，这个人就是现有的最有生产能力的工人之一。简言之，麦卡洛克先生显然认为生产和消费两个概念是同一个意义——原注。

煤库的价值一镑的每一定量的煤，应该存在一镑货币中。因此，假定一吨煤价值一镑，并且如前面已提到的，一个劳动日生产一吨煤，那么由此应该得出结论，一年之中出现的商品价值总额是313英镑，发行的货币总额同样是313英镑；而每日烧煤的仆役在同一个期间每日烧同样数量的煤，所消耗的商品和花费的货币恰好也构成同一个总额，即313镑。尽管一个是生产煤，一个是消耗煤，可是我重说一遍，照我们当代一位最受尊敬的经济学家的意见，这两个人（矿工和女仆）却同样是生产性的工人。

现在，我们从一位政治经济学问题的权威转向另一位政治经济学问题的权威。不过，这里你们应该以公道待我，别责备我不在这方面挑选新著作，别责备我不向你们讲述在这个大问题方面比较不著名的权威者的著作，而挑选这样一些人而且仅仅是这样一些人的著作：这些人通常被认为已到达所具才赋的最高峰，他们也因公众赋予自己的作用极端自傲，并且惯于教训亚当·斯密博士本人。

现在，我向你们指出以科布登先生为代表的另一类型的现代经济学家，虽然这位经济学家对真正的交换原理只是一知半解，但不久以前却已靠这个原理而飞黄腾达起来，以致全欧闻名并且得到了国家的感谢。我希望你们赞成我的意见，承认这位经济学家有充分的权利成名并获得感谢。因为，如你们所知道的，科布登先生不仅承认而且真正做到（至少在相当程度上）和极有效地实现了亚当·斯密博士的一个伟大的原理。他不仅教导群众——像集合在这个大厅里的我们一样的群众放弃其他民族愿意和准备用以使我们过优裕生活的财富（极大的狂妄行为），而且完成了更困难、更伟大的任务，成功地把这个教训传授给大臣们。他还继续进行这桩大事业，但愿他更长寿，把事业继续下去。

不过，除科布登先生以外，亚当·斯密博士还有另外一些信徒，这个博学的伟大人物还有另外一些理论：这一切都必须唤起群众和大臣们予以注意。简言之，还有其他必须完成的工作，可是当我看到科布登先生（如我不久以前所深信的那样）企图阻碍同他一道工作并且他起初对他们的工作（如果他肯了解他们的工作的话）给过帮助的那些人的成就时，那我就要有礼貌地竭力不让他挡在他们的前进道路上。

总之，照我看来，科布登先生的伟大的商业纲领的实质，可以借麦卡洛克先生一句短语来说明，这位先生说过："交换容易是一条令人兴奋的工业原理。"

但是，在今天来说，交换容易是奴隶的自由、狂妄的智慧和有缺陷的美德，因为这样的事情根本不存在。现在全部交换自由都偏于一方面，以货币换商品时有充分的自由，而以商品换货币时却没有自由。货币换商品轻而易举，商品换货币则遇到一连串的困难。不过，当交换自由真正确立了以后，那么总的说来，变商品为货币将完全同变货币为商品一样容易。

有过这么一回事情：从某一时期起，一个名叫反黄金法同盟的团体在伦敦成立，同盟的成员们似乎大都是科布登先生的忠实信徒，或者更正确一点说，他们和他一道似乎都是一个总导师亚当·斯密博士的信徒，他们实际上力图实现这条著名的令人兴奋的工业原理。自然，他们在工作过程中很想吸收科布登先生参加，即使不要求他直接为同盟服务，至少也希望他对同盟采取友好合作态度，这种态度在捍卫共同事业的人们中间总可以高兴地看得到。大概因为有这个打算，所以去年12月在同盟主席卞诺克先生和科布登先生之间曾就货币问题交换信件。

卞诺克先生这样说：“《每日新闻》报道说，通信从卞诺克先生请求科布登先生注意反黄金法同盟开始，据卞诺克先生说，反黄金法同盟建议废除不良制度，建立最好的制度。同盟认为，英格兰银行应该根据议会法案按照规定价格买卖要进要出的黄金，在此以前黄金贸易是不自由的。假设有一个由议会授予某种专有的特权的大公司，应该照每夸脱3镑17先令9便士的价格购买提供的全部粮食，然后按每夸脱3镑17先令10 $\frac{1}{2}$便士的价格出售，而不管生产这些粮食花费了多少劳动，你们认为这种粮食买卖自由吗？用黄金代替粮食，又是一个例子。反黄金法同盟的各项原则写下来不上十二行，即：

反对黄金。第一、我们国内贸易不应该依赖外国产品作交换媒介；第二、这种依赖性是物价波动、发生致命恐慌、因而引起国民贫困的主要原因；第三、因此我们要求，废除规定黄金价格或使黄金成为我们的交换工具的基础或必要要素的一切议会法案。

保护纸币。第一、在某些情况下，纸币比黄金经济和安全可靠；第二、在我们的国内贸易中，现在金币所完成的各种重要机能，没有哪一种机能纸币不能完成得更好些；第三、因此我们主张以纸币作为我们国内的交换工具。这些论点我们准备用各种事实和推理给那些要听的人论证明白。如果立法诸公不乐意公正无偏地听取这些议论，那么要听的人怎能深信不疑呢？但舆论是会创造奇迹的。”

1847 年 12 月 21 日，科布登先生从曼彻斯特复信，信刊登在报纸上，内容如下：

“你们如果用心更仔细地研究一下这个问题，我相信你们会懂得仿佛我国黄金价格本来已经确定这个论点的错误性。黄金只要一经过衡量和检验，所铸印记就能证实其质量和成色，这正像各个时期各国平常所做的一样。银行一般不做黄金买卖，只为商人或其他金属所有者节省前往造币厂衡量、检验及熔铸黄金的劳动，从这种业务中收取手续费每盎司 $1\frac{1}{2}$便士。人人可以把黄金送到造币厂，铸成金镑，但不改变黄金的价值。英格兰银行也可以委托造币厂重铸自己的黄金，所以造币厂在人们所谓的‘黄金购买’上，既不可能有所得，也不可能有所失。我想，你们知道，在美国、法国、俄国以及其他每一个国家里，金属都是用同一种方法熔铸，而且一盎司都是分成一定数目的重量及成色相同的铸币。你们说：‘假设有一个由议会授予某种专有的特权的大公司，应该照每夸脱 3 镑 17 先令 9 便士的价格购买提供的全部粮食，然后按每夸脱 3 镑 17 先令 $10\frac{1}{2}$便士的价格出售，而不管生产这些粮食花费了多少劳动，你们认为这种粮食买卖自由吗？’问题不在这上面，问题在于：粮食是不是应该有不变的测量单位呢？为了这个目的，法律规定帝国蒲式耳所含有的确定不变的数量。可是就黄金说，法律规定铸币中的黄金重量及成色。我仅仅说明这点，因为我深信，你们如果再想想这个问题，那你们就会彻底了解这个问题。”

在上讲中我已向你们说过，我不赞成反黄金法同盟的改革计划。我详细地阐述了我不同意他们的改革计划的种种理由，然后指出我只赞成同盟成员的一点意见，即现有货币制度根本要不得，因此应该予以改进。所以，我的任务不是捍卫一些与我很少有共同之点的观点。不过，对于科布登先生的复信究竟要说些什么呢？怎样驳斥他大概有意辩护的原理呢？

这不是一个很困难的任务，大致可以用两个不同的办法来完成：一个办法是嘲笑，另一个是论证，并且两个办法每一个都是十分有效的；但万一有谁喜欢另外一种见解，那我们最好两个办法都采用。

首先我应该告诉你们，在我思索这个题目的时候，我偶然看到一本标题为《小姑娘的书》的小册子。随便翻翻这本小书，遇到下面引述的这一段。因为几分钟前刚刚读过科布登先生给卞诺克先生的信，我想起这一段文字最好用来回答科布登先生。现在就请让我引述这段文字回答他罢：

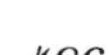

“有一个人自夸说，任何事情他只要听过一次就能背熟。为了测验这个人的记忆力，富特[①]先生首先写了以下一个毫无意思的故事，然后读给他听：‘她走到花园里，摘下一片甘蓝叶子，准备做苹果大馅饼。这时候，一头在街上走着的大母熊把头探进一个小铺子里。怎么，没有肥皂？他死了，她就很不明智地嫁给一个理发匠。各种各样的花卉和伟大的潘振烈姆[②]本人以及圆形小纽扣，

① 英国幽默作家兼演员（l721—1777 年）——俄译注。

② 扮演“可笑的伟大”的一位怪诞人物——俄译注。

趁火药不从他们的靴后跟里撒出来的时候，开始玩沾人戏。’”

不管一眼就看得出这段话是多么荒谬绝伦，我敢肯定地说，比起科布登先生答复卞诺克先生的话来，这段话中间还是包含着无限多的意义，因此更值得你们严重注意。现在我来论证这个论点。

富特拿起笔显然是为了写一段无意义的话，于是他写下了这段话；而另一方面，科布登先生提起笔本打算写出某种合理的东西，但写出了毫无意义的东西。因此我以为，富特先生的无意义却有意义，而科布登先生的议论却真正无意义、非常无意义并且绝对无意义。

但是，如果像你们中间某些人也许有意设想的那样，认为所讲的不足以答复科布登先生，那就可以再给他答复，而且要使我们大家以及他本人都满意。

总之，如果把科布登先生的话信以为真（如果话出自一个不及他著名的人物之口，那我一定羞于这样做），他无疑会肯定而坚决地坚持“仿佛我国黄金价格本来已经确定”的这个论点的错误。但他紧接着告诉我们：“造币厂在黄金购买业务上既不可能有所得，又不可能有所失。”

如果把这两个论点合并在一起，改变词语而不改变一点意义，那我们就会获得两个明确的论断，其明确程度总的说达到了用语言表达任何事物所能达到的地步，即：第一、我国的黄金价格没有确定；第二、我国的黄金价格业已确定。

要使科布登先生有意写出这些无意义的话（不过，如果报纸转达他的话是可靠的，那他就肯定这样写了）大概办不到，所以我们必须假定，上面引述的话应该具有某种合理意义。既然这样，那科布登先生想必愿意说：**或者是用黄金测量黄金**的黄金价格在我国完全没有确定，或者是**用其他商品测量**的黄金价格没有确定。对他所说的话**第三种**解释是不允许的。

对第一解释的答复是：**价格**一词的意义是什么呢？就我所懂得的英语说，**价格**一词或者意味着英镑、先令、便士**和**法新的准确的数目，或人们所需要的、所支付的或一个人按照协议应该付给别人以交换适当**价值**（实在的或虚拟的）的英镑、先令、便士**或**法新的准确的数目。这样，一个人就可以问：这张桌子的**价格**是多少呢？答复可以说10英镑，不过，问者可能认为这个**价格**太高，因此拒绝购买。其次，又问：小面包**价格**是多少呢？譬如说，6便士——于是我们买了，同意付6便士，而不管我们实际上付或不付；不付的话就往往要产生债务。总而言之，**价格**意味着根据买卖双方协议为某种货物支付的**货币总额或王国通用的铸币数量**；或者意味着记入账簿**作为某种赊卖物品的货币**名称的货币总额。可见，当我们说小面包值6便士一个，印花布值6便士一码，糖值6便士一磅等等，所指的总是**价格**一词，并且据我所知，这个词只有上述一个意义，并无其他意义。

那么，科布登先生真的以为**在我国用黄金本身测量的黄金价格没有确定**吗？难道含有一定成色的**一盎司黄金的价格**不是3镑17先令10 $\frac{1}{2}$便士吗？难道3镑17先令10 $\frac{1}{2}$便士不是**一盎司黄金的价格**吗？如果我应当给你们1000镑，难道我不应该按1000镑含有多少个3镑17先令10 $\frac{1}{2}$便士，就**恰好把多少盎司和克的黄金给你**

们吗？如果我口袋里有一张票面1000英镑的英格兰银行的银行券，难道我不能够去英格兰银行，要求按这张银行券包含多少个3镑17先令10 $\frac{1}{2}$便士就兑换多少盎司黄金吗？1盎司黄金和3镑17先令10 $\frac{1}{2}$便士，3镑17先令10 $\frac{1}{2}$便士和1盎司黄金，难道不是同义语吗？前者不就等于后者，后者不就等于前者吗？

哪里有另一个相似的例子？一个有一定重量和纯度的小麦面包和6便士的款额是不是同义语呢？一码具有某种式样和质地的呢绒和一个金镑或一张具有某种质地、式样和尺寸的木质餐桌和10镑价款是不是同义语呢？而且上述物品是不是日复一日、年复一年、代复一代在一切情况下都是同义语呢？

今天到会的诸君中间，没有哪一位女士或先生不知道，甚至在爱丁堡市没有哪一个儿童不知道，这些东西的价格是涨落不定的。今天6便士一个的面包明天可能变成7便士或5便士一个；某种质地的呢绒今天一码值20先令而明天仅仅值19先令，或者可能涨到1基尼；一张红木桌子或一张别种桌子现在值10镑，一年以后可能只值8—7镑，甚至更低，虽说在这个期间根本没有使用，没有损坏，式样也没有改变。

科布登先生试图这样强塞给反黄金法同盟并通过《泰晤士报》强塞给全世界的理论究竟是什么货色呢？他务必作出解释。例如，他尽可以说，上述一段他是受了梦境、催眠状态和哥罗芳①的影响写出的；或者说，他的思维能力由于其他某种原因已完全不起

① 一种麻醉剂——中译注。

作用了。

对于科布登先生的简单而正确的答复是：在我们国家里，用黄金本身测量的黄金价格业已确定，并且这个价格从元月 1 日起至 12 月底止，全年都是每盎司等于 3 镑 17 先令 10 $\frac{1}{2}$便士。

不过，科布登先生的意思可能是这样的（不可能有其他任何选择）：在我们的国家里，用其他商品测量的黄金价格根本不曾确定。

可是，要知道这正是我为之奋斗的那个东西——我在长达八次讲演中所发挥的以及在一连串工作中一步一步所极力争取大家承认的见解的要点、结果及实质就正是这个东西。所有一切努力的目的恰恰在于证明，黄金根本不是价值尺度，用其他商品测量的黄金价格，同 50 种也许 500 种他种物品的价格一样是容易变化的；因此，把黄金叫做价值尺度显然是荒谬无稽之谈；并且因为这个谬论在我国已变成法律，我国人民每年至少要损失 10000 万镑，或者也可能再多损失一两倍。

假设这一天商品总量和货币总量各为 100。在这种情况下，需求与供应相等。但假如过三个月，商品量增加到 200，而生产这些商品所花费的物质及劳动数量比以前花费在商品总量 100 上面的整整增加一倍，货币数量却完全不增加，结果会怎样呢？在这种情况下，或者是市场不再是名副其实的市场，因为这里商品已停止买卖了；或者是即使商品继续出售，但它们只换得货币 100，虽然商品量已增加一倍，并且花费在它们上面的天然费用即劳动，也增加了一倍①。

我愿意知道，为什么商品数量、商品生产费以及商品的效用整整增加了一倍（现时商品能够比以前多供给一倍人口的衣服、食物和住宅），而仅仅因为另一种商品的数量完全不增加，这些商品价格就应当跌到总额 100 以内，使商品生产者彻底破产呢？为什么一种没有任何改变的物品的价值应该加倍，而另外一些产品由于使用了加倍的材料、劳动，添了加倍的麻烦和操心，数量和效用都增加了一倍，这些产品却应该没有任何改变地保持自己原有的总价值，即保持仅够供应现时获得充分供应的人数中的一半人以衣、

① 对于这个论点再不能比已故穆勒先生在所著《政治经济学纲要》一书中论证得更明晰有力了（在第二讲中我曾详细地引述过这部书中的话）。他说："每当商品量增加而货币量不增加时，物价就下跌；由于必要，下跌程度完全与商品量增长程度成比例。如果对于这个论点还不是人人都明白的话，那就可以举一个简单的例子完全说清楚。假设市场很有限制，而且一方只有面包，另一方只有货币。又假设市场的通常情况是一方有 100 个大面包，另一方有 100 个先令，并且面包价格照例是一个先令一个。再假定，在这种情况下，面包数增加到 200，而货币量不变。显而易见，面包价格会跌落一半，即每个卖 6 便士（《纲要》第 162 页）。"但同一个穆勒先生在同一本书的序言中说了下面一些话：

"我试图举几个新例子比较明显地说明下面这个极重要的理论，我觉得这是证明这个理论的一种方法：一个民族的总需求和总供应总是相等的，生产决不能超过市场，换言之，决不能有普遍的生产过剩。"

除非设想有了什么样的特种货币，这种货币的数量能够像其他一切商品总量一样增加得同样快，那就无论是谁决不能使这两段引文不互相矛盾。现时并不存在这种货币。所以，如果要遵守出自第二段引文的这种指示的话，如果各种生产者要遵循已故穆勒先生的学说，根据这种学说在若干时间内尽可能迅速地增加自己的商品产量的话，结果就是他们的商品的每一个原子都要跌价，他们自身要破产，需求很快会全部停止，生产也会停顿下来，而劳动阶级照例必然会陷入饥饿和贫困。可是，请按照这里证明的原理改革我们的货币制度吧！那么在上面引述的穆勒先生的第二段引文所包含的论断将全部变成真理，而以上引文就会变成用以说明和证实这个真理的论点——原注。

食、住时所有的总价值呢？

在我国，用其他各种商品测量的黄金价格不曾确定，可是由于法律规定一桩实际上规定不了的事情，不列颠民族一年至少损失1亿镑。

人们不停地生产商品，为的是亏本出卖商品。而在黄金法继续有效以前，他们不可能有任何把握相信他们能有利出售商品。从这里就产生了加在我们的工业上面的镣铐，从这里也产生了把我们的生产限制在很狭小的圈子内的桎梏，而且还产生了回答下面这个问题的答案：为什么有能力而且愿意生产比他们满足自己的迫切需要所需的多一倍的产品的公民们，在丰裕之中却要忍饥挨饿呢？

防止这种大灾难的办法在哪里呢？不错，办法自然会想出来。这个办法是这样显而易见，就像存在着光或热一样。如果你们把商品量增加一倍，那你们也应该把货币量增加一倍；如果你们把商品量增加三倍，那你们也应该把货币量增加三倍；如果你们把商品量增加十倍，那你们也应该把货币量增加十倍，其余依此类推。药方就是这样的，除此以外没有其他药方。采用这条原理吧！只要受个人竞争原则调节的各种生产品彼此经常有适当的比例，在这种情况下，你们就可以连续不停地生产再生产，直到全世界和全人类都财富丰足为止。不但如此，而且能使出售最后一部分上市商品所得到的利润率等于出售第一磅商品所得的利润率。

不过，我对科布登先生的意见还没有讲完一半。他说过："我相信你们会懂得仿佛我国黄金价格本来已经确定这个论点的错误性。黄金只要一经过衡量和检验，所铸印记就能证实其质量和成色，这正像各个时期各国平常所做的一样。”

可见，这时候站在我们面前的科布登先生，一位亚当·斯密的信徒、反谷物法同盟的活动家、争取全世界贸易自由的严肃、坚决、多才多艺并且在一定程度上是常胜的斗士，竟落到利用这种武器作为论据！“正像历代各国平常所做的一样。”不过，我们还是撇开这点不谈。

总之，科布登先生告诉我们，黄金“只要一经过衡量和检验，所铸印记就能证实其质量和成色。”稍后他又说，粮食有着不变的度量单位，以便确定粮食数量；就黄金说，法律仅仅规定铸币中的黄金重量及成色，那为了什么目的要规定一帝国蒲式耳含有确定不变的数量呢？对于这点我答复说：“科布登先生，您错了，法律要做比这个更大的某种事情——法律要求黄金必定要经过衡量、检验和熔铸，以便确定黄金价格。就一帝国蒲式耳粮食说，价格是不是确定了呢？没有。”

可是，因为科布登先生拒绝深入研究问题，所以我想结束讨论。如果你们允许的话，我们将规定粮食价格而不规定黄金价格，并且把粮食当做我们各种价值的虚拟的度量单位。

但是，现时我们没有这种度量用具，在通常情况下，这种度量用具装满粮食恰好值 3 镑 17 先令 10 $\frac{1}{2}$ 便士，所以假定，我们为此目的创造出这种度量用具，并且简单地把它叫做英斛①。那时候，

① 俄译本这里原文为 мера，мера 应译俄斗，1 俄斗等于 26.24 升。这里如译成英斗，照平常斗的概念说一斗谷物不可能值 3 镑 17 先令 10 $\frac{1}{2}$ 便士，故译英斛。我国平常一担分为四斛，每斛合 25 升的样子，故译英斛似乎比较妥当——中译注。

一英斛粮食应该：第一、按照造币厂衡量黄金的办法来衡量，即应该有满满的一容器，容器有确定的容积，容积以立方英寸计算；第二、经过检验，即谷粒应有一定的质量和一定的壮实度；第三、打上印记，即由政府确证具有规定的数量及质量；最后，确定价格恰好是 3 镑 17 先令 10 $\frac{1}{2}$便士。

总而言之，在这个假设里面我们和现代黄金法有完全相似的情况。现款 3 镑 17 先令 10 $\frac{1}{2}$便士和粮食一英斛是同义语，即一英斛粮食意味着 3 镑 17 先令 10 $\frac{1}{2}$便士，完全同现时一盎司黄金意味着 3 镑 17 先令 10 $\frac{1}{2}$便士一样；3 镑 17 先令 10 $\frac{1}{2}$便士现款意味着一英斛粮食，恰好同现时 3 镑 17 先令 10 $\frac{1}{2}$便士现款意味着一盎司黄金一样。

为了使科布登能够充分利用自己的论证方法，还因为照他的话来说黄金从法律观点看跟粮食处在完全相同的地位，所以我应该把后者放到前者的地位上。现在，我们看看在过去一年或两年内颁行这种粮食法的结果怎样。结果正是这样的：

在 1846 年 8 月到 1847 年 6 月间，法律未规定的粮食价格上涨一倍多一点。如果法律规定粮食价格是 3 镑 17 先令 10 $\frac{1}{2}$便士一英斛，粮食价格就会像现时的黄金价格一样始终不变，而其他商品的价格则平均下跌一倍多。由于王国每一个人的资产照 1846 年 9 月的公平价值计算，并不是恰好超过他 1847 年 5 月的货币债务额一倍，所以每个人都无可避免地要成为破产者[①]。

请别希望以事物的比较状况仍然和以前一样为借口，就能从这个二者必择其一的窘境中找出一条出路来，因为在假设的场合，除粮食一种物品以外，一切物品的价格都同样跌落一倍。这个道理应用到既不是债务人又不是债权人并且根本没有货币义务的人身上，是十分合理的。这样的人，如果本来有的话，不会受损失。可是，除了这个唯一的例外，如我已讲过的，每个受不了恰好损失自己一半资产的人，都得破产。

而且这并不单是假想的情况。因为与过去十八个月间假设粮食是法定价值尺度情况下所发生的完全同样的事情，由于黄金是法定价值尺度，当真发生了。不用说，用黄金本身测量的黄金价格并没有上涨。一盎司黄金在去年、前年和今年都等于 3 镑 17 先令 10 $\frac{1}{2}$便士，而 3 镑 17 先令 10 $\frac{1}{2}$便士现款也等于一盎司黄金。不过，用其他商品测量的黄金价格去年却涨了很多。的确，黄金价格涨到这个程度，即依照最低估计，国家全部财产的货币价值有一个时期例如去年 10 月比前年 11 月竟下跌了 5 亿多镑。换言之，过去一年内不列颠全部财产贬值总额无疑已超过国债总额[②]半数 1 亿英镑。为了证明这个论断合理，并不需作长期的或仔细的研究；要寻找证据也用不着走得很远。

在货币市场的一般情况下，我国全部财产估价五亿镑有零。

① 原多一倍再跌一倍，资产负债可两抵，既不是多一倍又再低一倍，自然得破产——中译注。

② 国债总额 8 亿英镑——中译注。

现在只要这些财产不论由于什么原因贬值10%，贬值总额就是五亿，这个数目比国债总额仅少了3亿英镑。

的确是二者必居其一：或者我们在去年当真受了这个损失，即全国财产当真同时贬值五亿镑，时间大约在10月份；或者，全国动产和不动产的货币价值平均（把所有一切财物如房屋、土地以及各种商品总和起来）并没有跌落10%。我肯定地说，货币价格跌落了10%，甚至不止10%，要是有谁认为我们的论断不正确，就应该拿出否认的理由来。

不过，由于财产的货币价值大量贬值所造成的灾难，并不是普遍地、与人们的财产的价值成比例地、同样落在一切人身上。恰恰相反，这种灾难和战场上的霰弹一样落得不均匀。霰弹就地打死了一些人，使另一些人虽说死亡没有立刻降临但受了致命的伤，使第三批人终身成为残废者或畸形人，而还有很大一部分人根本没有受伤。这种苦难不均匀现象的原因和本质是不难解释清楚的。

财产货币价值的一般涨跌并不触及那些既非债务人又非债权人并且根本没有货币义务的人。如果一切物价都涨了，而且彼此成适当的比例，那么一个工人今天以6便士买一个面包，明天可能要付7个便士。可是，如果他的工资这时候也按同一比例增加了，那他购买面包的资金仍旧不变。再举一种相反的情况：假定面包跌价，工资同时降低，那么这位工人的处境比以前仍然不会变好，也不会变坏。

可是，且不说什么也没有得到、谁也不欠他什么的独立工作者。试举一个商人为例，这个商人的资金像他的威尼斯同行的资金一样是可以推算出的，他"有一条商船驶往的黎波里，另一条开往印度，第三条泊在墨西哥”，等等，另外家里还有存货值50000或100000英镑。他的地位怎样呢？商品货币价格下跌10%，对他来说，后果怎样呢？后果就是破产——彻底破产，绝对破产，千百种情况下无可挽救的破产。

例如，举一个最常见的事例。比方说，某商人的开业资本认真估计为20000英镑，他利用这笔资本开始经营广泛的贸易业务。他的情况很快就会这样：一方面，尽管他本人没有一点不谨慎的地方，他的债务还是很快达到了100000英镑。他住在伦敦或利思[①]，为许多外国顾客办理委托业务，并按普通信贷条件为自己的委托人购买大宗商品，因此他的债务如上所述达到了100000英镑。

另一方面，他自己原有一笔资本（我们已确定为20000英镑），还有许多账面债款，最后还存一批现货，都可用以抵偿债务。因为他开业不久，还来不及扩大他的原始资本总额，所以总结起来他的资产负债差额仍然等于他的原有的资本，即20000英镑。

好啦！在货币价值提高或（如法律所希望的）商品价格恰好下跌10%的情况下，结果怎样呢？首先，他现有的存货跌价1/10。商业萧条到来了。他的顾客们不能有盈利地出售自己的商品，也不愿亏本出售。因此，他们或者停止付款，或者要求收回期票。这样一来，他也就应当或者搁下自己的期票不付款，或者在收回他交给顾客的那些东西以后，应该按任何条件（也许出巨额利息）清偿顾客们。这些损失再加上存货跌价损失以及债款收不回的损失：

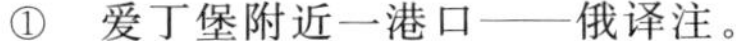

① 爱丁堡附近一港口——俄译注。

就会使他原有的资本损失得一干二净。

这种情况是不是虚构的呢？决不是。其实，这不过是无数不列颠商人的命运的过分真实的写照，不久前他们的全部财产都被黄金法没收了。

我想，你们对于这点未必需要我提任何权威的证据，因为我所指出的事实应该是到会诸君每个人都很清楚的。但你们如果需要别人的证据，那你们也能够得到许多。

刚刚前几天，王国首相约翰·罗素勋爵向下议院所作的财政报告中告诉我们下面一席话，这样就使我有可能用他自己的言论证明我这些论断的正确性。

他说："除战争时期和叛乱时期以外，我国历史上任何时期都不能与去年或者更正确点说即与最近18个月相比拟。物价的改变及波动、商业中的困难，不止一次的恐慌，联合王国各部分极端困难的状况，为了减轻这种困苦状况所作出的非常努力——所有这一切一齐影响我国现状到这样的地步，我认为在我国历史上不容易找到这样困苦的例子。为了对我们所经历的巨大变化提供若干概念，我让大家看一看小麦价格、英格兰银行的商业贴现率和该银行的金库库存额等等的变化状况。1846年9月第一周小麦平均价格是49先令，1847年1月是70先令，而1847年5月最后一周是102先令5便士，9月18日又跌到49先令6便士，比上年9月份的价格仅多6便士，比5月份的价格则差一倍多。英格兰银行的贴现率（我说的是最低的贴现率）1846年11月是3%，1847年4月猛涨到5%；1847年10月英格兰银行所收最低利率为8%，到1848年1月利率又降到4%。英格兰银行金库库存额

1846年10月10日为15078135镑,1847年10月23日是7865445镑,以后到1848年2月5日则是13821754镑。”

总之,我引述了英国现任首相的权威报告,我掌握的资料证明,如果把不管什么样的一容器小麦(法定价格49先令)作为我们最近一年半期间的价值尺度,那么所有其他一切商品的平均价格就是这样的:

粮　　价	法律规定粮价	其他各种商品的价格
1846年9月:49先令	49先令	以49先令为起点
1847年1月:70先令	49先令	每镑损失6先令,跌到34先令
1847年5月:102先令5便士	49先令	再跌到24先令6便士
1847年9月:49先令6便士	49先令	又涨到49先令

因为在这些情况下,小麦(现时是自己的价值尺度)价格不可能上涨,所以十分显然,其他一切物品的价格就应该下跌,并且下跌的程度恰好与法律制止小麦价格上涨的程度成比例。

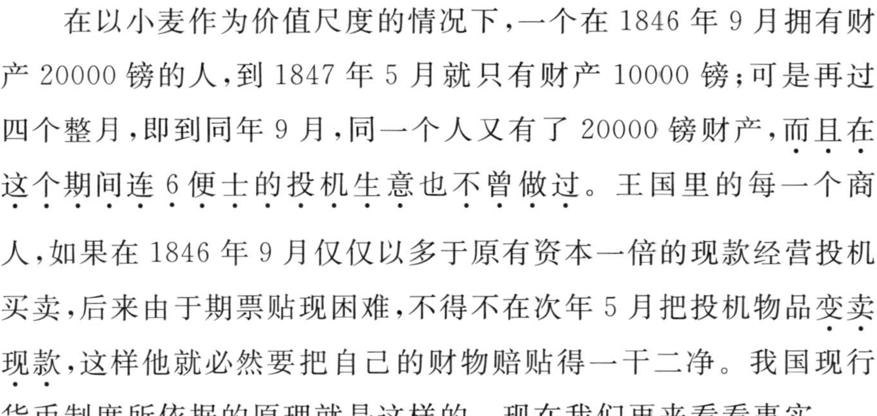

在以小麦作为价值尺度的情况下,一个在1846年9月拥有财产20000镑的人,到1847年5月就只有财产10000镑;可是再过四个整月,即到同年9月,同一个人又有了20000镑财产,而且在这个期间连6便士的投机生意也不曾做过。王国里的每一个商人,如果在1846年9月仅仅以多于原有资本一倍的现款经营投机买卖,后来由于期票贴现困难,不得不在次年5月把投机物品变卖现款,这样他就必然要把自己的财物赔贴得一干二净。我国现行货币制度所依据的原理就是这样的。现在我们再来看看事实。

按照同一个可靠的证据,即按照约翰·罗素勋爵最近在下议院的长篇演说,英格兰银行的最低贴现率为:

1846年11月　　　　3%

1847 年 4 月	5%
1847 年 10 月	8%
1848 年 1 月	重又降到 4%

总之，虽然从 1846 年 9 月到 1847 年 5 月这 7 个月内小麦价格的波动幅度仅稍微多过 100%，而 1846 年 11 月至 1847 年 10 月这 10 个月内货币利率的波动幅度则几乎达到 300%，而且所指的还是英格兰银行在有最可靠的票据保证下的贷款利率。我们的价值尺度就是这样的。可以跟这个价值尺度媲美的只有下述的议会法令：规定一码现时等于 32 英寸，过 10 个月为 12 英寸；1 镑现在为 16 盎司，到次年 9 月将近 5 $\frac{1}{2}$ 盎司。

至于谈到所有这一切作用的机制，则非常简单。几个冒险家的少数无意义的投机活动、恐慌、"猛涨"[①]，"犹太教人（我指的是皮尔爵士），谢谢您教给我这样的话。"——于是事情便宣告结束。经过就是这样。

经过某个普遍繁荣时期，即当赤贫者的平均人数比平常少一两百万时，投机分子又开始活动起来：一个人着手修建铁路，另一个人要修一两座桥跨越伦敦泰晤士河，第三个人要创立建筑协会等等。这些计划绝大部分是由那些丝毫未受损失的人提出来的，他们关心这些事业的成就，仅以这种事业能成为改善他们的经济状况的手段为准。不管计划怎样，（也许是越无意义越好）在拟好的提纲标题下面添上几个头面人物的名字（他们同意不同意反正无关重要），于是股票会立刻销售一空，第一个星期大家都去领奖，

① 指提高贴现率——俄译注。

再过一个星期股票就得打折扣，而以后更一钱不值了。

可是，小鱼上了钩。股票抛售出去了，从资本找到比较合理用途的地方抽回若干资本；富有的人和受人敬重的人列入参加者名单，而他们的信用便因此受到破坏，于是恐慌到来。那时“猛涨”开始，而事情也就结束了。英格兰银行在1846年11月对最好的期票的贴现为3%，到1847年4月不少于5%，而在同年10月则不少于8%。其他一切银行都照英格兰银行的例子行事，结果流通货币总量大为减少，而期票则构成其中最重要的部分。但是，用货币本身测量的货币价格并未上涨，因此其他各种商品的价格则必然跌落。不愿意亏本的卖主在某一个时期仍然坚持原价格，但因为买者不愿按原价付款，商业于是陷入不景气，生产也就中途停顿起来，或者只能维持半开工状态，而工业家、商人和工人则一齐破产。

但应该明确地指出，当我们讲到上述期间货币利息有巨大变化时，我们不应该把货币利息和用其他商品测量的货币本身的真实价值混为一谈。因为，如果货币的真实价值在去年10月比平常的价值增长将近两倍，那么灾难会普及全国，接踵而来的就一定是全民破产。

货币价值和利息或货币使用费之间的这种差别，跟房屋价值和房屋租金之间的差别完全相似。

例如，在某些情况下，房屋可以暂时出租以收取比平常加一倍有零的租金。但因为能取得这种过高租金的时间必然受到限制，因为所收的房租只是暂时提高，所以要求比平常多一倍的价值出卖房屋，甚至要求提高20%或30%，显然是不可能。就去年10月的货币说，情况正是这样。房租或货币利息当时在最好的私人保证(最可靠的票据)下达到 8%，可是用货币(比方说 100 镑)付房租、税捐或其他旧债务，去年 10 月(当时利率为 8%)所付的并不比 11 月(当时利率为 3%)多。

在这种情况下，估计去年英格兰银行大量缩减全国货币总额后造成的破坏作用时，我认为仅亏损 10%，或者说总共亏损 5 亿镑；然而，如果货币本身价值同样提高，而不仅是利率提高，那么 10 月份全部财产贬值就会差不多达到原来价值的 2/3，即总额将近 30 亿镑，这个数字差不多超过国债总额 3 倍。

我们的货币制度就是这样的。某些冒险家提出几个似乎会暂时获得成功的计划，另外许多人受了他们的范例的鼓舞，跟着仿效这种范例；于是商业上的大波动以通常的进程开展起来。最后的结果是，有些投机家本身一文莫名也能够这样灵活地开展营业，迫使针线街的有害银行[①]宣布(每 10 年或大约 10 年就要这样做一次)："希望全国财产缩减十分之一！"——于是全国财产就适当地缩减十分之一。

我们讲科布登先生讲到这里停止。当科布登断言我国用其他商品测量的黄金价格没有确定时，他是十分对的。但愿他接着证明，花费在他力求永远崇拜的那个黄金偶像上的用费照现时的货币价值计算每年不下 1 亿镑。我深信，他不能证明这一点。

① 指英格兰银行——俄译注。

第　八　讲

对整个问题的简短重述和评论

有人说过，所有的人都认为除自己本身外，人人都一定会死亡的。这个人也许可以补充一句，各民族都打算根据同一个观点看待本国一切法律规章。这样一来，如果我告诉你们说："我们要彻底废除我国的货币制度"，那无论什么人都可能反驳一句："让我们一起排干福尔特海湾吧！"①

以前我屡次声明，如果我的生命和健康还能维持几年，我就要彻底改革王国的货币制度。现在我直率地答应你们，只要别人不提前改革这个制度（我仅仅用这个条件限制自己的义务），我从今天即从1848年3月16日起，会在7年以内完成这个任务。

最近半个世纪以来，我国有识之士都醉心于国家一些重要问题。在我开始过有意识的生活的最初那些日子里，作为一切政治思想的伟大的主宰是波拿巴·拿破仑，随后是伴随着无限长的一连串期望与失望的和平时期到来，再以后则是议会改革。我对于议会改革的最初回忆是和沃伦的黑靴油密切地联系在一起的。因为在许

① 苏格兰海岸边北海的一个海湾，爱丁堡就在这个海湾附近——俄译注。

多年月中，你们无论到伦敦或伦敦近郊，都会确信：你们在每一座公墓上，在每一个营房里或花园的围墙上，在一切废墟或一些临时建筑物上，都能看到下面两句不是像现时一样用蓝色、绿色、黄色甚至金黄色字母而是用普通的白粉写成的言简意赅的题词：

"议会改革！"

"试试沃伦的黑靴油吧！"

可敬的议会完全应该受到讽刺。在某些场合，议会像擦皮鞋的工人，而在另一些场合则为了更便于宣告自己的存在，竟夺去议会的一些可敬的议员的一切光辉，完全不提到他们的存在。

总而言之，在经过各种不同的幕间插曲以后，如偶然的小规模叛乱、加罗林女王和威廉·戈恩的讼争，卡托街的匪帮以及几件诸如此类的事件，"废除粮食法"和"解放天主教徒"都变成了民众的主要口号。而在这一切实现了之后，如果没有关于爱尔兰和所得税的永无休止的争论，我们就不再有任何口号了。

因此，当可怜的货币改革家不定什么时候试图把自己的温和建议提供公众评判的时候，会博得人们的嘲笑。战争、和平、暴动、叛乱和各种改革，这一切好像把货币改革家视为微不足道的人抛在一旁，而现在仅仅为了使我个人懊丧，法国人提出了名叫革命的新剧本[①]，我在爱丁堡市开始讲《论货币的本质及其用途》第一讲的那个晚上，这个剧本首次上演了[②]。

更严肃一点说，我认为我们的时代终于到来了，何况这个时代

---

① 特别指出，这些话和可怕的六月事件没有任何关系，见下页注解——原注。

② 巴黎二月革命是2月22日开始的——中译注。

原来可能就是我们的。不错，爱尔兰在某种程度上可能照旧吸引我们的注意，可是实际上仅仅因为它的复兴完全取决于我们，所以它的重要性已退居第二位。拥护消费税改革的人仍然应当等候安排自己的位次，在命运之书中他们的位次排在我们后边，因为他们实际上只是我们后卫的一部分，并且只有在人们允许我们前进时，他们作为后卫的一部分才能继续走自己的路。

可是，新共和国的情况怎样呢？我们的邻邦法兰西的情况怎样呢？只因为全欧的注意力都集中在观察法兰西运动的前进或后退、高涨或低沉上，我们至少在最近二十年内不会被法兰西事业的激流冲动吗？我想不会。其实，我有理由怀疑，新共和国当真窃走了我的计划复本，并打算照计划行事，因为不然的活，它怎能希望履行自己的诺言，怎能“为本国一切生产阶级找到工作呢？”①

我认为，除非采用我指出的办法，新共和国要为一切生产阶级找到工作是办不到的。我肯定说，现在无论哪一个政党，只要这些政党的口号、原则、目标和决议不是说生产本来是需求的原因，实际上应该是需求的原因，那么想保证法国人民或其他任何一国的人民人人有工作，至低限度要合乎公平原则，这在理论上和实际上都是办不到的。

但愿这个将成为法兰西改革家的口号，否则他们的一切标语口号都会变成空谈。因为，只要他们不能改变宇宙和人的本质，那他们就无论根据什么原则，无论使用其他什么方法，都不能履行自

① 这几讲的复本随即献给法国临时政府，但结果怎样呢？甚至连是否接到建议也未证实——原注。

己所作的诺言[①]。如果临时政府的成员们采纳我所发挥的交换原理，他们就能够履行自己的诺言。并且只要我同熟悉我国情况及我国人民的语言和性格一样很好地熟悉法国情况及法国人民的语言和性格，那么我就敢用头颅担保：假若我有了若干适宜的助手，我不要一年就能在法国组织、建立和巩固这种整个文明世界终归要采用的货币制度，姑且不说“驯顺地模仿”了。

不过，我怕你们会以为我完全忘记了今天这一讲的题目。像讲演节目单所标示的，这一讲是简单地重述和评论以前七讲所阐述过的内容。因此，我现在尽可能简明扼要地阐述我对于这个重大问题所得出的一切见解，而不再添加或几乎不再添加任何更进一步的论据，因为考虑到我列举的这些对你们已足够了。总之，下面就是我的货币论信念的简明要点：

1、生产是需求的自然原因。

2、如果完全撇开货币不谈，那么供应和需求是同义语，供应就是需求，需求就是供应。

3、因此，既然说的是商品总量，那么世界上生产过剩现象或任何市场上商品过多现象都是完全不可能有的。

4、生产比例失调是可能的，普通的生产过剩则永远不可能。

5、生产中一出现比例失调现象，这就或者证明人们不能在市场上得到自己想购买的东西，或者证明他们送上市的某种商品的数量超过他们能够按照合理地补偿他们的那个价格销售出去的数量。

---

① 公正的读者，请为著者说句公道话，并请记住：这篇讲演是1848年3月16日在爱丁堡市向大批很有学问的听众讲的。巴黎方面对这篇讲演的评论是6月底作出的，只是这里不需要重述——原注。

6、生产品上市如果成适当的比例，那就任何东西都买得进，也卖得出。

7、可见，用尽按比例供应市场的能力是生产的自然的和唯一自然的界限。

8、直到现在，我们仅仅讲到直接交换，而完全撇开了货币的存在。

9、如果有任何一种有价值的商品按照法律或习惯被采用为某个市场上的价值尺度，那么从这个时候起，在这个市场上生产就不再是需求的必要原因了。

10、某种有价值的物品的数量决不能像其他一切有价值的物品总起来的数量那样迅速任意增加，所以应当受测量的商品数量比充当商品价值尺度的商品数量增长得较快的时候，在后一种商品使用方法不变的情况下，商品价格一定会下跌，而生产则会停顿起来。

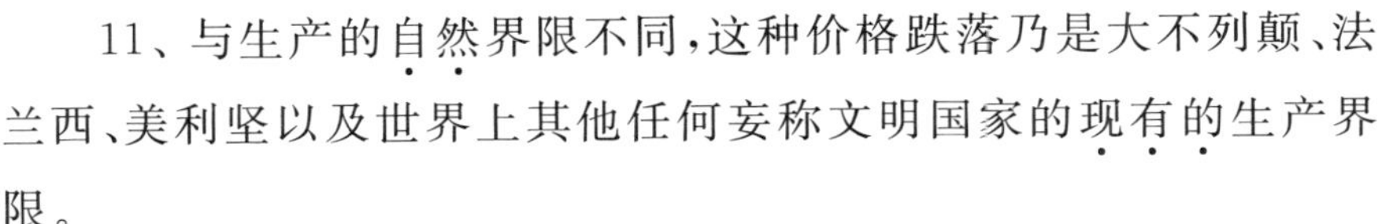

11、与生产的自然界限不同，这种价格跌落乃是大不列颠、法兰西、美利坚以及世界上其他任何妄称文明国家的现有的生产界限。

12、我们国家所遭受的以及由于接受对我们的生产力方面的这种违反自然的限制或者更正确地说由于屈从这种限制所引起的损失，照货币现值计算，每年超过10000镑，而且年年如此。

13、约翰·罗素勋爵、罗伯特·皮尔爵士、科布登先生、《泰晤士报》的发行人、一切报刊和议会两院的议员们，都对货币的本质、用途及真实属性完全理解错了。从法国临时政府公布的决定中显然看得出，在这个问题上也发生了同样的混乱。

14、只有劳动才能测量价值。

15、经过周密考虑的议会法案规定：劳动是合法的、统一的和唯一可能的价值尺度，劳动实际上应该是这样的，而且永远应该是这样的，这一点也不违反自由职业者、机器劳动者或手工劳动者之间的个人竞争原则。

16、货币分成镑、先令、便士及法新，虽不像十进制那样简单，但也十分好用，在实践中也不曾遇到过严肃的反对意见。

17、我的货币制度单位应包括一镑券，一镑券应该叫做劳动镑，并按早已谈到的办法划分为若干银币及铜币。

18、立法者如果愿意通过议会法案规定一个劳动镑的价值，这实际上并不比用法律规定一英里等于若干码、一镑等于若干盎司或一英尺等于若干英寸困难些。

19、如果一个劳动镑的价值已由法律规定，一个先令就应该经常含有一个劳动镑能换得的白银重量的 1/20。

20、一个便士也应该含有一个劳动镑能换得的铜重量的 $\frac{1}{240}$。

21、所以，一便士应该是一先令以内的法定支付手段，因而一先令是一镑以内的法定支付手段。同时，劳动镑则应当是总额一镑到 10 亿镑的合法支付手段，因为 10 亿这个数额比现时已知债务中的最大债额还要大一点。

22、金属铸币的名称和重量可能经常一致，在这种情况下其价值必然要有波动。

23、金属铸币的名称和价值也可能经常一致，在这种情况下其重量必然要有改变。

24、试图使含有某种成色的任何金块、银块或其他金属块做到名称、重量和价值三不变，这是绝对的、显然的和真正的立法上的狂妄行为，因为要办到这点是完全不可能的。

25、为了使任何健全有效的货币制度正确地和不间断地发挥作用，上述两种或两类铸币都是必需的。

26、货币和资本现在是或者应该是两种彼此完全不同的东西。

27、任何合理建成的国民银行或交换银行[①]完全不需要流动

① 法国人或者更正确地说所谓巴黎货币改革家们的不久以前的计划，使我想起一个年轻的运动员，他每逢鸟儿一飞起就能举枪射击，不过总是射不中。当他向自己的有经验的同伴证明他险些儿打中目标时，同伴就很冷静地回答说：是一点儿没有命中或者是相差一哩，反正一样。法国首都某些人的情况就正是这样的。他们希望处理好一个他们不懂的问题，虽说他们在这个问题上面并不是一窍不通。他们说，他们正力求做到有组织的劳动，其实他们真正需要的是有组织的交换制度。

小型国民工厂和以金币或银币交付的固定工资额，这只是幻影，然而在他们的半睁半闭的眼前隐约出现的现实，却是他们所能生产的产品的销售市场。答应经常给人们按每周发放比他们在自由市场上用自己的劳动产品换回的铸币更重的金币或银币工资，这不过是答应做一件办不到的事情。要解决这个任务，只须建立一种银行制度，靠这种银行制度各种工人都可以用自己的产品（只要数量不违反必要的比例）换得所需要的任何形式的等价物，或者换句话说，工人们能为自己的产品找到一个毫无界限的市场。这不仅是做得到的任务，而且是非常容易做到的任务，容易到只要我国的统治者一认为这是必要的，就能建立这样的市场。

“但是，没有资本的银行，多么骇人听闻的谬论！狂妄无知究竟有止境吗？”《经济学家》杂志 1848 年 5 月 27 日这样问道（虽然用语略微不同）。该杂志的编者自认是这个重要问题的大行家，他用下面一席话惠予开导我们：

“从 2 月 23 日以来，在法国所提出的一切狂妄而不合实际的方案中，最使我们吃惊的是本周巴黎报纸详细介绍过的那个方案。并且，这所以最令人吃惊，与其说是由于这个方案所依据的令人震惊的建议，不如说是由于仿佛支持这个方案的一些卓越人物的姓名。我说‘仿佛’，是因为我不愿意相信那些卓越的著名人物（我们在计划大纲上看到他们的名字）真正分明地同意这些危险的致命幻想。不错，我在名单中看到了路易·勃朗、耶·修和耶·阿腊戈这些名字，他们支持不论怎样错误和不切实际的方案，都不会使我们吃惊。如果摆在我们面前的方案只有他们签名，那我们就像不重视一桩办不到的因而又比较没有害处的事情一样，也不重视这样的方案。可是，当我们在支持这个方案的名单里看到像米·舍瓦利耶、爱·德·日腊登和弗·巴斯蒂这样一些卓越的人物，那么这就是令人非常伤心的事。

资本。

28、任何合理组织的国民银行或交换银行，都不能因使用货币

所建议的不多不少恰好是通过无限制地发行公用纸币或交换券（票面分 20、100、500 和 1000 法郎等四种）建立全新的交换方法和全新的商品及劳动分配方法，归根到底是利用这个方案实现新的劳动组织。所有自愿的人，所有各社会阶级如大地主、农场主、工业家、自由职业者和文学家、各种商人、各类工人，简言之，所有有商品或劳务要交换的人，实际上就是所有愿意入会的法国人，都可以参加国民协会和交换银行做会员。

直接的目的就在于给一切能够供给各种商品或劳动以换取交换工具的人供应交换工具，此外再补充一句，最后的目的在于实行彻底的劳动改组。

据宣布，作为第一条原则的是这个银行不应该拥有任何资本，不应取得任何利润，而只征收 1% 的手续费弥补开支。

如果照我们面前的计划大纲来判断，银行的宗旨可以这样确定：银行只应该跟自己的成员经营营业，应该在各股东中鼓励'不借助货币'交换一切商品，并且通过发行上项交换券'无限制地增加商品数量'。这些交换券应由银行根据凭证以商品、自己所有各种财产和劳务兑付。而这些商品、财产及劳务也常常由银行兑付交换券。所以，计划大纲认真地断定说，交换券贬值是不可能的，因为交换券是按真实价值发行的。"

对于有关这个计划的一些绪论性的评语，我敢于提出如下反驳意见：可爱的《经济学家》杂志，你暂时还是不满五岁的孩子，因为上面一段引文所引的每周议论不过标明是第 248 期。我们希望到你年龄较大的时候，智慧会降到你身上来。不过，暂时希望你知道，不管设立"不要资本的银行"这个建议对你们来说怎样新奇，也不管上述法国计划怎样令人吃惊（计划的确还有不够的地方），至低限度这是新鲜事物，注意到了一个真实事实，即这些论货币的本质及其用途的讲演是我在 1848 年 2 月 22、24、29 及 3 月 2、7、9、14 和 16 日在爱丁堡向许多极其关心这个问题的最可尊敬的听众讲的，为了发表这里只是略加修订和润色。

如果考虑到这个极其可靠的事实，即：你们在 5 月 27 日把这个问题公告以前，我从不曾听到过什么关于"不要资本的法国银行"的说法，那么十分明白，我并没有抄袭法国人的东西。而且我大概也不能设想法国人抄袭了我的东西，因为在同年 6 月 3 日这一天以前，这些讲演还不曾公布。

但我们还是回到主要问题上来，即合理组织的国民银行不需要一文流动资本。我拨出 100 基尼的奖金，奖给显然能够极其成功地驳倒我的论据的人。可爱的《经济学家》杂志，赢得这笔钱吧！当然，这不是为了可鄙的暴利，而只是为了表明进行论证的高尚风格。至于那 100 基尼，好吧，如果您赢得了它，那就把它送给您的印刷厂里的孩子们罢。

同时，请参考本书第 463—464 页以及随后几页，那里对于上述不要资本的银行问题讨论得非常详细——原注。

而收取利息,否则就不公正。

29、收取资本利息则始终是公平、合理而且正确的。

30、按照这些原则(在以上七讲中业已比较充分地阐明了)设立三个交换银行——分别设在英格兰、苏格兰和爱尔兰,有比例的生产在这些地区里就能经常成为需求的可靠的原因并且永无止境。

断言社会上可以推行一种简单的银行业务制度,这种制度将完全无可比拟地造福人类,这种论断所依据的一些普通原则就是这样的。自然发生的第一个问题是:在建立这个制度的道路上有没有什么困难呢?这些困难又是怎样的呢?人类天性本身、人间各种设施甚至社会上各种风俗习惯的哪些特点能够妨碍我们立即建立上述这种预示将给我们这样一些异常重大的好处的银行制度呢?

对于这些问题我回答说:在我们所作出的建议中,很少或根本没有一点新东西。因为我想建立的一切,已在全国大规模地实行了。简言之,我向你讲述的与交换制度有关的主要特点可以表述为:货币业务的组织。

可以说,所建议的交换银行计划其中包含有内容最丰富的信用制度。既然真的是一种制度,而不像现时的信用那样一团糟,那么现代信用制度固有的那种风险在我的计划中连百分之一也不会有,而这个计划能给社会提供的利益则是不可胜数的。

银行家以及商人、工业家和其他经营批发业的人,现在只给他们愿意贷给的人提供贷款。在这种情况下,指导他们采取贷款行动的只是他们所得到的关于力求向自己借款的人的支付能力的情报。可是，在许多场合情报是这样不灵活，所得的消息是这样不完备，以致在伦敦的金融中心区或其他无论什么地方未必找得到这样的一家批发商行，即这家商行的一些成问题的债务不是一笔可以增多的颇大的年税额。

在我向你们建议采用的银行制度下，只要采取寻常的预防措施就根本不会有任何欠债的损失。那时银行家不像现时银行家一样，无权仅凭个人考虑或好恶就决定贷款或不贷款，而应该依照固定不变的规章，按所需数目给任何要求贷款的人提供贷款，当然要有这样的条件，即要求贷款的人能够和愿意遵守银行的合法要求，并提出必要的保障。

交换系统银行家所提的合法担保标准及条件相当严格，所以不可能产生追不回的债务，即不会有损害交换银行利益的债务。

这里我可以指出，我所建议的银行制度的这一方面和苏格兰的现金信贷制度非常近似，只要几句话就能说明它们的区别。

苏格兰的银行家根据自己的考虑向商人收取担保品，比方说数额是 1000 镑。商人就有权在这个总额范围内利用贷款并照年利率 5% 付息。

按照我的建议，交换系统的银行家也同上面情况一样需要担保品，比方说总额 1000 镑，不过在这个场合，担保品的性质是法律规定的，而不由银行家任意决定。现在，银行准许商人取款，不论商人交给银行的担保品总额是多少，可以按照自己现有存货的价值总额取款，但不能超过这个数目。因此，银行家应该有现时每个批发商人所有的商品账（一般说批发商人都妥善地经管自己的商品账），并应经常得到关于自己的商品账的情形的报告。这时候，货币不取任何利息。

但现在请问问王国的任何商人或工业家:他们在这种或那种场合把足够的担保品交给银行家的时候,是宁愿能够按自己的意愿向银行家取得现款,同时像现时所做的一样每年为所得借款付利息5%呢?或者是宁愿能够根本不付任何利息经常能得到相当于自己现有存货总值(但不能多过总值)的现款数额呢?

我认为,在百分之九十九的场合中,有利害关系的人只要像普通人那样关心个人利益,就会非常非常愿意选用我所建议的交换制度,而不用苏格兰制度。可是,即使事情并不如此,那我也未必能从坏处设想人类天性,即不相信工商业家知道自己只要适应一定的银行业务制度,他们本身就会成为显然旨在为全国以及全世界创造丰富的物质财富的商业制度的一小部分以后,会不大踌躇地允许有关系的银行家有机会查看账簿(现时英国的几乎每一个多少殷实可靠的商号里这种账簿对办事员和仓库主任都是公开的)。

要知道这是我想添入银行业务制度里唯一新鲜之点,这一点要求银行顾客不论采取什么方式作出让步[1]。对于这种当真是新鲜的东西,即对于社会现有的情感、习惯、风俗或成见来说是新鲜的东西,还有什么建议呢?

的确什么也没有了,而我的第二个和最后一个条件则是在交换系统的一切工作里应该有一个最低工资定额。

我在前面的一讲中已详细说明过,这个最低工资定额仅等于

① 即允许查账——中译注。

一个赛跑起点，不触犯任何人的利益，但在建立交换银行以前是债务人或债权人的这些人为例外。因此，我们前已指出，确立最低工资数额时必须考虑这些人的利益，即必须特别注意国家债务、遗产支出、租金及其他一切货币契约。

这个最低工资定额如果一旦公平地规定下来（这应该不是工人或其老板的事情，而是政府本身的事情），那就没有抱怨的余地了。

例如，现在人们在许多场合获得了桌子和住宅作为劳动或服务的一部分报酬，此外还得到了工资。显然，对于前者他们应该拥有足够的数量，而对于工资数额则完全由他们与他们的雇主协商决定。

在拟议的交换系统所属各工厂中，每一个参加其中某一工厂当工人的人，每周工作一定量的时间就立刻能获得一定量的货币，这是他的合法权利。不过，在大多数场合，这个数量低于他同意作为自己劳动的完全工资所得到的那个总数。因此，他的实际工资数额像现时一样，取决于他和他的雇主之间的互相协商。

但是，如果有人这样反问我：因为工人提出超过最低工资定额（每个人依法有权得到的工资定额）的过分的高工资的要求，劳动币的价值就会跌落。那么，我的答复是：人类全部生活经验无可争辩地证明，老板有能力顺利地制止住本厂工人提出过分要求。有一种强有力的动因能使工资尽可能地靠近最低标准。无论什么形式的一致都是不存在的。每个工业部门的老板们像现在一样在互相竞争，因此任何一个老板都不肯支付多于必需数目的高工资。因为，如果这个老板同意支付高工资的话，他的竞争者的货物在交换系统市场上一定卖得比他自己的货物便宜。结果，或者是他的竞争者获得比他大的交易额，或者是他们把他完全逐出市场。

另一方面，对于每一部门的工人们说，像现时常做的一样，为了争取较高的工资实行罢工显然是无益的举动。因为，给这些罢工的工人较高的工资，另一类工人也会要求照同一比例提高工资。各类一批又一批的工人都附和提出同样的要求，可是他们得到了什么呢？他们赢得了什么呢？他们的地位和从前一样，什么也没有得到。简言之，我要求对我所阐述的有关最低工资定额的原理作最精密的研究，因为确定了最低工资定额，劳动镑的价值就能按数学般的正确和准确度规定下来。我认为，甚至深信，这个原理是无懈可击的。

重述我向你们提出的各种各样的建议以后，就容易预见你们中间最可能出现的那些反对意见，并对这些意见作出答复。不过，这是无益的工作，首先因为所有反对意见十分之九是肤浅的，仅仅由于涉猎讨论的问题过于匆忙所致。然而很明显，不能指望任何人对自己的理论提出反对意见，而本人竟会完全不准备驳斥。

对于涉及像社会货币制度这样有巨大关系的问题，要得出十分成熟的见解而不特别予以注意，显然是不可能的。因此，为了鼓励作这样的深思熟虑的研究，我决定就这个问题悬赏征文。如果我的目的仅在于宣传自己心爱的某种货币理论，那显然绝对不会想起把奖金授给驳倒我的论据的人。恰恰相反，如果是一般所谓悬奖，那我会把奖金发给赞成我的原理的最佳论著。在这种情况下，我就自己任命自己为可能写出的论文的突出优点的唯一评选员。但我没有这个打算，而是注意一个目标，仅仅注意一个目标，

即追求真理。我以为，在这种情况下也如同在其他情况下一样，鼓励坚持反对意见的人才，比奖励捍卫某桩事业而不管事业的优缺点怎样的人，更能够很好地促进真理事业的发展。

这件事可能有一定的困难，应该克服这种困难。我公开悬奖100基尼，奖给能写出最佳反对意见并在有专门知识而又毫无偏见的评判员面前驳倒我的这几讲中所捍卫的理论的任何人。找到“有专门知识而又毫无偏见的评判员”并不困难。双方选出的评判员和评判员们在意见有分歧时由他们选出的仲裁人，大家一起组成所建议的评议会。当然，这是在这些评判员的资格足以保证他们的权威的条件下组成的。

但是业已指出，在选择驳倒或试图驳倒我的学说的最佳著作的方法上当然还有一定的困难。选择人应该是百分之百捍卫现行货币制度的人，他的社会地位和声望应该能使他的意见增加分量，一句话，还应该能使所有应征者深信：不仅对待他们是公正的，而且在选择上既显示了必要的能力，又表现了对公众利益的关怀。

因为《泰晤士报》的出版者是现代货币制度的无条件的捍卫者，所以我直截了当建议，或者把选择最佳作品的任务交给他愿意指定的人，或者跟他本人进行笔战并以500基尼为赌注——双方各出250基尼。不过他对于这个建议并未作出答复。

其次，按照《泰晤士报》的说法，我们还有科布登先生这样一个能干的金币制捍卫者。因此，我又向科布登先生建议，由他负责选择反对我的论据的最佳著作。但科布登先生也拒绝我的建议，理由是他的时间已经被其他的事情完全占去了。

因此，还应当寻觅愿做上述选择的现代货币制度的第一流捍卫者。我不以为找出这种人是不可能的。因为，不用说，当硬币论者看到公开的挑战已向他们提出的时候，并不是他们大家都会仿效自己的先行者《泰晤士报》的榜样。《泰晤士报》一面一连几个月戏弄和嘲笑纸币拥护者，一面又只能以沉默来回答要求好好地讨论问题的公开建议（建议刊登在百多种报纸上）。也许《泰晤士报》的出版者认为沉默是很适当的答复，但另一些人则大概将要认为这种答复是十分怯弱的表现。

今天我已讲过，不能指望无论何人对自己的理论提出反对意见，而本人竟会完全不准备驳斥。因为自我开始讲演以来，同一个问题对我已提出过两次，并有一次是由一位银行家提出的，现在我简略提一提这个问题，并作出回答。

有人问我主张怎样克服下列困难：我说过，要允许参加交换系统的工业家或商人根据自己的估计陈报所有商品的价值，并按所估计的价值总额向交换银行领取货币。对商品的价值作过高的估计，或者是出于恶意，或者是由于商品贬值或其他任何原因而错误估计了商品的真实价值。我们用什么方法防止这种过高估计商品价值的事实呢？举例说，假定提问的人说，他记入商品账的进仓商品申报价值是1000镑，于是根据这笔账他获得了1000劳动镑。再假定（这是十分不诚实的估计），商品实际上只值500镑，换句话说，500镑就是他应得的一切。在这个情况下，交换银行怎样避免货币受损失呢？

为了回答提这个问题的人（我几乎是用他自己的原话叙述这个问题的）和回答每一个诚心研究这个重要问题的人，我说：首先请学会彻底分清楚我向你们讲过的一个谈原理一个谈计划的两种建议吧！

谈到我所捍卫的交换原理，那我如实断言：第一、按比例的生产是等值需求的自然原因；第二、由于建立了原则上完全错误而实践上十分有害的货币制度，我们使这种自然结果完全失去效用，因而给社会带来无法估量的巨大灾难；第三、现时商界面临的大问题是我们要怎样才能最容易、最方便、最有效和最公道地恢复需求与供应的自然平衡，因为在这一段时间内供求已被我们疯狂地破坏了。

因此，我认为，“生产是需求的原因”——这是最原始的一条原理，一个社会丢开或偏离这条原理以及承认和恢复这条原理的绝对必要性，使国家能够繁荣富强——这不单是一些事实，而恰恰是这样一些特殊事实，即：我们为建立新货币制度而提出的一切论据应该依据的一些特殊事实，也就是我们的改良货币制度应该以之为基础的一些特殊事实。

这就是我要坚持的一切。我并不坚持要采纳我原有的任何特殊计划。实在，在前面一讲里我已告诉过你们，我没有认定比其他一切计划都好的那样的计划。反之，我特别努力使别人注意这个问题，以便尽可能使用比较多种多样的方法，拟出正确的交换原理。

总之，作为这些意见的结论，我对货币问题上的每一个无偏见的真理探索者的郑重建议是：首先请看看我所讲的原理，然后用各种各样的方法进行考察、研究和批评。这个问题完全是数字问题，因此或者得到证实，或者被推翻。不过，我再说一遍，请首先只作到以努力考察研究为限吧！

如果考察结束后，你们得出结论，认为我坚持的原理是错误的，即根本不是原理；那么，好啦，问题就解决了。你们马上可以不再思考这个题目。对于我同时努力使你们感到有切身利害关系的交换计划，你们的注意程度就不及注意这样一个人的追求：这个人认真地劝告你们和你们一家人迁居，比方说迁到某一个土壤和气候最好、生产品丰富以及各种物质资源极充足的美好地方去，但可惜这个地方只存在你们那位谋士的富于幻想的脑子里。

我努力向你们阐述的那件事的性质就正好是这样的，或者根本不是这样的。我向你们叙述的那个国家是一个牛奶和蜂蜜流成河的地方。我告诉你们：那里粮食满仓、酒满池、土地上最美好的果实累累；房屋建得漂亮、舒适，陈设精美；所有的儿童无一个例外都受到适当的教育（能读、能写、能算、熟知本国语言并且相当不错地能用文字书写）；那里的法律是公平的，国债等于零；政府差不多什么也不要做：总而言之，那里的国民丰衣足食、心满意足、生活幸福。那个国家的面积恰好与我们居住的地球面积相等。我还要告诉你们一声：这个伟大而幸福国家的名称就是“生产是需求的原因”。

首先请你们弄清楚：我所讲的国家是虚构或是事实，是现实或者更正确地说是能够成为全人类可以达到的现实，或者不过是激昂情绪的创造物。首先请回答这个问题，如果你们相信我肯定将来会存在这个国家的说法是正确的，如果你们准备尽一切可能使别人也明白这点，那你们将深信你们很快会看到一百名海员互相争取第一个到达岸边的荣誉。

我请求你们，对提交你们审查的原理作最严格的检验。简单地说，请检验这个原理是正确的还是错误的。我向你们提出的仅仅是一个在社会上实际应用这一伟大原理的计划，其中有若干实际困难或想象的困难，如果发现这个原理是正确的，而一看到这些困难就灰心丧气起来：这是愚蠢的。如果你们认为我的计划不完全合适，那就希望你们每一个人都着手进一步的研究或改进，或者创造出完全新的计划。那时将看出，可能拟出的许多计划中哪一个会更好些。不过，假若交换计划所依据的原理是幻想，一般说不论为任何交换计划操心，显然都是白费时间。虽然如此，但还是请别仅仅因为在某些没有任何重大意义的普遍细节上你们不赞成原理的辩护人的见解，就犯下显明的错误，把健康的原理也抛弃了。

但是，我转到有关原理的普通问题上来，这不是为了仅仅规避我们开始讨论的那个问题，那个问题也涉及我建议的交换计划的一部分。

我决不愿意规避回答这个问题，我深信我所提出的计划的效果，正和深信这些计划的原理一样。这些计划是我多年思考和研究的结果，因此我至少深信，如果有谁提出什么有根据的理由反对我的计划，那我一定首先听取这种理由。

对于使交换系统银行家不受我前已讲过几分钟的那种欺骗的问题，我在第四讲中明确地作过特别解答。在那一讲里我确定，建立了我力求建立的银行制度的英格兰、苏格兰和爱尔兰完全像三个市场，包括预定按下述原则出售的各种动产和不动产：

市场的老板即交换系统的银行家对公众宣告："请你们把所有要出售的一切都送到我的市场上来，我按照你们原有的价格支付你们全部财产（动产及不动产）所值的货币价值。在这种情况下，我唯一的条件是：当上述财产不由我经管时，我预付的款应全部收回。这正和以下的情况是一样的：财产确实不由我经管时，你们把财产交还我以前，应有适当的保证。出卖或者换句话说交换你们的生产品和财产，仍然应该完全由你们自己负责。”

在这些情况下，如果这只是毁坏自己的事业而完全不会伤及交换银行的利益，那究竟是什么动机促使一个人给自己的商品定出加倍的价格呢？以帽子为例，如果这个人的帽子每顶价格是20先令，而另一些商人对质量相同的帽子只要10先令一顶，那他该怎样出售自己的商品呢？或者说，他与交换银行进行交易时，是什么样的动机促使他定出哪怕是稍高于与普通顾客交易时的价格呢？十分明白，促使他这样做的任何动机也没有。银行一开始就按协议的最高款额掌握了保障他一切贸易的担保品，商人在自己的名字记入银行账簿以前，就必须把这种担保品交给银行，因此，假设这个最高款额等于1000镑，而商人也想把他的唯一的一顶帽子估价为1000镑，这种愚蠢行为并不会给银行造成任何损失。而且在这个场合，帽子生产者当然不能卖出他的帽子，所以银行立刻会知道他没有做成任何交易。显然，他用虚伪托词所开的账立即会结束，账由帽子生产者直接偿清，或以他的担保品偿清，为了完全还清银行贷款人们会立刻动用担保品。

对于不动产的确必须这样草拟银行章程，以便防止可能发生舞弊行为，即不能在希望出售财产的借口下占用交换银行的现款。在这种场合，故意给财产规定过高价格，其目的显然就在根本防止出售财产。不过，防范这种舞弊行为并不困难，因为还在起草交换银行法以前，人们就已预见到这点了。如果人们还要说，不论法律怎样拟定，有些人毕竟还是力图规避法律，那我就回答说，如果这个反对意见有任何价值的话，那么有关财产所有权的现行法律就有三分之一或四分之一可以用得上这个意见。这时我们应该干脆作出结论：人类就有这样一帮怙恶不悛的骗子，对于他们无论任何法律都是无能为力的。但对于整个社会来说，这个结论是不正确的。

这样，由于我已讲完我试图向你们说明的货币制度的两个重要特点，现在需要作进一步解释的问题差不多已完全没有了。

* * *

在这八次题目很不通俗的、时间极长的系列讲演中，承你们乐意对我讲的表现出热情的和耐心的注意，对此，我如果不乘这个机会向你们表示感谢，那就显得我缺乏礼貌。我知道，有人预言过这些讲演不会吸引听众。但结果完全相反。听众比我预料的或有理由期待的还多得多，特别是当我紧接着闻名全欧及大洋彼岸的讲演者[①]在这个厅子里发言而陷于不利的处境时，更是如此。

但是，我的心愿至少已得到反响了。由于你们的盛情，我可以继续做我多年以前所开始做的事业，对于这桩事业我大概要到我什么事情也不能做的时候才会罢手。

这些讲演本身究竟还不曾完成自己的使命。我极力颂扬的交换原理也许是正确的，也许是错误的。可是，既然如此，就请你们相信，我正在想办法保证下面两个结果必居其一：或者是这个原理

---

① 指拉尔夫·华尔道·爱默生(1803—1882 年)，美国先验论哲学著名的代表人物——原注。

被推翻了，或者是人们将遵循这个原理，同时不列颠民族也遵循这个原理。

为了实现这个解决办法，我打算在尽可能快的时间内把我向你们作的报告印刷成书并对外发表。有一批书将送给上议院某些议员和下议院全体议员。我也给全王国新闻界500名领导人至少每人送一本。通过我已讲过的悬奖征文，我将努力更深入一步探讨这个重要问题。

这以后，下面两种情况必定发生一种，而这差不多同我们大家都坐在这里一样是真实无疑的，这就是：

一、或者有谁证明：我所捍卫的交换原是谬论。在这种场合，我一定像我现时断言这个原理正确一样，老老实实地公开承认我错了。

二、或者我所捍卫的交换原理将付诸实行，尽管这个原理以前曾被那位对于向平凡人学习总显得过分聪明的大臣以及那些对于发生在议院外面的各种问题表示过分冷淡的下议院的议员批驳过，甚至尽管舆论本身也曾以昏昏无知和无所谓的手段阻挠过。

至低限度有一方面对我所阐述的真理不会漠不关心，如果我所说的当真是真理的话。这一方面就是劳动人民。但愿大臣本人看一看几乎分布全欧的劳动者的状况，在决定批驳我这个对每一个劳动者的利益有巨大重要性的建议以前，反复思量思量。正如你们中间的许多人（也许是全体）所知道的，我从来不曾也不打算博得蛊惑家的名誉，我也决不想为此目的给那些反对我国社会制度的爱吵爱闹的人帮忙，他们那里喊的始终是同一句口号：“现有的一切都是不公道的。”不过，我向你们解说的交换原理的意义是这样重要，它有权要求立法机关注意。

如果立法的人顽固地装作听不见关于货币改革问题的抗议声，那就让他们以后在英国宪章运动者和爱尔兰革命者队伍中占一个应有的位置好了。未来的史学家会讲实话；他们之间实际上并无任何差别。如果流放出去服苦役的米契耳是革命家，那么琼斯·路易先生也是革命家。如果《阿里希费郎》的出版者是革命家，那么伦敦《泰晤士报》的出版者也是革命家。他们彼此间就像豆粒与豆粒相似一样，没有任何差别。他们行动的趋势始终是相同的，即引起工人阶级采取由绝望和暴力所激起的那种行动的趋势，这两个党派之间的差别在于：一个就其他一切罪过来说，在预谋行动上更有罪；而另一个则本意无害，但对发生的事情却熟视无睹。

简单地说，一个政党已睡醒了（或者没有睡着），另一个继续在沉睡和做梦。

生产是或者不是需求的自然原因，对于这个问题不可能有折中观点。如果生产本来是需求的原因，而现时不是，那么生产就不但不可能立刻搞好并且会永远如此。

对于这些决定全人类幸福与舒适的问题，我们的立法者、我们的报刊或甚至我们商界颇大一部分人士，似乎从来一刻也没有思考过。各种不同的政治团体都非常热心地在为改进教育、保护人民健康、改善贫民住宅、限制工作时间及其他许多目的而奋斗，我们能不能真正达到这些目的的这个问题的答案也在这里：这个说法是很正确的。

就请快看一看，请看，我所作的论断正确不正确？如果我是正确的,那么说我们的立法者和各色各样的社会活动家这时候一百个之中有九十九个对人类社会一条最重要的原理,简言之即对民族的经常繁荣能够而且只能够赖之为基础的一条原理竟然无知到这样可怜的地步:这不是事实吗?

这样一来,从我们王国首相开始到疯狂的激进分子止,他们对这条原理的无知状态也同时被揭露出来了:首相为了使用各种小伎俩和小手段,每年攒积 5000 万镑或大约 5000 万镑以供国家需要,浪费了自己的时间和精力;另一方面,让国家一年对谁也无益地损失税收 10000 多镑,却完全无动于衷。激进分子则用破坏个人私有财产的手段,动摇世间一切可以称之为值得尊敬的和值得明智人士作为追求对象的事物的基础。

我请求你们研究研究这个重大的问题。完成这个任务的困难比你们想象的要少得多。请你们以应有的勤勉和注意力先读读穆勒那部标题为《政治经济学纲要》的篇幅不大的著作,再读读麦卡洛克先生关于需求和供应问题所写的一切作品。然后请你们仔细读读《国富论》,甚至只读第一卷也可以。可是,只要联系我这几讲的题目,以应有的重视态度研究这些著作,那你们就会懂得要推翻这种特殊的专门学说并不那么容易。为了在社会认识上肯定这种学说,直到这种学说得到采用或证明错误为止,或者直到我同时与这个问题和我的尘世生活告别为止,我决不会停止努力!!

图书在版编目(CIP)数据

格雷文集/(英)约翰·格雷著;陈太先,眭竹松译.—北京:商务印书馆,2017
(汉译世界学术名著丛书:120年纪念版:珍藏本)
ISBN 978-7-100-14381-3

Ⅰ.①格… Ⅱ.①约… ②陈… ③眭… Ⅲ.①古典资产阶级政治经济学 Ⅳ.①F091.33

中国版本图书馆CIP数据核字(2017)第153902号

汉译世界学术名著丛书
(120年纪念版·珍藏本)
格雷文集
陈太先 眭竹松 译

商 务 印 书 馆 出 版
(北京王府井大街36号 邮政编码100710)
商 务 印 书 馆 发 行
北京新华印刷有限公司印刷
ISBN 978-7-100-14381-3

2017年12月第1版 开本710×1000 1/16
2017年12月北京第1次印刷 印张33¾
定价:168.00元